HY COLLECTION 021

글로벌 개발 거버넌스

GLOBAL DEVELOPMENT GOVERNANCE

HY COLLECTION 021

글로벌 개발 거버넌스

GLOBAL DEVELOPMENT GOVERNANCE

주성수 지음

한양대학교 출판부

서문

"지속가능한 개발을 위한 글로벌 거버넌스"

인간 생존에 필수적인 물과 식량조차도 권리로 누리지 못하는 빈곤층이 지구촌 곳곳에 방치되고 있다. 빈곤층의 밥그릇을 위협하는 개발의 문제는 개인이나 국가의 나태나 무능력 등 역량 부족 문제로만 볼 수 없는 것이 지금의 냉엄한 글로벌 질서다. 지구적인 위기와 위협이 빈곤국의 힘겨운 개발 노력마저 무력하게 만들고 있다. 글로벌 금융위기, 경제위기는 금융과 무역과 상관 없는, 절대 칼로리 섭취조차 힘겨운 빈곤층의 밥그릇을 줄이게 만들고 마실 물의 접근을 위협하고 있다. 게다가 선진 경제국과 소비자들의 끊임 없는 과잉 생산과 과잉 소비로 배출되는 온실가스로 인한 지구온난화는 온실가스 배출이 거의 없는 빈곤국과 빈곤층에게 가혹한 재난 피해를 주는 현실이 지속되고 있다.

먼저 '지구적 정의' 차원에서 개발의 문제를 바라보고 해결방안을 모색할 필요가 있다. 선진 경제국들의 지나친 국익과 대기업들의 사익 추구 경쟁으로 빚어진 글로벌 무역과 경제 위기에 애긋게 피해를 입는 빈곤국과 빈곤층에 대한 보상이 지구적 정의의 원칙으로 지켜져야 한다. 또 선진국 소비자들의 과소비로 빚어진 지구온난화로 개도국 빈곤층에게 재난 피해를 주는 문제에 대해서도 적절한 보상적 처방들이 제시되어야 할 것이다.

돌이켜보면 글로벌 금융과 무역을 비롯한 경제의 자유화로 인류에게 번영을 갖다준다던 신자유주의(neo-liberalism)는 실패를 거듭했다. 글로벌 금융과 경제위기에 이어 식량위기와 물위기까지 일으키며 세계 빈곤층의 생계를 위협해왔다. 민영화·자유화·탈규제 등의 신자유주의 정책들이 여전히 지배적이지만, 이 정책들은 이제 빈곤·부패·투명성·책무성 정책들로 보완되어야 하는 '전환적 변화'의 과정에 있다.

글로벌 거버넌스는 지난 20여 년 기간에 뜨겁게 논쟁되어 왔으나 사실 신자유주의의 위세에 눌려 별다른 진전을 이루지 못했다. 그런 가운데 경제성장 주도의 개발에 대한 반성과 비판이 제기되며 마침내 MDGs 중심의 새로운 글로벌 개발 거버넌스가 지구적 합의를 모아 힘찬 출발을 할 수 있었다. 절반 이상의 성공을 거둔 MGDs의 바통을 이어받은 SDGs는 더 야심찬 글로벌 개발 계획들을 제시하며 글로벌 개발 거버넌스의 진전에 대한 많은 기대를 갖게 한다. 2015년 말 파리기후협정이 글로벌 기후변화 거버넌스의 핵심으로 정착한 것은 그나마 다행스러운 변혁이다. 그럼에도 미국의 기후협정 탈퇴, 미-중 무역 전쟁, 글로벌 난민 증가 등은 어렵게 방향을 잡아가는 글로벌 개발 거버넌스에 새로운 위협이 되고 있다. G2, G7 등이 지배하는 세계 질서에서 다른 G190 이상은 어떤 생존과 생계의 방안이나 탈출구를 찾아야 할지, 지구 기후변화만큼이나 예측불가능한, 불확실성의 세상에 직면해 있는 것 같다.

이 책은 글로벌 거버넌스에 대한 저자의 지난 20여 년의 교육과 연구 활동을 차곡히 모아 정리한 결과물이다. 저자는 2000년 『글로벌 거버넌스와 NGO』와 『UN, NGO, 글로벌 시민사회』 저서들을 통해 글로벌 경제와 개발의 거버넌스 논의를 한국 사회에 선도적으로 제기했었다. 그간 많은 변화, 변혁, 도전들이 강력한 글로벌 개발 거버넌스의 명분과 정당성을 충분히 알렸다고 생각한다. 더불어 한양대학교 교양과목 〈지구화와 개발〉의 교재가 생긴 것도 기쁜 일이다. 저자는 지난 9년간 매학기 교양수업을 진행해오면서 2008년 옥스팜(Oxfam international)이 출판한 *From Poverty to Power*를 한국어로 번역한 책 『빈곤에서 권력으로』를 교재로 사용해왔다.

이제 개발도상국 개발의 문제와 과제들도 글로벌 차원의 금융과 경제와 사회정책에 걸쳐 보다 넓게 또 지구적으로 생각하며 개발도상국 지역사회에서 실천하는 변화가 일어나기를 기대해본다. 그래서 빈곤층의 밥그릇을 지켜주는 바람직한 변화와 임팩트를 생산하는 거버넌스 체제, 정책, 사업, 프로그램들이 수립·시행되기를 바란다. 책 편집과 출판에 수고하신 한양대학교 출판부 선생님들께 다시 감사드린다.

2018년 7월

저자 주성수

차례

제1부

'지구화' 시대의 글로벌 개발 거버넌스

제1장

지구화, 개발, 글로벌 거버넌스

지구촌은 점차 하나로 통합되는 지구화(globalization)의 과정에 있다. 정치, 경제, 문화 등 거의 모든 측면에서 지구화가 한창 진행되고 있다. 그런데 미국의 보호무역이 여러 국가들을 위협하며, 미국-중국 무역 전쟁을 일으키는 '반지구화'도 새로운 글로벌 동향이다. 이런 지구화와 반지구화가 인간개발을 비롯한 사회개발과 정치, 경제의 성장에 미치는 여러 영향들과 이에 대한 '글로벌 거버넌스'(global governance)를 탐구하는 것이 이 책의 목적이다.

1. '지구화'(globalization)의 두 얼굴

글로벌 개발에 미치는 지구화와 반지구화의 폐해를 최소화하기 위한 대안이 '글로벌 거버넌스'다. 그럼 글로벌 거버넌스는 잘 되고 있는가? 글로벌 거버넌스는 지구화와 반지구화의 폐해를 차단하고 단점을 교정해 개발에 기여하는 선순환으로 만들고 있는가? 먼저 지구화에 대한 이해를 통해, 지구화가 개발에 미치는 긍정과 부정의 두 얼굴을 살펴보고, 또 지구화의 부정적 영향을 '지속가능한' 개발(sustainable development)에 기여하는 선순환으로 전환시키는 글로벌 거버넌스를 알아본다.

1) 지구화란 무엇인가

지구화는 지구촌 어디서나 진행되고 있고, 지구화의 속도는 점차 가속되고 있다. 제트 비행기로 늘어난 관광, IT 혁명이 갖다준 저렴한 전화 서비스, 이메일, SNS, 3D 프린터, 드론, 로봇, 즉각적인 자본의 흐름, 이 모든 것들이 어느 때보다도 더욱 상호의존적인 세계를 만들고 있다. 다국적기업들은 여러 국가에서 제품을 생산하고 전 세계 소비자들에게 판매한다. 자본, 기술, 원자재들이 국경을 넘어 더 신속하게 이동하고 있다.

이에 따라 법률, 경제, 사회 운동도 글로벌 차원으로 발전되고 있다. 많은 정치인, 학계, 각계 전문가들은 이런 현상을 불가피한 것으로 그리고 (일반적으로) 환영할 만한 것으로 간주한다. 반면에 전 세계 수십억의 사람들에게는, 비즈니스 중심의 지구화는 오랜 생활의 관습을 뒤흔들어놓고 생계와 문화를 위협하는 것으로 드러나고 있다.

지구화의 경제, 정치, 문화, 법 차원에 대해 글로벌 정책포럼(Global Policy Forum)은 다음과 같이 소개한다(https://www.globalpolicy.org/globalization.html).

경제의 지구화

자유시장 이데올로기와 결합된 ICT의 발전으로 제품, 서비스, 자본은 전례없는 이동성을 갖게 되었다. 지구의 북반부 개발국들은 자신들의 제품을 세계 시장에 개방하길 바라며 남반부의 풍부하고, 저렴한 노동력을 활용하기 위해 남반부 엘리트들의 지원을 받아, 또 국제금융기관들과 지역의 무역협정들을 이용해 빈곤국들이 관세를 줄이고 국영기업을 민영화하고 환경과 노동 규제를 완화하도록 하는 '통합'을 강요한다. 이런 경제의 지구화는 투자자에게는 수익을 많이 갖다주지만 현지 노동자들에게는 저임금으로 생계를 위협해, 강한 반발에 직면해 있다. 경제의 지구화는 빈곤을 해소하고 개발에 혜택을 주는가, 아니면 빈곤의 지구화를 가중시키는가?

정치의 지구화

정치는 전통적으로 국가의 정치체제 내에서 수행되어 왔다. 국가 정부는 궁극적으로 시민뿐만 아니라 인권과 국경 내에서 환경 보호의 보안 및 경제적 복지를 유지하는 책임을 맡아왔다. 그러나 지구화 시대의 정치는 글로벌 생태 변화, 더욱 통합된 세계경제, 기타 글로벌 동향으로 점차 국외의 글로벌 차원에서 주도한다. 지구화에 따라, 정치는 유럽연합(EU)과 같은 정치통합 조직을 통해, 또 국제통화기금(IMF), 세계은행(World Bank)과 세계무역기구(WTO)와 같은 정부간 조직을 통해 국가의 상위 차원에서 이뤄지는 동향에 있다. 정치활동도 글로벌 움직임과 비정부, 비영리조직인 NGO를 통해 국경을 초월하고 있다. NGO들은 타국의 NGO들과 연대하며, 글로벌 커뮤니케이션 시스템을 이용해, 자국의 정부를 통한 활동보다는 국제기관들과 다른 행위자들에게 직접 로비활동을 하며 글로벌 행동을 한다. 정치의 지구화는 개발도상국의 빈곤퇴치와 개발증진에 도움을 주는가?

문화의 지구화

테크놀러지는 '글로벌 문화'의 가능성을 만들어 왔다. 인터넷, 팩스, 위성, 케이블 TV는 문화의 담장을 허물고 있다. 글로벌 엔터테인먼트 기업들은 시민들이 사는 모든 곳에서 그들의 인식과 꿈을 형성하고 있다. 그럼에도 지구화에 따른 가치, 규범, 문화의 지구적 확산은 서구식 자본주의의 이상을 촉진하는 경향이 있다. 지역 문화는 글로벌 '소비자' 문화에 피해를 입게 될 것인가? 영어가 다른 모든 언어들을 말살하게 될까? 소비자 가치관이 사람들의 지역사회 의식과 사회적 연대 의식을 압도할까? 아니면 반대로, 일반 문화가 더 큰 공유된 가치관과 정치적 통일로 이끌어 갈 것인가?

법의 지구화

법은 전통적으로 법원과 경찰이 법적 규칙을 시행하는 주권 국가의 관할이었다. 이와는 대조적으로, 국제법은 효과적인 집행 능력이 취약해 비교적 약세를 보이고 있다. 그러나 지구화는 법의 지형을 변경시켜 새로운 글로벌 법률 기관과 규범을 만들고 있다. 정부간 협력이 악명 높은 국제 범죄자들을 재판에 서게 하고, 국제형사재판소는 공공 범죄자를 재판으로 처벌할 것을 강조한다. 상법은 가장 빠르게 지구화되는 추세에 있다. 국가들이 국가 표준 규정, 규칙 및 법적 관행에 동의하고 있기 때문이다. 외교관과 배심원들이 파산, 지적 재산권, 금융 절차 및 여러 기업 법률 영역에서 국제 규율을 만들어내고 있다. 이 같은 국제화에 대응하고, 다국적기업에 서비스를 제공하기 위해, 법률 회사들도 지구화로 사업을 확대하고 있다. 거대한 법률회사들이 수십 개국에서 수천 여명의 전문가들과 메가급 사업을 확장하며 국경을 초월하는 회사통합을 추진하고 있다.

이상과 같이 생활 전반에 적지 않은 영향을 미치고 있는 지구화란 무엇인가? 지구화는 "다차원의 현상으로, 다른 경제들과 사회들이 밀접히 통합되는 과정"이라 볼 수 있다(Bergh et al. 2017: 10). 지구화가 가속되기 시작했던 1995년 UN 사회개발정상회담에서 채택된 〈코펜하겐 선언문〉은 "지구화는 인적 유동성의 증가, 커뮤니케이션의 향상, 무역과 자본이동의 폭증 및 테크놀러지 개발의 결과"로 보며, 다음과 같이 지적한다.

> 지구화는 지속적인 경제성장과 세계경제의 발전, 특히 개발도상국의 경제발전에 새로운 기회를 열어준다... 동시에 급격한 변화와 조정의 과정들에 빈곤, 실업 및 사회적 분열이 수반되어 왔다. 환경위험과 같은 인류의 복리에 대한 위협들도 지구화되어 온 것이다.

또 같은 시기에 OECD(1996)는 지구화의 개념과 특징을 '경제적' 지구화와 '정보혁명'으로 나누어 정의한다.

> 경제적 현상으로서의 지구화는 두드러진 국가경제의 세계에서 생산이 국제화되고 국가 간 금융자본 이동이 자유롭고 즉각적인 글로벌 경제로의 이동에 명시되고 있다. 다국적기업들이 막강한 경제권을 행사하고 있는 가운데 익명의 기관투자자들이 외환율, 국제자본의 유용성과 가격 및 이자율에 영향을 미치고 있다. 또 경제활동이 이뤄지는 규율의 준거틀이 점차 WTO, IMF, 세계은행, OECD 및 G7 국가들의 국제적 준거틀에서 규정되고 있고 또 APEC, EU, NAFTA 등의 지역무역블럭들도 막강한 영향력을 행사하고 있다.
>
> 지구화는 정보혁명의 원인이자 결과다. 지구화는 텔레커뮤니케이션의 극적인 개선, 저렴한 가격으로 인한 컴퓨터 파워의 기하급수적 증가 및 인터넷

과 같은 전자커뮤니케이션과 정보네트워크들의 발전이 몰고온 것이다.

또 2000년 5월 UN 밀레니움 포럼에서 UN사무총장은, "지구화란 더 큰 시장을 창출해내는 일, 그 이상을 의미해야만 한다."며, "글로벌 경제가 보다 광범위하고 보다 포용적인 사회적 목적들을 진척시켜야만 한다."고 강조했다(UNSG 2000).

한편 세계 석학들은 지구화에 대해 일반적으로 비판적인 시각들을 제시한다. 1996년 UN사회개발연구소(UNRISD)가 주최한 〈지구화와 시민권〉 국제회의에서 보수와 중도와 진보, 좌파와 우파 등 각계를 대표하는 세계적인 석학 40여 명이 모여 진지한 격론을 펼쳤다(표 1-1).

표 1-1 '지구화와 시민권' 국제회의(1996년)의 지구화에 대한 시각

회의에서 발표한 스웨덴의 헤트네(Bjorn Hettne) 교수에 따르면, 지구화는 "세계차원에서의 국가 간 경제적 상호의존의 증대, 국경을 넘어선 사람, 재화, 서비스 및 자본의 자유로운 유동성을 반영하며, 또 테크놀로지와 온라인 커뮤니케이션의 급진적인 이동과 정보와 지식의 즉각적인 전환을 돕는 구조에 반영되고 있다." 기조연설을 했던 영국의 기든스(Anthony Giddens) 교수는, 지구화는 경제적 자유화뿐 아니라, 다양한 테크놀로지의 변화, 냉전의 종말과 공산주의의 붕괴 또 사회적 연대의 변화와 관련되는 다차원적인 개념이다. 또 그에게는 지구화가 "완전히 모순적인" 현상으로 이해되어, 지구화는 어느 곳에서는 새로운 형태의 연대를 생산하고 있지만 다른 곳에서는 사회적 연대들을 파괴하는 등 통합과 분열의 모순을 보여주고 있으며, 서구의 팽창과 다름없었던 과거의 지구화와는 달리 지금은 서구를 포함한 누구도 지구화를 통제하고 있지 않는 그런 일련의 과정들에 기초한다.

자료 Taipale 1998(주성수 2000).

2) 지구화의 두 얼굴: 기회와 위기

지구촌이 하나로 통합되는 지구화는 지구촌 시민들의 웰빙을 보장하는 희망적인 동향인가? 가난한 국가의 다수 빈곤층의 삶도 좋아지는 것인가? UN의 개발정책위원회(UNCDP 2015)는 "최근 수십 년간 글로벌 경제성장은 지속되었지만, 동시에 소득 불평등도 개선되지 않았다"고 보고한다. 보고서에 따르면, "국가 사이의 소득불평등이 악화되고 국내에서도 계층 간 소득불평등이 악화된 동향을 보여주는데, 불평등의 증대는 소득뿐 아니라 부의 측면에서도, 젠더, 인종 등 복합적인 경제, 사회적 측면에서도 마찬가지"라는 것이다(UNCDP 2015: 47).

영국의 브렉시트(Brexit), 미국의 '미국 우선주의'(America First), 미국과 중국의 무역전쟁 등 지구화에 역행하는 새로운 변혁이 일어나면서 지구화에 대한 부정적인 시각도 확산되고 있다. 미국은 국제기관이나 협약에서도 탈퇴하며 지구화에 역행하며 오히려 세계에 큰 실망을 보여준다. '반이스라엘 편견 못 참겠다'며 UNESCO에서 탈퇴했고 또 이스라엘의 미국대사관을 예루살렘으로 옮겼으며, 2015년 파리기후협정과 환태평양경제동반자협정(TPP)도 '국익'을 이유로 탈퇴했다.

실제로 지구화는 글로벌 경제를 '빈익빈, 부익부'의 불평등 세계로 재편해온 것이 사실이다. 그래서 지구화의 혜택이 고루 배분될 수 있도록 지구화를 교정해야 한다는 시각이 주류를 형성하고 있다(OECD 2017: 1). 그럼에도 지구화를 역행하게 되면, 보호주의의 확대로 부와 기회의 순손실이 발생하고 위험스러운 자국 중심의 정책들로 지난 수십 년간 이룩해놓은 혜택들 대부분이 리스크에 처해지게 될 수 있다(앞글: 1). OECD의 〈지구화 교정하기〉 보고서에 따르면, "많은 국가에서 사람들은 지구화의 영향으로 삶이 개선되지 않았고, 경제가 성장하는 가운데 자신들에게 돌아온 몫이 줄면서 하위층으로 전락한 것으로 생각하며, 불평등의 증가를 지구화의 탓으로 돌리는 경향이 있다"(앞글: 3). 자국의 일자리가 타국으로 아웃소싱되고, 이주자들이 국내 일자리를 차지해 일자리 불안과 웰빙 위협을 받는 것으로 생각한다는 것이다. 지구화의 피해가 되는 요인들은 다양한데, 중요한 것들만 꼽아보면, "강요된 자유화, 기업세 인하 경쟁, 노동, 환경, 소비자 보호 기준의 약화, 금융과 실물 경제 사이의 분리, 문화적 다양성의 축소, 지구 자원의 고갈과 기후변화, 정치 과정을 이용해 이해를 추구하는 소수 다국적기업과 부자들의 수중에 수익집중 심화" 등이다(앞글: 3).

사실 지금의 지구화의 초기에 해당되는 20세기말부터 지구화의 '두 얼굴'에 대한 국제사회의 경계는 심각한 수준이었다. "지구화는 민주주의, 다원주의, 인권에 대한 존중을 추구하는 국제적 의견일치를 확대시키면서도 전대미문 수준의 인간고통과 환경파괴가 공존하는 패러독스를 우리에게 제시해주고 있다." 지구촌 시민사회단체들의 구심체 역할을 하는 CIVICUS(1994)의 비판적 지적은 다음과 같이 이어진다. "급격한 테크놀러지 변화로 구조적 실업이 늘어나고 있고, 생산과 소비 양식 때문에 지구의 생태지원 체계들이 고갈되고 있으며, 서구의 정치, 과학 및 경제 패러다임들이 지배하면서 그 반작용으로 종교적 근본주의와 인종적 배타주의를 잉태시키고 있다."(de Oliveira and Tandon 1994).

2000년 UN의 글로벌 밀레니움 포럼(Millennium Forum)의 핵심 관심사도 '지구화'에 집중되었다. 코피 아난 UN사무총장은 〈우리 모든 인류: 21세기 UN의 역할〉 특별보고서를 통해, "오늘 우리가 당면하고 있는 핵심적인 도전은 지구화가 수십억 인류를 처참한 상태로 내버려두는 일이 없도록 세계의 모든 인류에게 긍정적인 세력이 되도록 보장해주는 일이다."고 강조했다(UNSG 2000). 아난 사무총장은 "포용적인 지구화가 시장의 엄청난 가능성의 세력 위에 건설되어야만 하지만 시장세력만이 이것을 달성할 수는 없다. 모든 다양성에서의 우리의 공통적인 인간성에 기초하는 공유된 미래를 창출하는 보다 광범위한 노력을 필요로 한다."고 역설했다.

지구화는 통합과 분열을 동시에 조장하는 이율배반적인 두 얼굴을 갖고 있는 특징이 있다. 지구촌 사람들이 글로벌 시장체제로 확대되면서 시간과 공간을 초월하는 통합된 세계경제로 통합되고 있으면서도 동시에 글로벌 차원의 '빈익빈, 부익부'를 부추기며 국가들 사이의 남북(South-North) 갈등과 같은 극단화를 조장하고 있다. 지구화의 과실을 독식하는 부국들과 다국적기업들(transnational corporations)이 따로 있어 많은 빈국들이 부채와 빈곤 등 심각한 문제에 시달리고 있다. 또 ICT의 획기적인 정보혁명 또한 두 얼굴을 보여준다. 정보혁명으로 세계인들의 대화를 증진시키며 환경문제의 해결과 같은 지구촌의 공공선을 실현할 수 있는 가능성이 더욱 높아지고 있지만 정보네트워크로 서로 연결되는 사람들만이 서로의 이득을 취하고 있을 뿐, 정보혁명의 혜택을 받지 못하고 배제된 사람들은 심각한 '디지털 디바이드'와 '데이터 디바이드'로 더 큰 소외감을 갖게 된다.

이 같은 20세기 말의 시대상황에 대해 UNDP의 〈1999년 인간개발 보고서〉는 다음과 같이 지적한다.

> 20세기 마지막 십년 기간에 주도세력이 되는 지구화는 국가, 경제, 사람들 사이의 새로운 상호작용의 시대를 형성하고 있는 중이며, 또 경제, 테크놀로지, 문화 그리고 거버넌스(governance)에서 국경을 초월하는 사람들간의 접촉을 계속 증가시키고 있다. 그럼에도 지구화는 동시에 생산과정, 노동시장, 정치기관들과 사회를 분열시키고 있다. 그래서 지구화는 긍정적이고, 혁신

적이며 동태적인 측면들을 갖고 있지만, 동시에 부정적이고 파괴적이며 배타적인 측면들을 또 갖고 있다.

이후 17년이 지난 2016년의 〈인간개발 보고서〉 또한 지구화의 문제를 여전히 심각한 것으로 평가한다. 보고서는 '경제적 지구화의 불균형된 거버넌스' 문제를 심각하게 제기하며, "국제적 재화와 서비스, 자본과 노동의 국제적 유동을 규제하는 시장 기관들의 지구화는 임시적인 것도 아니며 또 불가피한 것도 아니다."며 글로벌 거버넌스의 필요성을 강조한다(UNDP 2016a: 138).

지구화의 두 얼굴은 통합과 분열, 기회와 위기로 부각되고 있다. 한편으로는 통합을 이끄는 힘이 되고 있지만, 다른 한 편으로는 분열을 조장하는 위협이 되고 있다(주성수 2000). 또 한 편에게는 기회로 찾아오지만 다른 한 편에게는 위기로 닥아오고 있는 것이다. 일부 소수의 국가와 사람들에게는 기회가 되고 있고, 다른 다수의 국가와 사람들에게는 위기가 되고 있다는 데 문제가 있다. 또 한 국가나 사회의 내부에서는 특정 집단에게 새로운 기회를 주지만 또 다른 집단에게는 위기를 갖다주며 분열을 조장한다. 지구화는 수혜층과 피해층을 동시에 만들어내며, 통합과 조화보다는 분열과 갈등을 조장하는 경향도 뚜렷해지고 있다고 볼 수 있다.

2. 지구화 → 글로벌 개발 위기?

지구화는 개발에 긍정적 영향을 미치면서도 부정적인 영향도 미친다는 것이 일반적인 평가다. 지구화는 국가들 사이의 '빈익빈 부익부' 조장 등 여러 심각한 문제들을 제기한 것으로 알려져 있다. 동시에 국내적으로는 소득불평등이 심화되는 결과를 낳기도 한다. 이런 지구화의 폐해는 많은 개발도상국에 위기로 닥쳐오고 있기 때문에 지구화를 바라보는 개발도상국의 시각은 다분히 부정적일 수밖에 없다.

지구화는 선진 경제국의 경제적 이해 추구를 위해 개발도상국의 경제적 피해를 주는 불공정한 질서라는 시각이 지배적이다. 제3세계가 안고 있는 지구화의 두려움에 대해 후쿠야마(Fukuyama 1999)는 아래처럼 보다 넓게 해석한다.

> 지구화는 물질 이외에도 사상과 문화를 이동시키며, 그에 따라 제3세계의 오랜 토착문화와 전통들이 손상되고 있음은 익히 알려진 사실이다. 그러나 이것뿐만이 아니다. 지구화는 기업회계의 규범에서 경영방식, NGO 활동에까지 자신이 지나간 자리에 새로운 사상과 관습들을 심고 있다. 세계적인 정보통신(IT) 혁명으로 이득을 얻는 것은 금융투자가만은 아니다. 환경운동가에서 노동운동가까지 모든 종류의 활동가들이 국경을 초월해 이전보다 훨씬 더 광범하게 활동을 전개할 수 있게 되었다. 이에 따라 대부분의 사회에서 자신들이 이러한 지구화의 수혜자가 될 것인가, 아니면 피해자가 될 것인가 하는 문제가 주요 쟁점으로 떠오르고 있다. 지구화가 자신들의 사회에 아무런 긍정적인 기여도 하지 못한 채 그저 전통문화만을 파괴시키고 떠나 버리는 태풍이 될 것인지, 혹은 불합리한 전통과 사회집단들을 와해시키는

외부적 자극제로서 근대화를 향한 단초를 제공해 줄 것인지에 관한 논의가 한창 진행 중이다.

1) 지구화 → 개발의 위기?

“지구화는 기대했던 ‘공유된 번영’을 갖다주지 않았다.” UN개발계획(UNDP 2016a: 35-36)은 지구화의 혜택보다 피해에 초점을 맞춰 비판적 평가를 제시한다. 비숙련 노동자는 많은 국가에서 일자리를 잃었고, 제조업 일자리 상당수가 없어졌다. 생산성은 늘었지만 이것이 임금 개선으로 기여하지 않았고 오히려 기술직과 비기술직 사이의 임금 격차만 벌려 놓았다고 평가한다.

세계인 대부분은 지구화의 과정에서 삶의 투쟁을 해야 한다. 개발도상국에서 이제 겨우 빈곤선을 벗어난 사람들은 취약한 고용과 비공식 경제에 직면해야 하고, 고소득국의 전통적 중산층도 임금 하향과 사회 서비스 축소에 직면해야 한다. 이런 동향은 지구화에 대한 사람들의 인식을 바꿔놓게 있다. 자신이 중하층과 노동계급이라는 사람들은 ‘글로벌 시민권’에 속하지 않은 비주류로 생각하고 있다.

지구화는 소수의 엘리트에게만 좋고 다수 사람들에게는 그렇지 않다는 인식이 보편화되고 있다. 지구화의 혜택이 손실보다 많다는 생각이 지금까지의 보편적인 글로벌 인식이었지만, 이제는 그렇지 않다. 그래서 이제 글로벌 거버넌스 과제는 “누구도 방치하지 않는다”(No one is left behind)는 혁신이 필요하다. SDGs 2030 어젠다의 핵심이기도 하다.

SDGs가 첫출발을 했던 2016년에도 핵심이 되는 SDG 1(빈곤종식)

과 2(기아해방)를 위협하는 글로벌 기아가 확산되었다(FAO 2018).[1] 이주, 분쟁, 테러도 지구화되며 인간안보를 심각하게 위협한다. 2015년 말 현재 세계 6500만 인구가 강제로 거주지를 상실하고 이주자, 난민 신세가 되었다(UNDP 2016a: 36). 분쟁으로 인한 사망자가 2014년 현재 17개국에서 50만 명을 넘기며 1989년 이래 최고를 기록했다. 극단주의 테러 사건도 폭증하고 있다.[2]

2) 테크놀러지, 무역, 투자의 자유화

지구화 중 '경제' 지구화가 가장 심각한 문제다. 테크놀러지와 정보, 무역, 금융과 투자, 생산, 국제 이주 등이 글로벌 경제의 주류를 형성하고 있다. 5대 주류 모두가 글로벌 소득불평등에 적지 않은 임팩트를 갖고 있는데, 그 중 테크놀러지와 정보가 가장 중요한 요인으로 꼽힌다(Keeley 2015: 44). 19세기 영국의 섬유 노동자들이 섬유 기계를 파괴시키는 러다이트(Luddite) 운동은 테크놀러지에 대한 비이성적인 두려움을 나타낸 것으로 볼 수 있지만, 숙련 노동자들의 입장에서는 평생 또는 장기간의 시간 투자로 익힌 장인기술이 기계로 무용지물이 된 데 대한 분노의 표시였다. 물론 기계화로 산업혁명을 일으킨 영국 등 서구사회는 상당한 삶의 질 향상을

---

1 세계 기아와 영양부족 인구가 2016년 7억 7700만 명 → 2017년 8억 1500만 명으로 늘었다. 남수단에서 기근으로 인한 식량부족 문제가 발생했고, 또 나이지리아, 소말리아, 예멘에서 분쟁이 발생하며 기아와 영양부족 인구가 늘고 있다.

2 2006~14년 기간 5000개 이하에서 1만 5000개로 늘었고, 사망자는 2000~14년 기간 3329명에서 3만 2685명으로 10배가 늘었다(UNDP 2016a: 36).

이뤘지만, 노동자들의 희생의 대가를 치뤄야 했다.

오늘날도 마찬가지다. 전화 교환원, 타이피스트 등 무수한 직종이 사라지고, 이제 로봇, 인공지능, 드론, 3D 프린터 등 4차 산업혁명의 엔진들이 많은 일자리를 사라지게 만든다. 전통적인 '기술 대 테크놀러지' 경쟁은 소득불평등을 심화시키는 가장 중요한 요인으로 꼽힌다. 네덜란드 경제학자 틴버겐(Jan Tinbergen)은 '테크놀러지 대 교육'의 경합이라 표현해, 테크놀러지는 주도하고 교육은 뒤쳐져 보조를 맞추지 못한다고 설명한다. 결과적으로 교육으로 역량을 갖추지 못하는 저교육 노동자들의 일자리는 테크놀러지로 대체되는 위험에 처해 있고, 반면에 교육으로 역량을 갖춘 고교육 노동자는 테크놀러지를 활용하는 교육에 투자한 비용을 고임금으로 돌려받는 혜택을 누린다.

둘째는 무역과 투자의 지구화 문제다. 무역 이론에서는 글로벌 무역의 확대는 개발국에서는 임금 격차 심화가, 개발도상국에서는 임금 격차 축소가 일반적이다. 그런데 실제로는 분명하지 않다. 국가에 따라 무역의 임팩트가 다르기 때문이다. 일부 국가에서는 고용보호 입법이 느슨한 경우 무역 증대로 소득불평등이 심각한 영향을 받는다. 고용과 실직 모두가 비교적 용이한 노동유연성 정책[3]이 지배적인 국가에서 무역 증대는 계층간 소득 격차에 많은 영향을 미친다.

다음으로 투자 또한 소득불평등에 많은 영향을 미친다. 오늘날 해외직접투자(FDI)는 가장 두드러진 지구화의 주류가 되고 있다. 기업들이 공장을 해외로 이전시켜 국내 일자리가 사라지는 경우는 많은 국가들에서 글

---

3 전형적인 노동 '유연성'(flexibility) 정책에는 계약제 도입, 노동권 제한, 시간제 노동, 고용주의 해고권이 포함된다(Green 2008: 154).

로벌 공급사슬 확장 때문이다. 노임이 가장 저렴한 개발도상국에서 공장을 세워 제품을 생산해 글로벌 시장에 판매하는 투자의 지구화가 지배적이다. 테크놀로지와 무역과 투자는 서로 밀접히 연관되어 복합적으로 소득불평등 임팩트를 확장시킨다.

셋째는 생산활동의 지구화 문제다. 국가 소득의 몫이 노동에서 자본으로 이동하는 추세 또한 소득불평등의 심화와 밀접히 관련된다. 경제활동으로 생산되는 소득 가운데 노동자의 노동임금은 줄고 비즈니스를 소유하는 자산가들의 소득은 더 늘어나, 노동에서 자본으로의 이동 현상이 뚜렷하다(Keeley 2015: 47-48). 제품 생산활동에서 생산 요인들은 토지, 노동, 자본, 기업가정신 등 네 가지로 꼽힌다. 이 네 가지 중 소득불평등 요인으로 꼽히는 생산 요인은 노동이고, 두 번째는 자본이다. 자본은 금융자원과 기업가 등의 자산을 말하는데, 자본은 개인, 가족 또는 주주들이 소유한다. 이 모든 경제적 활동은 소득을 창출하는데, 경제학자들은 노동소득과 자본소득으로 가는 비중은 크게 변하지 않을 것으로 가정하였다. 1950년대 경제학자 니콜라스 칼도어(Nicholas Kaldor)가 제시한 장기 경제성장 일반론에 근거한 것이다.

그런데 지난 수십 년 새에 칼도어의 일반화를 깨는 심각한 변화가 일어났다. 국민소득 가운데 자본으로 가는 비중이 점차 늘면서 노동의 비중이 줄고 있는 것이 새로운 글로벌 동향이다. OECD 국가들에서 1990년대 초 노동의 비중(66%)이 2000년대 말 61.7%로 크게 줄었다(앞글: 48). 이런 노동 비중의 위축에는 여러 요인들이 있는데, 개발도상국 수출품과의 경쟁, 일자리와 고용 관련 규제의 약화 등이 있다. 그 중 가장 핵심적인 것은 테크놀러지이며, 4차 산업혁명은 이를 심화시키고 있다.

노동소득 → 자본소득 이동이 소득불평등의 주요 원인인지, 정확한

■ **표 1-2** 테크놀러지 → 노동과 노동소득 위축

테크놀러지는 노동 비중의 위축에 약 80%가량 임팩트를 가진 것으로 OECD는 분석한다. 로봇과 자동화 설비, 정보 처리의 전문화 등이 노동의 비중을 점차 위축시킨 것이다. 그 결과 노동자들에게 돌아갈 소득이 노동자들을 대체하는 기계나 소프트웨어에 자본을 제공하는 자본 소유자에게로 돌아가는 소득 이동이 진행된 것이다. 2008년 금융위기 직후에 전개되었던 99% 운동이 던지는 메시지도 1% 고액 자산가들의 자본소득을 위해 99% 노동층이 상대적으로 빈약한 노동소득으로 어려운 삶을 살고 있다는 것이다.

자료 Keeley 2015.

분석이 필요하다. 초기 산업화 시기에는 공장에서 일하는 노동자와 공장을 소유한 개인이나 가족이 비교적 명확하게 파악되었지만, 지금은 노동자도 주주로 참여하는 등 복합적인 요인 때문에 노동과 자본의 명확한 구분은 쉽지 않다. 그럼에도 국민소득 중 노동 비중의 위축은 소득불평등을 낳는 주요요인이라 볼 수 있다. 국제노동기구(ILO)의 G20 연구보고서에 따르면, 노동 비중의 1% 감소는 시장소득 불평등의 0.1~0.2% 증대를 낳는다(앞글: 48). 글로벌 차원의 상호의존이 날로 증대하고 있지만, 국가 간 불평등은 더불어 늘고 있는 추세다. 노동에 비해 자본이 더 불균등하게 분포되어 있어 개인과 가계소득의 불평등도 늘고 있다.[4]

또 급격한 테크놀러지 변화는 일자리를 만든 것보다 없애는 경우가 더 많다(OECD 2017: 82). 이에 따라 일자리 기회와 소득의 불평등은 증가한

---

4 16개 개발도상국 자료를 살펴보면, 1970년대 중반부터 2008년 금융위기 직전 기간까지 국민소득 중 노동소득의 비중이 75%에서 65%로 감소했고, 노동소득의 GDP 비중은 1990년대초 62%에서 2008년 직전 58%로 감소했다(UNCDP 2015: 10).

다. 또 그 변화는 인간노동을 기계노동으로 대체하는 리스크를 수반한다. 로봇과 3D 프린터가 특히 제조업, 상품 판매와 배분 일자리를 대체하는 데 앞장서고 있다. 인공지능의 혁신으로 노동시장에서 중간소득층 일자리 30%가 사라질 것이라는 추산도 있다(앞글: 82). 이런 디지털 디바이드를 줄이는 데 정책의 초점을 맞춰야 한다. 최저임금 보장 등 국가지원의 사회보장 시스템이 테크놀러지의 피해 경감에 도움이 될 수 있다.

3) 지구화 → 글로벌 공공재화?

현행 글로벌 거버넌스 구조에는 비대칭의 특성 또는 지구화의 불균형 속성이 반영되어 있다. 자본과 상품과 서비스의 이동성을 진흥시키는 과정들은 넘치지만, 다른 과정들은 지식과 혁신에 대한 접근을 차단해 왔다. 해외직접투자는 1990~95년 기간 2000억 불에서 2000~10년 기간 1조 5000억 불로 약 7배 급증했고, 같은 기간 수출품의 재화와 서비스 또한 네 배 증대했다. 이에 비해 개발도상국에서 타국으로의 이주자 수는 같은 기간에 1000만 명에서 1700만 명으로 약간 증가할 정도였다(UNCDP 2015: 6-7). 자본의 유동성 증대는 자본세과 법인세의 감소와 상관이 있지만, 생산의 고정 요인인 노동과 소비자가 상당한 세부담을 떠맡는다. 세수입이 공공 서비스와 사회보장 재원 동원에 상당한 비중을 차지하기 때문에, 세수입 감소는 글로벌 거버넌스의 실패를 반영한 것으로 볼 수 있다.

이상의 의사결정과 접근의 제한에서 비대칭 문제는 '결과의 비대칭' 문제로 나타난다. 국가 간 불평등이 심화되어, 빈익빈, 부익부는 국가의 사회적 차원보다 훨씬 더 심각한 이슈가 된다. 그럼에도 글로벌 규율과 국제협력은 개발도상국의 역량을 크게 제약하고 있다. 개발도상국의 국제적으로 합의된 최저수준의 사회보장을 지원하는 이니셔티브들은 국제협력에 크게 의존할 수밖에 없다.

지구화는 지구촌 시민들이 웰빙의 혜택을 누리는 '글로벌 공공재화'(global public goods) 창출에 뚜렷한 한계를 보여준다. 지구화 과정은 국가 간 상호의존을 가속화시키며 글로벌 공공재화의 범위를 확장시키는 동향을 보여준다. 평화와 안보와 같은 공공 재화와 서비스는 무경쟁의 소비 특성을 가지며, 이 소비는 누구를 배제할 수 없는 무배제 특성이 있다. 공공재화와 서비스는 일단 공급되면 모든 사람에게 혜택이 된다. 글로벌 공공재화는 공공재화로서, 글로벌 공급 또는 초국가적으로 모든 사람에게 혜택을 준다. 글로벌 공공재화의 공급을 위해서는 국가 간 집단행동으로 충분한 공급과 효율적인 관리가 뒷받침 되어야 한다.

그런데 지금의 글로벌 공공재화의 공급은 불충분하며, 모든 사람에게 부정적인 결과를 초래하고 있다. UN 개발정책위원회(UNCDP 2015: 5-6)에 따르면, 온실가스, 조세회피, 생다양성 손실, 인신매매 등 글로벌 공공악화(public "bads")가 국가들의 비효과적인 집단행동의 결과로 초래되고 있다. 또 이주와 생필품 시장 등 공동의 이해가 되는 영역들은 글로벌 거버넌스와 거의 관계없이 방치되어 있다. 반면에 국제무역을 비롯한 다른 영역들에서는 국가들 사이의 이해관계가 경쟁하며 글로벌 거버넌스가 과잉 상태로 실패하고 있다. 여러 규율들이 피라미드를 이루며 과잉 정책결정, 과잉 규제로 비용 증가, 효율성 약화, 정책분절 등 심각한 문제를 낳고 있다(앞글: 5). 국제무역의 경우, 각기 다른 무역협정 규율과 기준들로 양자 및 지역 자유무역 협정들이 우후죽순 늘고 있다.

표 1-3 지구화 → 성장과 개발에 미치는 영향

지구화가 성장과 개발에 미치는 영향에 대해서는 그간의 연구들이 상반된 결과를 제시한다. 지구화는 경제성장 촉진, 젠더 평등 진흥, 인권 개선 등 바람직한 사회적, 경제적 결과를 갖다주며, 복지국가의 활동을 위축시키거나 노동시장 제도의 약화를 초래한 것은 아니라는 연구(Potrafke 2015)도 있다. 또 OECD의 2011년 연구는 무역 통합 확대나 금융 개방성 등의 지구화가 임금불평등에 심각한 임팩트를 준 것이 아니라고 분석한다. 그럼에도 다른 연구들은 경제적 지구화(무역 규율의 자유화와 무역 증대)는 국내의 소득불평등의 증가와 관련된다는 연구결과를 제시한다. 또 OECD의 2012년 연구는 지구화가 오프쇼링(offshoring)[5]과 노동 임금 불평등으로 소득불평등의 심화를 초래할 수 있다고 분석한다. 또 다른 연구(Marsh 2016)는 "무역과 금융의 지구화가 불평등의 주요 원인이라고 단정할 수 없다"며, 지구화가 불평등을 증가시킨다는 것이 연구들의 공통점이며 또 다른 공통점은 지구화가 실제 순효과를 가진 것이 아니라는 것이다.

자료 Bergh et al. 2017: 8.

지구화는 승자와 패자를 만드는 제로섬 게임의 특성이 있다. 국가들은 지구화로 초래된 소득격차를 사회보장 지출로 축소해야 하는 사회정책을 요청받고 있다. 지구화와 사회보장 지출 사이의 직접적인 관계는 보상 가설(compensation hypothesis)에 기초한다. 보상 가설에 따르면, 지구화가 외부에서 발생하는 경제적 불안을 초래해, 이에 대한 피해를 보상하는 공공 사회보장을 요구한다. 따라서 경제적 개방성과 사회보장 지출 사이에 긍정적 상관관계가 있다(Bergh et al. 2017: 8). 지구화의 증가 추세는 1990년대에 특히 가속화되었는데, 지구화의 결과로 국가들 사이의 소득불평등은 줄고, 경제불평등은 늘어난 특징이 있다. 지구화의 피해를 줄이기 위한 사회

---

5 아웃소싱 회사를 통해서 서비스 분야의 인력을 다른 나라에서 고용하거나 생산시설 자체를 국외로 이전하여 경영하는 방식.

보장 지출은 소득불평등 감소와 상당수준의 상관성을 갖고 있고, 경제적 지구화의 증가는 소득불평등의 증가와 관련된다(앞글: 19).

4) 포용적 지구화를 위한 글로벌 거버넌스

지금의 지구화의 상징이 되는 탈규제와 자유화의 정책 패러다임은 정부의 역할을 크게 위축시켰다. 대신 자원의 동원과 배분에서 시장 메커니즘을 최상의 접근법으로 등극시켰다(UNCDP 2015: 13). 국가의 '정책자율' 범위가 위축되며 글로벌 경제의 효율적 기능을 보장하는 것으로 인식되고 있지만, 개발도상국의 정책자율 범위의 축소는 불평등한 방식으로 진행되었다.

글로벌 무역 규정은 무역의 자유로운 흐름을 확장하기 위한 규정이지만, 구조적 변화를 촉진하는 국가 정책의 시행에서 자율성은 보장되지 않는다. 선진개발국, 특히 미국과 일부 유럽국들은 2008년 금융위기 이후로 개발도상국에 비해 더 보호주의적 산업정책을 활용해 왔다. 대표적인 것이 농업생산자에게 대규모 보조금을 지원해 외국 경쟁자보다 비교우위를 갖도록 지원하는 것이다.

선진개발국에서 일반화되는 규율과 규정들의 '표준화' 또한 심각한 이슈가 된다. 표준화는 글로벌 차원의 생산과 배분의 분리로 진행되며 글로벌 가치사슬 (global value chains: GVCs)이 이제 주류 비즈니스 모델이 되고 있다. GVCs는 지역, 양자간 무역협정(RTAs)의 폭증을 유발시켜, 다자협정의 영역을 벗어나며 정책자율 범위의 위축으로 심각한 문제들을 양산한다.

이에 OECD는 '포용적 지구화'를 달성하기 위해서는 경제 개방성에 대

■ **표 1-4** 포용적 지구화를 위한 글로벌 거버넌스

글로벌 거버넌스 기관들은 다음과 같은 인식을 바탕으로 정책을 시행할 필요가 있다.

a) 지구화에 대한 사람들의 인식 개선이 필요하다. 무역과 투자의 혜택에 대한 소통의 역량을 개선하고 , 실제로 포용적 지구화를 지향하는 정책들을 창출해야 한다.

b) 급속한 테크놀러지 변화, 특히 디지털화로 인한 지구화는 일부 분야와 지역에 심각한 문제를 초래하며 소득 격차를 늘리고 고용 기회를 위협한다는 점을 인지할 필요가 있다.

c) 교육과 훈련을 통한 인적 자본의 확장 중심의 생산성 향상 정책들로는 충분하지 않다는 점을 인식해야 한다. 지구화로부터의 혜택이 충분히 공유되기 위해서는 취약층 보호의 사회안전망을 강화하고 또 사회보장정책과 노동시장정책을 강화해야 한다. 취약층 보호라는 소득적 정책보다는 취약층이 급속한 지구화에 대처하는 역량을 갖추도록 보다 적극적인 임파워링(empowering) 정책이 필요하다.

d) 일자리와 사회적 웰빙에 대한 급속한 디지털화의 의미를 사정해서 디지털 테크놀러지를 활용하는 정책 환경을 창출할 필요가 있다.

e) 거버넌스 프레임워크가 지구화를 잘 대처할 수 있도록 개선해야 한다. 급속한 변화에 직면한 사회의 다양한 욕구들을 충족시키기 위한 글로벌 기준을 마련하며 글로벌 거버넌스 기관들의 효과적인 역할이 뒷받침되어야 한다. “지금의 경제 지구화는 글로벌 규정 마련과 거버넌스의 보완이 이뤄지지 않았기 때문에 문제시되고 있다.”

자료 OECD 2017b: 4–5.

해 국가와 지방 차원에서 정책을 개선해 시행하면서 국제적 기준 개선 필요성을 제시한다(표 1-4).

3. 지구화 → 글로벌 거버넌스

지구화의 급속한 진전은 강력한 글로벌 거버넌스를 요청한다. 지구화는 혜택과 피해, 기회와 위기 모두를 세계 곳곳에 전달해, 이에 대한 글로벌 차원의 지원이나 진흥, 또는 대비나 문제 해결을 위한 제도, 규범, 질서가 되는 글로벌 거버넌스를 요청한다.

1) 글로벌 거버넌스란 무엇인가

'거버넌스'(governance)란 무엇인가? 세계은행은 〈2016 세계개발보고서: 거버넌스와 법〉에서 거버넌스는 "국가와 비국가 행위자들이 권력을 형성하고 권력에 의해 형성되는 기존의 공식, 비공식 규율들의 범위에서 정책을 디자인하고 집행하기 위해 상호작용하는 과정"이라 정의한다(World Bank 2016: 41). 여기에서 권력(power)이란 "집단들과 개인들이 타인들로 하여금 자신들의 이해를 위해 행동해서 구체적인 결과를 산출하게 만드는 능력"이다. 또 거버넌스는 "국제 시스템에서 나타나듯이 포괄적인 정치적 권력이 부재한 상태에서 상호의존적 관계의 규제"를 의미한다. 거버넌스에는 "국가들과 국민들이 초국가적 문제들에 더 높은 수준의 예측가능성, 안정성, 질서를 유지하기 위해 노력하는 제도, 정책, 규범, 절차, 이니셔티브들"이 포함된다(UNCDP 2015: 3).

글로벌 거버넌스란, 글로벌 문제들을 보다 효과적으로 관리할 필요성에서 제시되고 있다. 또 글로벌 거버넌스는 "공동의 선 또는 초국가적 문제들에 대한 국경을 초월하는 권위의 행사"로, 특히 '커뮤니케이션 행동'(a communicative act)이 핵심으로 제시된다(Zürn 2018: 139). 효과적인 글로벌 거버넌스는 효과적인 '국제협력' 없이는 이뤄질 수 없다. 국제협력은 공동의 이해와 공유된 가치를 증진시키며 상호의존의 증대에 따라 발생한 취약성을 감소시키는 수단이다(앞글: 3).

국제협력의 역사를 살펴보면, 1945년의 UN 헌장에도 국제협력의 중요성을 강조해 회원국의 의무로 규정하였다. 1948년의 〈보편적 인권선언〉에 참여한 국가들도 국제협력을 통해 모든 개인의 인권보장을 실천할 것을 의무화했다. 동시에 개별 국가들은 인권신장을 방해하는 장애요인들을 제거해 인권신장의 여건 조성에 적극적인 역할을 하는 의무를 가진다. 또한 1986년 UN의 〈개발권리 선언문〉은 국가들이 개별적, 집단적으로 개발을 진흥시키는 환경을 조성하고 장애를 제거하며 기회를 창출할 것을 요청했다(UN General Assembly 1986).

국제협력의 역사에서 냉전의 종말 이전까지 '글로벌 거버넌스'는 논의조차 되지 못했다. 1960년대 말까지는 '전쟁과 평화' 패러다임이 유지되다 이후 상호의존과 협력이 중시되면서 '협력' 패러다임으로 전환했고, 1980년대 말 냉전의 종말 이후부터 '글로벌 거버넌스' 패러다임 시대가 개막되었다. 글로벌 거버넌스 패러다임은 이전의 '무정부주의'(anarchy)를 대신하는 새로운 세계 질서를 의미한다(Zürn 2018: 138).

그런데 국제협력과 그에 따른 글로벌 거버넌스 체제는 잘 작동되지도 않고 또 비효과적인 것으로 평가를 받고 있다. 글로벌 차원의 공통적인 문제들에 대한 글로벌 대응이 "불충분, 불완전 또는 단순히 존재하지 않아" 개별 국가 차원의 문제가 되고 있다(UNCDP 2015: 3-4). 특히 국가와 글로벌 차원에서 정책결정 과정 사이에 긴장이 높아진 것이 사실이다. 국내 정책들은 글로벌 웰빙에 상당한 (긍정적, 부정적) 파급효과를 가진다. 트럼프 집권 이후 미국은 경제성장과 제조업 부활을 명분으로 기후협정에 탈퇴하면서까지 글로벌 기후협정 체제를 위협한다.

글로벌 거버넌스의 책임을 수행하는 글로벌 기관들의 개혁이 핵심 이슈로 부상하고 있다(앞글: 4).

(a) 현행 글로벌 거버넌스 시스템은 국가 간 통합과 상호의존의 증대에 대처해 적절한 관리 역량을 갖추고 있지 않다.
(b) 현행 시스템은 접근, 과정, 결과 모든 측면에서 심각한 비대칭 문제를 안고 있다.
(c) 글로벌 규율들은 국가 정부들, 특히 개도국 정부들의 정책 재량범위를 축소시키는 역할을 해서, 국가 간 불평등 축소를 오히려 방해하고 또 효과적인 상호의존의 관리에도 효과적이지 못했다.

2) 글로벌 거버넌스 기관의 정당성

글로벌 거버넌스 기관들은 다양하다. WTO, IMF뿐 아니라 기후변화 레짐과 같은 환경기관들, UN 안보리와 전문기구들, 국제사법재판소(ICC) 등 무수하고 다양하다. 이들은 규율을 만들고 규율에 따르도록 강제하는 권위를 갖고 있기 때문에 정부와 유사한 기관들이다. 그렇지만 광범위한 정부 기능들을 집행하거나 폭력의 정당한 이용을 독점하지 않고 그들의 기능들이 국가들의 동의를 요구하기 때문에 정부와는 다르다.

UN, IMF, WTO 등의 글로벌 거버넌스 기관들의 필요성과 '정당성'(legitimacy)은 몇 가지 이유에서 중요한 이슈가 되고 있다(표 1-5).

■ **표 1-5** 글로벌 거버넌스 기관들의 정당성 문제

첫째, 글로벌 거버넌스 기관들은 개인들에 대해 물리적 강제수단을 통제하지 않고 거의 직접적인 권위 행사를 하지는 않지만 개인들이 자발적으로 복종하는 것으로 보기는 어렵다. 세계 경제에 효과적으로 통합되기 위해서는 국가의 정부는 WTO에 가입해야 하고 WTO는 국가들이 일정한 규율을 따르도록 요청한다. 빈곤국들이 이런 글로벌 거버넌스 기관들을 무시하고 해외직접투자를 유치하기란 쉽지 않다. 둘째, 일부 글로벌 거버넌스 기관들은 실제로 국가의 주권을 크게 약화시키고 있다. 1990년대를 통해 UN은 동티모르, 보스니아, 코소보에 효과적인 통치력을 행사하였고, WTO는 회원국들에게 국제법을 준수하도록 강요할 수 있다. 셋째, 글로벌 거버넌스 기관들은 그들의 존재를 거의 인지하지 못하는 수천만 명의 삶에 막대한 영향을 미치고 있기 때문이다. 세계은행의 국가차관 결정, AIDS 퇴치 글로벌 기금의 배분 결정 등은 실제로 수억 명의 지구촌 빈곤층의 삶에 적지 않은 영향을 행사한다.

자료 Keohane 2006: 1-2.

글로벌 거버넌스 기관들의 '정당성' 논의에는 몇가지 심각한 문제들이 제기되고 있다(Keohane 2006: 1-2). 첫째 이슈는 글로벌 거버넌스 기관들에 대해 어떻게 생각하는지, 또는 어떻게 생각하는 것이 바람직한지, 규범적, 사회학적 의미가 모호하다. 둘째, 글로벌 거버넌스 기관들이 수행하는 역할에서 그들의 정당성이 인정되는 것인지, 아니면 글로벌 거버넌스의 규율을 구속적인 것으로 인정해 따르는 것이 중요한지, 분명하지 않다. 글로벌 거버넌스 기관들의 정당성은 그들이 글로벌 정의를 추구하는 데 수행해야 하는 역할과 목표에 대해 지속적인 포용적 공공토의를 요청하기 때문에 '역동적'이다. 또 이 같은 공공토의는 기관들 자체의 특성뿐 아니라 외부 주요 기관들과의 연관성에 의존하기 때문에 '관계적'이다.

글로벌 거버넌스는 글로벌 차원에서의 규율 결정과 권력행사를 의

미하며, 글로벌 거버넌스는 국가뿐 아니라 종교기관, 기업체, 국제기관 및 NGO들에 의해 행사될 수 있다(Keohane 2002: 4). 글로벌 정부가 존재하지 않기 때문에 글로벌 거버넌스는 공식적인 계서제(hierarchy)에 의한 국가와 제도들 사이의 전략적 관계를 포용한다. 또 글로벌 헌법이 존재하지 않기 때문에 규율을 결정하고 권력을 행사하는 제도들이 그런 권위를 인정받고 있는 것은 아니다.

3) 재원 미달의 반동적 국제기관

글로벌 거버넌스 기관들의 재정 문제 또한 심각하다. 주요 글로벌 금융기관들을 통한 자원의 규모는 한정되어 있고, 2014년 공적개발원조(ODA)는 글로벌 GDP의 0.17% 수준에 지나지 않았다(UNDP 2016a: 144). 국제 금융기관들의 차관도 제한되어 있어, IMF는 글로벌 GDP의 0.04% 차관을 제공했고, 다자 개발은행들의 차관도 0.09%에 불과했다.

지속가능한 개발목표(SDGs)는 이전의 밀레니움 개발목표(MDGs)보다 훨씬 더 광범하고 강한 목표달성을 제시한다. 2016~30년 기간에 3.3~3.5조 달러의 개발도상국 투자를 요청한다(앞글: 144-5).[6] 전형적인 개발국의 ODA는 GNI의 0.7% 수준을 넘지 못하고 정체된 상태다. 목표치 0.7%는 1970년에 도입되어 2002년에 재확인되었고 2015년 SDGs 개시를 앞두고 재확인되었지만, 일부 국가들만이 지키고 있을 뿐이다.[7]

---

6 지금의 투자 수준이 1.4조 달러로, 갭이 2.5조 달러로, 글로벌 GDP의 3%에 해당된다.

7 2016년 DAC 30개국의 ODA는 GNI의 0.32%로 하향세이며, 최대 원조국인 미국은 0.18%, 한

이에 글로벌 거버넌스 기관들의 강력한 경제적 역할이 요청되고 있다. 하나는 국가들의 자발적인 분권화된 정결결정에 맡기는 현상유지가 되면 글로벌 공공재화의 공급미달 문제가 발생하므로, 이에 대한 글로벌 거버넌스가 필요하다. 다른 하나는 자본시장의 불안정성 문제를 해결하는 글로벌 거버넌스가 필요하다. 2015년 파리 기후협정으로 모든 국가는 온실가스 배출감소에 GDP의 1.5%에 해당되는 청정에너지에 매년 투자해야 한다. 현행 수준과 목표 수준 사이의 '자원 갭' 문제는 기후변화 이슈뿐 아니라 다른 이슈들에서도 드러나는 보편적인 문제가 되고 있다. 기후변화 등으로 정착지를 상실한 국내외 난민 문제해결도 난제가 되고 있다.[8]

한편 다자 국제기관은 예방적 활동보다는 주로 문제발생 이후 반동적인 대응에 급급하고 있다. 분쟁의 경우, 최근 몇 년간 분쟁국과 분쟁으로 인한 사망자가 늘고 있다. 전통적인 외교와 데터랑 수단들이 줄면서 국내적 군사충돌도 늘고 있다. 국제 공동체가 테러와 인권 침해에 대응해야 하며, 극단적인 인간안보 위협이 국경분쟁과 난민위기의 근원이 된다. 새로운 분쟁의 배경 대부분은 불법적인 자금지원에 의한 것이다. 인구 밀집지역에서 무기로 사망 또는 부상을 당한 희생자 92%가 민간인이다. 이런 위기들은 글로벌 기관들의 나약성을 잘 드러내고 있다. 강제적 이주에 대해 부적절하게 대응한 것이고, 담대한 개발 프로그램을 통한 위기 예방에 실패한 것이다.

국은 0.16%에 머물러 있다. OECD ODA 자료실 https://data.oecd.org/oda/net-oda.htm

8 2015년 기여금이 33억 6000만 불에 달하는 기록을 보였지만, UNHCR의 추산으로는 2016년 65억 5000만 불(글로벌 군사비의 0.4% 수준)이 필요하지만 재정 갭이 2010년 36%에서 53%로 오히려 늘었다.

모든 개발지원은 양자 또는 다자 지원이든 지원국의 의지에 달려 있다. 아프가니스칸, 소말리아, 시리아의 경우, 1990년대 말에 전체 ODA의 0.4% 지원을 받다가 분쟁 위기 이후에는 5%로 10배 이상 지원이 늘었다. 지원의 근거가 국가의 위기를 초래한 근원적인 사회문제의 해결이 아니라 분쟁의 위기 때문에 늘어난 것이다. 그래서 국제적 지원은 대부분 예방적이기보다는 반동적인 특성이 있다.

4. 글로벌 거버넌스 → 지속가능한 개발

이제 지구화에 대한 글로벌 거버넌스의 강화로 지속가능한 개발에 기여하는 방안을 탐구해야 하는 과제가 있다. 먼저 지금의 글로벌 거버넌스는 '지속가능한' 개발에 어떻게 기여하고 있는지, 살펴볼 만하다.

1) '지속가능한 개발'

개발의 의미

'개발'(development)이란 무엇인가? 경제성장 중심의 개발보다는 인간 중심의 개발이 '지속가능한'(sustainable) 개발이라는 보편적 인식이 SDGs로 제시되어 있다. '지속가능한' 개발이란 "미래 세대의 욕구 충족의 역량을 약화시키지 않고서 지금의 욕구를 충족시키는 개발"(UNGA 1987: 43)을 의미한다. 여기에는 "지속가능한 개발은 장기적으로 환경의 가치를 보호하면서

그림 1-1 인간개발 = 인간역량 개발 + 인간개발 환경 마련

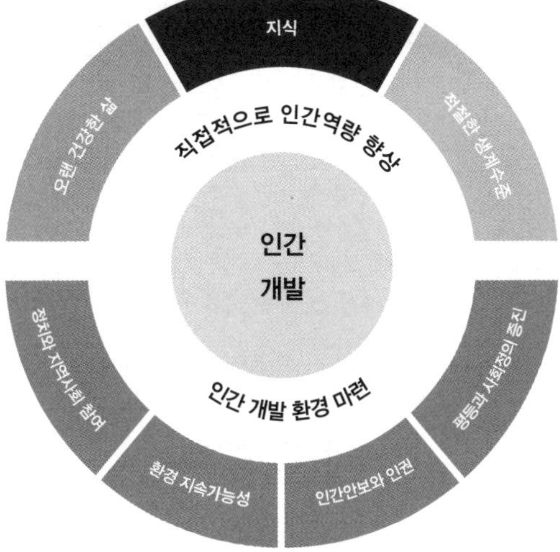

경제적 향상과 진보를 추구하며, 환경 정책을 개발 전략에 통합시키는 체제를 제공"하는 의미도 포함된다.

개발의 핵심은 '인간개발'(human development)이라는 관점에서, 인간개발의 다양한 측면을 〈인간개발 보고서〉에서 참고해볼 수 있다(그림 1-1; UNDP 2016a). 인간개발은 직접적으로 인간역량 향상을 위한 지식, 오랜 건강한 삶, 적절한 생계수준이 핵심이며, 이 같은 인간개발의 환경 마련에는 평등과 사회정의 증진, 인간안보와 인권, 환경 지속가능성, 정치와 지역사회 참여가 필수적이다.

취약층의 인간안보

SDGs의 핵심은 "누구도 방치하지 않는다"는 인간안보 전략이다. 〈2016년 인간개발보고서〉는 특별히 취약층 보호를 위한 국가 차원의 정책

■ **그림 1-2** 취약층 보호를 위한 국가 정책 대안들

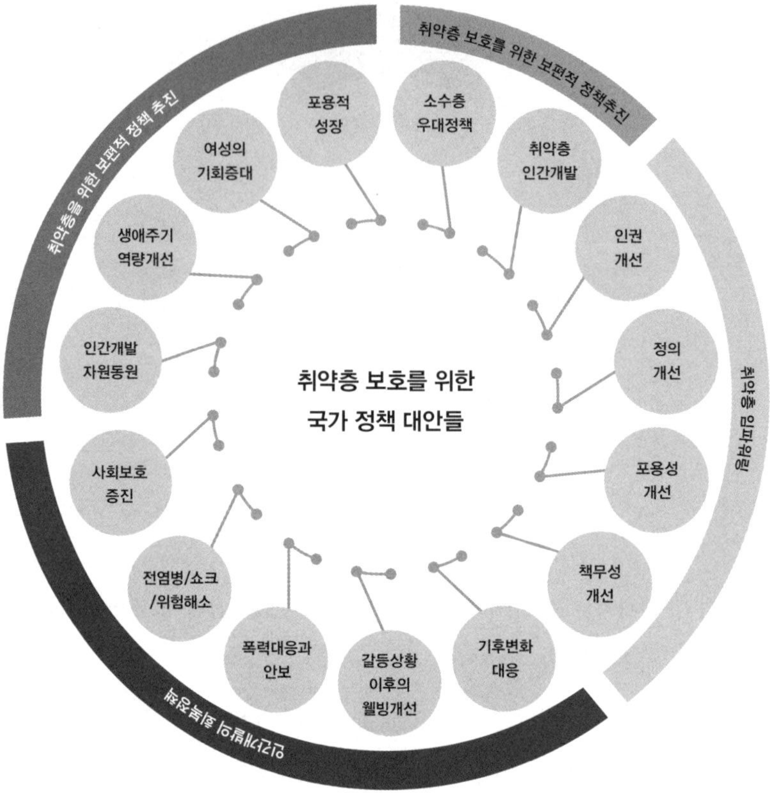

대안들을 제시한다(그림 1-2; UNDP 2016a: 11). 첫째는 취약층 보호를 위한 보편적 정책추진이다. 그럼에도 보편적 보건서비스를 추진하는 경우 모든 지역에서 보건서비스 센터를 접근할 수 있어야 하는데, 지리적 문제가 제기될 수 있다.

둘째는 일부 취약층 위주의 보편적 정책 추진이다. 일부 취약층은 다른 취약층보다 특별한 정책 추진이 뒷받침되어야 한다. 장애를 가진 취약

층의 이동, 참여, 일자리 제공 등이 특별한 정책 추진으로 뒷받침될 필요가 있다.

셋째는 지속가능한 인간개발 정책의 추진이다. 인간개발은 자연재해, 취약성, 리스크 등으로 지연되거나 퇴행될 가능성이 있다. 인간개발은 한번 달성된 상태가 퇴행되지 않도록 유지하고 원상태로의 복원도 중요하다.

마지막으로, 취약층의 임파워먼트(empowerment) 정책이 동시에 추진되어야 한다. 취약층 지원 정책이 취소되거나 실패하는 경우, 취약층을 위한 주창 활동이 보장되어야 한다. 지구화되는 세계에서 국가 차원의 보편적 인간개발 정책은 공정하고 효과적인 글로벌 시스템에 의해 보완되고 보충되어야 한다.

2) 인간개발: '권리접근' 시각

인간개발은 역량(capabilities)의 확대를 의미한다. 기아의 위협 없이 항상 충분한 영양을 갖춘 상태가 중요한 역량이다. 식량안보는 인간개발과 쌍방적인 상호강화적인 관계를 가진다(UNDP 2012a: 10). 그 관계의 시작은 식량안보의 핵심적 조건들이 되는 식량의 유용, 식량에 대한 접근, 식량의 이용에서 시작된다. 그리고 네 번째 조건인 안정성은 세 가지 조건들의 지구력을 확보해준다. 인간개발은 식량안보를 개선시켜주는 역할을 한다. 교육과 보건의료는 (인간은 교육과 건강을 중시하므로) 내재적 차원에서 그리고 (인적자본의 주요요소로서) 생산적 차원에서도 중요하다.

'권리접근'(entitlement approach) 시각은 센 교수의 〈빈곤과 기근〉(Scn 1981)에 소개된 기아와 빈곤을 해소하는 정책을 탐구하는 데 도움이 된다.

권리접근은 기근이 식량공급의 감소 때문인 것으로 보았던 주류 시각을 바꿔놓은 중요한 시각을 제공해주었다. 기아는 "권리 실패" 또는 (시장, 정부배분 등) 법적 수단들을 통한 식량에 대한 접근의 불능 상태에서 비롯된 것으로 본 것이다. 센에 따르면, 식량안보는 공급의 부족보다는 제한된 접근, 기능하지 않는 또는 존재하지 않는 제도들, 법의 지배의 부재 상태에서 야기되는 효과적인 수요의 부족에 기인한다. 시장에 대한 접근의 제약을 받거나 구매력이 약화된 사람들은 식량구입의 능력을 상실해 기아에 취약해지므로 식량불안에 빠질 수 있다.[9]

식량안보는 양의 문제뿐 아니라 질, 이용, 문화적 수용의 문제로 보는 것이다. 그래서 교육과 보건의료를 중시해 이들과 식량안보의 관계에 초점을 맞춘다. 식량안보의 과정을 형성하는 인간의 능력이 핵심이라는 점에서 인간개발 시각은 인간중심적이다(앞글: 12). 개발에 대한 권리기초접근(Rights-Based Approach)은 빈곤, 탈권력화, 갈등의 악순환에 대해 모든 사람들이 주권자로서 의무부담자인 국가에 대해 책무성을 요구해 인권을 실천하도록 해서, 이를 선순환으로 전환시키는 접근법이라 볼 수 있다.

"누구도 방치하지 않는다"는 〈2030 어젠다〉를 위협하는 새로운 글로벌 문제들이 적지 않다. 이에 대해 〈2016년 인간개발보고서〉는 다음과 같이 강조한다(UNDP 2016a: 137).

"불평등과 배제, 폭력과 극단주의, 난민과 이주, 오염과 환경퇴화 등은 모두

---

9 1990년대 초 나미비아의 가뭄은 심각한 농업 피해를 몰고와, 국가 차원에서 상업적 수입과 식량원조를 통해 식량의 유용이 가능했지만, 가뭄의 직접적인 피해를 입은 집단들은 식량에 대한 권리들이 확보되지 않아 기아의 고통을 받았다. 20여 년이 지난 후에도 가뭄과 홍수 피해를 입은 빈곤층 농민들의 처지는 바뀌지 않았다.

가 인간이 자초한 문제이며 국경을 초월하는 관련성을 보여준다. 그래서 문제해결의 해법은 개별 국가들의 행동뿐 아니라 어느 한 국가의 노력만으로 달성할 수 없는 글로벌 성과를 내기 위한 집단적 역량의 구축, 즉 글로벌 거버넌스에 의존할 수밖에 없다."

또 온실가스 배출 감축, 노동권리 보호, 최저임금 보장, 취약국가 역량 개선을 위한 개발협력, 빈곤층에 대한 인도적 구호와 피난처 제공 등 무수한 글로벌 도전들이 제시되고 있다. 이런 글로벌 도전들의 해결에는 개별 국가정책들이 서로 조정되지 않은 상태에서는 외부경제(externalities) 문제가 발생한다. 따라서 글로벌 이슈들의 시스템 차원의 관심과 모니터링과 조정을 이루기 위해서는 글로벌 및 지역 차원의 제도들을 필요로 한다. 국제기관들과 그들과 관련된 글로벌 질서로 인간개발의 상당한 진전이 이뤄졌지만 동시에 이 기관들은 만연된 극심한 박탈에 직면해 있는 대규모의 글로벌 인구를 방치해둔 것도 사실이다. 국제기관들 중에는 재화와 서비스, 자본과 노동의 상호교환을 규제하는 규율과 규제장치들을 갖추고 있고, 다자 국제기관들은 글로벌 공공재화의 설치와 집행을 담당하며, 글로벌 시민 네트워크들은 다양한 이해관계자들을 갖고 있다.

3) 지속가능한 개발을 위한 글로벌 거버넌스

바람직한 글로벌 제도들과 글로벌 거버넌스의 구축은 가능한가? 〈2016년 인간개발보고서〉는 다음 원칙들에 기초하면 가능하다고 설명한다(앞글: 137-8).

첫째, 개발 정책들을 과잉 규제하는 규율들은 지구화의 불가피한 결과는 아니다. 오히려 지구화의 특정 경로의 결과로 빚어진 것으로 일부 국가들과 일부 영향력이 협상 테이블에서 과잉 대표된 결과다. 따라서 보다 시스템 차원에서 보다 균등하게 더 광범한 의견들이 포용된다면 모든 이해관계자들을 위한 인간개발에 친화적인 규율들을 제정할 수 있다. 국가들이 민주적 원칙들에 기초해 자국의 정책결정을 위한 의미 있는 재량권을 확보하도록 기회를 확장하는 것이 중요하다.

둘째, 글로벌 공공재화의 창출은 공공선을 공공 책임에 연계할 능력을 가진, 정통성을 갖춘 다자 국제기관과 정책 일관성을 강화할 필요가 있다. 불어나는 이주자들의 경우, 유입을 차단하는 정책은 해외에서 극심한 박탈에 직면한 사람들을 보호할 의무와 완전히 별개의 문제로 다뤄질 수는 없다.

셋째, 개발도상국들은 지속가능한 개발을 위해 지구화를 이용하는 역량 개선이 뒷받침되어야 한다. 지금까지 개발도상국들은 민주적 과정을 통해 투자보호 협정, 해외기업의 세제 인센티브와 무역 자유화에 따른 자국의 정책결정의 제약을 수용해왔다. 그런데 일부 자유화 조치들은 일부 국가에서는 개발정책에 장애가 되기도 했다.

또한 UN 개발정책위원회는 개발도상국의 개발 노력을 지원하고 환경적 지속가능성의 지향하는 원칙들에 대한 합의를 글로벌 거버넌스 어젠다로 제시한다(UNCDP 2015: 14-17).

첫째는 각국의 역량에 기반하는 공통의 차별화된 책임 원칙이다. 이 원칙은 국제법의 형성에서의 형평성 원칙을 제시한다. 공동으로 직면하는 문제들의 해결에서 모든 국가들이 국제적으로 합의된 대응방안에 공동 참여하는 것이다. 각국의 역량에 따라 문제해결의 분담이 차별화된다.

둘째는 보조성(subsidiarity) 원칙이다. 이 원칙은 문제해결의 역량이 있는 가장 낮은 수준에서 문제가 해결될 것을 제시한다. 지방과 국내 차원에서 해결될 문제를 국제, 글로벌 차원으로 문제해결이 맡겨질 필요는 없다. 특정 이슈에 대한 글로벌 거버넌스 제도의 창출은 기존의 지역적, 지방적 기관들에 기반해서 다양한 지역, 지방 주체들의 공조로 해결될 것으로 강조한다. 따라서 지역적 거버넌스 구조는 글로벌 거버넌스 구조의 기초 단위라 볼 수 있다.

셋째는 포용성(inclusiveness), 투명성(transparency), 책무성(accountability) 원칙이다. 글로벌 거버넌스 기관들은 글로벌 공동체 전체를 대표하고 동시에 그 전체에 책무적일 필요가 있다. 특히 의사결정 절차가 민주적, 포용적이며 투명해야 한다. 이런 핵심요소들을 결여하는 글로벌 거버넌스는 보편적 정당성을 상실해 그 효과성이 약화될 수밖에 없다. '확고한' 거버넌스는 상호적 책무성(mutual accountability)을 의미하는 것으로, 이는 합의된 실행과 의무사항들이 잘 이행되도록 하는 투명한 메커니즘과 과정들로 검증될 수 있다. 책무성은 그 자체가 목표가 아니라, 합의된 결과를 달성하기 위한 도구라고 볼 수 있다.

넷째는 일관성(coherence)이다. 일관성 원칙은 글로벌 규율과 과정들의 정의, 총체적, 종합적 접근을 의미한다. 한 분야에서의 활동이 다른 분야의 활동에 장애가 되지 않도록 총체적 접근을 필요로 한다. 이를 위해 정책결정의 국내와 국제 부분 사이의 일관성 유지가 중요하다. 또 일관성은 주요 이해관계자들 사이의 조정과 공조를 촉진시켜 정보공유를 개선할 필요가 있다.

마지막은 책임 있는 주권(responsible sovereignty) 원칙이다. 이 원칙은 상호의존이 가속되는 질서에서 정부는 자국 정책결정의 주권적 행사를 확대

■ **표 1-6** 빈곤과 불평등 해소를 위한 글로벌 거버넌스 목록

- 무역과 투자 등을 통해 세계 경제를 관리한다.
- G8 등을 통해 주요국들이 국제 금융시장을 체계적으로 조정한다.
- 원조와 관세 등을 통해 부, 기술, 지식을 재분배한다.
- (오존층 문제에 관한) 몬트리올 협정, (기후변화에 관한) 교토의정서, 또는 세계보건기구나 유엔에이즈계획 등을 통해 환경과 건강에 관한 위협을 예방한다.
- 협상의 장을 제공해 전쟁을 피하고 전쟁 중 학대를 제한하며, 제네바협약 같은 국제 인도적 법률기관을 옹호한다.
- 강대국 또는 기업들이 약하고 가난한 국가들에 피해를 주지 않도록 한다. 이런 '피해 방지' 어젠다에는 무기 거래, 탄소 배출, 부패, 파괴적 무역 정책이 포함된다.
- 재해가 발생할 때나 국가의 대처 능력이나 의지가 없는 경우 유엔의 구호활동을 통하거나 국제사회가 '보호 의무'를 실천해 가장 취약한 계층에게 안전망을 제공한다.
- 여성차별철폐협약(CEDAW), 아동권리협약 등을 통해 태도와 신념의 변화를 추진한다.

자료 Green 2008: 292-3.

할 필요성을 강조한다. 동시에 각국 정부는 타국 정부의 정책결정을 존중해 합의된 정책 성과를 달성해야 한다. 책임 있는 주권은 글로벌 지속가능한 개발의 달성에 필요한 글로벌 공공 재화의 효율적인 공급에 필요한 원칙이다.

5. 지구화 → 글로벌 거버넌스 → SDGs

지구화의 긍정적인 기여를 지속가능한 개발에 확대 적용하는 글로벌 이슈도 중요하지만, 지구화의 부정적인 피해와 위협을 차단하는 '글로벌 거버넌스'의 효과적인 기능 또한 중요하다.

1) 지구화, 기후변화, 테크놀러지 변화

지금의 지구촌 시민들의 생존과 생계에 직접적인 영향을 행사하는 지구화뿐 아니라 기후변화와 테크놀러지의 변화에 대한 지구적 노력이 '글로벌 거버넌스'라고 볼 수 있다. 이 같은 지구적 변혁에 대해 글로벌 거버넌스는 진흥 또는 차단의 장치로 제도와 기구 및 규율을 갖춰 대응한다. 글로벌 거버넌스가 모든 지구화의 문제를 해결하거나 글로벌 공공재화를 창출하는 것은 아니다. 대부분의 문제들은 글로벌 거버넌스로 해결되지 못해, 개별 국가들의 대응에 맡겨지는 상황이다. 빈곤국은 세금조차 제대로 거두지 못하는 국가 역량의 한계 때문에 많은 빈곤층을 방치해두고 있는 실정이다.

〈그림 1-3〉은 지구화, 기후변화, 테크놀러지의 변화에 대한 일차적인 글로벌 안전망으로 '글로벌 거버넌스'의 중요성을 보여준다. 이차적으로는 국가의 사회보호와 재난구호 정책에 의한 안전망을 차례로 보여준다. 중앙과 지방정부, 또는 민간기관이나 NGO 등의 지원에도 배제된 빈곤층은 생계(livelihoods)[10]와 생존의 위협을 받아 거주지 이탈자로 난민으로 전락한다.

국가 역량이 부족해서, 빈곤과 질병이 심각한 상황에서는 기업이나 시민사회가 개인과 가계의 생계를 보호하는 3차 안전망 역할도 한다. 방글라데시의 최대 NGO인 BRAC은 교육, 보건, 지역사회개발, 사회서비스 제공

---

10 '생계'는 삶을 만드는 역량, 자산, 활동의 기회 세트로, 생계는 자연, 인간, 물리적, 재정적, 사회적, 문화적 자본(자산)에 대한 접근에 의존하고, 또 자산을 전환, 확대하기 위한 필요한 사회적 관계, 삶의 의미를 부여하기 위한 자신의 역량을 개선하는 방식 등에 의존한다(IPCC 2014: 798).

■ **그림 1-3** 지구화, 기후변화 → 글로벌 거버넌스 → 사회안전망 → 개인 생계

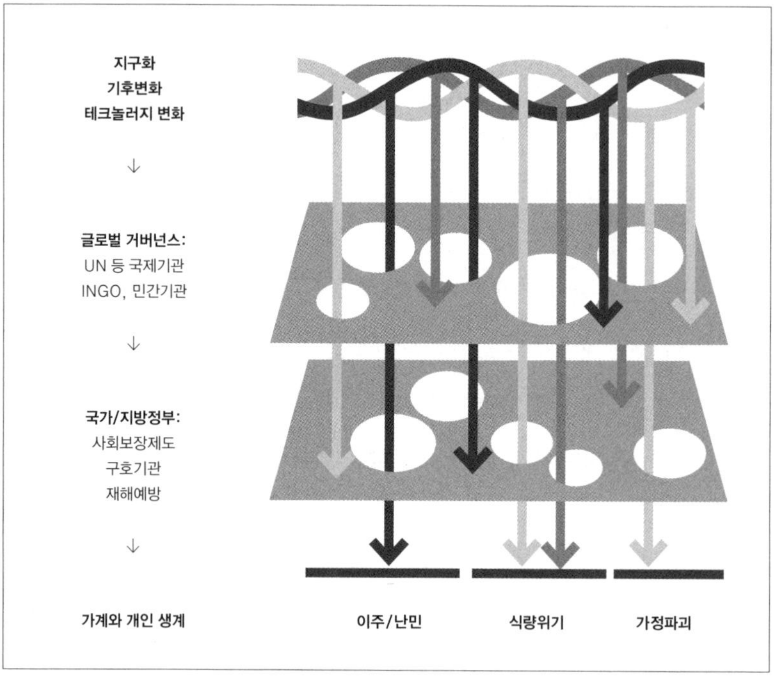

자료 IPCC 2014, p.799에서 글로벌 거버넌스 부분 저자가 추가.

등 국가가 해야 할 일들을 대신하는 준국가 공공서비스를 제공한다(제4장 표 4-3).

2) 지구화 → 글로벌 거버넌스 → SDGs

글로벌 거버넌스는 지구화를 지속가능한 개발(SDGs)에 기여하는 선순환으로 전환시키는 제도, 규범, 활동이다. 〈그림 1-4〉는 지구화 ↔ 글로벌

거버넌스 → 개발의 관계를 보여준다. 지구화가 개발에 미치는 긍정적인 영향도 적지 않지만, 부정적인 영향에 대한 글로벌 거버넌스의 차단, 억제 역할이 중요하다. 지구화 → 개발에 대한 직접적인 영향과 지구화 → 글로벌 거버넌스 → 개발에 대한 간접적인 영향으로 나타난다.

UN 회원국 전체가 합의해 추진하는 SDGs는 2016~30년 기간을 통해, 완전한 빈곤퇴치(No Poverty)를 비롯한 17개의 지속가능한 개발 목표를 추진하는 과정에 있다. SDGs 달성에 방해하지 않고 기여하는 지구화를 만드는 역할이 '글로벌 거버넌스'다. 글로벌 거버넌스의 주체는 세계 국가들과 여러 국제기관들뿐 아니라 자발적인 참여에 기초하는 다국적기업,

그림 1-4 지구화 → 글로벌 거버넌스 → 지속가능한 개발(SDGs)

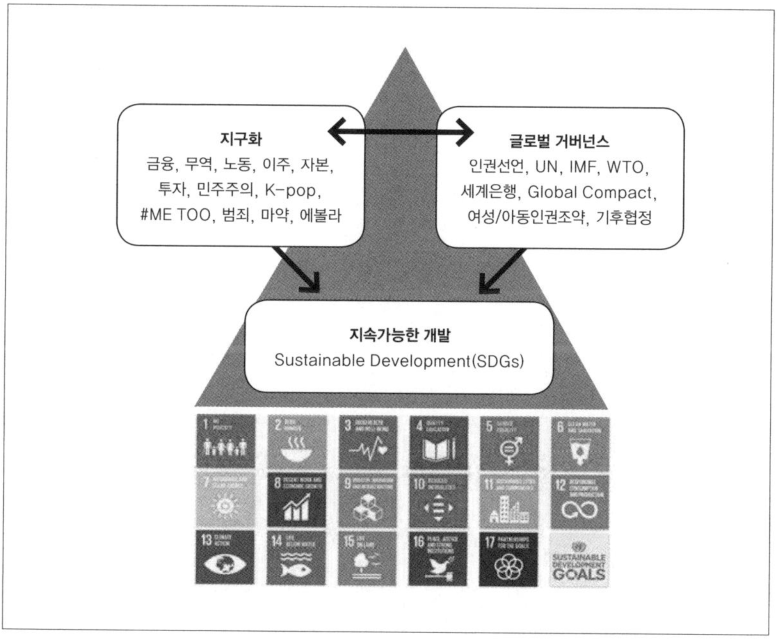

NGO, 시민들로, 이들의 사명은 글로벌 자원과 역량을 총동원해 SDGs를 달성하는 것이라 볼 수 있다.

먼저 지구화는 금융, 무역, 노동, 이주, 자본, 투자 등 경제적 지구화뿐 아니라 민주화와 같은 정치적 지구화, K-pop, MeToo와 같은 문화적 지구화, 범죄와 마약과 에볼라와 같은 부정적 지구화도 복합된 과정이다. 지구화↔글로벌 거버넌스 쌍방 관계는 지구화가 심각한 문제를 많이 야기하므로 이에 대한 글로벌 거버넌스의 대응이며, 여기에는 지구화의 혜택을 촉진, 진흥하기 위한 글로벌 거버넌스도 포함된다.

글로벌 거버넌스는 1948년의 보편적 인권선언을 비롯해, 글로벌 거버넌스 제도로서 UN, IMF, WTO, 세계은행의 설립과 운영, 다국적기업의 시장권력을 규제해 글로벌 사회적 책임을 요청하는 글로벌 컴팩트(Global Compact), 아동, 여성 등 취약층 인권 증진을 위한 국제적 조약, 기후변화에 대응하기 위한 국가들의 온실가스 배출을 규제하는 2015년 파리 기후협정 등이 대표적인 사례가 된다.

제2장

지구화 → 글로벌 위기?

지구화의 두 얼굴인 기회와 위기 중에서 개발도상국들이 경험하고 여전히 회피할 수 없는 지구화의 위기와 피해에 초점을 맞춰 현황을 살펴보고, 이에 대한 '글로벌 거버넌스'의 정당성을 정리해볼 수 있다.

1. 글로벌 금융, 식량, 기후변화 위기

지구화로 글로벌 개발을 위협하는 리스크들이 줄지 않고 있다. 2015년 말 현재 세계 6500만 인구가 강제로 거주지를 상실하고 이주자 또는 난민 신세가 되었다(UNDP 2016a: 35-38). 분쟁으로 인한 사망자가 1989년 이래 최고를 기록하며, 2014년 현재 17개국에서 50만 명이 넘었다. 극단주의 테러 사건은 2006~14년 기간 5000개 이하에서 1만 5000개로 늘었고, 사망자는 2000~14년 기간 10배 늘었다.

삶의 터전에 대한 위협도 늘고 있다. 비옥한 토지가 매년 240억 톤 가량 유실되며 극심한 가뭄과 사막화를 만들며 15억 인구의 삶과 생계를 위협한다. 생다양성은 세계 토지의 절반 이상이 안전 수준 이하로 퇴보했다. 2012년 840만 명이 공기, 물, 토지 오염으로 사망하며, 공기 오염으로만 650만 명이 사망했다. 지구의 허파 역할을 하는 숲은 기후변화 속도를 늦추는 카본싱크(carbon sink)가 되지만, 연간 숲 상실은 아일랜드 국토 규모의 700만 헥타르에 달한다. 세계 에너지 공급의 80%는 여전히 화석연료이며 재생에너지는 16%에 불과하다.

1) 글로벌 3대 F(food, fuel, finance) 위기

2007년 이후 세계는 1930년대 세계대공황 이래 전대미문의 3대 F 위기(food, fuel, financial crises)로 고통을 받고 있다(Global Health Watch 3, 2012: 9). 세계무역은 2002~07년 기간 연 평균 7%의 성장을 이뤘지만 2009년 11% 감소되었다.

먼저 연료 위기(fuel crisis)는 '피크 오일'(peak oil) 이후 사상 최고가격을 기록하였다.[11] 또 곡물가격은 2005~08년 기간에 123% 인상하였는데, 그전 5년간 이미 27% 폭등한 가격이 다시 폭등한 것이다. 쌀 가격이 2001~08년 기간에 네 배 폭등했고, 쌀, 밀, 옥수수 등 다른 곡물들도 지난

11 국제 석유가격은 1998~2000년 두 배 상승했다가 2003년까지 안정되더니 2002~2005년과 다시 2005~2008년에 각각 거의 두 배 폭등하였다. 석유 이외의 다른 연료의 가격도 거의 유사하게 폭등하였다.

10년새 두 배 이상 폭등했다.

글로벌 금융, 식량, 연료 위기들은 서로 밀접히 관련되어 있다. 유가의 급등은 식량가의 폭등을 몰고 왔고, 이 둘은 다시 바이오연료 생산으로 '패러다임 이동'을 부추겼다. 더불어 바이오연료 생산용 질산비료의 가격 폭등이 일어났다. 곡물 등 생필품 시장에 투기자본이 대거 유입되었다.[12] 또한 2008년 미국에서 발생한 금융위기는 투기자본이 에너지와 식량 시장으로 이동하도록 만든 주요 요인이 되었다. 투기자본가들이 에너지와 식량에서 새로운 안전한 피난처를 찾은 것이다.

석유, 식량, 금융 위기들은 또 비교적 느른 속도로 진행되는 개발의 위기와 기후변화와 관련된다. 기후변화로 빈곤국들이 가장 심각한 피해를 입게 된다. 또 농업에 절대적으로 의존하는 빈곤국의 취약성은 변덕스러운 기후 때문에 가뭄의 피해가 극심하며, 홍수, 해일 등의 피해도 직접 당한다(앞글: 13-14). 또한 이들은 기후변화에 대응하고 완화하는 역량과 재정을 갖고 있지 않아, 그 피해가 누적되면서 빈곤과 기후변화의 악순환의 덫에 갇히게 된다.

두 번째로 느리게 진행되는 위기는 '개발위기'다. 중국과 브라질 등의 신흥개발도상국들은 엄청난 규모의 경제성장을 이룩하며 개발의 획기적인 진전을 이뤄냈지만, 대부분의 개발도상국들은 심각한 개발위기에 직면

---

12 생필품 인덱스 기금(commodity index funds) 규모가 2003~08년에 130억 달러에서 3170억 달러로 20배 이상 불었다. 이 투기자본 대부분은 대규모의 '단타적'(momentum-based) 투기로 식량과 연료 가격의 폭등을 조장했다(Global Health Watch 3, 2012). UN의 식량권리 특별조정관에 따르면, "석유, 금, 식량 물가의 시장 어느 곳에서도 공급 제한이나 수요 확대도 전혀 없었다"며, "2008년의 식량위기는 심각한 결함을 가진 글로벌 금융체계가 공급과 수요 움직임의 영향을 악화시켰기 때문에 발생했다"고 분석한다.

해 있다. 사하라이남 아프리카에서 가장 심각하며, 네팔, 아이티, 라오스 등지에서도 인간안보를 위협하는 빈곤, 영양실조 등의 개발위기가 상존한다.

이 같은 느린 속도의 개발위기와 기후변화는 다시 삼대 위기들을 심화시키는 요인으로 작용한다. 기후변화는 글로벌 에너지, 식량위기를 낳는 요인이 된다. 심각한 가뭄, 농지의 사막화 등의 변화로 식량생산이 줄면서 식량가격의 폭등을 부추기며, 식량을 생산하는 에너지 비용의 폭등을 유발한다. 또 석유가의 폭등에 대한 대안으로 바이오연료 생산이 확대되면서 숲을 제거하고 농지를 확대하며 온실가스 배출을 늘리는 악순환인 루프피드백(loop feedback)이 발생한다.

빈곤국들의 빈곤 등 인간안보 위기 상황은 글로벌 식량위기와 에너지위기를 부추기는 요인이 되기도 한다. 빈곤국들이 농업으로 식량주권을 확보하고 인간안보를 보장하는 개발을 이뤄내면 글로벌 식량위기와 에너지위기는 많이 심화되지는 않았을 것이다. 중국 등 신흥 강대국의 성장은 환경적 지속가능성이 약한 생산을 통해 저임금, 저가의 수출품을 많은 국가들에 판매해 소비를 확대시키는 효과로 이어지면서 글로벌 온실가스 배출을 크게 증대시킨다.

2) 3대 위기의 원인: 비민주적 글로벌 거버넌스

식량위기와 연료위기를 함께 분석한 브라운의 저서 〈가득찬 지구, 빈 밥그릇〉(*Full Planet, Empty Plates*, 2012)은 위기의 근본원인으로 글로벌 '시스템 과부하'(overload)로 파악한다(표 2-1).

또 3대 F 위기들을 제시한 〈Global Health Watch 3〉 보고서는 3대 위

표 2-1 글로벌 시스템 과부하(System Overload)

과잉 어획 Overfishing	글로벌 해양 어족의 80%가량이 지속가능한 수확 기준 또는 그 이상에서 남획되고 있다.
과잉 방목 Overgrazing	글로벌 방목 가축수가 1960년 이래로 12억가량 증가했다.
과잉 벌목 Overcutting	세계 숲 면적이 연간 560만 헥터(코스타 리카 국토 규모) 상실했다.
과잉 경작 Overplowing	아프리카, 아시아, 중동의 일부 지역에서 생산적 경작지가 불모지로 바뀌고 있다.
과잉 펌핑 Overpumping	세계 인구 절반이 자연적으로 채워지는 지하수 양 이상의 물을 과잉 채취하는 국가에서 생활한다.

자료 Brown 2012. http://www.earth-policy.org/books/fpep/fpep_presentation

기들과 개발 위기와 기후변화는 서로 밀접히 관련되는데, 그 위기들의 근원은 다음 네 가지로 파악한다(Global Health Watch 3, 2012: 17).

첫째는 글로벌 경제 불평등이다. 개발의 위기와 기후변화 위기는 글로벌 경제적 불평등의 전형이라 볼 수 있다. 기후변화는 전형적인 과소비의 위기로, 부유국들의 과소비와 이를 충족시키기 위한 고도 생산으로 인한 온실가스 배출의 증가에 기인한 것이다. 반면에 개발의 위기는 전형적인 저소비의 위기로, 인간다운 삶을 유지하기도 어려운 생계위협의 위기를 보여준다. 한편은 과소비로 다른 한편은 저소비로 각각 기후변화의 위기와 개발의 위기라는 대조적인 위기를 만들어내는 지구적 모순은 경제적 불평등에 기인한 것이다. "부유한 소수에 의한 세계의 한정된 자원의 과소비는 환경적으로 지속가능한 수준을 넘어서고 있을 뿐 아니라 가난한 다수의 저

표 2-2 식품 투기자본의 유입 → 식량위기

사회 공급보다 사적 공급에 대한 의존으로 이동하는 제도권의 투자 증대로 투기자본은 더욱 활성화되고 있다. 투기자본이 증대함에 따라 금융상품과 다른 (부동산, 미술품 등) 투기자본도 늘고 있다. 투기자본의 고수익 때문에 생산 투자보다는 투기투자의 수익성을 높이며 투기자본의 확대를 부추긴다. 글로벌 식량위기를 일으켰던 식량가격 폭등의 원인은 글로벌 경제적 불평등으로 인한 투기자본의 확대에 있다. 미국과 EU의 바이오연료 정책이 가능했던 것은 정부의 상당한 보조금 지원도 있었지만, 더 중요한 것은 개발도상국의 빈곤층의 식량 욕구 충족보다는 자국 운전자들의 저렴한 대체에너지 욕구 충족 때문이었다.

자료 Global Health Watch 3, 2012: 18.

소비보다 더 막강한 세력이 되고 있다"(앞글: 18). 2000년 기준으로 세계 인구 10%에 달하는 부유층이 세계 부의 85%를 차지하고, 반면에 세계 인구 절반의 저소득층은 세계 부의 1.1%를 차지할 정도로, 빈부격차는 심각하다(앞글: 17).

둘째는 금융의 주도적 역할이다. 투기자본은 석유, 식량, 금융위기를 유발시킨 주요세력임에 틀림없다. 금융 부문의 주도적인 역할이 확대되면서 투자는 점차 생산과는 멀어져 가는 동향을 보여준다. 대다수 사람들은 소비력 부족으로 자신들의 욕구를 충족시키기 위한 생산에 투자할 인센티브를 갖고 있지 않다. 소득불평등으로 금융투자에 유용될 수 있는 사적 자본의 규모가 생산 기회의 유용성을 능가할 정도로 크게 늘면서 금융상품의 투기자본으로 유입된다.

셋째는 불평등한 글로벌 경제적 통합이다. 이상의 위기들은 개발도상국들이 상업적 지구화를 통한 글로벌 경제에 통합됨으로써 더 심각해진다. 2008년의 글로벌 금융위기는 미국에서 시장 횡포와 정부 규제의 실패로 발발해 미국 금융체계의 통합에 의존하는 유럽 금융기관들이 자신들에 위협적인 악성 자산들을 대량 구매하면서 유럽 등지에 급속히 파급되었다(앞글: 24-5).

넷째는 비효과적이고 비민주적인 글로벌 거버넌스다. 글로벌 위기를 일으키며 개발도상국에 막대한 피해를 입히는 지구화의 지속적인 추구는 글로벌 의사결정의 속성에 내재한 근본적인 결함에 기인한다고 볼 수 있다. 그 결함들은 글로벌 거버넌스 기관들이 5대(석유, 식량, 금융, 개발, 기후변화) 위기들을 예방하지 못한 결함, 위기들을 효과적으로 해결하지 못하는 결함, 위기들이 불필요하게 사회적 피해와 인간안보에 대한 피해를 미치지 않도록 관리하지 못한 결함 등이다.

비민주적 글로벌 거버넌스는 개발도상국들의 심각한 도전을 받고 있다. 서구 개발국들은 세계 인구의 14%에 불과하지만 글로벌 정책결정에 과도한 권력을 행사하고 있다. 브라질, 중국, 인도 등을 제외한 다수 빈곤국들과 개발도상국들은 거의 정책결정 권한을 갖고 있지 않다. IMF와 세계은행의 정책결정권은 '경제적 가중치'의 투표 체계에 의존해, 미국이 거의 모든 결정에 거부권을 행사하고 또 개발국들 전체가 다수 투표권을 행사한다. 글로벌 정책 포럼(Global Policy Forum) 자료를 보면, IMF와 세계은행 이외의 UN 기관들도 공식적으로 민주적 투표권에 의존하지만, 개발국들이 주요 재정지원국이기 때문에 이들의 영향력에 크게 의존하는 실정이다(앞글: 28). 주요 개발국들은 재정공급자로서 어떤 이슈를 우선적으로 다루어 어떤 결정을 유도해야 하는지, 어젠다 형성과 정책결정에서 주도적인 역할을 한다. 개발국의 원조, 부채구제, 무역양허 등에 크게 의존하는 개발도상국들은 개발국의 주도적인 역할을 묵인하며 공조할 수밖에 없는 환경에 처하게 된다.

IMF와 세계은행에서는 G7이 의사결정권을 독점하고 있다(표 2-3). 이

■ **표 2-3** IMF와 세계은행의 '1달러 1표' 의사결정: G7 주도 (단위: %)

G20	IMF	IBRD	IFC	IDA	MIGA
1. EU	32.1	28.5	31.2	32.9	27.6
2. 미국	16.7	16.3	23.6	12.1	14.9
3. 일본	6.0	7.8	5.8	9.6	4.2
4. 독일	5.9	4.5	5.3	6.4	4.2
5. 영국	4.8	4.3	5.0	5.4	4.0
5. 프랑스	4.8	4.3	5.0	4.1	4.0
7. 중국	3.6	2.8	1.0	1.9	2.6
8. 이탈리아	3.2	2.8	3.4	2.6	2.4
9. 사우디아라비아	3.1	2.8	1.2	3.3	2.6
10. 캐나다	2.9	2.8	3.4	2.7	2.5
11. 러시아	2.7	2.8	3.4	0.3	2.6
12. 인도	1.9	2.8	3.4	3.2	2.5
13. 호주	1.5	1.5	2.0	1.2	1.5
14. 멕시코	1.43	1.2	1.1	0.7	–
15. 브라질	1.38	2.1	1.6	1.6	1.4
16. 한국	1.33	1.0	0.7	0.6	0.5
17. 아르헨티나	1.0	1.1	1.6	0.7	1.1
18. 인도네시아	0.9	0.9	1.2	0.7	0.9
19. 남아공	0.8	0.8	0.6	0.3	0.9
20. 터키	0.5	0.5	0.6	0.6	0.5

자료 Global Policy Forum 2010.

참고 IBRD(International Bank for Reconstruction and Development, 국제부흥개발은행), IDA(International Development Association, 국제개발협회), IFC(International Finance Corporation, 국제금융사), MIGA(Multilateral Investment Guarantee Agency, 다자투자보증기관).

에 BRICS를 포함한 G20이 도전하지만, G7은 2/3 이상 절대 의사결정권을 양보하지 않고 있다. 2014년 현재, IMF 개혁은 가로막혔다. 금융위기 이후 2010년에 일련의 개혁안이 합의되었지만 BRICS 등으로부터 자본금 증대는 이뤄졌지만 다른 거버넌스 개혁안들은 최대 주주로 16% 의결권을 갖고 있는 미국의 동의 없이는 수퍼 다수결 85%를 통과할 수 없다(Woods 2014: 9).

그러나 개발도상국들의 요청과 압력이 강해지면서 G7 체제가 G20으로 확대되는 등 다소 포용적인 글로벌 거버넌스로의 변화가 있었다. G20에 포함된 새로운 국가들 또한 G8의 주도에 의해 선별된 것이라는 부정적 시각도 있다. G20으로 국가수가 확대되었지만 여전히 강대국들의 정책결정 권한은 변함없이 유지되고 있다. 개발도상국들에 대한 '분리와 지배'(divide and rule) 전략을 활용한다는 비판도 제기되고 있다(Global Health Watch 3, 2012: 30).

비민주성 문제와 함께 비투명성과 비책무성 문제 또한 심각하다. 모든 국제기관들에서 책무성이란 결국 개별 국가에 대한 책무성이다. 각국 정부는 국제기관에 대표를 보내 국익을 추구하는 정책결정을 하도록 지시하는 것이다. 각국의 정부기관들도 국민에 대한 책무성이 취약한 문제들이 있지만, 국제기관들에서의 책무성은 더 심각한 문제를 안고 있다.

마지막으로 심각한 문제는 개혁 가능성이 없다는 것이다. 이런 글로벌 체제처럼 국가 정부가 운영한다면 아마도 비민주적이고 세계적으로 가장 부패한 조직이라는 비판을 받아 폐지되거나 개혁될 것이 분명할 것이다(앞 글: 31). 지금의 글로벌 5대 위기들을 극복하기 위한 방안도 일차적으로 이런 글로벌 거버넌스 조직의 개혁, 민주화에 있다고 볼 수 있다. 그런데 강대국 편향적인 조직의 특성상 개혁을 어젠다로 상정하기조차 어려운 실정이다. IMF와 세계은행의 경우 거부권이 있고, 5대 강대국들이 다수의 정책결정 표결권을 행사하고 있기 때문이다.

그렇다면 결론적으로 '자본주의의 위기'라고 볼 수 있는가? 글로벌 경제 체제는 자본주의 원칙들에 확고한 기반을 두고 있는데, 인류 대다수의 기본적인 욕구들을 충족시키기도 못하고 있고 환경적 지속가능성을 유지하고 있는 것도 아니기 때문에 지금의 5대 위기들에 비추어볼 때 실패하고 있다. 지금의 글로벌 경제의 '체계적인 위기'는 지금 상태의 자본주의가 극심한 불평등과 규제에서 자유로운 시장의 속성 그리고 기업과 금융 부문의 소수 부유층의 이해 편중의 속성을 갖고 있기 때문에 생존 가능성이 희박한 형태를 유지한다(앞글: 40). 이런 상태에서는 빈곤퇴치 등 인간안보를 위한 글로벌 개발을 달성하기에는 한계가 있다. 더구나 기후변화에 대한 적응과 완화의 해법도 찾지 못하며 위기 상황을 방치하는 위기가 지속되고 있다. 5대 위기들이 서로 강화적인 관계를 유지하며, 위기의 악순환을 되풀이하고 있다. 따라서 글로벌 거버넌스의 획기적인 개혁이 따르지 않으면 근본적인 처방을 기대하기 어렵다.

2. 글로벌 '경제와 무역' 거버넌스

1) 경제의 지구화

지구화 중에서 경제의 지구화가 가장 심각한 논란이 되고 있다. 세계는 보호주의 기간을 거쳐, 집단적인 국가, 지역, 글로벌 의사결정의 결과로 지구화되어 왔다. 지구화는 최소한의 기준, 규율과 신뢰에 기초한다. 개인들에게는 지구화가 상호작용, 여행과 투자의 새로운 기회들을 개방시켜주므로 내재적인 인간개발의 개선으로 보여질 수 있다. 그럼에도 동시에 지구화는 다른 사람들과 타국과의 상호작용으로 인한 외부 쇼크에 대한 노출을 의미할 수 있다(UNDP 2016a: 138). 쇼크 중 일부는 역량을 감소시키고 다른 일부는 역량을 개선시키는 기회가 된다. 이런 문제들 때문에 집단적 의사결정으로 글로벌 기관들을 형성한다. 다자, 양자적 조직들이 주요 규율

■ **표 2-4** 시장 제도의 지구화에 따른 사회적 혜택과 비용 예시

	혜택	부담
무역	· 저렴한 가격의 재화와 서비스 접근 · 대규모 시장에 접근 · 경제적 구조의 업그레이드와 다변화	· 수입대체 부문의 실업 · 부정적 무역 쇼크에 노출 · 국가정책의 자율적 공간 축소 · 노동자의 바닥으로 경쟁
금융	· 새로운 금융 소스에 접근 · 기업의 다른 시장 사정으로 리스크 다변화 능력 개선	· 금융 변동성(금융 쇼크에 노출) · 국가정책 재량의 축소 · 바닥으로 경쟁(노동자, 조세제도, 규제)
이주	· 수용국의 광범한 노동시장 접근 · 이주자의 이탈국보다 나은 근로와 생활여건 · 이탈국에 송금 · 지식과 문화의 유동	· 이주자와 가족의 취약성 · 수용국에서의 서비스 제공의 잠정적 불균형(이주 쇼크로 인한) · 이탈국의 기술과 케어 갭(브레인 드레인 brain drain)

자료 UNDP 2016a: 138.

과 기준들을 결정한다. 재화와 서비스의 무역에서는 WTO가 주요 기준설정 주체가 된다. 회원국들은 WTO 규범들로 구속을 받는다. 자본의 유동의 경우 주요 보호장치는 국제투자협정과 양자 투자조약들이 주도한다. 노동의 유동은 양자 협정과 국제 결의로 복합되어 있다.

글로벌 무역 거버넌스에 비해 이주자 거버넌스는 매우 취약하다. WTO는 164개국이 그 기준과 규율에 따르게 한다. 또 기업들이 차별을 받게 되면 국가들을 소송할 수 있는 법률적 메커니즘을 제공하는 투자보호협정에 181개국이 계약해 있다(앞글: 139). 이에 비해 50개국도 안 되는 국가들이 이주자의 인간으로서의 기본권리와 노동자로서의 경제적 권리를 보호하는 협정에 참여하고 있다. 이 같은 국제시장을 규제하는 다자·양자적 기관들의 비대칭성이 지구화의 패턴에 많은 영향을 미쳐왔다. 무역의 지구화는 1990년 이후 급성장해, 연간 6.7% 성장률을 기록했다. 해외직접투자

는 1990~2015년 기간 연평균 8.9%라는 높은 성장을 보였다. 그런데 이주는 연간 1.9%에 지나지 않아, 지난 25년간 세계 인구 중 이주자 비율은 3%에 머물러 있다.

지구화의 주요 비용 중 하나는 외부 쇼크를 전환시키는 것이다. 글로벌 경기침체로 인한 무역의 붕괴, 인접 국가의 갈등으로 인한 급작스러운 자본 흐름의 중단이나 이주자 급증은 국경을 초월하는 대형 위기를 초래할 잠재력이 있는 외부 쇼크들이다. 이 쇼크들은 특정 국가의 입장에서는 전형적인 외재적 쇼크이지만, 국제사회의 입장에서는 내재적인 인간이 자초한 상황이다. 따라서 많은 경우에서 쇼크들은 예방가능하다. 마찬가지로 쇼크가 발생하면 개별 국가들은 쇼크의 규모나 지속기간을 통제할 역량을 갖고 있지 않기 때문에, 많은 국가들이 조정화된 행동으로 부정적 영향을 흡수해 감소시켜야 하는 글로벌 거버넌스가 필요하다.

지금의 국제기관들의 구성과 글로벌 시장의 불균형 상태의 성장은 인간개발에 심각한 도전이 된다. 일부 인구층만이 번성하고 다른 인구층은 낙후되고, 또 규제받지 않은 금융 지구화는 사람들의 경제적 불안을 증폭시킨다(UNDP 2017: 140). 자본은 가장 부유한 계층에 집중되는 성향이 있는데, 이들은 유동성뿐 아니라 (글로벌 가치사슬의) 생산 융통성의 혜택을 누린다. 이들의 수익의 일부가 사회의 다른 인구층에 이전되지만 그 효과는 긍정적인 것만으로 간주되기 어렵다.

2) 이웃국가 거지만들기(beggar-thy-neighbor)

'이웃국가 거지만들기' 문제도 심각하다. 세계경제는 글로벌 협력이 갈수록 어려워지는 새로운 국면에 접어들고 있다. 미국과 EU는 높은 부채와 낮은 성장의 부담을 안고 국내 문제에 치중할 수밖에 없는 상황으로, 이제 더 이상 글로벌 규율을 만드는 일에 역량을 발휘할 여유가 없다. 이런 상황에서 중국과 인도 등이 국가주권과 국내현안에 대한 무간섭의 원칙을 중시하고 있어 더욱 더 그렇다. 따라서 글로벌 경제 거버넌스의 동향은 오히려 국가들의 상황과 정책자율성 요구를 수용하며 다양성을 인정하는 일련의 연약한 규정들로 글로벌 리더십과 협력이 추진되는 경향이 있다(Rodrik 2012).

그런데 G20, WTO 등에서는 글로벌 경제 거버넌스의 처방이 마치 더 많은 규율, 더 높은 정책조율, 개별 국가의 정책에 대한 더 많은 규제를 요청하는 논의들이 많다. '보조성'(subsidiarity) 원칙이 글로벌 거버넌스 이슈들에 대한 올바른 처방이 될 수 있다. 어떤 정책들이 글로벌 차원에서 조율되어야 하는지, 어떤 정책들이 국가의 정책결정 권한으로 남아야 하는지를 제시해준다.

경제정책에는 네 가지 특이한 유형들이 있다(Rodrik 2012). 한 극단에는 국경을 넘어 국제적 이슈가 되지 않는 국내정책들이 있다. 예를 들면 교육정책에 대해서는 글로벌 합의가 필요하지 않다. 또 다른 극단에는 글로벌 공동의 정책들이 있다. 이 정책의 결과는 국내정책이 아니라 다른 국가들의 정책들에 의해 결정되는 경우이다. 온실가스가 전형적인 사례로, 각국은 강력한 글로벌 규율을 적용하지 않으면 스스로 배당된 온실가스 배출을 감소하며 글로벌 공동의 정책을 이행하지 않을 것이다.

이 양극단 사이에 두 가지 정책유형이 분포되어 있는데 각자가 다른 정책처방을 요구한다. 하나는 '이웃나라 거지만들기' 정책처럼 자국의 이익을 위해 다른 국가에 경제적 피해를 주는 경우다. 자연자원을 가진 국가가 자원공급을 동결시켜 세계시장의 가격상승을 꾀하려는 정책을 추진하거나 또는 거대 규모의 무역 잉여 형태로 중상주의 정책을 추진하는 경우다. 이처럼 다른 국가에 피해를 주는 정책들은 타국의 비용부담으로 자신의 이익을 추구하는 행위가 되므로 국제적인 규제가 필요하다. 실례로 중국이나 일본의 평가절하 정책이나 또는 독일의 무역 잉여와 같이 거대 규모의 거시경제적 불균형으로, 보다 강력한 글로벌 규제를 요청받는 정책들이다.

마지막 정책유형은 농업보조금정책이나 유전자변형식품에 대한 금지와 같은 '자국 거지되기'(beggar-thyself) 정책이다. 이들은 다른 국가에 비용부담을 주는 경우이지만 실제로는 국내의 정책 동기들(배분적, 행정적, 공중보건 관심 등)이 경제적 효율성의 목표보다 사회적 목표를 중시해 추진된 경우들로, '이웃국가 거지만들기' 정책과는 다르다.

이상과 같이 네 가지 유형의 정책들은 각기 다른 글로벌 대응을 필요로 한다. 지금의 글로벌 정치적 노력은 글로벌 무역과 금융규제 등 '자국 거지되기' 정책에만 많은 시간을 낭비했고, 거시경제의 불균형 등 '이웃국가 거지만들기' 정책에는 등한시하였다(Rodrik 2012). 글로벌 거버넌스에 대한 지나치게 의욕적인 그리고 방향이 잘못 정해진 노력들은 글로벌 리더십과 글로벌 협력의 공급이 극히 제한적인 시대상황에서는 적절한 대응이라 보기 어렵다.

3) 국제무역 거버넌스

국제무역 거버넌스는 관세와 무역에 관한 일반협정(GATT)과 이를 계승한 세계무역기구(WTO)의 규율에 의해 지배된다. 이 국제기관들은 1980년대와 90년대 구조조정의 결과로 개발도상국의 무역자유화 배경에서 글로벌 무역의 확대를 지향해왔다. 그런데 자유무역의 규율들은 국내 공공정책의 자율성을 심각하게 위축시키는 결과를 초래하였다. 과거 선진 개발국들이 이용했던 산업진흥정책 등을 지금 개발도상국들이 같은 방식으로 지원하는 것을 차단시키고 있다. 또 예를 들면 인도의 국가식량안보법과 같은 사회정책의 시행을 무용지물로 만들기도 한다(표 2-5).

표 2-5 WTO와 인도의 국가식량안보법의 충돌

인도의 식량안보법은 2013년에 시행되며 인구의 67%에게 6100만 톤의 식량곡물을 배분하는 사상 최대의 식량안보망 프로그램에 그란트를 제공해 '식량권리'를 지원한다. 그런데 가난한 농민들이 생산한 곡물을 수매해 가난한 소비자들에게 판매하는 이 법의 지원 프로그램이 WTO 농업규율 위반이 된 것이다. WTO 회원국들은 농업보조금 상한선을 위반하는 경우 무역제재를 받는다. 그런데 상한선의 계산방식이 1986~88년의 가격과 국내 환율 기준에 고정된 것이라 비정상적으로 낮다.

이 같은 국제 규정 때문에 국가의 개발정책의 자율성이 크게 제약을 받는다. 이 규정이 처음 합의되었을 때 인도를 비롯한 다른 개발도상국들은 농업보조금의 규모가 많지는 않았었다. 그런데 인도의 2013년 국가식량안보법은 인도의 8억 4000만 명의 기아인구를 구제할 목적으로 직접 식량보조금을 연간 150억 불에서 210억 불로 증액하려는데 제동이 걸린 것이다. 한편 미국은 국내 농업보조금을 1995년 600억 불에서 2013년 1400억 불로 대폭 증액한 사례가 있었다. 인도의 식량안보 이슈는 아직 분쟁해결이 되지 않은 상태에 있다.

자료 UNDP 2016a:140.

WTO의 도하 개발라운드(Doha Development Round)는 이런 규제적 규율을 재조정해 국가의 자율권을 일부 허용하는 개발지향적 시각을 제시하였다. 그럼에도 2001년 이래로 협의된 핵심 이슈들에 대한 진전은 이뤄지지 않아, 국제무역 규율은 이제 지역 무역협정이나 양자 무역협정들이 확장되고 있다. 이 협정들 중심의 글로벌 무역에서는 투자와 지적소유권 보호 문제가 핵심 이슈들로 부각되고 있다(앞글: 142-3). 해외직접투자와 특허권을 많이 가진 선진개발국들이 이런 무역협정으로 상당한 국익을 챙기고 있다. 개발도상국이 미국을 비롯한 개발국에 지불하는 로얄티와 라이센스 지불금은 1990년 이래로 급증했다. 국제무역협정과 양자 무역협정들은 국가로 하여금 자국의 정책과 규율을 규정할 자율권을 제약시킨다.

UN은 193개국이 회원국으로 대부분 결의안이 1국1표에 기반하지만, 두 개의 예외가 있다. 하나는 안전보장이사회의 상임이사국 5개국(미,영,프,중,러)은 거부권을 가지고 있다. 다른 하나는 평화유지군의 재원은 일부 국가들의 기여에 기초한다. UN 시스템 전체는 재정의 55%가 기여국에 의해 특정 목적에만 지출되도록 계획된 항목들로 결정되어 있다.[13]

국제무역은 '규모의 경제' 실현의 기회를 제공하고 생산효율성의 증대와 테크놀러지 이전을 촉진하는 잠재력을 제공한다. 글로벌 무역 규정들은 안정적인, 예측가능한 무역 흐름을 유지하고 참여국 모두에 혜택이 되는 투명한 규제 체계를 제공하는 데 효율성이 개선되어야 한다. 그 체계에는 다자무역협정의 규율뿐 아니라 지역과 양자 무역협정으로 합의된 규율들도 포함된다. 개발도상국의 세계무역 참여는 늘고 있지만, 국가에 따라 분야

---

13 UN 전체 지출의 62%에 해당되는 운영비 중 지출 제한이 없는 핵심 항목들이 전체 예산에서 차지하는 비중은 점차 줄어, 2003년 32%에서 2014년 24%로 하락했다.

에 따라 참여의 차이가 적지 않다(UNCDP 2015:21). 개별 국가의 입장에서 글로벌 경제로의 통합은 그 자체가 목적이 아니라 개발에 이르는 전략적 요소가 되어야 한다. 그런데 무역 자유화가 진전되었음에도 개발도상국의 정책자율성은 축소되고 있다.

지역무역협정(RTAs)의 확대로 다자무역협상의 어려움이 제기되고 있다(앞글: 39). 도하라운드(Doha Round)는 과거 여러 차례 사장되어버렸다. 개발을 지원하는 진정한 오리엔테이션이 부족하다는 불만이 팽배해 있다. 규율의 엄격성이 강화된 반면 개발도상국의 관심사가 잘 수용되지 않는 문제를 드러내 보인다. 정책결정에서 1국1표의 공식적인 평등 원칙이 있지만 국가들 사이의 경제적, 정치적 권력 측면에서 심각한 비대칭이 있다는 것을 보여주는 한 단면이다. 정책결정은 실제로 투표로 이뤄지지 않고 합의에 기초하기 때문에, 정책결정을 차단하는 한 국가의 권리 행사가 강력한 것이다. WTO의 일부 핵심 운영에서 투명성이 결여되어 합의가 이뤄진 과정도 불투명하다. 포용성과 투명성 원칙들이 적용되어, 개발도상국들의 의견을 존중하는 합의 시스템이 소규모 이슈 기초의 회의에서 모든 회원국의 권한 행사 방식으로 정착될 필요가 있다.

권력과 역량의 비대칭은 분쟁해결 메커니즘(dispute settlement mechanism: DSM)에서도 잘 드러나 있다. 약소국과 저소득국들은 거의 분쟁을 제기하지 않는다. 방글라데시가 유일하게 분쟁해결을 요청한 국가로 나타나 있다. DSM 이용 비용은 높고 또 WTO 규정에 대한 깊은 지식을 요구하므로 많은 개발도상국, 특히 저소득국들이 이에 역량을 갖추고 있지 않은 문제가 있다. 그래서 개발국들 사이의 DSM이 이용되며, 전체 40%는 개발국들 사이에, 다른 22%는 개발국과 중소득국들 사이에 관한 것들이다.

대부분의 다자, 양자, 지역 무역협정들은 다음과 같은 발전의 경로를 거쳐 왔다. (i) 주류 경제에서 생산 부문과 거대 기업의 욕구와 관심을 반영하며, (ii) 새로운 분야에 적용되고, 또 (iii) 비즈니스 모델이 변하고, 새로운 실천들이 등장해 생산 조직이 복잡화되고 국제적으로 분절화되면서 관련 규율들도 강화된 특성이 있다.

개발도상국에 대해서는 최근의 동향은 차별화된 대우(differential treatment)를 하는 것보다는 특수한 개별 국가의 욕구에 기초해 호혜적 대우(preferential treatment)를 하는 특성이 있다. 개발도상국들이 매우 다양화되는 동향에서 이 같은 호혜적 대우가 대안이 될 수 있겠지만, 개별 국가의 욕구에 기초한 국가 분류, 지원 필요가 있는 욕구의 선별 문제 등이 난제로 제기된다.

4) 글로벌 금융기관의 거버넌스 개혁

'불균등한 다자주의'(inequitable multilateralism) 문제도 심각하다((Jayadev 2010: 14). 다자 국제기관들의 거버넌스는 각각의 핵심 기능들의 달성뿐 아니라 국가들 사이의 집단적 역량 확대를 위해서도 중요한 이슈가 된다. 다자기관들의 기능의 정당성과 질을 보장하는 것은 적절한 거버넌스 구조를 갖추었는지에 달려 있다. IMF는 글로벌 통화시스템의 안정과 건전성에 영향을 미치는 정보, 실행 및 조정의 문제 해결을 핵심 기능으로 삼는다.

IMF의 거버넌스 구조는 G7 국가들이 지배하는 문제가 심각하다. 2010년에 합의되어 2016년 시행된 개혁으로 미국만이 의결권 17%를 차지하는 거부권 행사 국가가 되었다. BRICS(브라질, 러시아, 인도, 중국, 남아공화국)은 전체의 14%에 불과하다. 주요 의결권 행사자인 주주 국가들의 이해와 관련해서 대출 결정이 이뤄지고 있다는 불만이 제기된 것도 사실이다. 그런데 IMF에 대한 신뢰도가 회원국들 사이에서 심각한 의문을 제기하는 수준에 이르렀다. 아시아, 남미 그리고 거대 신흥국 정부들은 가장 회의적인 그룹이고, 거대 개발국인 유럽국들은 대부분 무관심국 그룹에 해당된다는 조사가 있다(앞글: 14). 이런 신뢰의 약화는 금융자문기관이자 위기 수습 시에는 자금제공자라는 IMF의 역할에 좋지 않은 영향을 미치게 된다.

세계은행 또한 G7 국가들이 주주 국가로 지배하는 거버넌스 구조를 갖고 있다. 2010년 개혁으로 중국이 미국과 일본 다음으로 3대 대주주로 동참했지만 여전히 G7이 주도하는 조직이다. 세계은행에서는 빈곤퇴치 목표와 자본시장 실패 해소 목표, 그리고 글로벌 공공재화의 공급 목표 사이에 끊임없는 긴장관계가 있다.

그런데 지구화는 자본소득을 늘리고 노동소득을 줄이며, 양자의 격차를 더욱 벌려놓는 문제를 야기하고 있다. 임금이 소득에서 차지하는 비중이 지난 20년간 감소했고, 이는 2008년 금융위기에 일조하는 주요 요인이 되었다는 것이 국제노동기구(ILO 2009)의 분석이다.[14] ILO는 글로벌 거버넌스 어젠다는 "사회적으로 해롭고 경제적으로 비효율적인 소득불평등을 회피하면서 동시에 일하고, 배우고, 투자하는 적절한 인센티브를 보장하는 일이다"고 결론짓는다.

---

14 국민총생산(GDP)에서 임금이 차지하는 비중은 세계 51개국 자료를 보면, 남미와 카리비아 지역이 -13%로 가장 많이 감소했고, 이어 아시아와 태평양 지역 -10%, 선진경제국 -9%이다. 규제받지 않은 재정 혁신에 휩싸인 국가들에서는 근로자와 가족들은 주택투자와 소비에 더 많은 빚을 지게 되면서, 글로벌 금융위기에 일조하였다(ILO 2009). 이는 임금 상승이 부신한 가운데 국내 수요를 시행하기 위한 핵심이 되었는데, 이 같은 성장 모델이 한계에 이르자 위기로 발전한 것이다. 지구화는 대다수의 인구에게 이득을 주지 않는다는 인식이 많은 국가들에서 널리 공유되고 있다.

'민주적 책무성'과 '제도적 실험'이 글로벌 거버넌스에서 가장 취약한 개혁과제로 제시되어 있다(Jayadev 2010: 15). 글로벌 금융기관의 거버넌스 개혁이 시급하다. 글로벌 경제, 금융시스템의 디자인은 금융 안정을 추진하지 못했고 그에 따라 인간개발의 증진에 필요한 경제적 여건 조성에도 실패했다. 이런 실패로 새로운 정책 처방들이 등장해 글로벌 경제 거버넌스의 개혁을 추진하였다. 정책처방들은 민주적 책무성 보완과 제도적 실험의 증진 방안으로 구분해볼 수 있다.

글로벌 금융위기는 공정하고 효과적인 국제적 경제 거버넌스의 증진을 위해 글로벌 금융과 경제 시스템 개혁의 긴급성을 증대시켰다. 그간 글로벌 거버넌스의 참여국에서 배제되었던 많은 개발도상국들은 자신들의 의견과 대표성 증대를 위한 국제금융기관들의 개혁을 지지해왔다. 이 같은 '민주적 책무성' 수요는 글로벌 거버넌스 논의에서 UN 전체 회원국인 G-192의 역할 확대를 지지해왔다. 개발도상국 전체가 동질적이지 않아 의견이 분열되기도 하지만 전체의 공통된 의견은 매우 확고한 개혁 지지적이다.

IMF, 세계은행, 국제결제은행(Bank for International Settlements) 등의 불균등한 의사결정권 분포 때문에 '개발국 대 개도국' 의견충돌이 심각하다(Griffith-Jones 2003). 개발국이 강력하게 제안한 의결안들은 가결되고 개도국들이 강력히 요구하는 의결안들은 일부 가결이 되거나 전혀 상정도 되지 않는 결과를 보여준다. 개도국들의 국제금융기관들의 책무성 제고 요청은 그간 여러 차례 제기되었다. 국제금융기관(IFI) 각각이 다른 거버넌스 구조를 갖추고 있기 때문에 개혁방안 또한 맞춤형이 되어야 하지만, IMF와 세계은행에 대한 주요 쟁점은 의결권 쿼터 개정 과정으로 빈곤국들도 쿼터를 받도록 하는 책무성 이슈가 되었다.

3. 개발도상국의 성장과 대응

1) 개발의 성공: 효과적 국가와 능동적 시민

대부분의 개발도상국들은 1980년 이후 지속적인 성장을 이루는 과정에서 '워싱턴 합의'로 알려진 극단적인 충격요법에 의존해 왔다(Green 2008: 181-2). 이것은 세계은행, IMF 등이 권고한 것으로, 개발도상국 경제의 급진적 자유화, 탈규제, 민영화를 요구했다. 그런데 그 뒤 20년이 지나 중국의 경제적 도약은 커다란 성과를 거두었지만, 반면에 남미는 수세기 묵은 도약과 파산을 반복했다.[15]

효과적인 국가의 개입은 민간부문 자체의 발전을 위해서도 긴요하다. 모든 성장도약 국가들은 사회적 통합, 연대, 정치적 안정을 동시에 추구하면서 거시경제의 안정, 세계경제로의 통합, 높은 수준의 저축, 공공 및 민간 투자, 급진적 다변화 등 일반적인 경제목표 추구를 우선했다. 성공적인 정부들은 도로, 전기, 인적 자본 등에 투자를 아끼지 않았다. 농업의 도약은 경제성장의 사다리에서 첫 번째 필수 단계였으며, 뒤이어 의류생산을 거쳐 가치사슬을 올라가며 전자제품같이 복잡한 제품의 제조와 수출로 도약했다.

이런 도약을 이룩하기 위해 베트남, 중국, 한국, 중국은 보호주의적 관세장벽 뒤에서 핵심 분야들을 개발했고, 국가가 다음과 같은 일을 도맡았다(앞글: 184).

---

15 중국은 지속된 성장으로 1990년 약 30%이던 빈곤층의 비율을 2005년 10%로 줄였나. 남미는 1981년 960억 달러에서 2007년 7520억 달러로 높였지만 (1일 $2미만 소득) 빈곤층은 1980년 1억 3600만 명에서 2005년 2억 900만 명으로 늘었다.

(a) 더 정교한 제품을 생산할 수 있는 숙련노동력을 확보하려고 교육과 훈련에 집중적으로 투자했다.

(b) 의류 등의 저기술 제조업을 첨단기술 제조업과 고기술 서비스로 한 차원 높이기 위해 산업 진흥에 선도적으로 나섰다.

표 2-6 아시아 호랑이들의 개발 성공의 요건들

한국, 말레이시아, 베트남, 싱가포르, 중국, 타이완 등 '아시아 호랑이들'의 성공적인 사례는 국가가 경제적으로 성공하려면 어떻게 해야 하는지에 관해 일관된 교훈을 준다. 아시아 호랑이들의 정부와 관료들은 단순히 단기적 결과나 일부 개인들의 부를 위해서가 아니라, 국가를 전환하려는 목적을 갖고 있다. 공직자들은 개인이나 정당의 연줄이 아니라 주로 능력에 따라 선발된다.

a) 성장을 촉진하라. 경제에 적극적으로 개입해 기반시설을 건설했고, 가능성이 있어 보이는 산업에 융자와 지원을 단행했다. 또 기업이나 특정 부문이 목적 달성에 실패하면 지원을 철회하고 무너지는 것을 내버려 두었다. 또 국가는 국내 저축과 투자 의욕을 고취해 변덕스러운 해외자본에 대한 의존을 최소화했다.

b) 시작부터 형평성을 지향하라. 타이완과 한국은 2차 대전 이후 급진적인 토지개혁 형태인 '예비적 분배' 정책을 갖고 경제성장을 준비했다. 말레이시아는 경제적으로 배제된 말레이 인구에 혜택을 주는 '소수민족 우대정책'을 폈다.

c) 지구경제에 통합시키되 차별화 정책을 추진하라. 아시아 호랑이들은 무역을 통해 부를 창출했지만 자국의 햇병아리 산업들을 보호하는 정책을 추진했다. 미국과 유럽 등지에서 해외기업도 국내기업과 동일하게 대우하라고 요구했는데, 이에 굴복하기보다 해외투자에 선별적으로 참여하며 국내기업을 적극적으로 지원했다.

d) 모든 국민을 위한 보건의료와 교육을 보장하라. 개발은 건강하고 교육을 받은 국민과 동의어가 된다. (동아시아뿐 아니라) 많은 개발도상국들이 보건의료와 교육에서 두드러진 진전을 이뤘다. 아주 부패한 곳에서도 경제가 성장했고, 특히 중국과 베트남은 세계은행 등이 경제성장에 필수적인 것으로 여긴 서구식 재산권을 보장하지도 않았지만 성장했다. 또 말레이시아와 베트남은 개발도상국의 사형선고로 간주되었던 풍부한 광물과 풍족한 농업이라는 '자원의 저주'를 극복했다.

자료 Green 2008: 92-3.

(c) 국내 산업이 수출시장에서 경쟁력을 가질 수 있게 관세와 같은 보호장치를 마련했다. 단기간 제한을 둠으로써 산업체들이 정해진 기간 안에 경쟁력을 갖춰야 했다.

(d) 실패한 산업체는 도산하게 내버려 두는 원칙을 고수했지만 다른 한편으로는 실패한 산업체를 산업 로비로 포획해 국가의 지속적인 지원으로 거대 산업들을 존속하고 성장하게 했다.

(e) 각국은 한국처럼 국가를 대표하는 기업들을 설정해 산업화를 추구할 것인지 아니면 말레이시아처럼 해외기업들의 진출을 장려해 기술을 받아들일지를 비교적 초기에 결정했다. 어느 방식을 택하든 자유방임정책보다 국가개입정책을 추구한 국가가 성공했다.

(f) 투자, (우대하는 산업체에 대한 보조금 대출 등) 자본 이용, 세금 감면, 기타 산업 전환을 위한 인센티브 등에 규제적 권한을 이용했다.

개발도상국이 성장을 이루는 데 성공했는가, 아니면 실패했는가? 문제는 어느 정도 국제무역에 참여할 수 있는지, 국가의 능력과 연계된다. 세계무역은 호황을 누리며 세계경제 전체보다 더 빠르게 성장하고 있다. 그런데 무역량은 부국과 (부유한 개발도상국들을 포함한) 중간소득국에 심하게 편향되어 있다.[16]

《2006년 세계개발보고서》는 지난 20년간 많은 국가에서 무역자유화가 불평등의 상승과 관련이 있었다고 결론을 내렸다. 무역자유화는 정부의 보조금 지원을 없애거나, 투자 규제를 막는 조치들을 포함함으로써, 소

16 세계무역으로 발생하는 100달러 중 97.28달러가 고소득과 중소득 국가로 가고, 나머지 2.72달러가 세계 인구 40%가 살고 있는 저소득국가에 돌아간다(Green 2008: 190).

농민이나 지역의 노동집약적 제조업자들이 감히 경쟁할 수 없는 값싼 수입 상품의 홍수를 유발할 수 있다. 또 기업들이 생산을 현대화하고 숙련노동력을 유치하려고 노력함에 따라, 숙련직과 비숙련직 노동자의 임금 차이가 높아졌다.

한국, 모리셔스, 베트남, 중국, 타이완 등은 무역자유화에 능동적인 대응을 했다. 제조업에서 성공적인 실적을 거둔 국가들은 보호주의 장벽으로 핵심 산업을 개발해 왔으며, 그것이 국제 경쟁력을 갖게 되면서 무역장벽들을 점차 낮췄다(앞글: 192). 부국들은 자신들의 번성하는 산업들을 보호하려고 높은 관세를 이용했던 과거와는 전혀 다른 자세를 취하며, 개발도상국들이 관세를 크게 인하해야 한다고 주장하고 있다. 오늘날 사하라이남 아프리카의 개발 수준이던 과거의 미국은 평균 40%, 일본은 30%, 유럽은 20% 관세를 부과했다(앞글: 192). 이것들은 지금의 무역협정에서 가능한 수준을 훨씬 넘어선 것이다.

2) BRICS의 글로벌 거버넌스 도전

개발도상국은 세계 경제에서 높은 비중을 차지하지만, 그만큼 글로벌 거버넌스 기관에서 비례적 대표성을 갖고 있지는 않다. IMF는 2010년에 대표성 강화 개혁을 일부 했을 뿐, 여전히 G7 주도적인 지분율이 보장되며 BRICS 중 일부가 지분율 개선을 받았을 따름이다. 2008년 글로벌 금융위기로 '글로벌 GDP'의 85%, 세계 인구의 65% 비중을 차지하는 G20이 출범했지만, G20 또한 글로벌 경제의 대표성에 크게 미치지 못하는 한계를 안고 있다(UNCDP 2015: 4). G20 또한 대표성뿐 아니라 포용성과 책무성이 결여된 '엘리트 다자주의'(elite multilateralism)를 대표할 따름이며, 대다수 개발도상국의 대표성은 경시되고 있다.

그런데 글로벌 질서는 UN(2009)에 따르면, '제2세대 지구화' 동향을 보여준다. 글로벌 경제에서 개발도상국 경제의 역할이 얼마나 신속하며 근본적으로 변화해왔는지를 주목해볼 수 있다. 가장 거대하고 가장 신속하게 성장하는 개도국들이 그들의 역동성과 개방성으로 세계경제를 안정화시키고 있다(UN 2009: iii). 많은 개도국들이 흑자를 달성하면서 세계에 자본을 제공하는 중요한 기여자 역할을 맡고 있다. 그래서 제2세대 지구화가 지금 부상하고 있다는 것이다. 2세대 지구화의 특징은 경제적 다극성에서 찾아볼 수 있다. 지구촌의 북반부보다 남반부가 두드러진 역할을 맡고 있는 것이다. 오늘날 어떤 국제경제협정의 협상 테이블에도 중국, 인도, 브라질, 남아공이 없는 상황을 상상할 수 없다. 이런 일부 개도국들의 새로운 경제적 비중은 다른 개도국들에게는 상당한 기회들을 창출해주는 효과를 발휘하며, 또한 정책 획일성보다 다양성이 필요하다는 것을 보여준다.

개발도상국 경제가 선진개발국 경제에 비해 성장률이 더 높아지고 있는 것은 사실이다. 그런데 세계 GDP 측면의 글로벌 소득의 비중에서 양자는 여전히 커다란 차이를 보여준다(앞글: 2).[17]

---

17 선진 개발국들은 2006년 현재 세계 인구의 16%에 불과하지만 명목적 세계 GDP의 73%를 생산하고 있는데, 그 비중은 1992년 80%에서 다소 감소되는 추세에 있다. 개도국과 발전국 사이의 일인당 GDP 비중은 1990년 20.4배에서 2006년 16.1배로 다소 줄었지만 현재의 달러인 절대적 가치에서는 그 차이는 2만 불에서 2만 6000불로 더 벌어졌다.

3) 약소국의 글로벌 거버넌스 탈퇴

약소국들은 무역, 원조, 금융, 기후변화 등 글로벌 협력의 규율 제정이나 시행에서 거의 영향력을 갖고 있지 않다. 또 이들은 기존의 규율에서도 타국들과 협상력도 취약한 것이 사실이다. 이 같은 권력의 비대칭성 문제에도 불구하고 이들은 이런 한계를 극복하는 자율권 행사의 여지를 갖고 있지 않은 것은 아니다. 이들은 자신들에게 불리한 규율들을 따르기도 하지만 국제레짐에서 탈퇴하는 출구전략을 활용하기도 한다(Molina 2013: 2). 충성(loyalty) 또는 탈퇴(exit) 사이에서 선택의 추운동은 최근에 와서 더욱 잦아지는 동향을 보여준다. 볼리비아는 원조, 무역, 기후변화에서 글로벌 거버넌스 탈퇴를 선택한 대표적인 국가다. 볼리비아의 탈퇴 전략은 국가의 외교정책 시각에서, 국제 정치경제 시각에서 설명될 수 있다. 모든 글로벌 거버넌스 문제가 약소국들의 문제는 아니며 또 역으로 약소국들의 모든 문제가 모두 글로벌 거버넌스의 문제는 아니다.

약소국들이 국제레짐에 동참하는 데 따른 이점들은 여러 가지가 있다(앞글: 3). 비대칭적인 양자 협상과는 대조적으로 국제레짐들은 약소국들에게 비교적 자율적인 정책 여지를 제공하고, 정보 제공과 협력의 거래비용 감소, 유사한 권력과 이해에 기반하는 레버리지 기회 창출 등이 장점으로 꼽힌다. 일부 사례들에서 분권화된 의사결정과 의사결정국의 연대의 변화의 상황에서는 국제레짐들은 약소국들의 보다 역동적인 수용을 요청한다.

국제레짐의 장점들에도 불구하고, 약소국들의 탈퇴와 탈퇴 위협 사례들은 적지 않다. 첫째는 국제레짐에 참여하는 것이 약소국에게는 어떤 가치가 있는지에 대한 반사실(counterfactual)에 관한 것이다. 약소국들이 밝히는 선호에 관한 이슈다. 둘째는 탈퇴 사례들은 다양한 전략적 행태를 보여준다. 전략적 행태는 사상, 이해, 역사적 경험과 밀접히 관련되는데, 이를 '정책반전'(policy reversal)으로 볼 수 있다. '정책자율성'(policy space)은 "국가들이 개발의 목표와 수단을 형성하는 데 가지는 자율성의 정도"를 의미한다. 법률적(de jure) 정책자율성은 다자협정, 조약 등에 명시된 것이며, 사실상(de facto) 정책자율성은 기존의 규율 내에서 또는 밖에서 전략적 행동을 하는 자율적 여유를 의미한다. 모든 다자간 정책규율들이 국가의 정책자율성에 영향을 미치는 것은 아니며 장기적인 개발의 전망을 방해하는 정책규율들만이 해당된다. 예를 들면 WTO의 TRIPS 지적소유권 규율은 특허활동이 거의 없는 약소국들에게 어떤 피해를 갖다주지는 않는다. 마찬가지로 모든 자국 결정의 정책 규율들이 정책자율성을 갖게 하는 것은 아니다.

4) 볼리비아의 글로벌 거버넌스 탈퇴

볼리비아는 2000년대 중반에 새로운 외교정책이 되는 정책반전을 추진하였다(Molina 2013: 4). 첫째는 IMF 차관을 거부하는 결정, 세계은행의 PRSP 정책 프레임워크 거부 결정, 세계은행의 국제투자분쟁해결센터 탈퇴 결정이다. 둘째는 자유무역에 관한 EU-Andean 조약 협정에 가입하지 않으며 미국과의 조건부 무역특혜(trade preferences)를 거부한 것이다. 셋째는 2009년 12월 코펜하겐 기후변화회담을 대신하는 2010년 4월 볼리비아의 대안 정상회담을 개최한 것이다.

첫째는 정권 교체로 정책 변화를 추진한 것이다(앞글: 5). 정권 교체로 '정책반전'의 변화가 일어났는가? 볼리비아의 5년간의 신자유주의 상징이 되는 '워싱턴 합의' 정책들의 포기로 글로벌 거버넌스 탈퇴는 일부 정책들에 선택적인 전략이었다. 2005년 12월 에보 모랄레스 대통령의 선거 승리로, 2006년 국가개발계획(National Development Plan: NDP)이 시행되었다. 신자유주의 기반의 개발의 핵심 수출 패턴의 변화를 강조하였다. 또 NDP는 탄화수소에 전략적 개발의 초점을 맞춰 2006년 국유화정책을 제시하였다. 천연가스가 전략의 핵심이며 새로운 개발 어젠다의 기반이 된 것이다. 천연가스와 탄화수소에 전략적 초점을 맞춘 것은 수출품 소스의 다변화를 추진하기 위한 것이며, 값싼 노동과 풍부한 자연자원에 대한 의존에서 벗어나 고부가가치, 생산성 증대, 공정한 생계 조건에 기반하는 노동과 환경 기준의 개선에 초점을 맞추었다.

2006~10년 기간에 모랄레스 정부는 삼단계의 정부 계획에 제시된 여러 목표들을 달성한 성과를 이뤄냈다. 첫째는 2006년 천연가스의 국유화로 탄화수소 재정수입의 정부 개입의 확장이며, 둘째는 2007년 중앙집중 또는 지방분권 형태로 공공 투자의 확대다. 셋째는 2007년 말부터 2008년 초 기간의 아동과 노인 복지를 지원하는 사회이전 메커니즘의 확대개선이다. 그럼에도 행정역량의 부족과 실적주의적 정책 추진으로 두드러진 성과를 내지는 못했다.

둘째는 정책자율성의 증대 전략이다(앞글: 6). 천연가스의 국유화는 2005년 메사 정부에서 세제법의 제정으로 그리고 2006년 모랄레스 정부의 국유화 행정명령으로 추진되었다. 국유화 과정의 두 가지 측면이 정책 반전의 특징이 되었다. 첫째는 정부 참여의 구조다. 새로운 계약으로 정부의 수입은 총생산 가치의 67%(백만 BTUs 당 1달러)에서 75%((백만 BTUs 당 4.5달러)로 유동적이다.[18] 그런데 정부의 수입 참여는 사기업들이 운영비용과 자본투자를 회수하는 시점에 이뤄지는 페루의 사례와 유사한 수준의 계약이다.

정부 수입의 증대는 긍정뿐 아니라 부정의 임팩트를 보였다. 긍정적인 것은 가격 상승 요인과 브라질과 아르헨티나와의 양자 협상으로 볼리비아 GDP는 2006년 탄화수소 분야의 20억 불 이상의 수입이 포함되며 100억 불로 올라섰다.[19] 그런데 천연가스 분야에서 볼리비아의 새로운 채취산업 투자가 점차 불투명해지는 문제가 발생했다.[20]

---

18 탄화수소 시행사는 법에 명시된 협상가격인 50%를 약간 상회하고 시행령에 제시된 82%보다 적은 가격을 지불한다. 새로운 계약은 2007년 4월 다국적기업들이 계약 단위당 기준으로 체결되었다.

19 또 탄화수소 분야에서 오는 정부 세입은 2007년 9억 6700만 달러로 늘었다. 이는 볼리비아의 해외원조금의 두 배가량 되는 대형 수입이다.

20 2008년 브라질과 아르헨티나와의 협상에서 볼리비아는 기존의 계약을 성사시키지 못했다. 그리고 글로벌 천연가스 시장이 확장되면서 볼리비아는 남미 지역을 넘어서는 새로운 시장을 개척하는 과제를 안고 있다. 경쟁국들과 지역의 수요를 넘어서는 경쟁적 우위를 확보하는 과제다.

제3장

글로벌 거버넌스 → 지속가능한 개발?

개발도상국 개발의 성과는 다양하게 평가되고 있다. 지난 2000~15년 기간에 시행된 MDGs로 평가하는 것이 가장 일반적인 접근법이다. MDGs는 UN 회원국들이 합의해 빈곤해소, 질병퇴치 등 글로벌 개발 목표를 단순한 산출(output)이 아닌 결과(outcome)와 임팩트(impact)를 제시한 최초의 의미 있는 글로벌 거버넌스로 평가될 만하다. 이제 SDGs가 MDGs 성과의 바통을 이어받아 2016~30년 기간 추진되고 있다. 그럼 SDGs가 추진되면서, '지속가능한 개발'을 위한 글로벌 거버넌스는 강화될 것인가?

1. 글로벌 '인간개발'은 진전되는가?

1) 글로벌 인간개발(1970~2010)의 진전

개별 국가들이 인간개발에서 이룩한 성과는 〈인간개발보고서〉에서 확인해볼 수 있다. UNDP의 인간개발지수(Human Development Index: HDI)에서 40년간(1970~2010) 135개국 중 3국(콩고, 잠비아, 짐바브웨)를 제외한 모든 국가들이 상당히 양호한 성적을 보여준다(UNDP 2010). 한국 등 동아시아와 태평양 지역이 가장 큰 96%, 중앙아시아가 가장 적은 13% 성장을 기록했다.[21]

지난 40년 기간 국가 간 인간개발은 어떤 측면에서 두드러진 차이는 있었는지, 통계분석으로 살펴볼 만하다. 1970년의 HDI라는 출발에서 의미 있는 차이가 없었고, 40년 기간에 공공지출비 차이가 아니라 공공보건, 공공교육 지출비, 민주주의, HIV 감염률, 자원수출, 내전, 원조금에서 의미 있는 차이가 발생했다(표 3-1).

2) 절대빈곤 인구의 절반 감소

글로벌 개발에서 지난 수십 년간 기록된 대표적인 성과는 절대빈곤 인

---

21 인간개발지수(HDI)는 국민소득, 기대여명, 문자해득률, 학교등록률을 복합한 지수다. 사하라 이남 지역의 문자해득률과 학교등록률은 지난 40년간 100% 이상 급증했지만, 여전히 낮은 수준에 머물렀다. 전자는 65%, 후자는 54%에 불과하며, 기대여명에서도 세계 최하수준인 52세로, 선진국 80세에 비해 28세 차이가 난다.

■ **표 3-1** 개발실적 부진 요인들: 개발도상국 135개국 비교, 1970-2010

주요 요인들	실적부진국 (46개국)	기타 개발도상국 (89개국)	차이
HDI 1970	0.54	0.53	0.01
공공보건지출비(GDP비중)	3.0	3.6	-0.6*
공공교육지출비(예산비중)	9.7	12.3	-2.6*
민주주의(정권교체)	0.4	0.5	-0.1*
HIV 감염률	2.9	1.3	1.6*
자원수출액(노동자 일인당$)	0.9	1.8	-0.9*
내전 (전체 중 비율%)	28	18	10*
원조금액(% of GNI)	7.3	5.0	2.3*
공공지출비(% of GDP)	23.3	25.1	-1.8

자료 UNDP 2010.
참고 * 0.05 유의도.

구의 감소, 소득불평등 개선, 영양부족 인구의 감소에 있다. MGD 1(절대빈곤 인구 절반 감소)가 달성되면서, MDGs 달성을 위한 글로벌 개발 거버넌스의 중요성을 국제사회가 공유할 수 있었다. MDGs 모두가 달성된 것은 아니지만 절대빈곤의 절반 감소만으로도 상당한 성과로 평가할 수 있다. MDGs 달성이 되지 않은 부분과 MDGs에 포함되지 않은 새로운 어젠다들이 SDGs로 계승되면서 이제 SDGs 달성에 국제적 노력이 집중되고 있다.

절대빈곤 감소와 함께 영양 개선도 두드러지게 나타났다. 1990년 이래 2015년까지 영양부족(undernourished) 인구는 2억 1600만 명 줄었다. 1990~92년 글로벌 평균 18.6%에서 2014~16년 기간 10.9%로 거의 절반 줄었다.

■ **표 3-2** 글로벌 빈곤 인구: 1일 $1.90 미만 인구(%), 1990~2013

지역	1990	2005	2013
동아시아/태평양	60.2	18.4	3.5
유럽/중앙아시아	1.9	5.0	2.1
남미/카리비안	15.8	10.7	5.4
중동/북아프리카	6.0	3.0	–
남아시아	44.6	33.6	15.1
사하라이남 아프리카	54.2	50.0	41.0
세계 평균	34.8	20.4	10.7

자료 UNDP 2017: 13.

■ **그림 3-1** 글로벌 영양부족 인구(%) 대륙별 비교: 1990~92, 2014~16

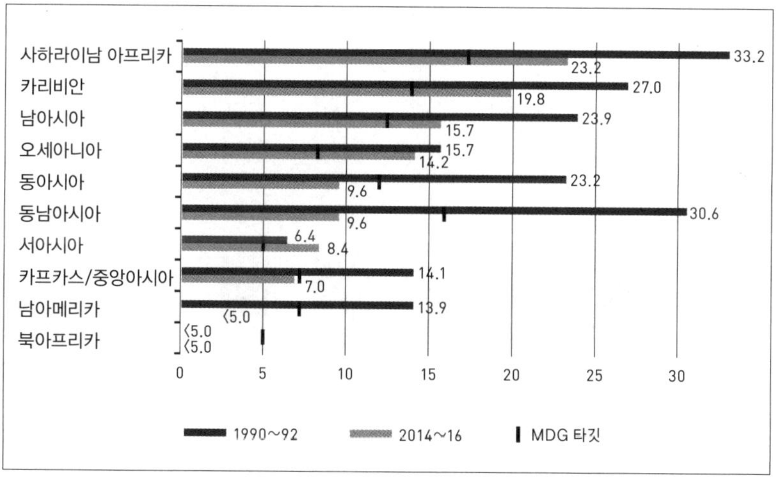

자료 UNDP 2017: 54.

3) 글로벌 소득불평등 개선

글로벌 소득불평등은 다소 개선되었다. 소득배분지수(Gini)가 1988년 69.7 →2013년 62.5로 개선되었는데, 2008년 금융위기 연도에 66.8을 기록한 다음 크게 개선된 것이다(UNDP 2017: 19).

아프리카 국가들 사이에는 7%, 남미 국가들 사이에는 5% 감소했다. 남미 국가들 사이의 소득불평등 개선은 브라질과 아르헨티나의 경우 특히, 소득불평등의 개선, 공공 복지지출 증가, 최저임금 보장 등 노동시장 변화, 누진과세 등의 재분배정책에 기인한 것이다(앞글: 20). 그럼에도 개발도상국의 소득불평등은 개발국에 비하면 상당히 심각한 수준이다.

■ **그림 3-2** 글로벌 소득불평등 지수의 개선: 1988~2013

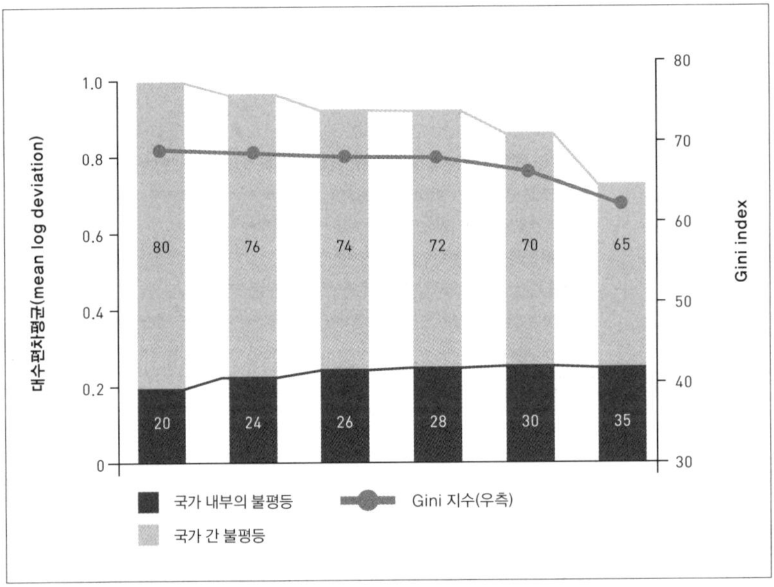

자료 UNDP 2017: 19.

■ **그림 3-3** 세계 부의 불평등 배분

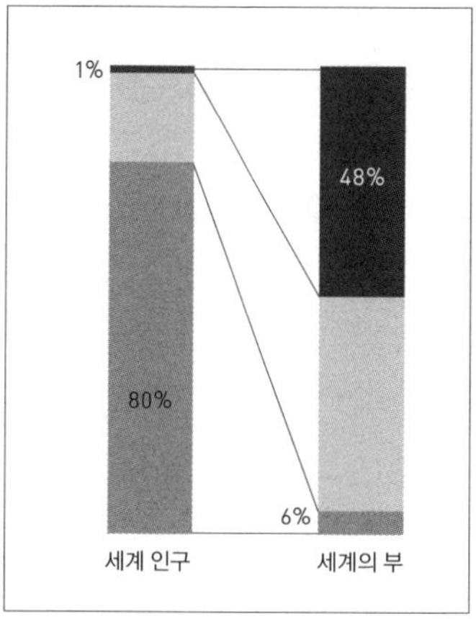

자료 Oxfam 2016a: 3.

그럼에도 세계는 여전히 부와 소득불평등 심화를 분명히 보여준다. 세계 인구 1%가 세계 부의 48%를, 세계 인구 80%는 세계 부의 6%만을 누린다(그림 3-3). 소득에서도 1988~2011년 기간 성장의 몫을 세계 상위 10%가 46%를 가져갔고, 하위층에 내려갈수록 성장의 과실이 적게 배분된 결과를 엿볼 수 있다(그림3-4).

반면에 BRICS 및 멕시코와 터키

■ **그림 3-4** 세계 소득성장의 배분: 1988~2011

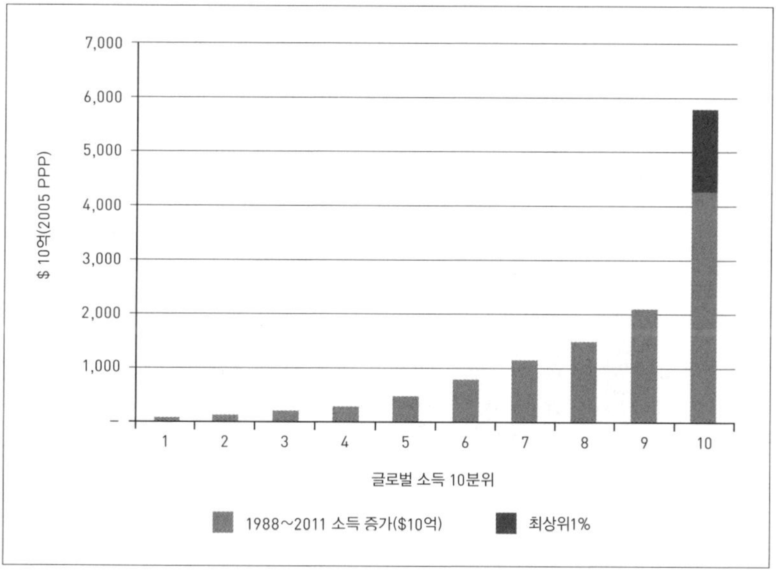

자료 Oxfam 2016a: 3.

■ **그림 3-5** BRIICSTM의 소득불평등 개선: 전체 인구 중 빈곤층 비율

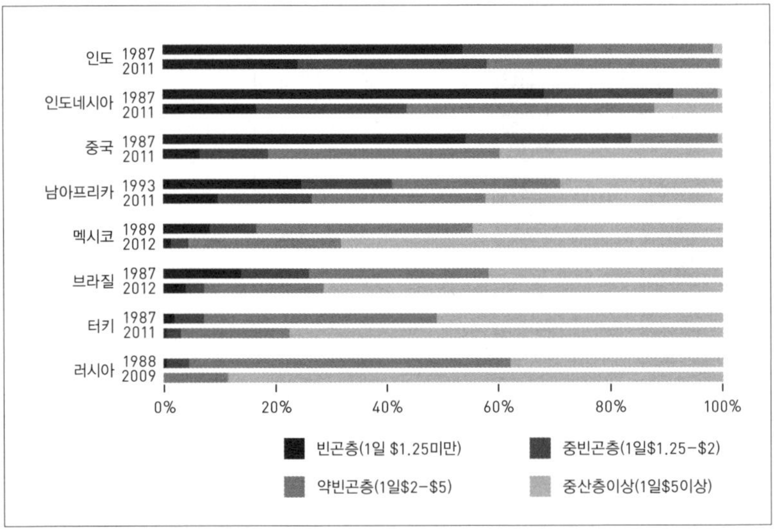

자료 Oxfam 2016b: 14.

■ **그림 3-6** BRIICSTM의 소득성장(2002~11) 배분

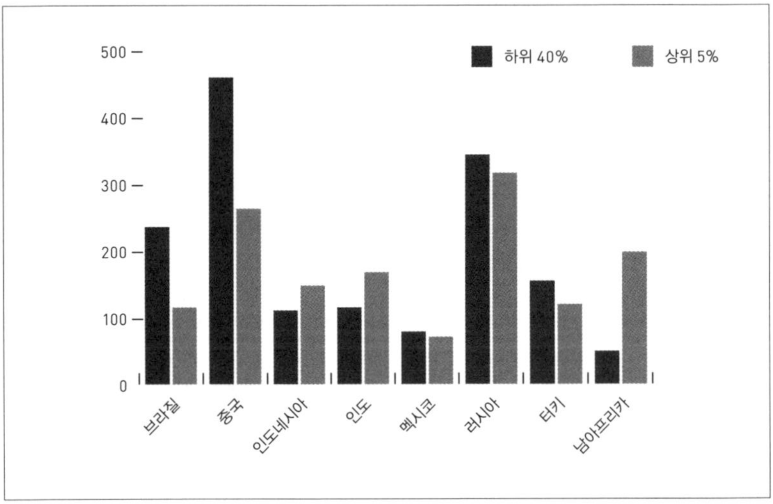

자료 Oxfam 2016b: 15.

의 경우, 소득불평등 개선이 뚜렷하다. 최하위층의 소득이 늘고, 최상위층 소득이 위축되면서 중산층이 확대되는 동향을 보여준다(그림 3-5).

2002~11년 기간 BRIICSTM에서 경제성장으로 가장 많은 소득 성장의 혜택은 브라질과 중국에서는 하위 40%에게 더 많이 돌아간 성과를 보여준다(그림 3-6).

4) 글로벌 재난의 불평등

글로벌 차원의 재난(지진, 태풍, 홍수, 가뭄, 산사태 등)도 늘어나면서, 인간개발을 크게 위협했다. 아시아와 아메리카에서 가장 많은 재난이 발생했는

그림 3-7 글로벌 재난 발생(건) 증대: 1976~2014

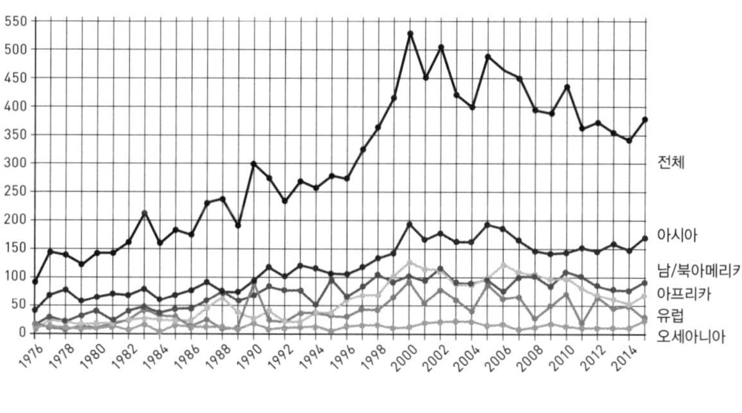

자료 UNDP 2017a: 50.

■ **그림 3-8** 글로벌 재난 사망률(1996~2015): 재난 사망의 불평등 분포

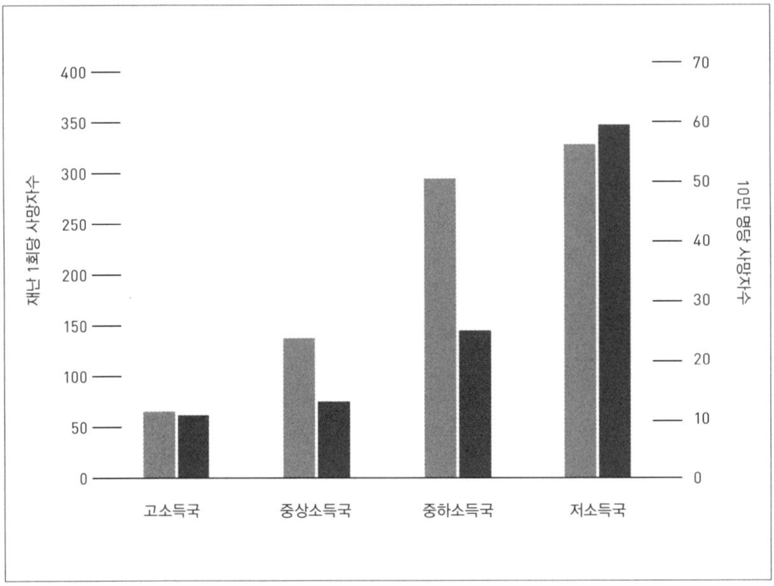

자료 UNISDR, 2016: 12.

데, 실제로 저소득-중하소득 국가들이 가장 많은 피해를 입었다. 기후변화로 인한 재난 사망률(disaster mortality)이 가장 높다. 재난 1회당 사망자와 10만 명당 사망자가 저소득국이 고소득국의 다섯 배에 달하는 심한 격차가 있다(그림 3-8).

5) 글로벌 민주주의의 퇴보

21세기 초의 '아랍의 봄' 이후 개발도상국에도 민주화가 진전되었는가? 프리덤 하우스(Freedom House)의 〈2018년 세계의 자유〉 보고서는 '민

그림 3-9 글로벌 민주주의의 개선국(아래)과 퇴보국(위): 2006~17

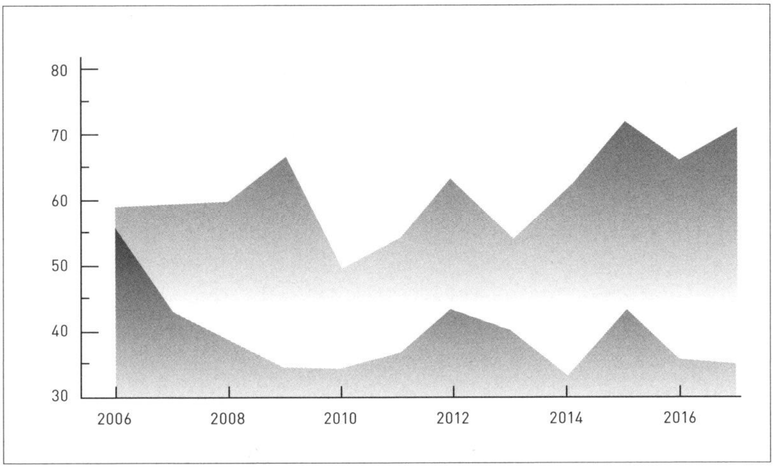

자료 Freedom House 2018.

주주의의 위기' 부제로, 글로벌 자유와 민주주의가 크게 위축되고 있다는 평가를 제시한다. 2006~17년 기간 민주주의 퇴보국이 늘고 개선국이 줄고 있다(그림 3-9). 1987~2007년 기간 자유국이 늘고, 부자유국이 줄었지만 이후 지난 10년간은 자유국은 약간 늘고, 부자유국도 약간 늘어나는 동향을 보여준다(Freedom House 2018). SDG 16(평화, 인권, 거버넌스)의 중요성을 보여주는 자료다.

2. MDGs(밀레니움 개발 목표)의 성과

이상과 같이 글로벌 차원의 개발은 성장과 개선뿐 아니라 퇴보와 악화도 경험한 두 얼굴을 갖고 있다. 대부분이 밀레니움 개발목표(MDGs) 기간에 해당되는 것이다. 아래에서는 MDG 8개 목표별로 UNDP의 평가 결과를 참고해 볼 수 있다(UNDP 2017).

1) MDG 1

MDG 1 달성에서 세계 최대 인구를 가진 중국과 인도의 경제성장으로 절대빈곤층이 급감한 것을 알 수 있다. 다른 국가들, 특히 사하라이남 아프리카에서는 절대빈곤 인구가 많이 줄지 않아, SDG 1과 2를 통해 절대빈

MDG 1: 절대 빈곤 인구 절반 감소

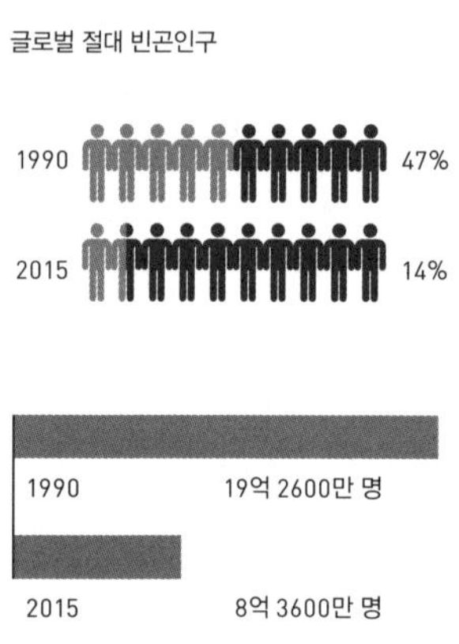

하루 1.25달러 미만의 절대 빈곤층이 1990년 47%에서 2015년 14%로 크게 줄었다. 절대 빈곤층 19억 명이 8억 3600만 명으로 절반가량 감소한 것이다. 대부분 2000년 이후 MDGs 시행 이후에 발생한 지구적 노력의 결과라 평가된다.

하루 4달러 이상의 중간계층 인구는 1991~2015년 기간에 3배가량 늘면서 하위층에서 이동하였다. 이들은 개발도상국 전체 노동력의 절반가량을 구성하는데, 1991년 18%에 비해 크게 증대되었다.

개발도상국의 영양실조 인구 또한 1990년 23%에서 2015년 12.9%로 크게 감소된 성과를 보여준다.

곤 종식을 추진하는 중이다.

2) MDG 2

MDG 2는 보편적 초등교육 무혜택 인구를 절반 이상 줄이겠다는 계획으로, 거의 달성된 것으로 평가되고 있다.

MDG 2: 보편적 초등교육 달성

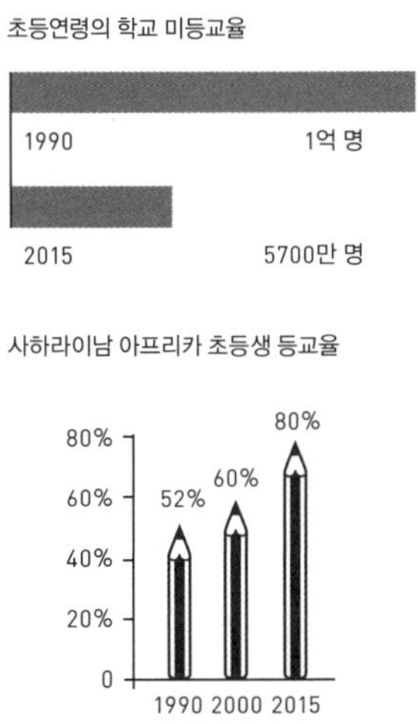

초등학생의 학교 등교율은 2000년 83%에서 2015년 91%로 개선되었다. 학교를 가지 못하는 아동의 수가 2000년 1억 명에서 2015년 5700만 명으로 크게 감소했다.

세계에서 학교교육이 가장 취약한 사하라이남의 아프리카의 경우, 1990~2015년 기간에 52% → 80%로 28% 늘었다. MDGs 시행 기간인 2000~15년 기간에 20% 증가해, MDG의 성과로 평가할 수 있다.

문자해득률의 경우, 15~24세 청년층에서 1990년 83% → 2015년 91%로 증가했다. 특히 여성 문자해득률이 크게 개선되면서 남녀 사이의 교육 격차가 줄었다.

3) MDG 3

MDG 3은 양성평등을 지향하는 계획으로, 여러 좋은 성과를 달성했

MDG 3: 양성평등과 여성 임파워링

남아시아의 초등학생 등교율

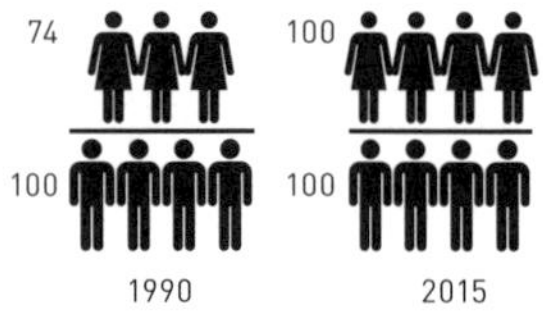

1990년 이후 세계 국가의 90%에서
여성 의원이 증가

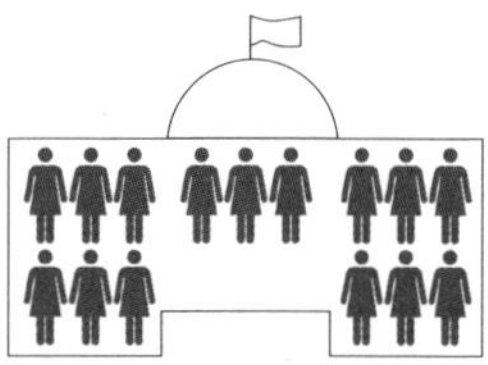

개발도상국 전체가 초등, 중등, 고등 교육 등교에서 남녀 격차를 크게 줄였다. 초등교육에서는 남녀 격차가 세계적으로 취약한 남아시아에서 1990년 100:74에서 2015년 100:103으로 여학생이 남성을 앞서는 새로운 변화가 있었다.
여성은 비농업 분야에서 임금노동자의 41%를 점하고 있는데, 이는 1990년 35%에서 다소 개선된 것이다. 전체 여성 고용에서 취약 고용 비율도 1990~2015년 기간에 13% 감소해, 이는 남성 가운데 9% 감소한 것에 비해 높은 성과를 보여준다.
여성의 국회의원 진출은 1990~2015년 기간 174개국 사례에서 90%가량의 국가에서 두 배가량 증가한 실적으로 보여준다. 그럼에도 여성의원은 전체 의원의 다섯 명 중 한 명에 불과하다.

지만 여전히 심각한 글로벌 이슈가 양성평등이다. 개발협력에서도 양성평등은 모든 사업과 프로젝트에서 통합적인 핵심 이슈로 예산 등에 반영할 것을 합의하고 있다.

4) MDG 4

MDG 4(아동 사망률 절반 이상 감소)는 달성한 것으로 평가받는다. 5세 미만 아동 사망이 1990~2015년 기간 1270만 명에서 600만 명으로 절반 이상 감소한 것이다. 그럼에도 개발의 주요 지표가 되는 아동 사망률은 SDGs에서도 주요 지표로 해결해야 할 개발 이슈가 되고 있다.

MDG 4: 아동 사망률 절반 이상 감소

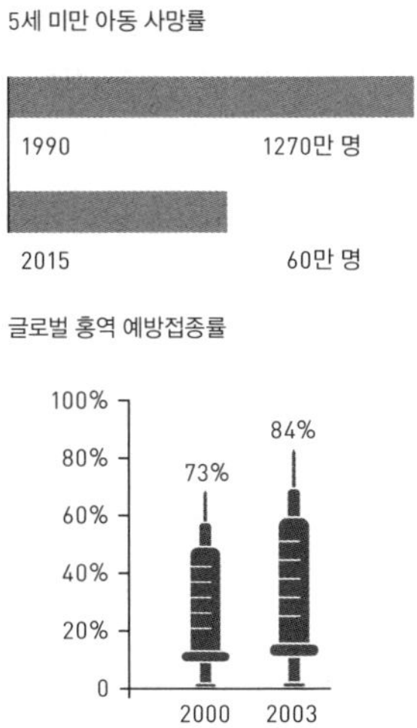

5세 미만 아동 사망이 크게 줄었다. 1990~2015년 기간 1270만 명에서 600만 명으로 절반 이상 획기적으로 감소한 것이다. 그간 지속적인 인구증가에도 불구하고 MDGs의 글로벌 노력의 성과로 나타난 것이다.

사하라이남 아프리카의 경우 5세미만 아동 사망 감소율이 1990~95년에 비해 2005~13년 기간에 5배 이상 급진전되었다.

홍역예방주사가 2005~13년 기간 1560만 명의 아동 생명을 구했다. 같은 기간에 홍역 발병이 67% 크게 줄었다. 홍역예방 접종률이 2000년 73%에서 2013년 84%로 개선된 결과다.

5) MDG 5

MDG 5에서 산모 사망률 절반 이상 감소는 거의 달성한 것으로 평가받는다. 그럼에도 개발의 주요 지표가 되는 산모 사망률은 SDGs에서도 주요 지표로 해결해야 할 개발 이슈가 되고 있다.

6) MDG 6

MDG 6 보건의료 개선은 지속적인 노력을 필요로 하는 핵심 영역이다.

MDG 5: 임산모 보건 개선

글로벌 10만 출생아당

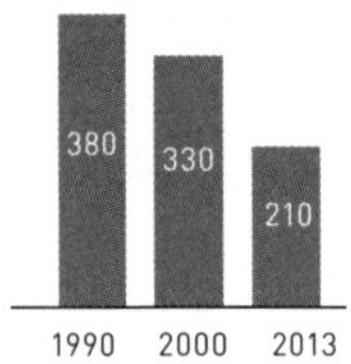

출생아 숙련 의료서비스

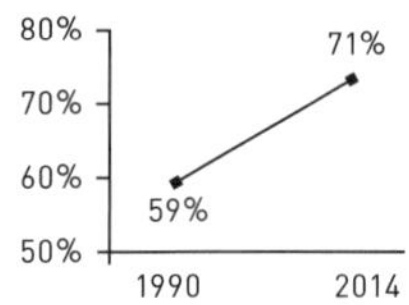

산모의 사망이 1990~2013년 기간 45% 줄었다. 대부분 2000년 이후 개선된 것으로 글로벌 MDG 노력의 성과로 나타난 것이다. 같은 기간 남아시아에서는 64%, 사하라이남 아프리카에서는 49% 감소했다.

신생아의 의료지원도 크게 개선되고 있다. 신생아 71%가 숙련 의료진의 출산 서비스를 제공받고 있어 1990년 59%에 비해 크게 개선된 결과를 보여준다.

15~49세 여성 피임 인구도 1990년 55%에서 2015년 64%로 늘었다.

MDG 6: HIV/AIDS, 말라리아, 질병 퇴치

글로벌 ART 치료 인구

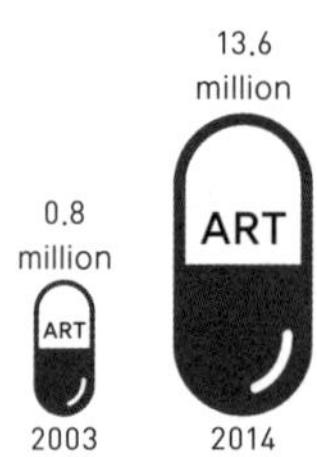

말라리아 예방 모기장 보급
(사하라이남 아프리카, 2004~14)

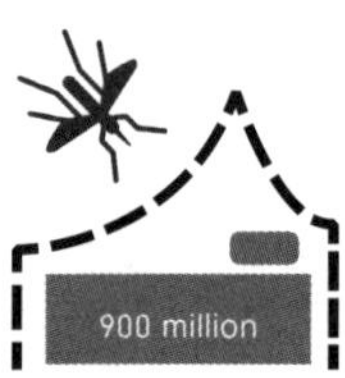

HIV 신규 감염인구가 크게 줄었다. 2000년 350만 명에서 2013년 210만 명으로 감소되었다. HIV 보균자 중 치료약 ART를 이용하는 인구도 2003년 80만 명에서 2014년 1360만 명으로 폭증해, 치료에 놀라운 성과를 기록하였다. ART 덕분에 AIDS 사망자가 1995~2013년 기간에 700만 명 줄었다.

말라리아 사망자도 크게 줄었다. 2000~15년 기간에 620만 명의 생명이 구제되었는데, 주로 아동 사망 감소에 기인한 것이다. 사하라이남 아프리카에 2004~14년 기간 9억 개의 말라리아 예방 모기장이 보급된 성과다,

또 다른 3700만 명의 생명이 결핵 예방, 진단, 치료로 구제되었다. 1990~2013년 기간 결핵 사망률이 45%, 발병률은 41% 줄었다.

7) MDG 7

MDG 7(환경 지속가능성)은 지구 온난화가 심화되면서, SDGs에서도 주요 지표로 확대, 강화되었다. 물과 식수위생(SDG 6)을 비롯해 기후변화 행동(SDG 13), 해양과 땅의 생명체 보호(SDG 14, 15)가 중시되고 있다.

MDG 7: 환경 지속가능성 증진

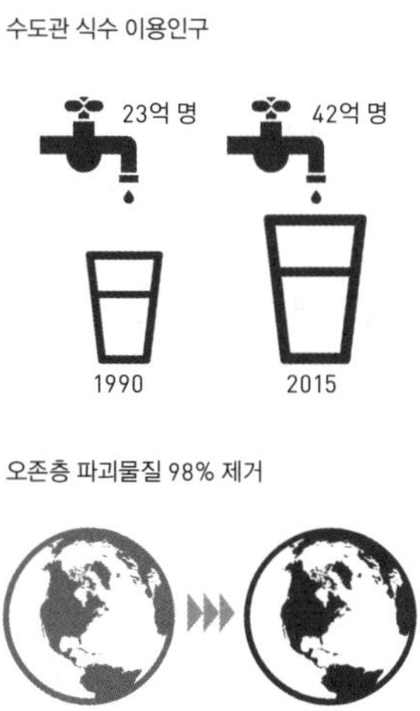

세계 인구 91%가 2015년 기준 안전한 수도관 식수를 이용, 이는 1990년 76%에서 크게 개선된 것이다. 수도관 식수 이용자는 23억에서 42억 인구로 늘었다.
세계 국가 중 147개국이 안전한 식수 목표를 달성했고, 95개국은 청결 위생 목표를, 그리고 77개국은 안전한 식수와 청결 위생 모두를 달성한 국가 그룹이다. 슬럼에서 사는 도시거주자는 2000년 39%에서 2014년 29.7%로 다소 개선되었다.
1990년 이래로 오존층 파괴 물질은 거의 사라졌다. 생태계 보존 지역들도 확대되고, 남미와 카리비안의 경우 보존지역이 1990 8.8% → 2014년 23.4%로 늘었다.

8) MDG 8

MGD 8의 핵심은 개발을 위한 재정과 자원의 동원으로, MGD 기간 선진경제국의 ODA 지원은 실망스러운 수준에 머물며, SDG에서는 민간 자본의 참여 확대 등 새로운 변화를 모색한다.

개발협력 지원금(ODA) 증가

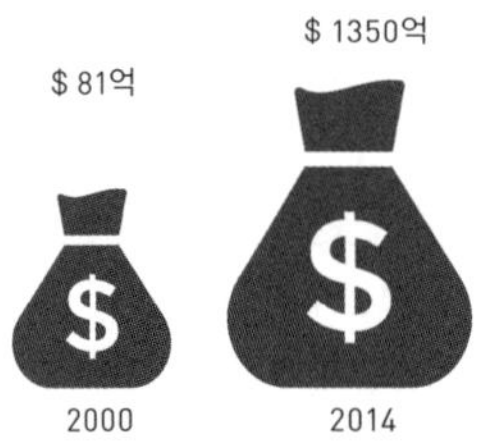

글로벌 인터넷 이용률

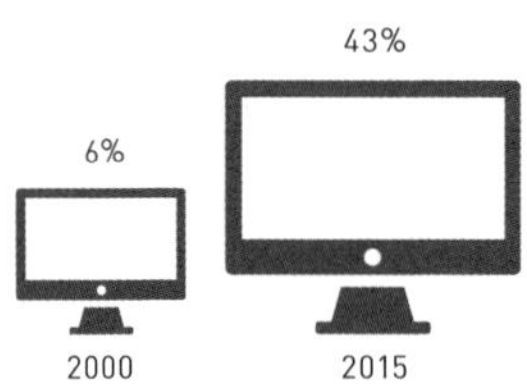

개발도상국 개발을 지원하는 공적원조금(ODA)은 2000~14년 기간 66% 증가해, 2014년 1350억 달러에 달했다. 원조국 대부분이 UN이 권고한 국민소득(GNI)의 0.7% 이상의 ODA 지원을 하지 않아 목표 달성에 되지 않았다. 덴마크, 룩셈부르크, 노르웨이, 스웨덴, 영국은 그 이상의 지원을 했다.

개발국에 대한 개발도상국의 수출품의 무관세로 혜택 비중은 2000~14년 기간에 65%에서 79%로 개선되었다. 개발도상국의 수출 수입액 중 외채 서비스가 차지하는 비중이 2000년 12% → 2013년 3%로 크게 줄었다.

모바일 핸드폰 이용자는 2000~15년 기간 10배 증가해, 2015년 70억 인구에 달한다. 인터넷 이용도 세계 인구 6%(2000년)에서 43%(2015년)로 급증해, 이제 32억 인구가 글로벌 네트워크에 연결되어 생활한다.

3. SDGs(지속가능한 개발 목표)의 비전

1) MDGs에서 SDGs로 확장

UN(2013)은 MDG 이후의 개발목표 설정에서 MGD의 성공적인 진전을 공식적으로 인정하였다. MDG가 출발한 이래로 5억의 인구가 극심한 빈곤에서 구제되었고, 아동 다섯 명 중 네 명이 예방접종을 받고 있고, 2011년에 개발도상국의 5억 9000만 명의 아동들이 초등학교에 등교하였다. HIV 감염이 이제는 더 이상 사형선고가 되지는 않는다. UN은 이 같은 "전대미문의 진전은 경제성장, 정부정책, 시민사회의 관여, 그리고 MDG에 대한 글로벌 실천이 복합된 결과였다"고 평가한다(UN 2013: 2).

그럼에도 지금의 지구촌은 2000년에 비해 더 불확실한 세계에서, 더 난해한 심각한 도전들에 직면해 있다. 선진개발국들은 금융위기 이래로 더 풍요로운 삶을 기대하기 어려우며, 개발도상국에서도 그간의 개발에 대한 낙관보다는 글로벌 무역과 금융체계의 안정화의 더딘 진전으로 불투명한 미래에 직면해 있다. 지구촌 극빈층의 절반은 갈등에 처한 국가에서 삶을 유지하고 있고, 또 지구촌 대부분의 인구는 자연재해의 피해로 고통받고 있다. "지금의 세계에서, 아무리 강하거나 약한 국가들이라 해도 통합적인 해결책 모색에 파트너 역할을 하지 않고서는 번영을 유지할 수 없다는 것을 지금 우리는 목격하고 있다."(앞글: 3).

지금의 지구촌은 성장과 궁핍, 번영과 박탈, 두 얼굴을 보여주는 불확실과 모순의 세계에 직면해 있다. 일부 개발도상국들은 성장과 번영의 결실로 많은 사람들을 빈곤에서 구제해 더 밝은 삶을 기대하게 해주지만, 다른 적지 않은 개발도상국들은 여전히 빈곤과 박탈의 저개발에 시달리는 무수한 인구를 갖고 있다. 오늘날 10억 이상의 인구의 일상생활을 지배하는 굶주림, 취약성, 박탈을 우리는 깊이 인식하고 있다. 동시에 국가들 사이에 그리고 국가 내에서 존재하는 불평등 수준에 놀라움을 금하지 않을 수 없다. 이 세계에서 매년 소비되는 재화와 서비스 가운데, 12억의 극빈층은 겨우 1% 정도를 소비하는 반면에 부유층 10억 명은 전체 72%를 차지하고 있다. 매년 10억의 여성들은 법적인 평등 보호를 받지 못하는 상황에서 성적, 물리적 폭력에 시달리고 있고, 2억에 달하는 청년들이 적절한 일자리와 생계를 유지하는 데 필요한 기술을 획득할 균등한 기회를 보장받지 못해 자포

자기 상태에 빠져 있다.

그럼에도 전대미문의 삶의 진전을 이루고 있는 번영의 국가들도 적지 않다. 20억에 달하는 인구가 중산층의 라이프 스타일을 즐기고 있다. 2030년이 되면 또 다른 30억의 인구가 새로운 중산층으로 신분상승을 누리게 될 것이다. 저소득과 중간소득 국가들이 고소득 국가들에 비해 더 빠른 속도로 성장을 이루게 되면서 글로벌 불평등은 다소 해소될 것으로 기대된다. 그럼에도 국가들 사이의 부와 번영의 '빈익빈, 부익부'는 해소되기보다는 더 심화되고 있는 추세를 보여준다.

장차 소득, 젠더, 인종, 장애, 지리 등이 사람들의 생사를 결정해서는 안 된다. 또 산모가 안전하게 아이를 출산하고 태어난 신생아도 정당한 삶을 유지하는 데 어떤 결정적인 영향을 미쳐도 안 될 것이다. 절대 빈곤을 절반으로 줄이겠다던 MDGs의 신념을 계승해, 이제 2015년 이후의 지구촌에서는 기아와 절대빈곤을 종식시켜야만 한다. 그래서 지구촌에 공존하는 누구나, 특히 최악의 빈곤상태에 처한 빈곤층이나 배제층 어느 한 명도 빈곤퇴치의 대상에서 배제되거나 방치지지 않도록 해야 할 것이다. 그들도 인권을 누리며 지구촌에서 같이 살아가야 하는 우리들의 이웃이다.

따라서 빈곤, 배제, 불평등의 원인들을 타개하는 것이 새로운 개발 어젠다가 된다. 농촌이나 도시의 사람들 누구나 전기, 관개, 도로, 항만, 텔레커뮤니케이션 등 양질의 인프라를 갖춘 현대적 경제에 연계되어 생활해야 한다. 또 누구에게도 양질의 의료와 교육 서비스가 제공되어야 한다. 분명한 규율과 법률로 차별을 차단해 여성들이 재산을 상속받고 소유하며 비즈니스를 하고, 지역사회가 환경 자원을 통제할 수 있는 환경이 조성되어야 한다. 농민들과 도시 빈민층들로 안정적인 재산권을 향유할 수 있어야 한다.

이런 이슈들은 모두가 기본적인 사회정의 이슈다. 그런데 빈곤 상태에서 생활하는 다수의 사람들은 질병, 허약한 건강, 실업, 자연재해, 기후변화, 지역 분쟁, 불안, 교육 부재 등의 희생자가 되고 있어 일생에서 공정한 기회를 누리지 못하고 있다. 이런 불평등과 불의를 바로 잡는 일은 인간의 보편적 인권에 대한 존중 문제다.

2) SDGs 1-17

SDG 17 전체 각각의 목표와 현황에 대한 대략적 개요는 다음과 같다.[22]

〈SDG 1〉 빈곤퇴치

〈SDG 1〉 빈곤퇴치

모든 형태의 빈곤을 근절한다는 것은 인간이 직면하는 최대의 도전이다. 1990~2015년 기간 절대빈곤 인구는 19억에서 8억 3600만 명으로 절반 이상 줄었다. 여전히 8억 명 이상이 하루 1.25달러 미만의 생활비로 생계를 유지한다. 중국과 인도의 경제성장이 절대빈곤층 감소에 크게 기여했다. 여성이 임금직장, 교육, 재산 접근 기회가 남성에 비해 적어서 빈곤에 처할 확률이 높다. 남아시아와 사하라이남 아프리카에 세계 빈곤층 80%가 생활한다.

---

22 UNDP 자료실. http://www.undp.org/content/undp/en/home/sustainable-development-goals.html

〈SDG 2〉 기아 해방

〈SDG 2〉 기아 해방

지난 20년간 놀라운 경제성장으로 농업 생산성이 증가해, 영양부족 인구가 거의 절반 줄었다. 중앙 및 동아시아, 남미와 카리비안 지역은 기아해방의 놀라운 성과를 이뤄냈다. MDGs의 추진 성과로 볼 수 있다. 극심한 기아와 영양실조 인구는 8억 명에 이르는데, 주로 환경피해, 가뭄, 생다양성 상실 때문이다. 여전히 아프리카인 1명 중 한 명은 기아에 허덕이고 있다.

〈SDG 3〉 건강과 웰빙

〈SDG 3〉 건강과 웰빙

1990년 이래 아동사망, 임산모 사망의 급격한 감소를 이뤄냈다. 예방가능한 아동사망 50% 이상이 줄었다. 새로운 HIV/AIDS 감염은 2000~13년 기간에 30% 줄었고, 620만 명이 말리라아로부터 생명 구제를 받았다. 이런 성과에도 여전히 매년 600만 명 이상 5세미만 아동들이 홍역, 결핵 등 예방가능한 질병으로 사망한다. HIV 감염이 가장 심한 사하라이남 아프리카에서 AIDS는 십대 청소년의 제1의 사망원인이다.

〈SDG 4〉 양질의 교육

〈SDG 4〉 양질의 교육

보편적 초등교육 MDG 3은 목표 달성을 이뤘다. 초등학교 등교율이 개발도상국 전체에서 91%를 달성해 MDG 기간에 절반 이상 늘었다. 가장 큰 성과를 이룬 사하라이남 아프리카는 등교율 52%에서 78%로 올라섰다. 소녀들의 학교 등교가 크게 늘었고, 문자해득률도 크게 늘었다. 그런데 서아시아, 북아프리카 등은 빈곤, 군사 갈등으로 아동 학교등교가 늘지 않았다. 학교 미등교율은 최빈곤층이 최부유층에 비해 네 배 높고, 농촌이 도시 지역에 비해 비교적 높다.

〈SDG 5〉 젠더 평등

〈SDG 5〉 젠더 평등

모든 형태의 여성과 소녀에 대한 차별 근절은 기본적인 인권이며 지속가능한 개발을 가속화시키는 핵심 과제다. 여성과 소녀의 역량을 임파워링하며 경제성장과 개발을 가속시키는 배가 효과가 있다. 여성은 비농업 분야 임금직 노동의 41%를 차지해, 1990년 35%에서 개선되었다. 그럼에도 노동시장에서 많은 여성들이 끔직한 차별에 직면해, 취업 거부, 성폭력에 희생되고 있다.

〈SDG 6〉 깨끗한 물과 위생

〈SDG 6〉 깨끗한 물과 위생

세계 인구 40%가 물부족 문제로 고통을 겪고 있는데, 기후변화로 온도 상승이 지속되면 더 심각한 문제를 야기할 것이다. 1990년 이래 21억 인구가 식수위생 접근의 기회를 누렸지만 안전한 식구 공급의 감소가 세계 여러 지역의 문제로 나타난다. 2011년 41개국이 물스트레스로, 그 중 10개국은 식수공급이 고갈되어 다른 공급원에 의존해야 한다. 가뭄과 사막화가 문제를 악화시키며, 2050년에 4명 중 한 명은 물부족 고통을 겪을 것이다.

〈SDG 7〉 적정가격의 청정 에너지

〈SDG 7〉 적정가격의 청정 에너지

1990~2010년 기간에 17억 인구가 전기혜택을 누렸다. 그런데 인구는 계속 증가해 저렴한 에너지 수요가 늘릴 것이다. 화석연료에 의존하는 글로벌 경제, 그로 인한 온실가스 배출 증가로 기후 시스템에 획기적인 변화가 필요하다. 2011년 기준, 청정 에너지가 글로벌 에너지의 20%에 달하는 성과를 이뤘다. 그럼에도 7명 중 한 명이 전기 혜택을 누리지 못해, 재생에너지 공급이 크게 늘어야 한다.

〈SDG 8〉 적절한 일자리, 경제성장

〈SDG 8〉 적절한 일자리, 경제성장

절대 빈곤에 처한 노동자의 수가 지난 25년 기간 크게 줄었다. 2008년 글로벌 경제위기와 경기침체 있었음에도 긍정적인 변화가 있었다. 개발도상국의 중산층은 전체 고용의 34%를 점하며, 1991~2015년 기간 세 배 폭증했다. 그럼에도 경제가 느린 성장을 하며 불평등은 늘고, 늘어난 노동력에 일자리는 부족하다. 국제노동기구(ILO)는 2015년 2억 400만 명 이상이 실업자로 추산한다.

〈SDG 9〉 산업, 혁신, 인프라

〈SDG 9〉 산업, 혁신, 인프라

인프라와 혁신에 대한 투자는 경제성장과 개발에 주된 동력이다. 세계 인구 절반 이상이 도시에서 거주하므로 대중교통과 재생에너지가 중요하며 새로운 산업과 ICT의 성장도 중요하다. 테크놀러지의 진전으로 새로운 일자리 제공과 에너지 효율성 개선이 이뤄지고 있다. 그럼에도 개발도상국 전체 90%에 해당되는 40억 인구는 인터넷 혜택을 누리지 못해, 디지털 디바이드를 해소하는 것이 정보와 지식에 대한 평등한 접근을 보장해, 혁신과 기업자정신을 진흥하는 데 기여한다.

〈SDG 10〉 불평등 해소

〈SDG 10〉 불평등 해소

세계 고소득층 10%가 세계 소득의 40%를 차지할 정도로, 소득불평등은 악화되고 있다. 저소득층 10%가 글로벌 전체 소득의 2~7%만을 가지고 있어, 개발도상국의 소득불평등은 인구 증가를 고려하면 11%가량 증가했다. 이런 불평등 심화는 저소득층의 역량강화 정책의 필요성을 요청하며, 이들을 경제에 포용하는 포용적 성장 정책이 추진될 필요가 있다.

〈SDG 11〉 지속가능한 도시, 공동체

〈SDG 11〉 지속가능한 도시, 공동체

지금 도시에 거주하는 세계 인구 절반 이상은 2050년이면 2/3가 되는 65억 인구로 늘어난다는 추산이 있다. 도시공간을 건설하고 관리하는 방식을 획기적으로 전환시키지 않으면 지속가능한 개발이 달성되지 어렵다. 개발도상국 도시들은 농촌인구의 도시 진입으로 급성장해, 거대도시화 되고 있다, 1990년 인구 1000만 명 이상 거대도시가 10개 있었는데, 2014년 28개로 늘어나 여기에 4억 5300만 명이 생활하는 공간으로 밀집되었다.

〈SDG 12〉 책임 있는 소비와 생산

〈SDG 12〉 책임 있는 소비와 생산

경제성장과 지속가능한 개발을 달성하기 위해서는 재화와 서비스를 생산하고 소비하는 방식을 변화시켜 생태발자국(ecological footprint)을 대폭 줄여야 한다. 농업 관개용수로 글로벌 물 전체의 70%를 사용한다. 자연자원의 효율적인 관리, 폐기물의 처리방식 등이 개선되어야 한다. 산업체와 기업과 소비자들이 재활용과 쓰레기 줄이기를 해야 한다.

〈SDG 13〉 기후행동

〈SDG 13〉 기후행동

온실가스 배출이 점차 늘어, 1990년 수준의 50%를 넘어섰다. 글로벌 온난화가 기후 시스템에 장기지속적인 변화를 초래해, 당장 대처하지 않으면 돌이킬 수 없는 피해를 입게 된다. 지진, 쓰나미, 태풍, 홍수 등 재난 피해는 수천억 달러에 달해, 2020년까지 기후변화에 많은 피해를 입는 개발도상국의 적응과 완화 등 기후변화 대응에 필요한 연간 1000만 달러가 필요하다.

〈SDG 14〉 해양 생명체

〈SDG 14〉 해양 생명체

세계 30억 인구가 해양과 연안 생다양성에 생계를 의존하고 있다. 그런데 세계 어족자원의 30%가 과잉 어획되어 지속가능성에 심각한 문제가 발생하고 있다. 바다는 인간이 배출한 CO2의 30%가량을 흡수하는데, 산업혁명 시작 이래로 바다 산화가 26% 증가해 인류를 위협한다. 해양 오염은 대부분이 육지에 오염원이 있다.

〈SDG 15〉 땅 위의 생명체

〈SDG 15〉 땅 위의 생명체

인류는 해양과 대지에 의존해 생계를 유지한다. 식물이 인간 식사의 80%를 제공하고, 농업은 개발의 자원이자 수단이 된다. 숲은 지구 표면 30%를 덮으며 수백만 종들의 생활 터전이자 청정 공기와 물의 원천이며, 기후변화에 대응하는 핵심이다. 그런데 대지의 심각한 퇴화로, 경작지 상실이 역사적 기록으로 30~35배에 달한다. 가뭄과 사막화는 매년 늘어, 빈곤층의 공동체를 위협한다. 동물 8300종 중 8%가 멸종되고 22%가 멸종 위기에 처해 있다. 숲, 초지, 습지, 산 보전과 복원이 시급하다.

〈SDG 16〉 평화, 정의, 강한 제도

〈SDG 16〉 평화, 정의, 강한 제도

평화, 인권, 효과적인 거버넌스가 없으면 지속가능한 개발을 기대하기 어렵다. 심각한 군사적 갈등과 불안은 국가의 개발에 파괴적 영향을 미치며, 여러 세대에 걸쳐 고통을 안겨준다. 성폭력, 범죄, 고문, 착취 또는 갈등이 있는 곳, 법의 지배가 없는 곳에 횡행한다. 안전의 위협을 받는 취약층 보호가 시급하다. 모든 형태의 폭력 근절이 SDG 16의 목표다.

〈SDG 17〉 SDGs를 위한 파트너십

〈SDG 17〉 SDGs를 위한 파트너십

이상 16가지 SDGs의 달성은 글로벌 파트너십과 협력에 의존한다. 개발국들이 공적개발지원(ODA)을 2000~14년 기간 66% 늘렸지만, 내전이나 재난으로 인도적 위기들이 발생해 더 많은 재정적 지원이 필요하다. SDG 17은 북-남, 남-남 협력 증진을 바탕으로, 국제무역을 진흥시키고, 개발도상국 수출이 늘어나고, 보편적 규율에 기초하는 균등한, 공정하고 공개적인 무역 시스템을 갖춰 모두에게 혜택을 주는 목표를 추구한다.

3) SDG 1(빈곤퇴치), 2(기아해방)의 세부목표

이상의 SDGs 전체가 세부목표를 설정해, 결과를 생산하는 설계로 추진되는 특징이 있다. 아래에서는 SDG 1과 2의 세부목표를 살펴보며, SDG 3은 제11장에서, SDG 4부터 17에 대해서는 김지현 등(2015)을 참고할 수 있다.

〈SDG 1〉은 MDG 1이 절대 빈곤 인구 절반 감소를 목표로 한 것과 달리 더욱 강력하게 빈곤종식(end poverty)을 지구적인 과제로 제시한다. 특히 '모든 형태의' 빈곤의 종식은 영양, 교육, 보건에서부터 양질의 일자리, 표현의 자유까지 빈곤의 모든 측면을 포함한다. MDG 1은 절대(소득) 빈곤의 해소이며, 이외의 빈곤의 다면성을 각각의 분야별로 해소하는 구조였다면 SDGs에서는 MDGs에서 이행수단으로 전반적으로 다루어지고 있던 사회보호(social protection)의 개념이 세부목표들로 설정되어 있다. 사회보호는

■ **표 3-3** SDG 1: 모든 곳에서 모든 형태의 빈곤 종식

1.1 현재 하루 $1.25 미만으로 살아가는 사람들로 측정 되는 모든 사람을 위하여 모든 곳에서 극심빈곤을 2030년까지 근절.

1.2 국가별 정의에 따라 모든 측면에서 빈곤 속에 사는 모든 연령층의 남녀 및 아동의 비율을 2030년까지 최소 절반으로 감축.

1.3 사회안전망을 포함하여 모두를 위하여 국가별로 적합한 사회보호체제 및 조치를 이행하고, 2030년까지 빈곤층과 취약계층에 대한 실질적 보장 달성.

1.4 2030년까지 모든 남성과 여성, 특히 빈곤층과 취약 계층이 경제적 자원에 대한 동등한 권리를 가지고, 기본 공공서비스, 토지와 기타 형태의 자산 소유와 통제, 유산(遺産), 천연자원, 적정 신기술 및 소액금융을 포함한 금융서비스에 접근할 수 있도록 보장.

1.5 2030년까지 빈곤층과 취약계층의 회복력을 구축하고, 기후관련 극심한 사태 및 기타 경제·사회·환경적 충격과 재난에 대한 노출과 취약성을 감축.

■ **표 3-4** SDG 2: 기아 해방, 식량안보와 영양 개선 달성 및 지속가능한 농업 진흥

2.1 2030년까지 기아를 종식시키고, 모든 사람, 특히 빈곤층 및 영·유아를 포함한 취약계층이 연중 안전하고 영양가 있으며 충분한 식량에 접근하도록 보장.

2.2 2025년까지 5세 미만 아동의 발육 부진 및 체력 저하에 관하여 국제적으로 합의된 목표를 달성하는 것을 포함하여, 2030년까지 모든 형태의 영양 결핍을 종식시키고 청소년기 소녀, 임산부, 수유여성 및 노년층의 영양 필요에 대응.

2.3 2030년까지 토지 및 기타 생산 자원과 투입요소, 지식, 금융서비스, 시장 및 부가가치 창출과 비농업부문 고용 기회에 대한 안전하고 평등한 접근 등을 통하여 소규모 식량생산자, 특히 여성, 토착민, 가족농, 목축민 및 어민의 농업 생산성과 소득을 두 배 증대.

2.4 2030년까지 지속가능한 식량생산체제를 확보하는 한편, 생산성과 생산량을 증대하고, 생태계 유지에 도움이 되며, 기후변화, 극심한 기상현상, 가뭄, 홍수 및 기타 재난에 대한 적응력을 강화시키고, 점진적으로 토지와 토양의 질을 개선시키는 회복력 있는 농업 관행 이행.

2.5 2020년까지 국가적·지역적·국제적 수준에서 건전하게 관리되고 다변화된 종자 및 식물 은행 등을 통해 종자, 재배식물, 가축과 사육동물 및 관련 야생종의 유전적 다양성을 유지하고, 국제적으로 합의된 유전자원과 관련 전통지식의 이용으로부터 발생하는 이익의 공정하고 공평한 배분에 대한 접근을 진흥.

선진국에서는 사회복지의 측면이 강조되는 개념이지만 개발도상국에서의 사회보호는 좀 더 취약성의 해소와 사회적 서비스에 대한 접근성 강화에 초점을 맞추고 있다(김지현 2015).

〈SDG 2〉는 "기아의 종식, 식량안보 및 영양개선과 지속가능 농업 강화"를 제시한다. 식량안보는 단순히 충분양의 식량을 공급·소비하는 차원의 문제가 아니라, 식량 접근성을 높이고, 불필요한 낭비를 줄이며, 지속가능하고 충분한 양질의 영양을 공급하는 차원의 문제로 인식되고 있다. 식량안보를 위한 글로벌 거버넌스에 대해서는 제2부에서 상세히 논의한다.

4. 인간개발을 위한 통합적 접근

SDGs 17개 목표들과 세부목표들이 설계되어, 목표들과 세부목표들이 분리되지 않고 통합적인 추진으로 목표달성의 효과성과 효율성 증진을 요청한다.

1) 경제-사회-환경정책 통합

'경제성장' 지상론에 대한 주목할 만한 비판은 분배와 성장의 조화를 지향하는 센(Amartya Sen)의 이론에서 찾아볼 수 있다. 센(Sen 1999)은 개발을 인간이 향유할 수 있는 진정한 자유를 확대해나가는 과정으로, 개발의 목적은 인간이 향유할 자유를 증진시키는 것이라 설명한다. 따라서 개발의 과정은 인간의 자유 증진에 장애가 되는 요소들, 즉 빈곤, 독재, 사회적 배제, 경제적 기회의 희소성, 공공시설의 부족, 다양성에 대한 이해의 부족 등을 제거하는 과정으로 해석된다.

이 같은 통합적 접근전략은 SDGs 달성에서 핵심 전략이 된다. SDG 17개 목표 중 경제, 사회, 환경 목표들이 적절한 균형을 이룬 것도 주목할 만한 인간개발과 지속가능한 개발의 다면성과 종합성을 보여준다. 센의 권리접근의 시각에서 식량안보의 문제를 분석해보면, 식량안보는 단지 경제적 측면에서 문제해결을 할 수 없다는 것을 알 수 있다.

'권리접근'은 빈곤층의 식량안보를 잠식할 수 있는 시장구조, 제도적 규율, 차별적 관행, 권력관계에 초점을 맞춘다(UNDP 2012: 12). 권리접근은 소득, 토지, 다른 자산 및 정치적 대표에 반영된 불평등한 식량과 자원에 대한 접근에 초점을 맞추며, 양질의 식량에 대한 접근의 중요성을 중시한다. 토지, 자원 및 공급에 대한 접근, 공정하고 효율적인 공식 및 비공식 제도들, 공정한 거래, 환경적 안전장치, 법의 지배 등이 그것들이다. 또한 사회보장 프로그램들과 직접적인 현금 또는 현물의 이전지출이 식량 쇼크로부터 보호하는 권리를 보장하는 방안에도 초점이 맞춰진다.

권리접근은 빈곤과 사회적 배제의 관계를 이해하는 데 많은 도움을 주지만, 식량에 대한 통제만을 중시하기 때문에 인간개발을 위한 식량안보의 일부분만을 보여주는 접근법이다. 인간개발은 넓은 의미에서 소득과 생필품에 대한 통제 차원을 넘어, 사람들의 역량 확대를 의미하는 인간의 선택권 확대에도 초점을 맞춘다. 인간이 마땅히 존재해야 할 자유들과 가치 있게 중시하는 일들을 하는 자유들이 인간의 역량을 의미한다. 식량을 인간의 웰빙으로 전환시키려면 보건의료, 청결한 식수, 위생과 교육의 개선이 뒤따라야 한다. 따라서 인간개발 시각에서 식량안보는 다차원적이며 인간

중심적이다. 인간개발 시각은 사람들이 소득을 이용해 식량안보를 획득하는 방법, 개인의 행태와 식량선호를 고려하며, 가격, 식량선택, 제도적 장치 등 외부적 환경을 고려한다.

나아가 UN 지속가능개발 연구기관(UNRISD)는 〈전환적 변화를 위한 정책 혁신〉 보고서에서 새로운 개발 접근법과 혁신은 이제 사회정책이 경제성장에 종속되는 시기를 마감시키고 있다고 강조한다. 보편적인 사회보호 정책들이 브라질, 중국, 태국 등 신흥시장국에서 그리고 볼리비아의 보편적 사회연금 등 일부 저소득국에서도 등장하고 있다는 것이다(UNRISD 2015: 60).

MDGs가 시행된 21세기에 들어서면서 '사회적 전환'(social turn) 논의가 진전되었다. 시장 근본주의의 사회적 결과에 대한 관심과 더불어 개발의 사회적 측면에 대한 정책과 제도들이 등장하기 시작했다. 민영화, 자유화, 탈규제 등의 신자유주의 정책들이 여전히 지배적이지만, 이 정책들은 이제 빈곤, 부패, 투명성 정책들로 보완되는 과정에 있다. 신자유주의 정책을 적용하는 하나의 통일된 접근법으로 점차 대체하고, 문화, 경제, 정책적 배경의 다양성을 중시하는 새로운 사고방식과 실천들이 지방, 국가, 지역, 글로벌 모든 차원에서 진행되고 있다(앞글: 61-2).

사회정책의 통합적 접근은 환경정책, 인도적 정책, 무역과 노동시장 정책들의 밀접한 관련을 요청한다. 사회정책과 여러 환경 관련 정책들 사이의 시너지를 최대화하는 전략이 추진되어야 한다. 특히 인권과 효율성 원칙들에 기반하는 전략이 필요하다(앞글: 78).

2) 인간개발과 경제학의 한계

정책결정자들이 그동안 활용해온 신고전 경제학과 케인즈 경제학은 모두 개발과 웰빙의 비금전적 측면들을 고려하는 데 실패했다. 전통적인 경제 분석에 무급노동, 자연 파괴 등 다른 필수적 요소들을 통합함으로써 정책과 제도들이 사람과 환경에 미치는 영향에 대해 폭넓게 파악할 수 있다(Green 2008: 116). 최소한 여덟 개의 핵심 분야들을 고려해 볼 만하다(그림 3-10).

그림 3-10 개발에 대한 영향 평가

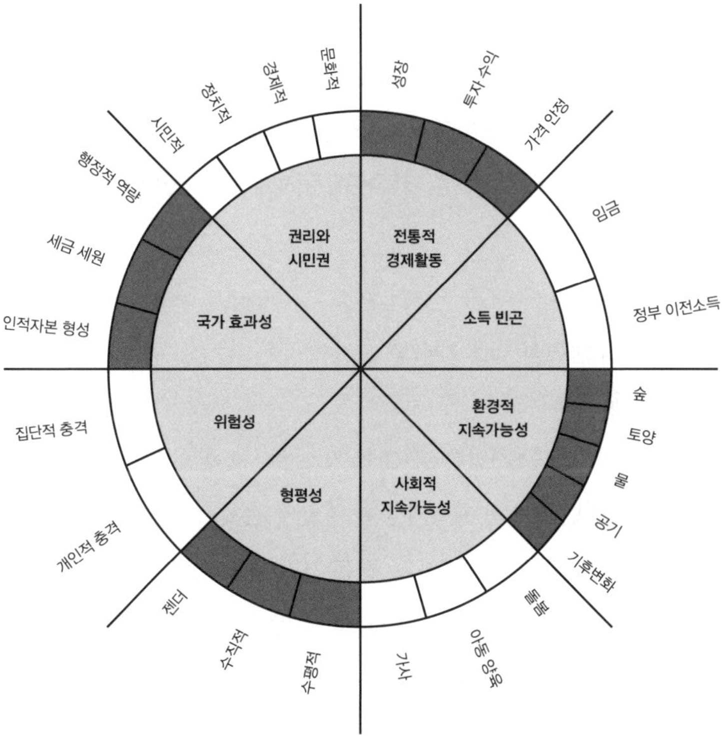

전통적인 경제정책 결정에서 관례적으로 다루는 영역은 처음의 두 영역(전통적 경제활동과 소득 빈곤)뿐이다. 나머지 여섯 가지는 보통 무시되거나 경시된다. 웰빙에 대한 정책이나 제도의 실질적인 영향을 잘 이해하려면 여덟 가지 모두가 고려되어야 한다. 예를 들면, 수출가공지역을 만들거나 농업 수출을 장려해서 수출을 늘리려는 정부는 성장, 투자 수익, 가격 안정을 생각해야 한다. 그러나 여기에 덧붙여 다른 영역들도 중시해야 한다. 토지, 공기, 물, 기후변화에 어떤 영향을 끼치는지, 즉 환경적 지속가능성을 심사숙고해서 물과 농약 사용, 자동차의 탄소 배출에 관심을 높여야 한다. 형평성에 관해서도 정부는 수출장려책이 내륙에 견줘 해안 지역에 지나친 수혜를 주지 않는지, 시장경제에 접하지 않은 소수민족을 배제하지는 않는지, 여성 고용을 창출하고 임금을 향상할 것인지 등을 고려해야 한다.

마찬가지로 무급노동을 유급노동 시장에 통합해 여성의 일자리를 늘려야 하며 정부가 보육을 지원할 방법을 마련해야 한다. 위험성, 국가 효과성, 권리와 시민권 분야도 다른 것들과 동등하게 고려되어야 한다.

3) SDG 16(평화, 인권, 거버넌스)

또한 지속가능한 개발은 SDG 16(평화, 인권, 거버넌스)를 지향한다. 인권과 민주적 거버넌스 또한 지속가능한 개발의 전제 조건이자 결과로 볼 수 있다. 〈2030 어젠다〉는 "민주주의, 좋은 거버넌스, 법의 지배 및 국가와 국제 차원의 지지적인 환경은 지속가능한 개발에 필수적"이라고 강조한다. 〈2016 세계개발보고서: 거버넌스〉는 "폭력적 갈등은 거버넌스 실패의 결과이며, 거버넌스 제도들이 폭력을 이용하지 않도록 인센티브를 창출한

그림 3-11 거버넌스의 질 평가: 세계거버넌스지수

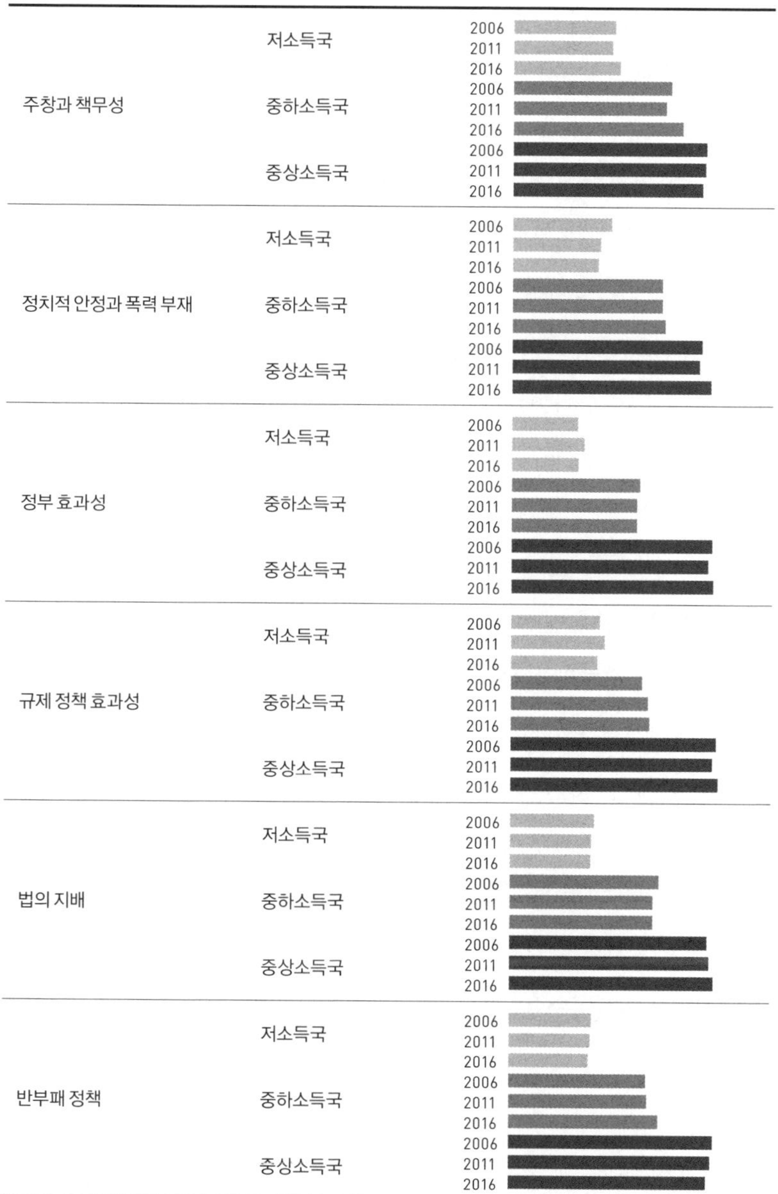

자료 World Bank 2017. http://info.worldbank.org/governance/wgi/#reports

다.” 거버넌스는 평화의 조건이며 또 경제성장, 형평성 개선의 필요요건이라는 이론적, 경험적 근거를 제시한다(World Bank 2016).

세계은행의 ‘거버넌스 질’ 평가는 저-중-고소득국 사이에 격차가 심한 것을 보여준다. 평가지표가 되는 거버넌스 지수(World Governance Indicators)는 i) 주창과 책무성, ii) 정치적 안정과 폭력 부재, iii) 정부 효과성, iv) 규제정책 효과성, v) 법의 지배, vi) 반부패정책로 구분된다. 모든 지표에서 저-중-고소득국 순서로 높은 질적 수준을 보여준다. 저소득국의 경우, 2006~16년 기간에 거버넌스 점수가 주창과 책무성을 제외한 5개 분야 모두가 정체(정부와 규제정책 효과성, 법의 지배, 반부패정책) 또는 퇴보(정치적 안정과 폭력 부재)를 보여준다. 민주적 거버넌스 개선을 통한 빈곤과 인권 개선 전략이 필요하다.

SDG 16+는 브라질, 시에라리온, 스위스 정부가 〈2030 어젠다〉의 비전을 달성하기 위해 SDG16(평화로운, 정의로운, 포용적 사회) 이행을 위한 회의를 UN 총회에서 개최해, 〈평화로운, 정의로운, 포용적 사회로 가는 로드맵〉 보고서를 발간하였다(Pathfinders 2017).[23]

SDG 16+는 다음과 같이 강조한다. “폭력과 불의는 삶을 파괴시키며 불가피하게 사람들과 공동체를 낙후시키는 결과를 초래한다. 또 연약한 기관들과 빈약한 거버넌스 때문에 사회는 완전한 개발 잠재력을 발휘할 수 없게 된다. 또 사회적, 경제적, 환경적 발전으로 평화롭고, 정의로우며, 포용적인 사회를 만들 수 있다.”

---

23 진로탐색그룹(Pathfinders)은 브라질, 시에라리온, 스위스 정부 이외에도 한국을 비롯한 전체 22개국의 그룹을 형성하였다. SDG16은 다른 목표들과 분리해서 시행할 하나의 목표가 아니라 다른 목표들 전체와 관련해서 통합적으로 추진할 목표로 중시한다.

SDG 16+는 SDG 이행이 목표별로 분리적인 것이 아닌 통합적인 시각, 정책으로 추진될 필요가 있다고 강조하며, 다음과 같은 전략적 장점을 제시한다(Center on International Cooperation 2016).

(a) SDG 16은 다른 목표들과 분리가 아니라 통합적 목표로 디자인되었다.
(b) 통합적 접근으로 보편성이 강화된다.
(c) 불평등 조장 요인들이 드러난다.
(d) 젠더와 인권 접근이 포함된다.

■ **그림 3-12** '평화로운 사회'를 위한 SDG16과 SDG4,5,8,11

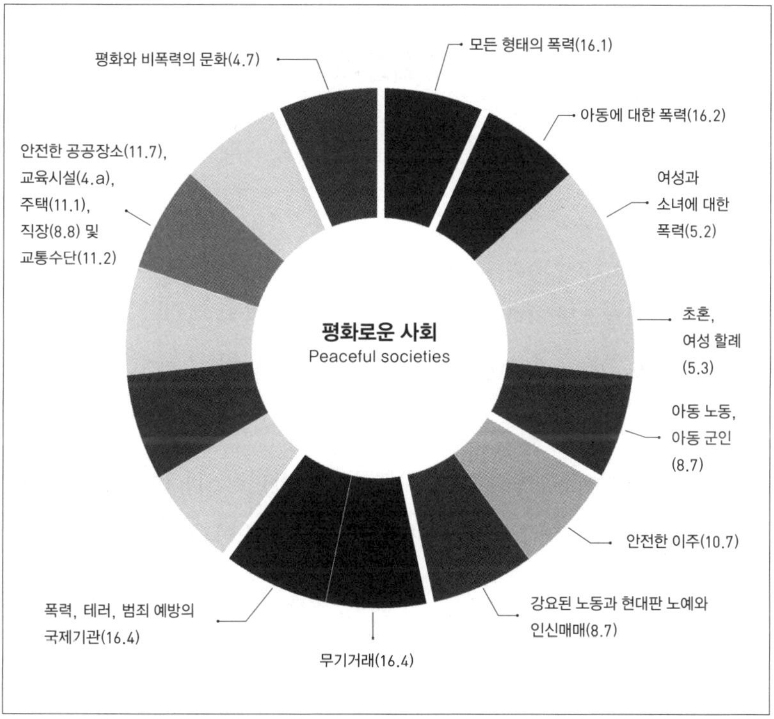

■ **그림 3-13** '정의로운 사회'를 위한 SDG16과 SDG4,5,8,10

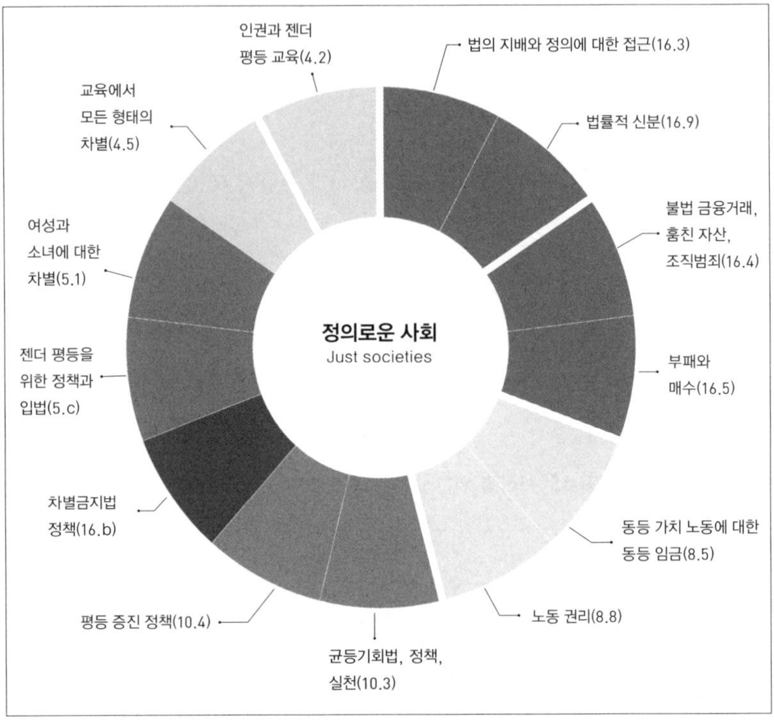

(e) 지역 및 글로벌 시각이 강화된다.

(f) SDG16 이행은 통합되어 공조적 노력이 필요하다.

SDG 16+는 SDG16의 10개 세부목표뿐 아니라 SDG16과 직접 관련된 다른 7개 목표(24개 세부목표)와 통합하는 종합적 시각과 정책 추진을 제안한다.

첫째, '평화로운 사회'정착을 위해 모든 형태의 폭력 근절(16.1), 아동에 대한 폭력 근절(16.2), 폭력, 테러, 범죄예방의 국제기관뿐 아니라 여성과

■ **그림 3-14** '포용적 사회'를 위한 SDG16과 SDG1,5,10,11,17

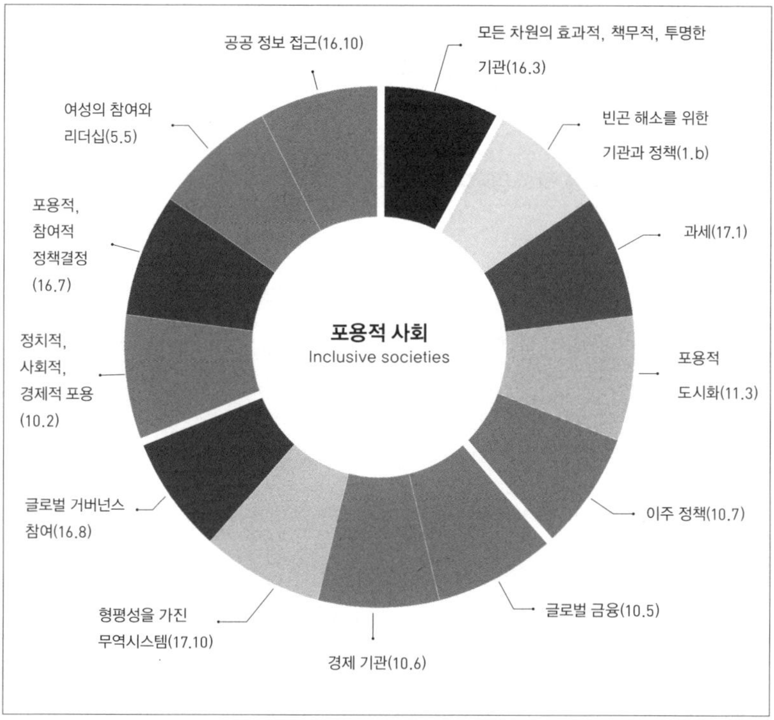

소녀에 대한 폭력(5.2), 조혼, 여성할례(5.3), 아동노동과 군인(8.7), 안전한 이주(10.7), 평화와 비폭력 문화(4.7), 안전한 공공장소(11.7), 교육시설(4.a), 주택(11.1), 직장(8.8), 교통수단(11.2) 등이 목표로 달성될 때 '평화로운 사회' 정착을 기대할 수 있다는 제안이다.

둘째, '정의로운 사회'는 SDG 16뿐 아니라 SDG 4,5,8,10 세부 목표들과 직접적으로 관련되므로 통합적인 이행 전략 수립이 필요하다고 볼 수 있다.

나아가 '포용적 사회' 또한 SDG16뿐 아니라 SDG 1, 5, 10, 11, 17 세부

목표들과 직접적으로 관련되므로 통합적인 이행 전략 수립이 필요하다고 볼 수 있다.

4) 여성 인권과 임파워먼트(empowerment)

'포용적 사회'를 지향하는 SDGs 달성에서 여성 개발은 필수적이다. 그런데 글로벌 개발의 현실에서 가난한 여성은 여러 부당한 인권 침해뿐 아니라 그로 인한 빈곤, 병약함, 실업 등에 처해 있다.

개발도상국 여성의 취약성을 젠더평등지수로 살펴보면, 지수를 구성하는 여성의 출산서비스, 중등교육, 의원(정치적 대표), 노동시장 참여를 살펴볼 수 있다(UNDP 2016b: 54). 젠더평등지수는 소득수준이 낮은 국가일수록 더 높아진다(0완전 평등 → 1 완전 불평등). 젠더평등지수는 인간개발지수(HDI)가 가장 높은 국가는 0.174로 양호하지만, 상위 인간개발국 0.29 → 중간 0.49 → 하위 0.59로 계속 높아진다.

그런데 국가가 제대로 역할을 하지 못해 공공서비스가 없기 때문에 여성과 소녀들은 이중으로 부정적인 영향을 받는다(Green 2008: 41). 학교 등록금은 남자아이들 몫이 되고, 병든 아버지의 치료비는 병든 어머니의 치료비에서 나올 것이다. 기본적인 공공서비스가 없다면, 집안의 고통을 짊어져야 하는 몫이 여성과 소녀에게 떨어진다. 수십 리를 무거운 발걸음으로 물을 긷는 것도, 공공서비스를 받지 못하는 친척을 돌보는 것도 여성이 맡는다. 이는 세계 어느 곳에서나 보편적인 현상이다.

허약한 건강, 무지, 빈곤과의 싸움은 자궁에서부터 시작된다. 개발도상국의 어린이 25%가 엄마의 영양 부족 때문에 몸무게가 2.5킬로그램이

그림 3-15 젠더평등지수와 인간개발지수(HDI)

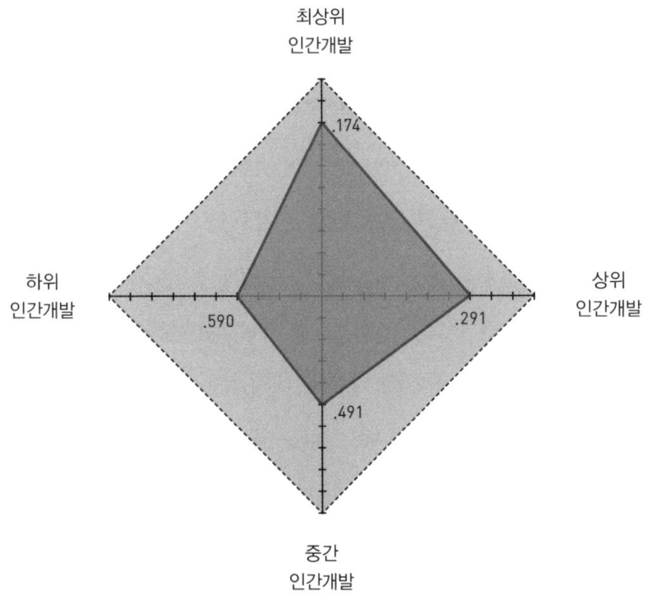

자료 UNDP 2016b: 54.

채 못 되는 미숙아로 태어난다(앞글: 239). 소녀들이 학교를 그만두고 십대 초반에 일찍 임신을 한 경우 태어난 아기가 미숙아일 가능성이 높고 생존 가능성이 낮다는 사실이 드러난다. 영양이 부족한 아이들은 질병에 대한 저항력이 낮아 병들기 쉽고, 학교에서도 뒤처지기 쉬우며, 성인이 되어 적절한 소득을 가질 가능성이 희박하다. 빈곤의 되물림이다.

여성의 임파워먼트(empowerment)

반면에 여아와 여성의 인권을 존중하면, 개발의 성과는 대단하다는 것을 알 수 있다. 불평등은 재능을 낭비한다. 여성이 고위직에서 배제되면 국가가 지닌 재능의 절반이 낭비된다. 만약 인도의 모든 주들이 가장 실적이 좋은 카르나타카Karnataka 주만큼 직장 내 성차별 철폐에 높은 성과를 보이면 국민총생산이 3분의 1가량 증가할 것이라는 예측이 있다(앞글: 5).

나이지리아에서 수행한 조사 결과도 참고할 만하다. 문맹인 어머니에게 위생시설만을 제공하면 자녀 출산시 기대수명이 20% 늘고, 위생시설 없이 교육을 제공하면 33%가 늘며, 교육과 위생시설을 함께 제공하면 무려 87% 이상 기대수명이 늘어난다는 것이다(앞글: 40). 또 여성과 여아에게 투자하면 여러 혜택들이 생기는데, 개발도상국 여성들이 모두 중등교육을 받게 되면 5세 미만 아동 사망은 절반 감소할 것이라는 추산도 있다(UNDP 2016b: 112).

여성의 사회경제적 취약성을 극복하기 위한 대안이 임파워먼트(empowerment)다. 권리기초접근에서 여성의 권리행사가 핵심이다. 빈곤에 처한 여성들이 헌법 등 법에 보장된 자신들의 권리를 주장하고 선거에 참여해 권리를 행사하는 등의 자치역량을 강화하는 것이 중요하다. '경제적' 임파워먼트의 경우, 정부의 법과 정책뿐 아니라 노동시장과 교육훈련부터 젠더 평등이 보장되어야 한다(그림 3-16). 사회보호와 자산과 금융서비스 접근 기회 확대도 국가적 개발 이슈가 된다.

참고로 여성이 토지를 소유하면 가정이 큰 변화가 일어난다. 여성의 토지 소유권 글로벌 캠페인을 추진하는 FAO 통계에 따르면(http://www.fao.org/3/a-bc244e.pdf), 토지를 소유한 여성의 아이는 심각한 저체중이 될 확률이 평균에 비해 1/3 낮아지고 병을 앓게 될 확률은 10% 더 낮다. 가정폭력

■ **그림 3-16** 여성의 경제적 임파워먼트

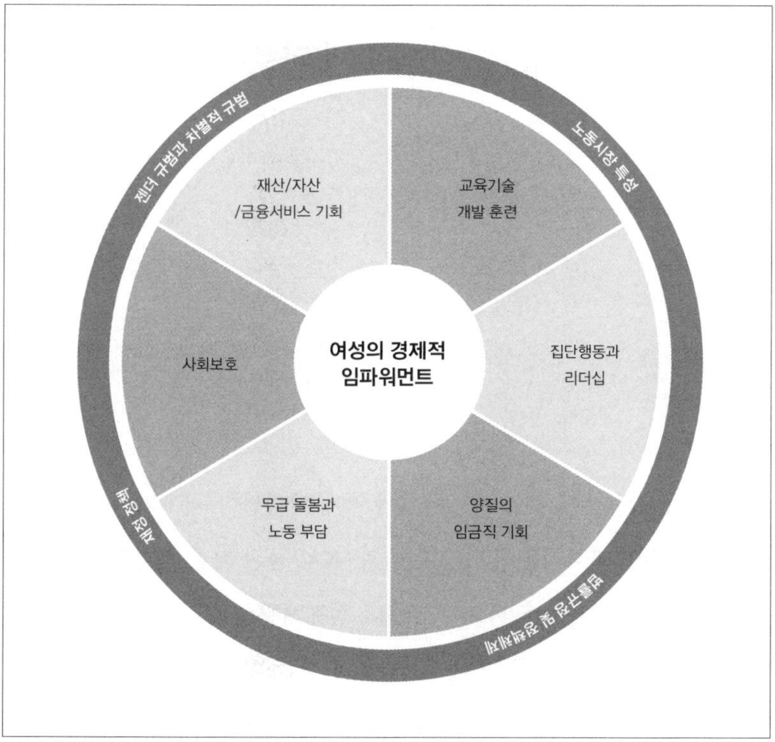

경험은 평균보다 8배 이상 낮아진다. 또 자산과 상속권을 가진 여성은 소득이 평균보다 3.8배 높고, 저축은 35% 이상 높다. 또 여성들이 생산적 자산(토지, 종자, 금융서비스 등)에 남성과 동등한 접근의 기회를 갖게 되면, 농작물 수확량이 20~30%가량 증대할 것이다(FAO 2014).

제4장

지속가능한 개발의 파트너십

SDGs 달성은 글로벌 파트너십에 크게 의존한다. 국제기관들과 국가들이 일차적인 파트너들이고, 기업들과 NGO들과 다른 개발협력의 기관들 그리고 세계 시민들도 파트너가 된다. 선진개발국 정부들이 공적개발지원(ODA)을 대폭 늘려야 하는 과제도 중요하지만, 기업과 NGO들의 개발협력 지원 역할도 크게 늘고 있다. 개발협력에도 이제 전통적인 ODA를 보충하는 '혁신적 금융'이 주류에 진입하고 있다.

1. 글로벌 '개발원조' 거버넌스

1) 개발도상국의 원조(ODA) 의존

원조가 주는 혜택은 다양하다. 부유한 사람, 지역, 국가에서 가난한 사람, 지역, 국가로 재분배를 하고 박탈에 맞서 싸우게 하며, 질병통제와 환경보호 등 지구적 공공재화에 투자하게 한다. 개발도상국 중 저소득국은 원조 의존도가 높다. 정부수입 중 ODA가 차지하는 비중이 100%를 넘는 국가도 4개국이 있다.

그림 4-1 저소득국, 중저소득국의 해외 원조 의존도: 2015년

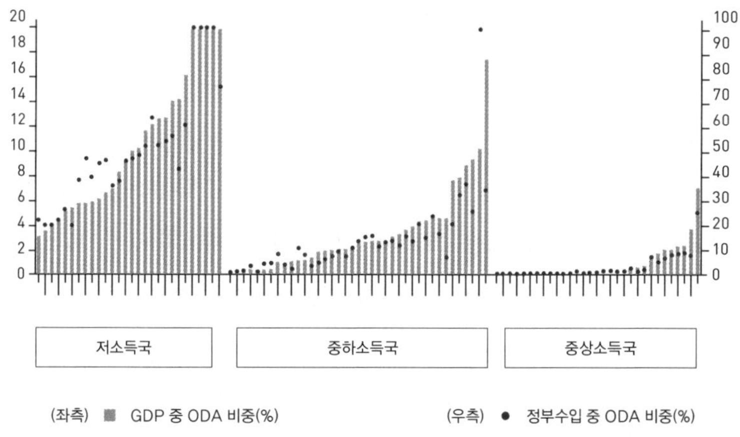

자료 World Bank 2016.
참고 GDP 20% 이상을 차지하는 국가는 아프가니스탄 24%, 중앙아프리카공화국 35%, 리베리아 37%, 말라위 22%. ODA가 정부 재정에 차지하는 비중이 100%를 초과하는 국가는 아프가니스탄 105%, 중앙아프리카 공화국 260%, 리베리아 126%, 시에라리온 143%.

그러나 원조 자체가 개발을 가져다주는 것은 아니다. 잘 구성된 원조 프로그램들은 국가와 지역공동체의 개발을 보충하고 지원하며 효과적인 국가와 능동적 시민들을 강화하지만, 잘못 구성된 원조는 국가와 시민들과 대립하거나 심지어는 양쪽 모두를 약화한다. 원조 지지자들 사이에서도 원조의 성격에 대한 의견이 분분하다. 한편에서는 그것을 소득분배의 극심한 불평등을 바로잡기 위한 합리적이고 관대한 재원으로 보며, 다른 한편에서는 식민주의와 제국주의, 불공정한 '무역과 금융 체제' 등을 통해 나타난 문제들에 부국들이 최소한의 배상을 하는 '정의'의 차원으로 보기도 한다(Green 2008: 354).

그런데 원조가 가장 필요한 최빈국에 대한 ODA는 크게 개선되지 않고 있다. DAC 회원국들이 합의한 ODA/국민소득(GNI) 0.7%를 이행하지 않고 있어 획기적인 변화를 기대하기 어렵다. 0.7% 약속을 이행한 국가는 2017년 현재 덴마크, 노르웨이, 룩셈부르크, 스웨덴, 영국뿐이다(OECD 2018b). DAC 29개국 전체의 ODA 규모도 GNI의 0.32%(2016년) → 0.31%(2017년)로 오히려 줄고 있다.

ODA 규모는 점차 증가해 2017년 1400억 불을 넘었다. ODA는 다양하게 구성되는데, 가장 많은 비중을 차지하는 것은 '국가 대 국가'의 양자 프로젝트, 프로그램 및 기술지원이며, 다음으로 다자기관을 통한 ODA다(〈그림 4-2〉의 하단). 그리고 인도적구호와 난민지원은 세계적으로 재난이 늘어난 것에 비례한 ODA 지원으로, 난민지원은 아프리카에서 유럽으로 난민이 크게 늘면서 2017년에 전체 ODA의 9.7%로 증가했다.[24] 부채탕감은

---

24 DAC은 난민비용을 1988년 이후 ODA로 계산하는데, 2017년 난민비용이 ODA에서 차지하는 비중은 아이슬란드 36%, 이탈리아 31%, 독일 24.6%, 그리스 22%, 네덜란드 17%, 스웨덴 15%, 스

■ **그림 4-2** DAC 회원국의 ODA 구성: 2000~2017 ($10억)

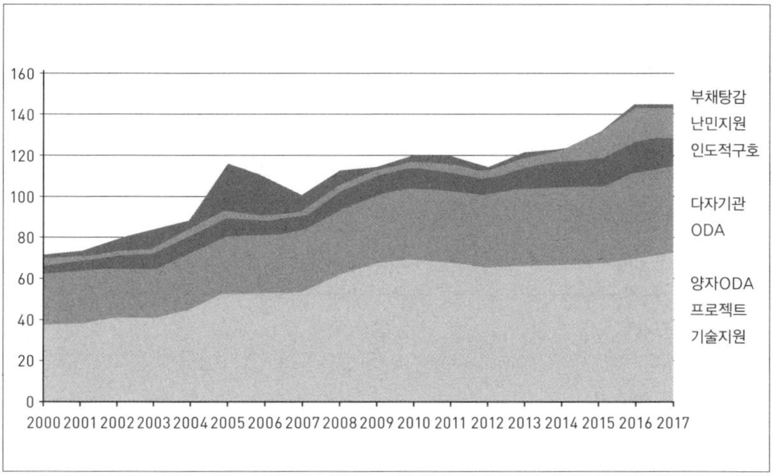

자료 OECD 2018b.

2005~06년 사이에 가장 많았고, 이후 점차 줄어든 추세다.

개발도상국에 대한 재정의 흐름은 정부지원의 ODA를 비롯해 민간투자와 NGO의 증여로 구성된다. 이 세 유형의 비중은 2012년 전후로 ODA가 민간투자에 비해 위축된 후 2016년 최근 다시 민간투자보다 더 높은 비중을 차지하고 있다. 실제로 2012~16년 기간 ODA는 약간 늘어 1450억 불 규모이며, 민간투자는 두 배 이상 줄면서 1287억 불에 그쳤다. NGO 증여는 지난 10년(2006~16) 기간 두 배로 늘어난 403억 불로 상대적 비중이 늘었다. 정부와 기업의 역할이 다소 위축된 반면에 NGO 역할이 상대적으로 확대되는 추세다.

위스 9%, 프랑스 5%, 미국 4.7%, 영국 2.7% 등이다.

■ **표 4-1** DAC 회원국의 ODA, 민간투자, NGO 증여 비중: 2000~16년 (단위: %)

	2000~01	2005~06	2012	2016
ODA	44	34	27	46
민간투자	49	61	62	41
NGO 증여	6	5	7	13
기타	1	0	4	0

자료 OECD 2018b.

2) 좋은 원조와 나쁜 원조

좋은 원조는 삶을 바꿀 수 있지만 나쁜 원조는 오히려 개발을 저해한다. 원조는 이타주의, 이기주의, 오만이 복합적으로 작용해 일어난다. 미국 부시 행정부의 2008년 예산집행을 보면, 미국 원조의 최대 수혜국은 이스라엘과 이집트(두 나라가 미국 원조의 25%를 차지)이며, 미국 대외 원조의 최대 몫을 받는 10개국은 대부분 '테러와의 전쟁'이나 '마약과의 전쟁'을 하는 지정학적 연합국들이었다(앞글: 363). 원조금은 대부분 원조국의 재화와 서비스 구매와 연계되어 있어, 원조 프로그램이 수혜국의 욕구보다 원조국의 상업적 이익에 기초해 운영되고 있음을 알 수 있다. 또 원조는 장기적인 기부자들에게 1~2년 만에 결과를 보여주는 단기적 프로젝트를 선호하는 정치인이나 대중의 근시안적인 전리품이 될 가능성이 높다.

원조의 배분은 지정학적 이해에 따라 왜곡된다. 원조국들이 원조 제공의 조건으로 요구하는 정책의 변화, 원조와 과도한 기술지원 의존 연계에 따른 낭비 문제, 또 국가 구조를 약화하는 조정되지 않은 중복된 접근법들이 있다(앞글: 364). 원조국은 개발도상국들이 필요로 하지 않는 비싼 재화와 서비스를 구매하도록 강요함으로써, 원조금의 상당 부분을 회수하려고 한다. OECD는 이런 '구속적 원조'(tied aid)로 관련 비용이 15~30% 증가했다고 본다. 2001년 OECD 회원국들은 최빈국들에 대한 (식량 지원과 기술 지원은 제외한) 모든 양자 원조에 어떤 구속도 하지 않기로 합의했다. 2015년 현재 30개 DAC 회원국 평균이 83.5%로 대부분이 90% 이상 비구속적 원조를 실천하지만, 미국(58%)을 비롯한 한국(49%), 체코(44%), 폴란드(3.6%), 포르투갈(39%) 등은 낮은 수준에 머물러 있다(OECD DAC 2017).[25]

바람직한 원조는 호응적인 국가제도들을 강화하는 것이다. 지난 수십년간 아프리카의 성공담으로 회자된 보츠와나에서는 정부가 독립 직후부터 원조금을 통제하며 국가예산과 기획절차들에 통합하는 안전장치를 마련했다(앞글: 368). 보츠와나는 원조에 크게 의존했지만(경제도약이 순탄하게 진행되던 1973년에도 전체 정부 재정의 45%가 원조금), 자국의 정책 우선순위에 맞지 않는 원조국의 제안들을 거부했고, 원조국의 활동을 정부 정책에 조율할 것이라고 고집했다.

좋은 원조 중 하나는 일반예산지원(GBS)으로 제시되고 있다. 정부에 핵심적인 재정을 지원하거나, 분야 전반의 접근법(SWAP)으로 농업이나 교육 등 특정 분야에 투자할 목적 기금을 마련하는 것이다. 2004년 전 세계 원조예산 790억 달러 중 20억 달러만이 일반예산지원이었지만, 그 비중은

---

25 비구속적 원조란 "ODA 재정지원 조달의 공개적 경쟁에서 법적, 규제정책 장애를 제거"하는 것을 의미한다. 그런데 비구속적 원조가 다소 줄고 있다는 우려가 제기된다. 2012년 85.7%에서 2013년 89.5%로 늘다가 2014년 87.1%, 2015년 83%로 감소한 것이다.

■ **그림 4-3** 일반예산지원(GBS)의 원조: 협력기관별, 2010~15 (단위: %)

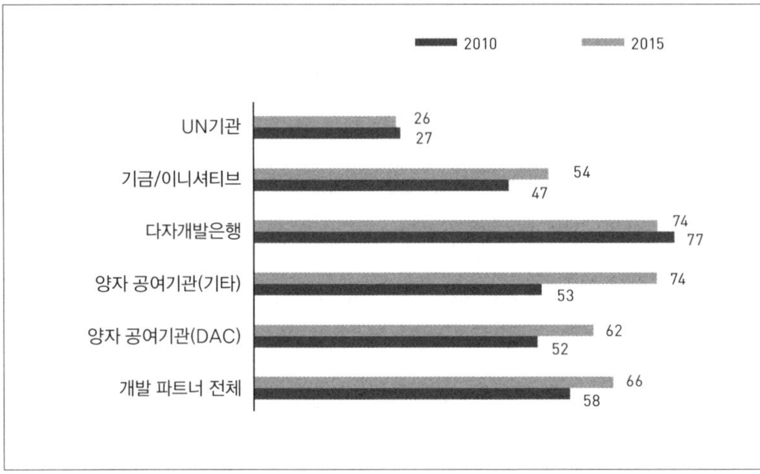

자료 OECD, UNDP 2016: 28.

급속도로 늘고 있다. 2010년 58%에서 2015년 66%로 늘었다. GBS 의존도는 다자 개발은행이 높은 반면 UN 기관이 가장 저조하다(그림 4-3).

GBS의 영향에 관한 7개국 평가연구에 따르면, GBS를 통해 보건과 교육 공공 서비스 지원이 강화되었다(Green 2008: 368). 동시에 번잡한 회의, 원조 측의 빈번한 방문, 보고 의무와 조건들이 축소됐다고 밝혔다. 더 중요한 것은 GBS가 빈곤과 불평등을 해소하는 정부의 제도적 능력을 강화할 수 있다는 점이다. 그러나 GBS의 효과를 보장하려면 원조가 장기적으로 꾸준히 지원될 거라고 신뢰할 수 있어야 한다. 개별 프로젝트 지원은 있다 없다 해도 큰 상관이 없으며 전체 안정에 제한된 영향을 미친다. 그러나 GBS는 그렇지 않다. 직원 급여와 기타 경상비 지원금이 없어지면 정부 스스로 자구책을 찾아야 한다. 그래서 초과 재정적자를 무릅쓰는 리스크가 뒤따른다.

최빈곤국은 부채 탕감으로 빈곤해소 지출을 확대할 수 있게 되었다. 세계은행의 최대채무국(HIPC: Heavily Indebted Poor Countries) 방안은 GBS 실험을 추진하였다(Green 2008: 369). HIPC의 혜택을 받은 국가들에서는 재정 여유가 생기면서 사회지출이 치솟았고 수년간 저축이 보장되며 정부 경상비를 안정시킬 수 있었다. 부르키나파소에서는 수천 명의 신임교사들을 채용하는 일이 가능해졌다.

3) 최빈국의 부채 탕감

부채는 왜 국제 금융기관들이 가난한 국가들에 그토록 커다란 영향력을 행사하고 있는지 설명해 주는 핵심 이유다. 해외 부채를 지고 있는 국가들은 채무자로서 끊임없는 구조조정 과정, 신용 불량, 공공지출 억제 등에 시달린다(Green 2008: 305). 2000년 이래로 32개국이 국제협약에 따라 부채 탕감 혜택을 누렸지만, 아직도 그 이상의 국가들이 이런 혜택에 긴박한 요청을 보내고 있다. 필리핀의 마르코스, 콩고의 모부투, 인도네시아의 수하르토가 국민의 동의 없이 부당하게 융자를 받아 정권유지를 위한 목적으로 전용한 부채에 대해서는 탕감되는 것이 바람직하다는 시각도 제기되고 있다(Camarda 2007).

최빈국 부채의 배경 요인

최빈국 부채의 대부분은 1970년대 국제 오일쇼크로 빚어진 것이다. 유가상승으로 물가가 동반 상승했고, 석유 수입에 의존하는 국가들은 부채로 에너지 수입을 할 수밖에 없었다. 이에 미국 등은 부당한 부채 증가에 대해 IMF의 조치를 요청하면서, '구조조정정책'(structural adjustment policies) 또는 '워싱턴 합의'의 시대가 개막되었다(Avril 2012). 세계은행과 IMF가 최빈국들에게 저리로 융자를 제공하면서, 이들이 오일쇼크를 대처할 수 있도록 지원하는 조건으로, 최빈국들은 장기적인 국가개발의 전략보다는 단기적인 현금지급을 우선하는 급진적인 구조조정을 시행할 수밖에 없었다. 정부가 광산 등의 국유재산을 매각하는 민영화조치도 구조조정 요청에 따라 진행되었다. 또 구조조정 조치는 정부지출의 축소를 요청해, 기초 보건과 교육에 투입될 예산의 부족 사태도 벌어졌다. 이런 사회지출보다 해외부채를 우선 상환해야 했다. 신자유주의 시대의 개막과 더불어 빈곤국들의 빈곤화가 깊어지며, 강력한 글로벌 거버넌스가 요청된 것이다.

부채탕감 글로벌 시민운동

세계은행과 IMF 등 국제금융기관들의 글로벌 거버넌스 실패에 대응하는 새로운 국제적 거버넌스 움직임이 활성화되었다. 하나는 '주빌리(Jubilee) 2000'의 글로벌 시민운동이며, 다른 하나는 UN이 주도한 G8회담인 2005년 글레니글스 '부채구제협정'이었다. 주빌리 2000의 글로벌 캠페인 12년 사이에 최빈국 부채탕감은 상당히 줄었지만, 지금은 민간부문의 부채가 급등하는 추세에 있다. 주빌리부채캠페인(Jubilee Debt Campaign)의 추산에 따르면, 최빈국의 민간부채가 수출 소득에서 차지하는 비중이 2000년 4%가량에서 2010년 10%로 두 배 이상 급증했다(Avril 2012). 에티오피아, 니제르, 모잠비크는 그간 공공 부채탕감의 혜택을 받았지만 민간부채 때문에 2000년과 거의 같은 수준의 부채를 갚고 있다. 엘살바도르, 필리핀, 스리랑카 정부들도 정부세입의 1/4가량을 부채상환에 쓰고 있다.

민간부채는 이제 공공부채의 두 배에 달한다는 추산이 있다(JDC

2012). 이에 대한 뚜렷한 대책이 없는 것이 개도국의 심각한 고민거리다. 글로벌 거버넌스 차원의 대응도 한계가 있다. 2000년 이래로 최대채무국(HIPC) 국제협약에 따라 32개국에 대해 1250억 달러의 부채 탕감이 이뤄졌지만, 여전히 개도국 전체의 부채 규모가 1/3가량 더 늘어날 것이라는 게 세계은행과 IMF의 전망이다.

심각한 부채로 인한 국가부도(defaulting)가 발생한 사례는 1950년대-60년대 20년간 4개에 지나지 않았지만 70년대 이래로는 매년 4개국 정도로 급증했다. 브라질 등 일부 국가들은 단기해외 융자에 대한 세금을 부과해 해외융자를 재규제하는 경우도 있지만, 아직 많은 국가들이 민간부문에 대한 적절한 규제를 시행하고 있지는 않다.

WTO의 자유화 협정 때문에 규제를 할 수 없는 형편이다. 2000년 이래 32개 HIPC들이 부채탕감의 혜택을 받아, 정부세입 중 부채지급액이 1998년 20% 정도에서 2010년 5% 미만으로 크게 줄었다. 이에 따라 초등학교 등록률이 63%에서 83%로 크게 개선된 인간개발의 실적을 올렸다. 주빌리부채캠페인은 비지속가능한 부채 탕감을 위한 국제부채법정의 창설을 주창해왔다. "많은 개도국들이 채무자의 감옥에 갇혀 왔고 앞으로도 계속 그럴 것이다"고 강조한다.

1980년대의 '잃어버린 10년' 기간에도 채무국의 부담은 심각했다. 경기침체에 빠지고 빈곤이 늘어나는 상황에서 남미 전체의 남성, 여성, 어린이가 각기 500달러씩 부국으로 돈을 보내주었다(Green 2008: 306). 여론의 저항에 직면한 상황에서 또 구조조정이 간신히 채무 불이행을 막기는 했지만 충분한 성장을 가져오지 못하고 실패하는 상황이 지속되었다. 이에 자금을 제공한 정부들과 국제 금융기관들은 일련의 부채구제 방안을 개시했지만, 그 방안들이 모두 문제 해결에 실패하면서 보장의 위험은 더 늘어났다. 국제사회는 1996년 'HIPC', 이어서 1999년 개선안 HIPC II, 2005년 '외채과다 빈국 채무 탕감 방안 MDRI'을 계속 내놓았다.

MDRI와 혁신적 금융도구

가장 최근의 방안인 MDRI는 특정일까지 발생한 모든 국가 부채를 완전히 구제해 주는 데까지 발전했다. 시민운동가들이 오랫동안 요구한 '100% 구제'가 제한적으로 적용됐다. HIPC와 MDRI에 관련해서는 심각한 문제들이 남아 있는데, 특히 IMF가 내거는 조건들의 강제력에 맞선 방어막을 마련하는 것이다. 구제를 받는 국가들이 긴급한 위기 해결을 위한 부채 구제를 이용하려면 이런 조건들에 순응해 고통스러운 구조조정을 수년 동안 시행할 수밖에 없다. 2007년 중반까지 HIPC를 완료한 22개국에 대한 전체 부채구제금은 다자 국제기관들을 비롯해 양자 또는 상업적 채권

표 4-2 최빈국(LDCs)의 부채탕감 현황 (2014년)

글레니글스 협약 이후 최빈국(LDCs) 부채탕감이 다음 두 가지 이니셔티브 중심으로 시행되었다.

– Heavily Indebted Poor Countries (HIPC) Initiative,

– Multilateral Debt Relief Initiative (MDRI)

그간 31개 LDCs가 HIPCs로 분류, 이들에 HIPC, MDRI 기금을 통해 880억 불의 부채 탕감 실적이 있었다. 부채탕감의 결과, LDCs 31개국 빈곤감소 지출금이 평균 GDP 3%가량 증가했다. 2014년 기준, 31개 LDCs 평균 부채는 GDP의 1/3 수준(개발도상국 전체 평균 43%)에 달한다.

정부 재정수입에서 채무변제가 차지하는 비중이 20% 정도가 안정적인 재정운영인데 비해, 방글라데시, 에티오피아, 모잠비크, 남수단, 탄자니아, 우간다, 예멘, 잠비아 등은 2017년까지 20~35%로 높은 수준에 해당되는 국가들이다.

자료 UNDP 2016a: 28.

자들과 맺은 협정을 합치면 707억 달러로 추산된다. 부채구제는 수년 동안 지출할 수 있는 기금을 정부에 직접 제공하기 때문에 매우 효과적인 원조 유형이다. 2005년에 합의된 추가 부채구제안은 이 국가들에 2007년 한 해에만 약 13억 달러를 추가로 제공했다.

또 새로운 부패탕감 방식으로 혁신적 금융도구도 활용되고 있다. 부채 스왑(Debt swaps)은 개발 자문사 Dalberg에 따르면, 2010~13년 기간에 새로운 개발금융방식으로 14억 달러를 조성했고, 2024년까지 연간 6억 달러를 생산할 것으로 기대된다(UNDP 2016b). 보건 부채탕감(Debt2Health)에서 채권국은 채무국의 부채를 탕감해주는데, 탕감의 조건은 채권국이 글로벌 AIDS/결핵/말라리아 퇴치기금에 제공한 증여로 탕감을 받은 금액을 채무국이 자국의 국가의료 프로그램에 지속적으로 분할 투자하는 것이다. 2007년에 첫 시행되었을 당시의 목표는 2조 6000억 달러의 부채탕감으로 추가적인 글로벌 기금을 마련하는 데 있었다.

다른 변형된 부채탕감 지원방식은 비영리재단 네이처 콘서밴시(Nature Conservancy)의 네이처 베스트(NatureVest) 임팩트 투자 방식이다(UNDP 2016b). 네이처 베스트의 2300억 달러와 다른 자선가의 7000억 달러의 임팩트 투자로 세이쉘의 3000억 달러 부채탕감을 하는 방식이다. 3000억 달러의 부채 탕감을 받은 세이쉘 정부는 해양 보전과 기후변화 대응 조치에 사용될 신탁기금(trust fund)에 저축하는 방식이다.

2. 글로벌 거버넌스 감시자 NGO

글로벌 시민사회를 형성하는 NGO들의 역할은 다양하다. 빈곤층과 취약층을 돕는 직접 서비스 활동뿐 아니라, 글로벌 금융/무역/투자의 자유화가 빈곤국과 빈곤층에 미치는 피해를 국제사회에 고발하는(whistle blowing) 역할은 더 중요하다. 감시의 대상이 주로 다국적기업들이지만, 이들을 감시하는 역할을 맡고 있는 글로벌 거버넌스 기관들(IMF, WTO, World Bank, UN 기관들 등)을 또 감시하는 역할(watchdog)이 더욱 중요하다.

1) 글로벌 거버넌스와 NGO

글로벌 차원의 시민사회(NGO)의 등장은 지구화의 급성장과 관련된다. 샐러먼 교수(Salamon 1994)는 NGO의 등장 요인들을 2대 혁명(경제성장과 커뮤니케이션 혁명), 3대 실패(시장실패, 정부실패, 자원섹터 실패), 4대 위기(복지국가, 개발, 환경, 사회주의의 위기), 3대 압력(위로부터, 아래로부터, 밖으로부터의 압력)으로 설명한다.

경제성장과 IT혁명 덕분에 시민사회가 글로벌 차원으로 발전할 수 있는 유리한 활동 환경을 갖게 되었다. 여기에 전통적인 시장 및 정부 실패, 그리고 자원섹터 실패가 시민사회의 등장을 정당화시키는 시대적 요청이 되었다.[26] 동시에 서구의 복지국가 위기, 제3세계의 개발의 위기, 동구 사회주

---

26 정부는 서비스 공급에서 비효과성, 비효율성으로 실패하는 대안으로 시민사회에 의존하는 동향이다. 자원섹터 또는 시민사회는 자급자족의 역량이 부족해서 정부의 재정지원에 의존하거나 수

의의 위기, 글로벌 차원의 환경의 위기는 '글로벌 거버넌스'의 필요성을 중시하는 시대적 요청이었다. 또 국내적으로는 위로부터 리더십의 의지, 아래부터 일반시민의 지지, 그리고 밖으로부터 타국과 국제적 영향력이 삼박자 지지와 압력으로 작용하며 시민사회의 성장과 NGO 활동을 지원하였다.

보다 거시적, 글로벌 거버넌스 차원에서는 '신자유주의 합의' 또는 '워싱턴 합의'에 글로벌 NGO 활동의 초점이 맞춰져 있다. '신자유주의 합의'의 실패는 1990년대 중반 이후 시민사회의 확대발전과 밀접히 연관된다. '신자유주의' 이론의 산실 역할을 했던 세계은행에서 부총재를 역임한 경제학자 조셉 스티글리츠(Stiglitz)도 "워싱턴 합의에 의해 추진된 정책들이 결코 완성되지 않고 있으며 때로는 잘못 기획된 것이다"고 지적한다(Salamon et al. 1999: 4-5).

또 1995년 UN 사회개발정상회담도 신자유주의의 실패를 공식화될 정도였다. 사회개발정상회담 이후 5년을 평가하기 위해 조직된 〈제네바 2000〉은 다음과 같이 평가한다. "인간개발을 위한 가장 가능한 환경을 제공해준다던, 규제를 받지 않은 시장의 능력에 대한 신임은 이제 너무 지나친 수준에까지 가버리고 말았다. 시장의 보이지 않는 손에 대한 지나친 의존으로 세계는 지속가능할 수 없는 수준의 불평등과 박탈을 강요당하고 있다. 공적 이해와 사적 이해 사이에 새로운 균형이 모색되어야만 한다"(Geneva 2000: 1-2).

최근까지도 신자유주의가 주류를 유지하고 있지만 개발을 심각하게 피해를 주고 있다는 일치된 시각이 있다. 주요 글로벌 거버넌스 기관들이

익사업에 생존전략을 모색할 수밖에 없다고 본다.

표 4-3 글로벌 시민사회의 역할을 중시하는 국제 선언문

어젠다 21(Agenda 21), 1992년 UN 지구회담(환경개발회담, UN Conference on Environment and Development : "Earth Summit"), 172개국 참가, "지속가능한 개발 달성의 기본적 전제 조건은 대중의 광범위한 의사결정 참여다." **오르후스 협정**(Arhus Convention), 환경문제 의사결정과 정의의 접근에서 공공참여, 정보접근에 관한 협정. 1998년 40개국이 협정 체결. 환경 거버넌스에서 대중 참여의 중요성을 규정하고, 국민들이 자국의 거버넌스에 관여할 일련의 권리들을 설정. **우리가 바라는 미래**(The Future We Want), 2012년 Rio+20 지구회담 결과 선언문으로 192개국이 참여해, SDGs의 기초작업을 제시. 선언문에는 "광범위한 대중의 참여와 정보 접근과 사법과 행정의 절차들은 지속가능한 개발 증진에 기초"가 되므로, "모든 차원에서의 지속가능한 개발 정책과 프로그램의 기획, 의사결정 및 집행에 기여하는 과정들에 대중적 참여"를 촉진.

자료 UN 1992; UN Economic Commission for Europe 1998; UN 2012.

이런 일치된 견해를 제시한다. UNDP는 1991년 이래로 줄곧 신자유주의 지구화에 대한 강력한 글로벌 거버넌스를 강조해왔다. UNDP의 〈2017년 인간개발 보고서〉는 지금의 국제기관들의 구성과 글로벌 시장의 불균형 상태의 성장은 인간개발에 심각한 도전이며, "규제받지 않은 금융 지구화가 사람들의 경제적 불안을 증폭시킨다"고 강조한다. OECD 2017년 보고서에 따르면, "많은 국가에서 사람들은 지구화의 영향으로 삶이 개선되지 않았고, 경제가 성장하는 가운데 자신들에게 돌아온 몫이 줄면서 하위층으로 전락한 것으로 생각하며, 불평등의 증가를 지구화의 탓으로 돌리는 경향이 있다." 또 부트로스 갈리, 코피 아난 UN 사무총장들도 수시로 시장과 투자의 자유화를 규제하는 강력한 글로벌 거버넌스를 주문하였다. 한편 UN 지속가능개발연구기관(UNRISD)은 2015년 "새로운 개발 접근법과 혁신은 이제 사회정책이 경제성장에 종속되는 시기는 마감되고 있다"며,

■ **표 4-4** 글로벌 시민사회(NGO)의 거버넌스 역할

감시견(Watchdog): 기관들의 투명성(transparency)과 책무성(accountability) 감시. **후원자(Advocate)**: 사회적 이슈와 도전들 인지 및 변화 주창활동. **서비스제공자(Service provider)**: 교육, 보건, 식량, 안정 등 사회적 욕구 충족의 서비스 제공. 재난 관리, 준비 및 긴급 대응 역할. **전문가(Expert)**: 정책과 전략 수립에 독창적인 지식과 경험 제시, 해결방안 파악 및 구축. **역량구축자(Capacity builder)**: 교육, 훈련 등 역량구축 기회 제공. **인큐베이터(Incubator)**: 장기 잉태기와 투자회수기간이 필요한 방안들의 개발. **대변인(Representative)**: 취약층의 목소리에 파워 제공. **시민권 챔피언(Citizenship champion)**: 시민참여를 진흥, 시민권리 지원. **연대지지자(Solidarity supporter)**: 기본적, 보편적 가치 증진. **표준제시자(Definer of standards)**: 시장과 국가 활동을 형성하는 규범 창출.

자료 WEF(World Economic Forum) 2013.

다소 희망적인 메시지를 전한다.

NGO들은 글로벌 기관들과 다국적기업들 모두를 감시해 국제사회에 고발하는 역할을 맡는다. 글로벌 거버넌스 기관들은 금융, 무역, 투자의 자유화 등 신자유주의를 감시하고 규제할 역량도 의향도 부족하기 때문이다. WTO, IMF, 세계은행 등은 금융과 무역의 자유화로 빈곤국들이 식량위기에 허덕일 때도 이를 규제하는 개혁을 계속 미루며 글로벌 거버넌스 역할을 상실해왔다. 모두가 미국을 비롯한 G7 등 최대 주주들의 이해를 지키기 위한 글로벌 거버넌스 조직들이기 때문이다. 글로벌 보건 거버넌스 기관인 WHO는 회원국이 지원하는 재원의 독립성을 갖추지 못하고 주요 사업들을 다국적기업들의 기부나 투자에 의존해, 회원국들의 요구와 욕구를 충족시키지 못하는 '민주적 책무성'이 취약한 기관이라는 평가를 받고 있다 (Global Health Watch 5, 2017: 4-5).

2) 개발 패러다임의 이동

글로벌 NGO 시대의 국제기관들은 시민사회와 NGO의 역할을 중시하는 새로운 '개발 패러다임'을 제시한다. 샐러먼(Salamon 1995)은 "개발 비즈니스는 지난 30여 년을 국가에다 베팅(betting)을 하며 시간을 낭비했고 또 최근 10여 년을 시장에다 베팅을 해왔다. 이제는 국가 중앙집중주의와 시장의 잔혹함, 양측의 지나침에 대한 견제와 균형을 통해 지난 시기의 베팅을 양다리 베팅으로 하는 제3의 베팅을 하고 있다"며, 이제 NGO에 본격적인 베팅이 이뤄지고 있다고 관찰하였다.

최근 개발 패러다임이 '거버넌스' 패러다임으로 등장하게 된 배경은 두 가지로 구분해볼 수 있다. 하나는 지구화의 폐해에 대한 강력한 '글로벌 거버넌스'의 대응에 대한 글로벌 합의다. 다른 하나는 개발정책의 이데올로기적 기초가 되었던 신자유주의의 실패에 따른 세계은행, IMF, UNDP 등 국제개발기구들의 새로운 정책변화다. UNDP(2000: 6)는 시장경제의 자유화, 세계화, IT혁명으로 "제도적 효율성, 구조조정에 초점을 맞추는 새로운 개발 패러다임의 등장을 초래했다"고 분석한다. UNDP는 새로운 개발 패러다임은 "국가의 역할을 부정하는 것은 아니지만, 다원주의적 구조, 정치적 정통성 및 합의에 기초하는 국가의 다른 역할을 추구한다"며, "국가 및 지방정부와 기관들, 시민사회 기관들 및 사적 부문"이 주요 역할을 하는 거버넌스가 새로운 패러다임으로 등장되었다고 설명한다.

실제로 국제개발기관들과 NGO들 사이의 개발협력은 계속 늘고 있다. 세계은행의 경우, NGO에 의존하는 배경에는 몇 가지 이유가 있다. 정부의 관료제보다 NGO가 빈민층에 필요한 개발자원의 전달에서 비교우위에 있다는 점, 또 NGO가 주민여론을 수렴해서 효과적으로 개발의 문제 제

■ **그림 4-4** NGO(CSO)의 세계은행 프로젝트 참여

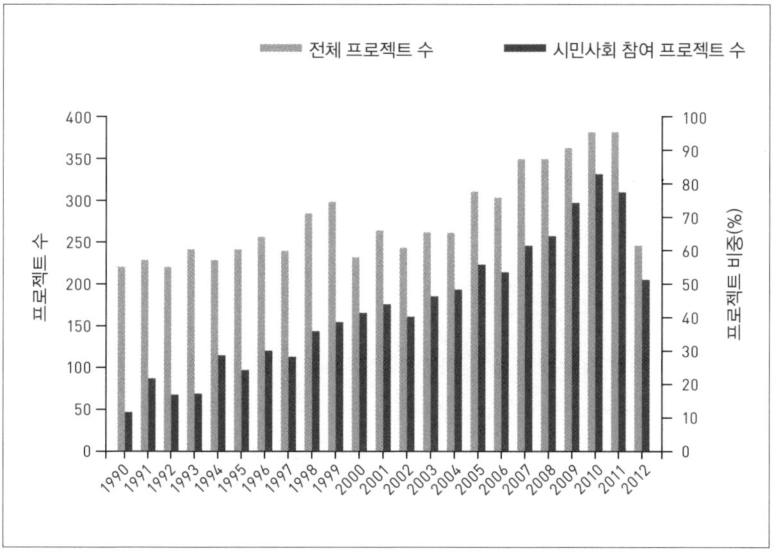

자료 World Bank 2012.

기를 하는 역할 등이다(O'Brien et al 2001: 28). 그럼에도 NGO들은 세계은행 등의 신자유주의 국제기관들의 재정지원에 크게 의존할 수밖에 없기 때문에 주로 빈곤층에 대한 서비스 제공 등 사회서비스 활동에 치중하고, 그럼으로써 정부에 대한 정치적 주창활동이나 사회정의와 재분배 이슈에 관한 주창 활동을 회피하는 경향이 있다(Kamat 2003).

세계은행 프로젝트의 NGO 참여율은 1990년 이전에 5% 정도에 불과했지만, 이후에는 2010년 80%까지 크게 늘었다. 세계은행은 1983년에 최초로 CSO에 대한 프로젝트 직접 지원사업인 시민사회기금(Civil Society Fund)을 시행하며 CSO의 프로세트 관여 비중을 점차 높여, 2012~14년 기간에는 80% 이상으로 확대되었다.

3) 빈곤국 부채탕감 운동

빈곤국의 부채탕감은 글로벌 NGO 운동의 대표적인 사례다. 이에 대한 각국 시민사회의 저항은 실제로 글로벌 여론 조성에 큰 몫을 했다. 1998년 5월, '주빌리 2000'(Jubilee 2000)을 지지하는 군중 7만 명은 영국 버밍엄에서 열린 G8 정상회담 때 인간사슬을 형성해 정상회담 안건에 부채

표 4-5 부채탕감 시민사회운동과 2005년 글레니글스 협약

스코틀랜드 글레니글스 정상회담이 있기 전 수개월은 정부와 시민사회운동의 공조가 활기를 띠던 시기였다. 정상회담을 주최한 영국은 초기부터 개발 지원 정책을 선도하고 나섰다. 2004년에는 아프리카 정부대표들 몇 명과, 가수이자 시민활동가인 밥 겔도프(Bob Geldof) 등이 '아프리카 위원회'를 만들었는데, 여기에서 추가원조금의 용도에 관한 활발한 논의와 계획이 나왔다.

한편 시민사회단체들은 G8 국가를 포함해 지구 전역 70개국에서 캠페인 활동을 벌였다. 이 활동은 영국에서는 '빈곤 퇴치를 위한 지구행동 GCAP'의 일환으로 다른 국가들에서는 '빈곤을 역사 속으로' 캠페인으로 알려졌다. 넬슨 만델라는 2월 재무장관 회담에서 상당히 비중 있는 발언을 했다. 이어서 겔도프, 보노 등 유명가수들은 정상회담 한 주 전에 대부분의 G8 국가에서 '라이브 8'이라는 콘서트를 열었다. 이 콘서트는 세계적으로 약 20억 명이 시청한 것으로 알려졌다. 그리고 3800만 명의 서명을 담은 청원서를 전달하기 위한 에든버러 행진에 22만 5000명이 참여함으로써 캠페인은 절정에 이르렀다.

대중적 압력과 영국정부의 기민한 정상회담 의제 설정 노력의 합작으로 G8 정부들의 원조에 동조하는 장관들의 입지가 강화됐고, 반대국들(미국, 일본, 이탈리아 등)의 결의가 약화됐으며, 아직 모호한 태도를 보이던 국가들(캐나다와 독일 등)을 확신시킬 수 있었다. G8 재무장관들이 부채청산 계획의 윤곽을 잡기 시작한 2월, 일찍부터 운동의 성과가 감지되기 시작했다. 글로벌 원조수준을 2010년까지 연간 500억 달러씩 높이고 세계 최빈국 50개국까지 부채를 청산해주기로 약속했다.

자료 Green 2008: 306.

문제를 상정하라고 압박했다. 실제로 부채 문제는 그 다음 해 HIPC II의 주요 의제가 되었다. '빈곤을 역사 속으로(Make Poverty History)'와 '빈곤 퇴치를 위한 지구행동(GCAP)'은 2005년 스코틀랜드 G8 정상회담에서 비슷한 성과를 올렸다. 구제안이 나올 때마다 정부들은 이번 부채 구제안이 마지막이라고 선언했다. 다행스럽게도 시민들은 그런 정부들을 믿지 않았고, 채무국들의 고통이 개선되지 않으면 더 많은 부채구제 운동을 이어갔다. 주빌리 2000은 글로벌 캠페인으로 2000~15년 기간에 개발도상국 부채 1300억 불이 탕감되었다고 밝힌다(https://jubileedebt.org.uk).

4) 취약층 사회보호와 소액대출

'사회보장'은 국가만의 영역이 아니라, 가족지원 네트워크나 종교기관과 같은 지역사회 차원에서도 가능하다. 인도의 자영업여성연합(SEWA) 등 NGO들은 비공식 경제에서 일하는 수만 명의 여성들을 위해 보건, 출산수당, 기타 보험 및 융자제도를 조직적으로 운영해 사회보장으로 성차별을 해소할 수 있다는 모범을 보여준다(Green 2008: 253). Oxfam 등 국제 NGO들 또한 활동프로그램에 점차 사회보장 요소들을 도입하고 있다.

사회보장에 대한 관심의 증대는 빈곤과 불평등에 관한 이해가 증진된 결과이며, 1980년대와 1990년대의 구조조정 정책의 영향을 완화하려고 도입된 '사회안전망' 정책의 저조한 실적 등 과거의 실패에서 비롯된 것이다. 후자는 대상집단 일부에만 영향을 미치며 1998년 아시아 금융위기와 같은 긴급위기에 대처하기에 충분할 만큼 신속하게 도입될 수 없었다. 동시에 단기적 식량부족을 해결하려는 식량지원 등 긴급구호는 많은 국가에서 굶주림과 취약성이 고질적이고 거의 영구적이라는 실체를 가리고 있다는 사실이 명백해졌다.[27] 굶주림이 일상이지 일시적 '긴급'이 아닌 것이다. FAO는 만성적 기아의 원인은 90%가 세계적인 식량불안 때문이며 나머지 10%는 충격이나 인도적 위기 때문이라고 봤다.

실제로 NGO들은 식량위기 극복에 중요한 역할을 한다. 방글라데시의 NGO인 BRAC(방글라데시 농촌발전위원회)은 '취약층을 위한 소득창출 프로그램'으로 만성적 빈곤가정의 생산적 역량을 구축하고 보호기반을 제공해준다. 대상 가정들은 농촌진흥위원회의 훈련과 대출 지원을 받고, 또 세계은행 프로그램과 지방정부가 공동으로 진행하는 2년간의 밀 배급을 매달 제공받는다(앞글: 214). 소액대출은 축산, 누에치기 등 소득창출사업 마련에 도움을 주었다. 또 프로그램은 0.002제곱킬로미터 미만의 토지와 한 달 4.4달러 미만의 소득을 가진 가정, 특히 홀로된 여성 가장을 대상으로 한다.

NGO의 사회보장 지원활동 중 중요한 진전은 소액대출(micro-finance) 사업이다. 1970년대 초부터 비영리조직들은 금융 차별을 해소하려고 소액대출 사업에 뛰어들었다(Green 2008: 221-3). 방글라데시의 그라민 뱅크(Gramin Bank)는 2006년 노벨 평화상을 수상한 유누스(Muhammad Yunus) 교수가 일찍이 설립한 것이다. 인도에서는 자영업여성연합(SEWA)이 비공식 경제권의 노동자들을 위해 최대 규모의 종합 사회보장 프로그램을 만들었다.[28]

---

27 1994년과 2003년 사이 대략 500만 명의 에티오피아 사람들이 '위험' 상태로 매년 긴급구호를 필요로 했는데, 1998년부터 에티오피아 식량지원 수혜자가 500만 명에서 1400만 명으로 치솟았다.

28 이 프로그램은 10만 명 이상의 여성노동자를 대상으로 (출산비용을 포함한) 건강보험, 생명보험,

■ **표 4-6** 세계 최대의 NGO: 방글라데시의 BRAC

1972년에 설립, 1971년 내전 이후 전쟁 피난민들과 빈곤층을 위해 1400여 집을 지었고, 어민들의 생계 지원했다. 지금은 국가를 대신해서 교육, 보건, 지역사회개발, 사회서비스 제공 등 거의 국가가 해야 할 일들을 대신하는 준국가 공공 서비스를 제공한다. BRAC은 방글라데시 전국에 걸쳐 3만 7500개 초등학교와 2만 4750개 유치원을 건축해 운영한다. 300만 아동, 그 중 65%가 여학생들로 양성평등에 기여한다. 1979년에는 보건 사업에도 진입해 설사 등 수인성 질병치료에 BRAC 회원들이 가정방문으로 치료약과 예방법 보건교육을 실시해, 아동사망률을 획기적으로 줄였다. 협동조합을 만들어 농민과 빈곤층의 자치력을 향상시켰고, 태풍과 수해가 발생하면 국가를 대신해 재난예방과 복구 작업에 BRAC 마을자치 활동을 진흥시켰다. BRAC은 아시아, 아프리카, 남미, 미국과 영국에도 지부를 두고 있는 세계 최대의 NGO로, BRAC이 고용한 인력만도 10만 명에 달한다. 70%가 여성으로 이들이 1억 2600만 명에게 다양한 보건, 교육, 농업 등 기초서비스를 제공한다. 많은 사업에 필요한 재원은 외부 원조에 의존하기보다는 무수한 사회적기업 운영의 수익으로 충당하는 재정적 지속가능성도 보여준다.

자료 BRAC 홈페이지 http://www.brac.net

소액대출의 경우처럼 소액보험도 다국적보험사들을 유인하며 점점 주류시장으로 이동하고 있다. 보험사들은 개발도상국의 신흥시장에서 장기적 성장을 꾀하는 것이다. 소액금융 소비자 90%는 여성 가장이거나 여성 노인으로, 이들은 3~6명 단위로 집단을 형성해 대출시 연대보증을 해주고 있다. 대출 결과는 놀랄 만큼 높은 회수율을 유지해, 그라민 뱅크의 경우 회수율이 98%가 넘는다. 그 결과, 소액금융도 자립과 수익을 보장할 수 있다.

재산보험을 판매한다. 소액보험 공급자들은 관례적인 서류요건을 생략하고 자신의 출생일자를 모르는 사람에게도 생명보험을 판매한다(http://www.sewa.org).

소액대출은 전형적으로 100달러 정도지만, 일부 대출은 액수가 더 적기도 하다. 그라민 뱅크의 도시부랑자 대상 무이자 대출은 평균 9달러이며, 걸인들이 노점상으로 올라설 수 있도록 지역상점에서 재판매용 물품을 구입할 수 있게 하는 신용상품도 있다. 이렇게 '피라미드 바닥'(BOP) 시장에 상업적 이해가 증대하면서 기존의 소액금융조직들과 협력하는 형식으로 일부 거대 상업은행들이 진입하는 것을 목격할 수 있다. 이로 인해 대출과 저축을 이용하는 가난한 여성들의 수가 크게 늘었다.

남미에서는 상업은행들의 진입으로 소액대출 NGO들은 더 가난한 사람들을 찾아 나서게 되었고, 평균 대출 규모가 크게 줄었다. 소액금융의 새로운 흐름에는 이주자들이 고국으로 보내는 송금 서비스와 현금지급기와 휴대폰 등의 신기술 이용이 포함된다. 2007년 케냐의 가장 큰 모바일 회사는 세계 최초로 가입자들이 다른 전화 이용자들에게 문자메시지 방식으로 현금을 보낼 수 있게 해, 은행 계좌 없이 잠정적인 신규 고객들 모두에게 소액금융기관을 이용할 수 있게 했다.

그런데 대부분의 사업자금 대출은 이미 포화상태가 된 비공식 경제에서 활동하는 많은 판매자들을 양산하고 있다. 또 저개발의 근원적인 구조적 문제들을 해결하지 못한다는 문제가 있다. 높은 회수율의 이면에는 상환하기가 아무리 힘들지라도 여성들이 사회적 비난을 너무 두려워한다는 상황도 있다. 대출을 할 때 보통 집단보증을 한다.

3. 글로벌 '다국적기업' 거버넌스

글로벌 차원에서 다국적기업의 경제적 역량은 막강해서 이들에 대한 '글로벌 거버넌스' 논의는 최근까지 지속되고 있다. 다국적기업들은 세계무역의 70%를 통제하고 있으며, 세계상품과 서비스 무역의 70% 이상을 500대 다국적기업들이 차지하며, 또 모든 테크놀로지와 생산품 특허권의 90%를 다국적기업들이 소유하고 있다. 특히 인수와 합병이 유행하면서 초대형 다국적기업들이 속속 탄생되고 있어 이들의 수중에 세계자본이 집중되고 있다. 이 때문에 1997~99년 기간 아시아 금융위기와 같은 심각한 사태들이 발생하였다. 제네랄 모터스의 판매고는 태국과 노르웨이 GDP를 능가하고 있고, 포드, 미쯔이, 미츠비시는 폴란드와 남아프리카 GDP보다 더 많은 판매실적을 올린다.

1) 다국적기업에 대한 규제

다국적기업들은 특히 환경오염을 일으키는 주범으로 지목받는다. UN 다국적기업센터(UNCTC)와 다국적관리국(TCMD)의 조사에 따르면, 지구촌 온실가스 배출의 50% 이상이 다국적기업들의 경제활동과 관련된다고 한다. 그럼에도 다국적기업들은 막강한 경제력을 갖고 있기 때문에 글로벌 환경보호에서 지속가능한 개발에 주요 기여자 역할을 하기도 한다. 국제 상거래와 경제적 및 사회적 개발을 방해하기보다 촉진시키기 위해서는 다국적기업들을 단순히 규제하기보다는 공조적인 국가차원의 접근법을 구조화시키는 일이 중요하다(Singer & Griffith-Jones 1994).

그렇다면 다국적기업들은 어떻게 규제되어야 하는가? 2000년 5월 UN 밀레니움 포럼에서 아난 UN사무총장은 다국적기업의 '글로벌 기업시민정신'(global corporate citizenship)을 강조한다(UNGA 2000: 13-4).

> 글로벌 기업들은 … 그 누구보다도 우리들이 살고 있는 단일의 경제적 공간을 창출해 놓으면서 그들의 의사결정은 전 세계의 사람들과 국가들에게도 경제적 전망에 대한 중요한 의미를 갖게 된다. 그들의 글로벌 차원에서의 운영에 관한 권리들은 국제협약과 국가정책에 의해 크게 확대되었지만 이 권리들에 수반되어야만 하는 것이 더욱 많은 책임, 즉 글로벌 기업시민정신의 개념과 실천인 것이다. 훌륭한 시민정신의 특성은 상황에 따라 다양하지만 한 가지 공통적인 특성은, 더욱 약화된 규제체제 또는 호스트 국가의 불공정한 협상지위를 이점으로 이용함으로써가 아니라 더욱 광범위한 커뮤니티에 의해 규정되는 "훌륭한 실천"이 가능한 곳 그리고 적절한 곳에서 추구하는 기업의 의지인 것이다.

특히 다국적기업에 대한 윤리강령의 제정이 어젠다로 부각되어 있다. 지난 20여 년간 UN은 이 문제에 매달려 왔지만 여전히 미해결 과제로 남아 있어, 신속한 타결을 요구받고 있다. 호스트 국가와 다국적기업 사이의 관계를 더욱 투명하게 하는 내용이 윤리강령에 포함될 것인데, 이는 UN 회원국의 지지가 확고히 뒷받침되어야 하는 정치적 어젠다가 된다. 또 각국 정부와 다국적기업들이 강령을 준수하는지를 모니터링을 하는 체제도 아울러 필요한 것이다.

또 다국적기업의 독과점 행위에 대해서도 글로벌 기준이 마련되어야 한다. 개별국가 차원에서는 독과점금지법 등이 시행되고 있지만, 이에 상응하는 국제적 또는 글로벌 기준은 존재하지 않는다. 세계 4대 다국적기업들이 세계 씨리얼(cereal) 시장의 77%를 차지하며 또 세계 4대 기업들이 세계 담배시장의 87%를 독점하고 있다. 따라서 "국제적 정책을 국가적 법안에 준하여 적용시킬 필요가 있으며, 아마도 '글로벌 반독점 및 규제 실행정책' 또는 다국적기업에 대한 모니터링 및 경쟁정책에서의 국제 공조, 기업정보의 공개와 일반 회계원칙 진흥 책임을 맡는 권위적 기구를 조직하는 방식으로 추진될 수도 있다"(Singer & Griffith-Jones 1994).

다국적기업에 대한 윤리강령의 적용은 무엇보다도 자발성의 원칙에 기초해야 하는 한계가 있다. 그렇지만 일부 다국적기업들이 지나친 불공정 행위로 국제적 평판을 잃게 되는 사례들이 늘어나면서 자발적으로 윤리강령의 준수를 약속하는 기업들이 늘고 있는 측면도 있다. 다국적기업으로서 글로벌 이미지를 관리하는 것이 중요한 전략이기 때문이다.

2) UN 글로벌 컴팩트(Global Compact)

다국적기업에 대한 글로벌 거버넌스로서 '글로벌 컴팩트'가 운영되고 있다. 다국적기업들과 NGO와 각국의 정부 그리고 UN 등 국제기구들이 인권, 노동, 환경 등 주요 글로벌 이슈에 공동으로 대응하는 '글로벌 컴팩트'가 21세기에 들어서며 추진되었다. 글로벌 컴팩트는 UN에 의해 출범한 조직으로, 공식성과 구속력이 없는 특성을 갖고 있다. 기업들이 자발성의 원칙에 따라 글로벌 컴팩트 기업으로 참여하고, 다만 기업연합체, 연맹들이 많은 기업들의 동참을 유도하고 있다. NGO들과 노조연맹, UN 산하기관들도 자발성의 원칙에 의해 동참한다.

표 4-7 UN 글로벌 컴팩트(Global Compact)

제1 원칙: 기업은 자신의 영향력에 있는 영역에서 국제적으로 선포된 인권의 보호를 지원하고 존중한다. 제2 원칙: 기업은 인권의 남용에 자신들이 연류되지 않는다는 점을 분명히 한다. 제3 원칙: 기업은 결사의 자유를 지지하며 단체협상의 권리를 효과적으로 인정한다. 제4 원칙: 기업은 모든 형태의 강제적 의무적 노동의 철폐에 협력한다. 제5 원칙: 기업은 아동노동의 효과적인 근절을 조장한다. 제6 원칙: 기업은 고용과 취업에 관한 차별의 철폐를 지지한다. 제7 원칙: 기업은 환경적 문제제기에 세심한 접근을 지원한다. 제8 원칙: 기업은 보다 과중한 환경적 책임을 맡는 새로운 노력을 시도한다. 제9 원칙: 기업은 환경친화적인 테크놀러지의 개발과 보급을 촉진한다.

자료 UNGC 2001. https://www.unglobalcompact.org/

UN 글로벌 컴팩트는 착수부터 기업과 NGO뿐 아니라 노조와 UN 기관들의 동참에 의해 추진되었다. 2018년 글로벌 컴팩트 참여기관(기업, 노동, 정부기관, 시민사회, 학계 등)은 1만 2890개로, 그 중 기업과 기업협회들은 2/3에 이른다. 2007년 2356개의 기업들이 참여한 것과 비교해보면 크게 급증한 것이다. 시작부터 국제상공회의소(ICC)가 UN과의 협의를 통해 글로벌 컴팩트를 이끌어낸 핵심적인 역할을 수행했고, 기업계를 대표해서 각종 산업연합회들도 글로벌 컴팩트의 파트너 기관으로 동참하였다. 또 세계적인 인권, 환경 NGO들이 글로벌 컴팩트에 참여해, 기업의 컴팩트 이행을 모니터링을 하는 역할을 맡는다.

3) 글로벌 다국적기업 거버넌스

다국적기업은 지구화의 선도적인 행위자다. 해외직접투자(FDI)의 규모가 1990년 20억 불에서 2015년 250억 불로 폭증했다. 이런 급성장은 글로벌 투자협정의 증가와 각국의 FDI 자유화 또는 진흥의 투자정책 덕분이다. FDI는 (자본이 부족한 개발도상국의) 생산역량의 증대, 테크놀러지와 노하우의 이전과 보급, 고용창출과 기술개발, 세수입 증대 등으로 인간개발 증진에

표 4-8 다국적기업 → 인간개발에 대한 부정적 임팩트

- 상당 규모의 FDI(해외직접투자)가 자산의 인수와 합병에 편중되었다. 직접적인 생산 역량 창출이 없었던 것이다. 2015년 전체 FDI 중 41%가 인수와 합병에 투자된 것이다.
- FDI는 고소득국에서 유입되어 다시 그곳으로 유출되는 경향이 있다.
- 다국적기업들은 이들의 부정적 외부경제의 수정을 방해하는 투자협정의 보호를 받으며 사업을 한다. 예를 들면 2015년 재생에너지 분야의 입법 개혁은 투자중재를 추진하는 국가들의 핵심 활동이었는데, 에너지차터협정(Energy Charter Treaty)도 가장 보편적인 국제투자협정이 되고 있다.
- 다국적기업은 생산과정을 지리적으로 분절시키는 글로벌 가치사슬을 통해 글로벌 생산의 패턴을 변화시키고 있다. 글로벌 수출품의 80%가량이 글로벌 가치사슬에서 이뤄지고 있다. 한 국가가 수입품을 모두 고부가가치의 투입물로 수입해 수출을 하면 수출품은 상대적으로 저부가가치가 될 공산이 크다. 개발도상국의 경우, 글로벌 가치사슬의 제조를 담당한다고 반드시 생산적, 사회적 구조를 업그레이드 할 것이라고 보기는 어렵다.
- 다국적기업들은 세금을 회피하려고 지리적 분절화를 이용한다.
- 글로벌 가치사슬의 또 다른 문제는 자본과 고기술 노동으로 창출되는 부가가치가 점차 늘고 있는 문제로, 국가 내부와 국가 간의 소득분배에 부정적인 영향을 미친다(투자자와 노동자 사이, 소득계층간). 남미에서 FDI가 소득격차를 늘렸다는 연구들이 있다.

자료 UNDP 2016b: 139.

기여할 것으로 전제한 것이다. 그런데 이런 긍정적 임팩트는 거의 발생하지 않았다. 오히려 부정적 임팩트를 낳은 것으로 평가받고 있다(표 4-8).

다국적기업에 대한 글로벌 거버넌스는 〈UN 글로벌 컴팩트〉 등에 기업들의 자발적인 참여를 유도하는 것이다. 한편 최근에는 심각한 인권 침해를 하는 기업들에 대한 국제적 제재가 각국의 조약 형태로 추진되고 있다. 2014년 UN 인권이사회는 기업의 인권 침해를 규제하는 인권조약의 창설을 의결하였다. 이후 2015~17년 기간에 3차례 기업과 NGO 대표들과의 실무협의가 진행되며, 조약의 초안이 마련되었다. 그 과정에서 일부 국가들의 끈질긴 반대 노력이 있었지만, 이후 2018년까지 초안에 대한 합의 논의는 지속되었다(Seitz 2018).

2017년에 제시된 〈UN 초국적기업과 기타 기업들에 관한 조약 과정〉

표 4-9 〈UN 초국적기업과 기타 기업들에 관한 조약 과정〉 초안

a) 기업은 하청기업 관계뿐 아니라 가치사슬 전체에서 정기적으로 인권 리스크를 사정해야 한다. 사정이나 외부 지표조사 결과에서 인권 리스크가 발견되는 경우 기업은 (개별 사례의 구체적 상황에 기초한) 임팩트 분석을 확대해 지역 관계자들(관련 상대, 노조, NGO)과 외부 전문가들과 협의해야 한다.
b) 기업은 리스크와 임팩트 사정의 결과를 배분 과정에 통합해 지역 관계자들이 참여하는 처방안 마련을 착수해야 한다. 관련 국가와 분야, 기업의 규모와 위상에 관련된 리스크, 인권 남용의 개연성과 강도에 따라 처방안이 적절히 마련되어야 한다.
c) 기업은 인권 리스크와 임팩트 사정 및 교정 방안에 대해 관련 사람들과 이해관계자들이 대처방안의 적절성을 판단할 수 있는 여유를 허락해 투명하고 공개적으로 소통해야 한다.
d) 기업은 교정과 배상이 가능하도록 하기 위해 접근가능하고 투명한, 법에 기초하는, 관련 당사자가 적절하다고 판단하는 불만 처리 시스템을 구축해야 한다.

자료 Attac Deutschland 2018: 8.

표 4-10 〈UN 기업과 인권 가이드 원칙〉의 조약으로 발전과제

생계비도 안 되는 저임금, 작업장의 학대와 차별, 노조의 억압, 심각한 산재의 일상화는 동남아시아에서 유럽 시장에 판매할 의류제품을 생산하는 수백만 명의 노동자의 슬픈 현실이다. 2013년 방글라데시 라나 블라자 의류공장에서 건물이 붕괴되며 1000명 이상 사망, 2500명 부상 참사를 일으켰다. 또 2012년 파키스탄의 의류업체 알리사에서 화재가 발생해 창문과 출입문이 차단된 상태에서 260명의 사망자가 발생했다. 알리사에는 유럽 의류 브랜드들이 제품을 생산해 유럽 시장에 판매한다. 그런데 화재 참사에 대해 유럽 의류사들은 공급업체와 임시적 계약관계로 자신들의 책임이 아니라는 변명으로 일관하였다. 독일 의류 브랜드 KiK은 알리사의 주거래사로, 여기서 생산된 제품 70%가 독일에서 판매된다. 따라서 알리 공급업체에 노동환경 개선에 상당한 영향력을 행사할 수 있다. 〈UN 기업과 인권 가이드 원칙〉은 현지 공급업체에 의한 인권 침해를 예방하고 처방하는 책임을 강조한다. 그런데 지금의 UN 가이드원칙들이 조약으로 발전되지 않아 법적 처벌을 하지 못하고 있다. 이런 부당한 참사를 막고 또 치유하기 위한 방안으로 〈UN 기업과 인권 가이드원칙〉을 시급히 조약으로 발전시켜 법적 처벌과 확고한 예방조치들을 마련해야 한다. 조약이 체결되면 화재 참사와 같은 인명 손실에 대한 책임은 전적으로 기업에게 돌아갈 것이며, 기업은 이를 반박할 증거를 제시하지 않는 한 처벌을 면하지 못하게 된다.

자료 Attac Deutschland 2018: 10.

초안은 다음과 같다(앞글: 8-9). 첫째, 조약은 국가가 기업들의 인권 남용에 대한 민법상의 배상 책임을 보장하도록 강제해야 한다. 둘째, 형법상의 배상책임도 강제해야 한다. 많은 국가들이 기업의 형법상의 배상책임을 인정하고 있지만 독일 등 일부 국가에서는 기업에 대한 종합적인 형법상의 배상책임이 존재하지 않는다. 따라서 조약은 국가가 기업의 형법상 배상책임을 보장하도록 강제해야 한다. 최소한 살인, 현대판 노예, 아동노동 착취, 강제노동, 성폭력, 고문, 심각한 환경오염, 전쟁범죄 등 심각한 범죄 행위에 대해서는 국가 차원의 명단을 공개해야 한다. 또 민법과 형법상의 배상책임은 행정명령, 벌과금, 국가지원 철회 등 공법적 처벌이 보완되어야 한다.

4) "착취공장" 개선 사례

식품, 의류, 전자 분야에서는 지구적 공급사슬이 노동유연화를 강력히 추진하고 있다. 거대 소매체인들은 〈그림 4-5〉에서 볼 수 있듯이 공급체인 아래로 위험과 비용을 전가하며 경쟁적으로 대응해왔다. 탕헤르(Tangiers)에 있는 11개 의류공장들은 6500명 이상의 여성을 고용해 셔츠, 바지, 원피스, 치마, 아동복 등을 생산해 스페인 소매상에 판매했다. 공장들 모두가 지난 3년간 평균 30% 가격 인하를 경험한 것으로 밝혀졌다. 3년 전만 해도 리드 타임(lead time)이 14일이었지만, 지금은 의류산업에서 가장 짧은 5~7일로 단축되었다. 이런 광란의 비용절감 과정의 첨예한 끄트머리에는 공급체인에서 가장 약한 사람들인 임시노동자들이 있다.[29]

그런데 저임금으로 노동자를 혹사하던 세계의 착취공장에서도 변화가 일어났다. 이는 전 세계에 의류공장을 운영하는 다국적 의류기업 Nike, Gap, Levi Strauss 사례에서 살펴볼 만하다(Frith 2005). 2004~05년 당시의 Nike와 Gap은 장기간 자신들의 제품을 공급하는 공급사슬에서 노동착취가 있었다는 것을 처음으로 인정하며, 책임 있는 글로벌 CSR을 약속하고 나섰다. 그전까지는 열악한 노동환경, 부당한 임금착취, 생산공장의 인권, 아동노동, 환경피해 등 UN 글로벌 컴팩트 원칙들이나 OECD의 다국적 기업 가이드라인에 대한 자신들의 불법적인 또는 그릇된 행동에 대해 법정에서 부정으로 일관해왔던 관행과는 전혀 다른 획기적인 변화인 것이다.

---

29 방글라데시의 번성하는 의류공장에서 노동자들은 일주일 내내 하루 15시간 이상씩 일한다. 바쁜 달에는 공장 마룻바닥에서 몇 시간 새우잠을 자며 밤새 일한다. 여성노동자가 주당 평균 63시간 노동하고 월 100시간 초과 노동을 하면 보너스를 받는데, 월 급여는 고작 60달러에 지나지 않는다.

그림 4-5 고용불안을 야기하는 글로벌 공급사슬 압력

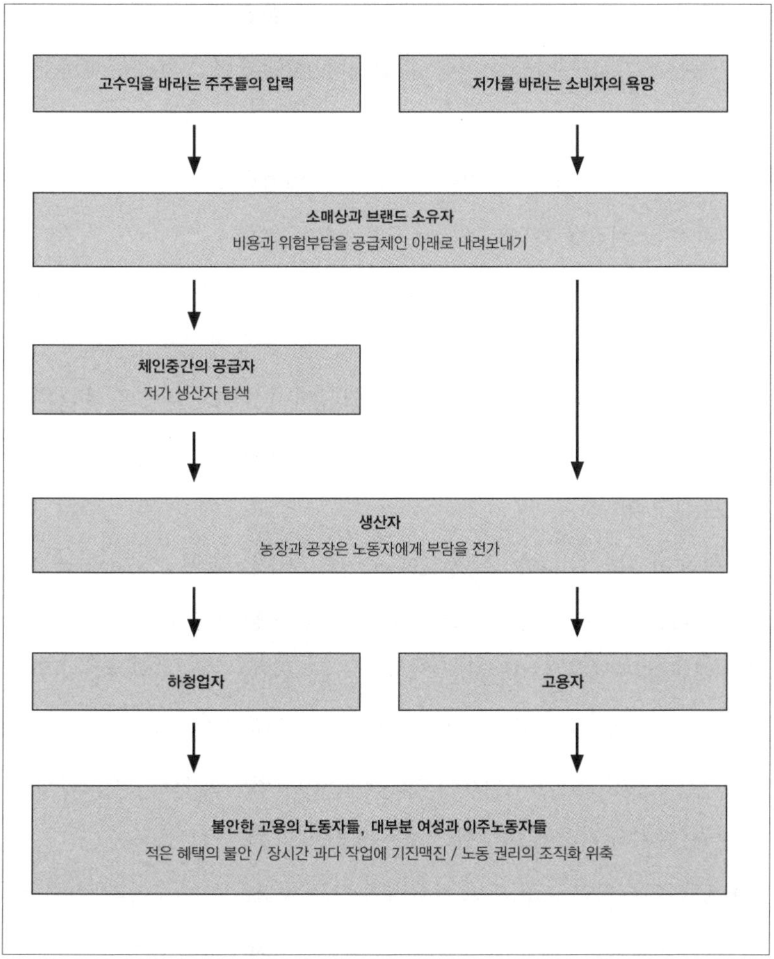

자료 Green 2008(주성수 2010: 195).

최근까지도 글로벌 이슈가 되고 있는 이른바 '착취공장'(sweat shop)에 연류된 다국적기업 사례들을 살펴볼 만하다(주성수, 김성현 2014). 그간 Oxfam, "No Sweat" 등 글로벌 CSR 감시 NGO들의 주창활동으로 기업의 착

취와 불법행동에 대한 글로벌 고발들이 지속되었다. 또 다국적기업들은 경쟁사들이 앞다투어 새로운 글로벌 CSR 프로그램을 개시하는 것을 목격하면서 혁신의 길을 선택하지 않을 수 없었다. 또 글로벌 CSR을 홍보하고 모니터링을 하는 WBCSD, BSR 등 기업연맹들의 활동과 UNDP의 '포용적 비즈니스'(inclusive business) 이니셔티브도 글로벌 CSR 기준마련과 모범사례 전파에 큰 역할을 했다.

또 소비자들의 소비행동의 변화도 큰 몫을 한 것으로 평가할 수 있다. 윤리적 소비, 공정무역(fair trade) 등 새로운 소비운동과 소비문화의 발전도 기업의 CSR의 근본적 변화를 압박해 왔다. 과거 소비자운동은 불매운동, 시위 등이 주류를 이루었지만, 이제는 기업들과 협의를 통해 기업의 변화를 유도하고 있다.

사례가 되는 Nike는 2005년에 와서야 자신들의 임금착취와 공급사슬의 실책을 인정하며, 임금, 노동시간, 노동조건 등을 준수하는 윤리적 강령을 채택하는 새로운 기업시민정신을 제시하였다. Nike 설립자이자 회장인 필 나이트(Phil Knight)는 자신들의 임금착취 주장에 대한 Nike의 대응이 적절하지 못했고, 여전히 세계적으로 Nike 공장의 1/4가량이 최소한의 노동, 인권, 환경의 기준에 미달한 것을 투명하게 밝혔다.

동종 의류기업 Gap 또한 비교적 투명하게 보여주는 용기를 보여주었다. GAP 은 2005년 자신들의 〈사회적 책임 보고서〉에서 멕시코, 중국, 러시아, 인도 등지의 공급사슬에서 아동노동을 포함한 열악한 노동조건과 환경 문제들을 솔직히 밝혔다. 보고서에는 열악한 공급사슬 공급업자 136개 공장들과 계약취소를 강행했다며, 새로운 글로벌 공급사슬 경영방침을 소개했다.

블루진 기업 Levi Strauss 또한 착취공장 반대 캠페인을 추진하는

NGO들도 칭찬할 만큼 책임 있는 기업으로 변모했다. 2000년대 초까지 Levi Strauss 또한 임금착취에 대해 무시하거나 무반응 전략을 일삼다 많은 비난을 받았었다. 반면에 지금의 Levi Strauss는 오히려 글로벌 노동복지를 선도하는 리더십 역할을 수행하고 있다(OECD 2011; UNGC 2010).

한편 착취공장 반대 캠페인 NGO인 "No Sweat"의 설립자이자 대표는 임금착취 주장에 대해 기업들은 완전히 공격적인 자세를 취하거나 "그래서 어떻다는 거냐"며 무시하는 자세를 취했는데, 자신들의 잘못을 시인하는 놀라운 변화가 일어난 것이 2004~05년이라 설명한다. 지금도 이 같은 방어나 무시 자세를 취하는 기업들도 적지 않다.[30]

최근까지도 방글라데시, 캄보디아 등지에서는 '착취공장' 이슈들이 한국 기업들을 비롯한 많은 중소기업들의 글로벌 공급사슬에서 심각하게 제기되고 있다. 임금인상과 노동환경 개선을 요구하는 노동자 시위들이 확산되고 있지만, 수익 극대화를 추구하는 기업들은 공장을 이전하거나 폐쇄할 것이라는 위협적이고 방어적인 자세로 개발도상국 정부들과 인권단체들과 마찰을 빚고 있는 실정이다. 이와는 대조적으로 앞서 소개한 Levi Strauss를 비롯해서, 다국적 스포츠 의류기업인 Columbia, 다국적기업인 Marks&Spencer 등은 '착취공장'을 인권이 보장되고 안전한 지속가능한 공장으로 변화시켜, 특히 여성들의 교육과 보건, 가족 등 복지와 웰빙을 지원하는 모범사례들로 꼽히고 있다.

---

30 "No Sweat"의 조사결과를 참고할 수 있다.(http://www.nosweat.org.uk/)

4. 개발 파이낸싱: 임팩트 투자

"지난 50년간의 개발 패러다임이 되는 개발도상국에 대한 증여와 양허적 융자는 지금 위기에 처해 있다." 이는 UN의 2013년 〈가시적 성과를 위한 개발금융〉 보고서의 진단이다(UN 2013: 5). 보고서의 부제(임팩트 투자와 결과 모델로의 패러다임 전환)가 결론적 내용이 되고 있다. "지금의 개발 원조는 주로 인프라 건설, 서비스 역량 구축에 주력해, 거버넌스, 행태 변화, 운영과 유지, 역량구축과 관련된 지속가능성, 효율성, 서비스 유용성을 확보하는 요인들에는 제한적인 초점을 맞추고 있다."는 심각한 문제를 제기한다.

1) 개발 임팩트 투자

개발협력에서 '임팩트 투자'(impact investment)에 대한 관심은 최근의 일이다. 2011년 부산 회의에서 "민간 부문은 부와 소득과 일자리를 창출하고 국내 자원을 동원해 빈곤 감소에 기여하는 핵심적인 역할"을 한다는 〈효과적인 개발협력을 위한 파트너십〉 발표문은 이제 보편적인 인식으로 정착되고 있다. 회담에 참석한 힐러리 미국 국무장관은 "우리는 원조에서 투자로, 즉 실체적인 수익을 내도록 타깃을 맞춘 투자로 우리의 접근과 사고방식을 전환시켜야 한다"고 역설하였다. 개발원조가 개도국에 투자하는 기업들이 당면하는 리스크를 줄이고, 지역의 중소기업에 파이낸싱을 하도록 접근을 확대시키며, 투자에 구조적 장애물을 제거하고, 지방정부들이 지역에서 역량을 강화하도록 기술지원을 제공하는 역할을 강조한 것이다.

이 같은 새로운 글로벌 동향에 대해 OECD의 〈2014년 개발협력 보고서〉를 참고해볼 수 있다(OECD 2014a: 28). 첫째는 원조로부터 개발협력으로의 변화다(from aid to development co-operation). 전통적인 북-남(North-to-South) 접근법이 이제 보편적인 '우리 모두가 함께 있다'는 새로운 접근법으로 바뀌고 있다. 남반부에 문제가 있고 북반부에 해결책이 있다는 접근법이 아니라 남과 북 어디서나 문제도 해결방법도 있다는 사고방식으로의 변화다. OECD DAC 회원국들의 ODA가 가장 비중 있는 개발협력의 지원금으로 남아 있지만, 새로운 기여자들이 등장해 ODA 영역에 새로운 변화가 일고 있다.[31]

둘째는 공여자에서 제공자로의 변화다(from donor to provider). 개발협력 제공자는 더 이상 자선적 '공여자'가 아니라, 다양한 유형의 지원 제공자다. 기술협력부터 양여적 펀딩과 다른 많은 유형의 글로벌 재화의 실행주체 모두가 그렇다. 복합적인 제공자들의 참여와 기여로 지구적으로 더 많은 혜택이 제공되고 있다.

셋째는 수혜자에서 협력자로 변화다(from recipient to partner). '수혜국'으로 불리는 국가들도 이제는 개발협력의 제공자이자 주관국 역할을 한다. SDGs 어젠다에는 모든 국가들이 공통의 이해에 기반해 국가의 역량에 따라 서로 차별화된 책임을 가진 파트너십으로 글로벌 목표들을 달성할 것을 요청하고 있다.

개발협력에서 '임팩트 투자'는 무엇을 의미하는가? 영국의 원조기관 UKAID (2015a)는 임팩트 투자를 "사회적 수익과 금융적 수익을 창출하고

---

31 단일의 국민소득(GNI) 대비 가장 많은 ODA를 제공하는 국가는 United Arab Emirates로 DAC 회원국은 아니다. 또 남-남 개발협력의 확대, BRICS 개발 은행 등 새로운 다자 이니셔티브들의 등장도 주목할 만한 새로운 변화다.

표 4-11 개발협력의 혁신적 금융과 임팩트

첫째는 개인, 재단, 기업 자선 프로그램에 크게 의존한 전통적인 자선 영역을 대신하는 새로운 자선의 프론티어에 다양한 자본 집합기관, 사회적 이차적(social secondary) 시장, 사회적 증권거래소, 자선적 은행 기능을 하는 재단들, 상업 은행, 연금 기금, 보험사와 투자자문가들이 동참하고 있다. 둘째는 전통적인 자선이 자선적 기부에 절대적으로 의존한 것과는 달리, 새로운 프론티어는 융자, 크레딧 개설, 채권, 금융증권화(securitisation), 지분과 준지분, 마이크로 보험, 사회임팩트채권(SIB) 등 다양한 금융수단들을 활용한다. 셋째는 전통적인 자선이 수입 관리만을 중시했지만, 새로운 프론티어는 투자 자본(investment capital)을 중시한다. 마지막으로, 전통적 자선은 채널을 비영리기관(NPO)에 절대적으로 의존했지만, 새로운 프론티어는 NPO뿐 아니라 다른 다양한 사회적기업, 사회적 협동조합, 지역사회 이해조직, 기타 하이브리드 비영리기관들을 지원하고 있다.

자료 Salamon 2014.

측정하려는 목적으로 이뤄진 투자"라 정의하며, 개발협력에서는 "빈곤층을 소비자, 공급자, 종사자로 혜택을 주는 기업들에 타깃을 맞춘 투자"로 정의한다.

샐러먼(Salamon 2014)은 개발협력에서 "사회적 목적의 금융에 새로운 패러다임이 형성되고 있다"며, 전통적 자선과 다른 새로운 프론티어의 핵심적 특징들을 강조한다(표 4-11).

개발 금융의 패러다임 전환에는 다양한 개발 임팩트 기관과 단체들의 등장과 활성화가 핵심적이다. 새로운 변혁의 특징들의 공통점은 '레버리지'(leverage)라는 단어로 압축할 수 있다. 레버리지란 "제한된 에너지를 더 큰 파워로 전환하도록 하는 메커니즘"으로, 자선 분야에서는 "재단의 자산이나 개인 연회비 등 제한된 수입에 의존하는 자선적 자원 이상으로 사회적, 환경적 목적을 달성하기 위해 은행, 연금기금, 보험사, 상호기금, 고액자산가들의 거대한 투자 자산의 일부를 촉진하는 방안의 모색"이라고 볼 수 있다(앞글: 32).

2) 투입과 산출 모델 → 결과 모델

전통적인 개발협력의 접근법은 대상집단에 서비스를 공급하는 비용을 추산해 증여나 보조금 형태로 재원을 지원하는 '투입과 산출' 모델이다(UN 2013: 7). '자선적 기부'의 렌즈를 이용한 접근법이다. 개발의 혜택은 대상집단이 서비스 공급을 성공적으로 받은 것으로 측정된다. 다른 임팩트 지표로는 보건의 개선, 고용 증대 또는 사회적 소요의 감소 등이 있다. 반면에 '결과'(outcome) 모델에서는 대상집단과 사회에 대한 서비스의 가치를 측정한다.

개발 프로젝트는 투입, 산출, 결과 모델로 구분될 수 있다(앞글: 36-37).

(a) 투입(inputs) 모델. 재원은 합의된 인프라 요건들에 배분되어 지불되며 예산 지원의 프로젝트 프로포절에 기초한 항목들을 지원한다. 투입 모델은 금융기관에 의한 선불 파이낸싱(지불금)이 특징으로, 통제 메커니즘이 잘 작동되지 않은 경우 최종 생산물이 구체화된 요건들에 부합되지 않는 리스크가 발생하고 펀딩의 유용 문제가 발생할 수 있다.

(b) 산출(outputs) 모델은 프로그램의 효과적인 공급에 초점을 맞춘다. 펀딩 과정은 양자인 경우가 일반적인데, 서비스 혜택을 받지 못하는 빈곤층에 기본 서비스 제공을 지원하는 증여 방식이다. 증여 지원은 이용자에

게 제공하는 서비스의 비용과 이용자의 서비스 지불능력 사이에서 발생하는 갭을 매워주는 역할을 한다. 전통적인 보조금(투입 모델)과는 달리, 산출 모델의 원조금은 성공적인 활동의 완료와 서비스 감사가 이뤄진 이후에 지불된다.

(c) 결과(outcomes) 모델은 금융 인센티브가 공조적인 다자 프레임워크를 통해 실증적인, 감사 가능한 결과의 공급에 기초한다. MDGs는 결과기반의 해결방안을 파악하는 실천적 전략이었다. MDGs의 초점은 얼마나 많은 프로그램들이 개시되어 시행되었는지가 아니라 얼마나 많은 아동들의 생명이 구조되고 얼마나 많은 아동들이 교육을 받게 되었는지에 있다.

3) 혁신적 금융과 블렌딩(blending)

'혁신적 금융'(innovative financing)은 "글로벌 사회적, 환경적 문제들을 해결하는 자원을 동원하고 금융의 흐름의 효과성과 효율성을 증대시키는 접근법"이다(USAID 2017: 18). 이런 의미에서 혁신적 금융은 전통적인 개발금융을 보충하는 자본의 원천이 되며, 동시에 자본 리스크의 재분배, 운영자본의 유용성 개선, 프로젝트에 필요한 투자의 기간과 규모의 맞춤을 통해 프로젝트의 효과성과 효율성을 개선하는 혁신적 금융수단이다.

혁신적 금융 수단들로는 '녹색채권'을 비롯한 재해채권이 있고, 마이크로 파이낸스 등 새로운 금융수단들이 개발되어 시행되고 있다. 혁신적 금융은 2001~13년 기간에 연간 11%씩 증가할 정도로 활성화되고 있다. 연구에 따르면 348개의 혁신적 파이낸싱 사례 중 교육과 보건은 각기 4개

■ **표 4-12** 혁신적 금융의 메커니즘

혁신적 출처	혁신적 전달 메커니즘	
	비조건부 지불	조건부 지불
"sin" 세금 항공이용 세금	개발채권	결과지불제
카본 옵션(자발적)	리스크 완화 보증	Pay for Results
소비자 기부	특수 양허적 융자	
기업 사회적 책임(CSR)	개별 현금 이전	
임팩트 투자자(임팩트 채권 포함)		

자료 Gustafsson-Wright and Gardiner 2016: 4.

와 24개 이니셔티브들이 시행되어 다소 저조한 실적을 보여준다(앞글: 18).

혁신적 금융은 다양한 유형으로 제시되는데, 주요 금융수단에 대해 UNDP(2016b)의 설명을 참고해볼 수 있다.

녹색 채권, 재해 채권

녹색채권(green bonds)은 2007년 세계은행이 환경을 보호하고 기후변화에 대응하는 프로젝트를 지원하는 채권으로 개시되었다. 이제 녹색채권은 성장해, 2015년 430억 불을 넘어섰지만, 여러 문제들도 있다. 환경 관련 프로젝트 전반에 지원되며, 일반 채권에 비해 수익이 적고 리스크 또한 적은 것으로 드러나고 있다.

재해채권(catastrophe bonds)은 채권과 보험의 하이브리드다. 정부 또는 보험사가 채권을 발행해 재해 발생시 투자자들이 채권의 원금을 상실하며 대신 재해복구에 사용되는 채권이다. 반대로 채권의 유효기간 내에 재해가 발생하지 않으면 투자자들이 원금과 함께 수익금을 가져간다. 수익이 비교적 많기 때문에 투자자들에게는 투자 매력이 있는 채권이다.

마이크로 파이낸스와 마이크로 보험

마이크로 파이낸스(소액대출)는 수십 년 전에 보급되어 이제는 글로벌 보편적 현상으로 발전하였다. 소액대출은 농민과 도시 자영업자 등 다양한 계층들에게 제공되며, 생계수단을 갖추기 위한 주요 금융수단이 되고 있는 것이다.

마이크로 보험은 취약층의 보험을 위한 마이크로 파이낸싱의 블렌딩 상품이다. R4 농촌복원 이니셔티브(R4 Rural Resilience Initiative)는 저소득 농민들의 보험료 부담을 감소시켜 생명, 재산, 건강, 작품 보험의 혜택을 제공하기 위해 개발되었다. 세네갈, 에티오피아, 말라위, 잠비아의 소작농민들은 기후 리스크에 대한 작물 보험을 갖게 되면서 보험료 지불뿐 아니라 소득 증대의 혜택도 누리게 된다.

보증(guarantees)

게이츠 재단이 설립한 비영리기관 GAVI는 백신 선도시장사업(Advanced Market Commitment : AMC)을 개시하였다. 게이츠 재단과 5개국이 백신 시장의 창출에 기반을 구축하는 데 보증의 금융수단을 활용하였다. 아프리카 등지에서 일반적인 폐렴 치료를 위해 20억 정의 백신 개발에 소요되는 15억 달러의 보증지불이 2009년 AMC로 이뤄졌다.[32]

---

32 지불보증을 받은 두 개의 백신 개발사들은 백신 개발을 해서 2013년까지 아프리카, 아시아, 남미의 1300만 이상의 아동에게 폐렴 백신정을 공급할 수 있었다. AMC 계약에 따라 제약사들은 20억 정의 약품이 모두 배포된 이후에도 약의 가격 적정성 유지를 위해 특정가격 이하를 유지해야 한다.

보건서약보증(Pledge Guarantee for Health)은 정부기관들의 보증으로 은행융자를 통해 서비스 제공기관들에게 원조금의 이용을 가속화하는 방안이다. 정부기관의 보증으로 상업적 서비스 제공기관들은 단기, 저금리의 융자를 제공받아 서비스 제공을 원활하게 할 수 있는 금융 지원을 받는다. 2011년 잠비아에서 말라리아 퇴치를 위한 160만개의 침대모기장 구입에 필요한 자금에 공급이 신속하게 이뤄지도록 보증이 이뤄지면서 수천 명의 아동의 생명을 구제한 것으로 알려졌다. 정부 보증은 약품 비용을 감소시켜 필요한 약품의 공급을 신속하게 만드는 성과가 있었다.

숲재단기금

숲재단기금((Forest Foundation Fund: 3F)는 현재 개발 중인데, 숲제거를 차단해 탄소배출을 획기적으로 감소시키는 '완화' 전략의 하나다. 기존의 탄소시장의 이점을 활용해 기업이나 국가 등의 투자기관들이 열대우림 국가들의 숲제거 방지에 필요한 새로운 기금 조성에 목표를 두고 있다.[33]

결과지불 투자

REDD는 기부금이지만 결과지불(pay for result)의 기부금으로 특정 목표가 달성되면 지불되기 때문에 혁신적이다. REDD는 UN 프로그램으로 열대우림국이 숲제거를 방지하는 노력을 해서 약정된 결과를 달성하면 지원기관이 계약된 비용을 지불한다. 위성 모니터링 검증 방식으로 숲보존율

---

33 기관투자자들의 3F 투자는 각국의 정부가 보증을 하면, 3F는 자본시장에서 보증금액의 융자를 받아 다소 리스크가 있는 투자에 투자해, 융자보증의 이자보다 높은 수익금으로 숲제거 방지 사업비로 투자된다는 전략이다. 만약 10~15개국이 50억 달러의 융자보증을 하면 약 1000억 달러의 기금이 숲제거 방지기금으로 조성될 수 있다는 것이다.

을 정확하게 측정해 성과에 따라 지불된다. REDD 메커니즘이 숲제거방지 목표를 어느정도 달성할지는 얼마나 많은 원조국이 어느정도 기금을 제공할지, 공급 측 의지에 달려 있다.

4) 민간 자본의 개발 임팩트 투자

임팩트 투자 비즈니스 모델은 시장모델이기 때문에 전통적인 증여 지원을 받지 않고 시장의 임팩트 투자에 의존한다. 임팩트 투자 비즈니스 모델들은 BOP 시장, 일자리 공급, 환경보호 등 세 가지로 구분해볼 수 있다.

BOP 시장의 경우, 임팩트 투자를 통한 빈곤층의 생계 개선의 가치사슬 구축으로 임팩트가 확장될 수 있다. 영국 UKAID(2015)가 제시하는 가치사슬 단계별 수혜층을 참고해볼 만하다.

임팩트 투자가 BOP 인구에 초점을 맞춘 지속가능성을 갖기 위해서는 다음의 과제들을 해결해야 한다(OECD 2016b: 102). 첫째는 사회적 목표와 금

표 4-13 임팩트 투자의 비즈니스 모델

	내용
1. BOP에 제품과 서비스 공급 모델	BOP 빈곤층의 삶의질 개선을 위한 제품과 서비스 공급 (예: 저렴한 식수 필터, 태양에너지 전등)
2. 일자리 공급 모델	고실업 지역에서 산업 개발 또는 부흥
3. 환경 보호 모델	재생에너지, 지속가능한 농업, 자원고갈에 대비한 대체산업 개발

자료 UN 2013b: 39.

그림 4-6 가치사슬 단계별 BOP 수혜자

생산	프로세스	배분	소비
공급자	**종업원**	**기업가**	**소비자**
농어민, 광업 폐품수집자	노동자, 농업노동자 임시직, 기관	유통업자 프랜차이즈업자	제품/서비스 이용자 보건, 에너지 소비자

융적 목표를 조합시키는 일이다. 임팩트 투자가 효과적으로 작동하기 위해서는 수입/이윤 창출의 기회와 사회적 목표 달성을 조화시키는 일이다. 모바일 폰 회사들은 개발도상국 소비자들에게 적정가격의 모바일 폰을 공급해 소득증대와 빈곤해소 등 사회적 목표 달성에 기여하면서도 투자자들에게 상당한 수익을 돌려주었다.

또 민간 부문은 BOP 인구의 욕구에 부합하는 새로운 테크놀러지, 제품, 비즈니스 모델을 개발해, 박리다매로 판매를 늘리는 전략을 추진해볼 만하다. 배달 등의 거래비용을 감소시키는 혁신적 방안들이 있다. 사회적

표 4-14 M-KOPA impact

2017년 7월 현재, M-KOPA는 37만 5000가정에 적정가격의 태양전력을 공급한다. 이 가정들은 향후 4년간 기존의 등유에 의존한 전등에 비해 750달러를 저축해, 전체 가구의 에너지 절감비는 2억 8000만 불에 달한다. 각 가정은 태양광 전등의 사용으로 4년에 걸쳐 1.3톤의 CO2 배출 감소가 이뤄지면 전체 가구의 CO2 배출 감축량은 26만 톤에 달한다. 또 태양열 전광 사업으로 케냐, 탄자니아, 우간다 등 동아프리카에서 2000개의 새로운 일자리가 만들어지고, 판매소 창업도 이뤄졌다.

자료 M-KOPA 홈페이지 (http://solar.m-kopa.com/about/our-impact/)

임팩트 투자가 민간 투자의 레버리지를 촉진시켜 새로운 비즈니스 모델 개발과 확장을 지원할 수 있다. 사례로 M-KOPA 태양광은 저소득층이 지불 가능한 적정 가격의 에너지를 공급해, 기존의 등유를 에너지로 사용한 것보다 저렴하고 CO2 배출이 없기 때문에 글로벌 기후변화 대응에도 적합한 재생에너지로 인기를 모으고 있다. 다른 개발도상국으로도 임팩트 투자가 몰리고 있다. 태양광 에너지 사용량을 계량기로 측정해 모바일로 지불하는 소프트웨어 기술을 개발해 경제적 효율성도 최대화시켜 이용자들이 크게 늘었다(앞글: 103).

5) 블렌딩으로 임팩트와 역량 증대

블렌딩(blended finance, 또는 blending)은 높은 관심과 함께 개발 영역에서는 가장 역동적인 분야로 올라 있다. 블렌딩에는 양자 개발기관부터 다자 개발금융기관과 자선재단 등 다양한 행위자들이 관련된다. 공적개발자원이 한정되어 있는 상황에서 블렌딩은 개도국의 개발 전반을 위한 공공 및 민간 파이낸싱 스케일을 확장하는 기회가 될 수 있다. '블렌딩'이란, "공공 및/또는 민간의 개발금융 흐름 (예: 원조와 자선기금)을 인프라 등 핵심 분야에 대한 투자 자원을 개선하기 위해 다른 공공 또는 민간 자본과의 전략적 복합"이라 할 수 있다(UNDP 2016b: 12). 따라서 블렌딩은 공공-민간 파트너십이자 공공-민간 금융 파트너십을 포함한다고 볼 수 있다.

블렌딩이 필요한 근거는 다음 세 가지로 요약할 수 있다(앞글: 15).

(a) 자본 레버리지를 증대시키기 위해: 원조금과 자선기금으로 추가적인

공공 또는 민간 자본의 유치/동원에 이용된다.

(b) 임팩트를 개선하기 위해: 공공 및 민간의 기술세트, 지식, 자원을 복합시켜 프로젝트의 범위, 분야, 효과성을 증대시킬 수 있다.

(c) 리스크 조정의 수익을 제공하기 위해: 리스크 관리를 해서 시장 기대치에 적합한 수익을 보장한다.

한편 블렌딩의 '증여'(grant) 요소가 다양한 용도로 이용될 수 있다. 기술지원 (프로젝트 준비 서비스, 거래비용 감소를 위한 투자처 자문과 훈련 제공 등)을 비롯해, 리스크 완화 (다양한 리스크로부터 투자자의 완전 또는 부분 보호), 시장 인센티브 (투자자의 선불 투자에 대한 보증된 미래 지불보증 또는 새로운 제품이나 서비스의 혁신 촉진) 등이 있다.

'보증'은 배상의 보증을 약속한다. 융자 상환이나 채권 상환 실패 또는 지분의 수용 등 불이행이나 무성과에 대한 특정 금액의 배상 보증을 의미한다. 민간기관도 보증기관이 될 수 있지만 개발도상국에서는 공공기관만

표 4-15 녹색혁명을 위한 연대: 소농민 대출 확대

녹색혁명연대(Alliance for a Green Revolution: AGRA)의 혁신적 파이낸싱 프로그램은 소농민과 소농기업에게 저비용의 대출금을 제공해준다. 이런 대출은 이전에는 매우 리스크가 높은 것으로 간주해 대출을 기피하였다. AGRA와 파트너들(양자 원조기관, 다자 금융기관, 자선 재단, 영리기업 등)은 상업은행에서 대규모 융자를 확장시키는 '융자보증기금'(loan guarantee funds)를 조성하였다. 이 기금은 융자 불이행에 대한 보험 용도이다. 프로그램은 또 금융서비스기관과 파트너십을 갖고 적정가의 저축, 대출, 보험 상품을 개발하고, 또 농민과 농민조직들의 금융 이해교육을 추진한다. 이런 이니셔티브는 아프리카 최빈국(LDCs)에 필요한 것으로, 프로그램 참여 13개국 중 10국이 LDCs이다.

자료 UNDP 2016b: 38.

이 보증기관이 된다. 정치적 리스크도 있지만, 경제적 리스크로 투자자의 보호가 필요한 경우가 많다. 개발을 위한 보증은 민간자본의 유치를 위해 필요한 주요 금융수단이다. 민간자본에는 기업, 은행, 개인 자산가, NGO, 투자 펀드 등이 있다.

최대의 개발보증 국가들은 미국, 프랑스, 호주, 스웨덴이며, 최대 다자기관들은 세계은행(다자 투자보증기관, MIGA), 이슬람 개발은행, 민간 인프라 개발기관이다.

6) SDGs를 지원하는 블렌딩

개발도상국에 대한 SDGs 이행에 필요한 연간 투자비 부족분(gap)은 2.5조 달러에 달한 것으로 추산된다. DAC 회원국 23개국 중 17개국이 블렌딩을 시행하며 10개국은 수년간의 운영 경험과 광범한 금융수단을 활용하는 프로그램을 잘 정비한 것으로 조사되었다(OECD 2018c: 20). 2000~16년 기간에 전체 167개의 블렌딩 퍼실리티가 착수되어 실제 투자액 전체가 310억 달러에 달한 것으로 나타난다.

SDGs 재원을 지원하는 블렌딩은 OECD DAC 23개국 서베이 결과, SDGs 중 8개에 집중되어 있다. 1(빈곤퇴치), 6(식수위생), 7(청정에너지), 8(일자리와 경제성장), 9(산업과 인프라), 11(도시와 공동체), 13(기후변화행동), 17(파트너십) 등이다. 블렌딩을 지원하는 정부지원금(facilities)과 민간투자기금(funds)이 복합된 비율을 살펴보면, 기업 등 민간의 기금 투자는 SDG 8, 11, 13에 많이 쏠려 있다(그림 4-7).

■ **그림 4-7** SDG 목표별 블렌딩(정부지원금과 민간투자): 2017년

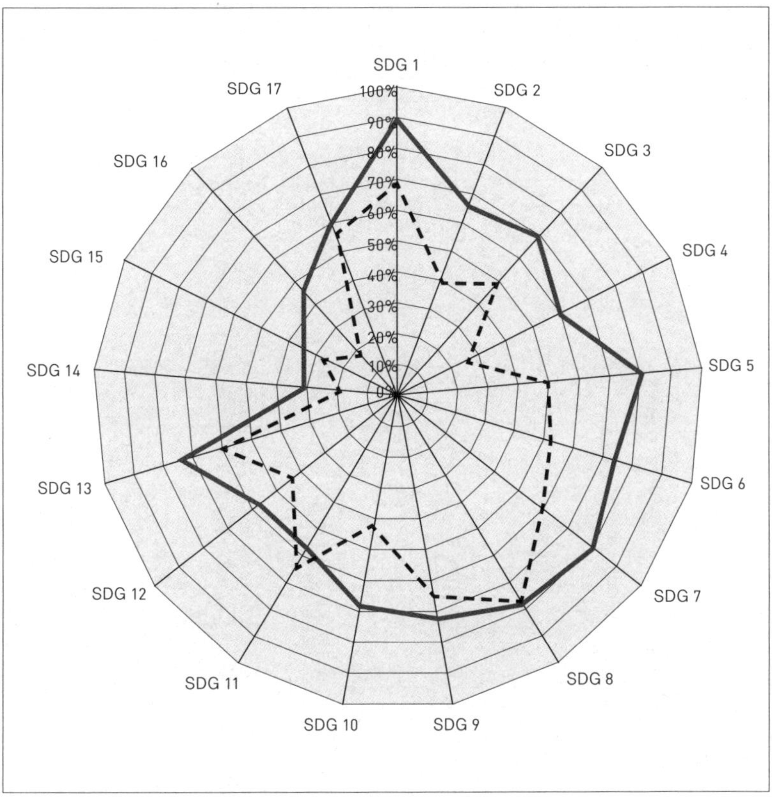

자료 OECD 2018c: 27.

참고 ━━ 정부지원금, ‒ ‒ 민간투자

제2부

'지속가능한 개발'을 위한 글로벌 거버넌스

앞의 제1부는 지속가능한 개발과 글로벌 거버넌스 현황과 문제점 일반에 관한 논의를 살펴보았다. 여기 제2부는 지구화가 개발도상국에 미치는 피해와 위협에 초점을 맞춰 보다 깊이 있는 논의들을 정리해본다. 그 위기들은 대부분 신자유주의가 야기하는 금융위기와 식량위기를 비롯해 이제 물위기 등으로 확대되며 보다 강력한 글로벌 거버넌스를 요청하는 시대가 되었다. 기후변화를 비롯한 환경의 위기, 보건과 사회보호 위기도 개발의 위기 목록에 오르며, 시스템 차원에서 SDGs 이행을 위한 글로벌 거버넌스의 개혁을 요청한다. 금융위기 → 식량위기 → 물위기 → 기후변화 순서로 글로벌 거버넌스 어젠다를 살펴본다.

제5장

글로벌 '금융' 거버넌스

1. 글로벌 금융위기 → 개발 위기?

1) 금융위기 → 빈곤국, 빈곤층 위협

글로벌 금융위기는 글로벌 경제에 심각한 영향을 미친다. 2008년의 글로벌 금융위기는 무역량과 자본 흐름 등 국제 경제활동을 크게 위축시켰다. WTO에 따르면 2009년에 세계무역량의 9% 감소는 지난 60여 년 만에 최저를 기록하였다(Jayadev 2010: 17). 자본의 개발도상국 유입 또한 그 다음 해에 50% 이상 감소되었다.

금융위기는 특히 빈곤국의 빈곤을 심화시켰다. UN은 금융위기로 1억 300만 명이 추가로 빈곤에 빠지거나 빈곤탈출이 어렵게 될 것이라 추산했다(앞글: 17). 사하라이남 아프리카의 피해가 가장 극심해서, IMF에 따르면 수출입 감소와 생필품 가격 하락으로 인한 아프리카의 경제적 손실이 2500억 불에 달했다(앞글: 17). ILO는 2009년 실업이 3000만 명을 넘어

6000만 명 이상 추가 발생할 것으로 예측했다. 개발도상국에서는 비공식 노동이 확대해 임금수준의 하향화가 불가피해지며, 소득과 소비수준의 감소와 가계의 역량에 대한 투자에 심각한 쇼크가 되었다.

글로벌 경제위기는 특히 아동에게 더 큰 피해를 준 것으로 분석되었다. 경제위기로 정부의 실업 지출비는 늘지만 사회서비스 지출비는 오히려 줄어, 아동보호 서비스도 축소된다는 것이다. 정부정책뿐 아니라 가계 지출과 소비 패턴에서도 아동의 상대적 불이익이 나타난 것이다. 개발도상국에서는 아동의 학교취학이 줄고 대신 노동 확대로 노동보호가 취약해진다. 연구에 따르면, 1995년 멕시코의 경제위기로 아동사망률이 1년 새에 5%에서 7%로 늘었는데, 이는 다른 개발도상국들에서도 관찰된 일반적인 동향이었다(Harper and Jones 2011). 태국, 인도네시아, 아르헨티나의 북부 지역도 아동사망률이 경제위기로 크게 높아졌다(Harper et al. 2011).

경제위기는 고용, 소득 차원에서 직접적인 영향을 미치게 되므로, 남성보다 여성이 피해자가 된다. 경제위기로 여성이 더 취약한 고용, 소득상실을 경험한 것으로 확인된다. 세계은행의 연구에 따르면, 경제의 긍정적 쇼크가 보건에 미치는 영향은 소녀와 소년에게 고루 나타나지만 경제위기의 부정적 영향은 소녀에게 더 불공평하게 나타난다(Sabarwal et al. 2011). 이는 여성의 경제활동 등 경제적 요인들보다는 여성들이 경제위기로 상실한 소득을 보충하기 위해 추가적인 소득활동을 해야 하는데, 이런 부담이 가사활동을 유지하면서 해야 하는 스트레스와 관련된다는 것이다. 또 가계에서도 엄마로서 아이들을 경제위기로부터 보호하기 위해 상대적 박탈을 겪어야 하는 가계부담 요인도 있다.

아시아의 경제위기에 관한 사례연구도 같은 결과를 제시해준다. 한국, 말레이시아, 필리핀, 태국에서 여성이 경제위기로 인한 고용과 소득에서 남성보다 더 심한 피해를 받은 것으로 나타났다(Antonopoulos 2009). 일자리 찾기 등의 소득활동, 직장에서의 성희롱 증가, 가정폭력 증가, 소녀들의 학교 등교율 저하 등 경험적 지표들에서 여성의 상대적 불이익 증거들이 수집되었다.

2) 금융위기 → 빈곤과 불평등 심화

글로벌 금융위기는 세계적으로 사회경제적 위기를 수반한다. 자본의 흐름이 관리되는 방법이 부의 배분, 빈곤, 실업에 직접적으로 많은 영향을 미치고 있다. 2010년 UNICEF의 보고서는 1995년 멕시코와 2001년 아르헨티나의 경제위기가 심각한 복지의 위기를 야기시켰다고 분석한다(Pereznieto 2010). 당시의 멕시코의 물가는 35% 폭등했고, 실질 임금은 25~35% 추락했으며 실업은 거의 두 배 늘었다. 이에 따라 빈곤은 1994년 21%에서 1996년 37%로 급등했는데, 이런 빈곤의 위기는 그 후 5년이 지나서야 이전의 수준으로 회복될 수 있었다. 아르헨티나의 경제위기는 1년 후 인구의 58%를 빈곤선 아래로 추락시켰는데, 특히 아동과 청년 빈곤율은 75%로 수직 상승되었다. 또 실업률은 1998년 13%에서 2002년 22%로 폭등했다.

UNICEF(2010) 보고서에 따르면, 아르헨티나의 빈곤 상승은 부의 배분의 왜곡 심화로 나타났다. 지니계수가 경제위기 이전 0.50에서 이후에 0.53으로 늘었는데, 특히 하위 빈곤층의 소득이 급격히 줄어든 특징이 있다. 1990년대의 남미 국가들의 경제위기 영향을 분석한 또 다른 연구에 따르면, 경제위기는 소득분배의 왜곡 문제를 수반해, 이전에 이룩한 빈곤해소 실적을 심각하게 퇴보시켰다(Chowla 2011: 12). 이 문제는 남미 국가들만의 특성은 아니다. 1997년 재정위기를 겪은 인도네시아의 경우도 도시 빈곤층의 소득상실로 인한 피해가 가장 심각했다는 것이다.

또 금융위기로 인한 소득불평등 심화는 개발도상국들의 문제만은 아니다. ILO의 미국과 영국 조사에서도 경제위기는 소득분배의 왜곡을 야기한다는 분석이 제시되고 있다. 경제위기는 특히 저소득층의 일자리 상실로 나타나 소득이 줄고 또 정부의 공적 부조인 소득지원금은 상실한 소득에 크게 미치지 못하기 때문인 것으로 분석되었다. 더 나아가 72개국의 30년간의 경제침체 영향에 대한 세계은행의 보고서는 거시경제 위기가 빈곤과 소득분배에 부정적 영향을 미친 것으로 분석하였다.

3) 신자유주의 구조조정 → 금융위기

지구화로 인한 경제적 붐 또한 빈곤과 실업을 부추기는 요인으로 나타난다. 자본의 급진적인 유입으로 인한 경제적 붐은 가축이나 재산 등 자산가치를 높이며 그 자체가 문제를 야기하는 속성이 있다.

무역 자유화에 따른 경제 활성화 붐은 불평등을 상향시키며 동시에 사회통합을 약화시키는 문제를 수반한다(Chowla 2011: 15). 또 경제적 붐은 국가의 공적 목적을 왜곡시켜 소수집단의 이해를 도모하는 도구로 전락시킬 수 있는 이익집단을 양산한다. 재정적 이익집단들은 권력을 쟁취해, 정부에 대해 더 막강한 로비활동을 할 수 있는 권력을 쟁취해 규제적 체계를 포섭한다. 재무시장과 자본회계 자유화로 나타난 주식시장의 붐은 소득분배 상위층에게만 이익을 갖다준 것으로 분석되고 있다. 11개국의 자본회

표 5-1 자유 무역과 보호 무역

모리셔스, 베트남, 중국, 타이완, 한국 등 제조업에서 성공적인 실적을 거둔 국가들은 보호주의 장벽으로 핵심 산업을 개발해 왔으며 그것이 국제 경쟁력을 갖게 되면서 무역장벽들을 점차 낮췄다. 부국들은 자신들의 번성하는 산업들을 보호하려고 높은 관세를 이용했던 과거와는 전혀 다른 자세를 취하며, 개발도상국들이 관세를 크게 낮춰야 한다고 주장한다. 오늘날 사하라이남 아프리카의 개발 수준이던 과거의 미국은 평균 40%를, 일본은 30%, 유럽은 20% 관세를 부과했다. 이것들은 지금의 무역협정에서 가능한 수준을 훨씬 넘어선 것이다. 이런 역사는 무역자유화가 비대칭적이어야 한다는 교훈을 준다. 부국들은 빈국보다 더 많이 자유화를 해야 한다. 그것은 '양보'가 아니라, 최적의 무역 레짐은 국가경제와 발맞춰 진보한다는 사실을 인정하는 것이다. 자유화와 보호 사이의 올바른 균형은 국가들에 따라 상이할 것이며, 국가 개발에 맞춰 진보한다.

자료 Green 2008: 190.

계 자유화가 소득배분에 미치는 영향을 분석한 연구에 따르면, 상위 20%만이 이익을 누렸고 중간계층은 손해를 보았다(앞글: 15). 1990년대 초에 시작된 인도의 재정 자유화 과정은 소득분배의 평등보다 불평등을 더 키운 것으로 분석되었다.

특히 신자유주의 구조조정이 금융위기와 밀접히 관련된다는 분석도 제시되고 있다. 세계은행이 지원한 구조조정 프로그램을 겪은 10개국의 NGO, 노조, 학계의 네트워크는 구조조정의 폐단을 무역자유화, 민영화, 노동유연성 정책 측면에서 다음과 같이 분석한다(Green 2008: 296-8).

무역자유화는 무역 적자의 증가, 자원과 미숙련 노동에 기반한 수출의 증가, 많은 일자리를 창출하는 혁신적인 중소기업 등 수많은 지역 제조업체들의 파산을 가져왔다. 그럴 때마다 다국적기업들이 주요 수혜자가 되었다. 금융부문의 자유화는 거대한 (보통은 도시) 기업들에 자금을 공급했는데, 가장 큰 몫은 소수의 권력 있는 경제 주체들에게 돌아갔다. 중소기업, 농민, 원주민, 여성은 대상에서 배제되어 불평등이 심화됐다. 노동시장 개혁은 노동 안정과 해고 실행에 관련된 몇몇 규제를 도입해, 임시 계약직의 활용을 조장했으며, 그 결과 고용주들이 노동력 감축을 할 때 노동자는 별다른 이의 제기를 하지 못하게 됐다. 또 파업의 권리와 단체협상의 권리를 제한함으로써 노동권이 크게 제약을 받았다.

한편 '민영화'는 양면적 평가를 받았다. 엘살바도르의 가난한 소비자들은 자신들이 내는 기본 서비스 요금의 인상폭이 최상층 소비자들에 견줘 두 배 정도 된다는 사실을 깨달았다. 농업 개혁은 일반적으로 농자재와 융자에 제공하던 보조금의 폐지, 생산자 가격의 자유화, 마케팅과 농자재와 농산물의 분배에 관여하는 국가기관들의 민영화, 농자재와 농산물 교역의 자유화, 화폐 평가절하 등을 포함한다.

특히 '노동유연성' 정책이 개발도상국에 미치는 영향은 심각했다. 국제구호기관 Oxfam의 그린(Green 2008: 154-5)은 빈곤국 현장에 대해 다음과 같이 보고한다. 노동시장의 탈규제가 빈번히 '유연성'(flexibility) 향상이라 기술된다. 유연성은 가사휴가나 노동시간의 유연성 등은 노동자들에게 혜택이 되기도 하지만, 대부분이 혜택과 직장안정을 낮추는 현실을 완곡하게 표현한 것에 지나지 않는다. 전형적인 '유연화' 측정 기준에는 임시계약제의 도입, 결사나 단체협상의 자유 등 노동권의 부재 또는 무시, (휴일 수당과 연금 등 기본 혜택을 제한하는) 파트타임 노동, 건당 지불제, 고용주의 채용과 해고권한 확대 등이 포함된다.

유연화의 대상이 되거나 노동법이 무시하는 다양한 일자리와 노동자 대부분은 여성들이 차지한다. 그들은 가정노동자(타인 가정 고용), 가사노동자(자신의 집 노동), 농업노동자, 공식기록이 없는 비공식노동자, 수출가공지대 노동자 등이다. 가정노동자의 경우 60개국의 노동법을 검토해보면 9개국이 노동법에서 제외시키고 19개국은 다른 노동자에 비해 낮은 수준의 보호를 제공한다는 의미에서 '특별' 조항에 포함시키고 있다.

노동의 유연성에는 일반적으로 최저임금규정의 완화와 노동계 전반의 단체협상 폐지가 포함된다. 정부들은 입법을 도입하거나 폐기해가며 노동권을 약화시켰다. 정부들이 변화하는 노동의 본질에 노동법을 시의적절하게 적용시키지 못한 탓도 있고, 또 기존의 노동법을 위반하는 행위들을 외면한 탓도 있다.

- 칠레의 경우, 농업분야의 여성노동자 75%가 과일따기 임시직에 고용되어 있고, 수확기에 주당 60시간 이상을 일하지만 셋 중 한 명은 최저임금도 받지 못한다.
- 방글라데시의 직물과 의류 수출분야에 고용된 여성의 절반 미만이 정식계약으로 일하며, 대다수가 출산이나 건강보험 혜택이 없고, 불평을 하면 해고될 것이라며 걱정한다.
- 중국 광동성은 세계에서 급성장하는 산업지역의 하나로, 의류공장에서 일하는 젊은 여성들은 매달 150시간 초과 노동을 하지만, 해고당하지 않으려면 선택의 여지도 없이 순응할 수밖에 없다. 그들 중 60%는 고용계약서도 없고 90%는 사회보험 혜택도 없다.

4) 글로벌 거버넌스 실패 → 금융위기

"글로벌 금융위기로 국가가 돌아왔다." 장하준은 지난 30여 년간 신자유주의의 기세에 눌렸던 국가가 금융위기로 다시 부활하고 있다고 역설했다(Chang 2011). 케인즈 거시경제학의 부활이라 강조한다. 국제금융을 받으며 구조조정 협정에 의해 정부지출을 축소했던 30여 개국을 제외하면, 거의 모든 정부들이 위기극복을 위해 정부지출을 늘렸다.

그러나 금융위기 직후의 국가의 역할의 확대 분위기는 얼마 가지 않았다. 자유시장의 기초가 흔들릴 정도의 위기는 아니었다. 그럼에도 일부 금융규제가 강화되는 효과도 있었다. 금융위기에 많은 피해를 입은 미국, 그리스, 스페인뿐 아니라, 영국, 프랑스, 독일 등지에 파급된 사회정치적 소요로 신자유주의에 대한 비판이 고조되면서 새롭게 국가의 역할에 대한 논의가 활성화된 것이 새로운 변화라 볼 수 있다.

글로벌 금융위기 이후 위기 수습과 예방을 위해서도 정부지출의 확대가 권장되었다. 정부지출 삭감과 임금삭감은 서구의 저소득층의 빈곤을 부추기고 구매력을 약화시켰다. 글로벌 무역과 개발 전문기관인 UNCTAD(2012) 보고서는 지난 30년간의 글로벌 경제정책들이 평등 지향에 악영향을 미친 것으로 분석한다. "규제되지 않은 시장의 자유화, 자본의 유동, 민영화, 국가 역할의 위축으로 국가들 사이에 거대한 세입 격차"가 있었다는 것이다. UNCTAD는 "정부들이 국내 수요 지원하는 정책들, 즉 정부지출 증대, 누진과세 부과, 사회 및 보건 시설에 대한 투자 정책 도입"을 권장한다.

2008년 글로벌 금융위기는 빈곤국의 입장에서는 경제질서의 붕괴 이상으로 지속적인 글로벌 거버넌스의 실패를 의미했다(Jayadev 2010). 글로벌 금융위기는 국제공동체가 직면하는 많은 이슈들 중 하나에 불과한 것은 아니다. 글로벌 불평등의 증가, 에너지와 식량위기, 기후변화, 글로벌 전염병 등도 인류 모두에게 심각한 문제가 되는 중대 이슈들이다. 세계경제의 거버넌스는 금융위기 이후 취약층 보호에 실패했을 뿐 아니라 각국 정부들이 국민을 보호하고 빈곤층의 생계보장을 유지하지 못하게 만드는 정책들을 추진해서 스스로 경제적 보장을 잠식시켰다. 글로벌 경제, 환경, 테크놀러지의 변혁에 직면한 많은 개발도상국들은 이런 변혁의 문제들을 다루는 원천적 지위로서의 생명력을 상실해버렸다(앞글: 1-2).

글로벌 거버넌스 기관들은 글로벌 북반부(Global North)의 강대국들에 의해 행사된 경제적, 정치적 파워 행사로 창립되었다. 이들이 글로벌 거버넌스 기관들이 독점적인 통제력을 유지하고 있는데, 일부 개발도상국들이 실제로는 글로벌 경제적 산출과 인구의 상당 부분을 차지하며 이들의 정책결정이 글로벌 거버넌스에 더 큰 결과들을 낳고 있음에도, 기존의 북반부 주도의 글로벌 거버넌스는 실패를 거듭하고 있다(앞글: 2-3). 예를 들면, IMF에서 벨기에는 브라질보다 많은 의결권 쿼터를 갖고 있다(2.12% 대 1.41%). 마찬가지로 UN 안전보장이사회의 상임이사국은 지난 60여 년간 전혀 변함이 없다.

글로벌 거버넌스 기관들에 대한 재평가와 재개념화가 필요하다. 글로벌 금융위기에 대한 기존의 기관들의 무능한 대응과 빈약한 성과에서 재평가의 정당성을 찾을 수 있다. 중국과 인도를 포함한 BRICS 등 개발도상국들의 글로벌 역할은 날로 증대하고 있다. 이들은 글로벌 유동성의 원천으로 등극해 높은 비중을 차지하며 지역 블록이나 다른 연대조직으로 경제 거버넌스의 의존도를 높이고 있다.

2. 금융위기 → 긴축정책 → 사회안전망 위협

1) 금융위기 → 긴축 정책

글로벌 금융위기는 북반부뿐 아니라 남반부의 국가들에게도 긴축재정을 운영할 수밖에 없게 만들었다. 2011년 세계 60% 이상이 되는 111개국이 긴축재정을 운영했는데, 이 중 북반부는 37국, 남반부는 74국으로 훨씬 많은 비중을 차지한다(Ortiz and Cummins 2013: 3). 2013~15년 기간에도 긴축재정 동향이 지속되고 있는데, 이는 글로벌 금융위기 이전(2005~7) 시기에 비교해도 더 작은 공공지출 규모로 축소된 것이다. 긴축정책은 사회정책에 많은 실책을 유발한다는 것은 이미 잘 알려진 사실이다.

긴축정책은 단기적으로 소득과 일자리를 감소시키고, 국내 수요와 경기회복의 노력을 방해하며, 또 장기적으로는 고용과 경제 성장과 개발에 부정적인 영향을 미치게 된다. 공공지출의 삭감 정책은 구체적으로 다음 여러 정책들에 초점을 맞춘다(Ortiz and Cummins 2013: 11).

표 5-2 글로벌 금융위기 이후의 긴축재정 국가 확대: 2008~15

	2008	2009	2010	2011	2012	2013	2014	2015
공공지출(GDP 비중) 축소한 국가의 수	55	37	106	111	68	119	131	132
긴축 영향을 받는 국민 인구(억 명)	11	12	54	41	17	58	62	63

자료 Orbit and Cummins 2013: 3.
참고 2013~15은 추산치.

첫째는 정부보조금의 감축은 가장 일반적인 긴축정책이다. 100개에 달하는 국가들이 금융위기에 대한 대응으로 추진한 정책으로, 개발도상국 78국과 서구 28개국이 해당된다. 정부보조금 감축이 많은 부문은 연료(에너지), 전기, 식량, 농업 투입 등으로, 개발도상국의 경우, 식량과 에너지 문제에 직면한 빈곤층의 생계를 위협할 수 있는 긴축정책이다.

둘째는 임금 인하 또는 동결 또한 일반적인 긴축정책이다. 98개국이 추진하였고, 이 중 개발도상국은 75국에 이른다. 임금 인하 또는 동결은 일반적으로 정부기관에 일차적으로 해당되고, 그 여파는 사기업 부문 등 사회 전반에 확산되는 효과를 가지고 있다.

셋째는 재화와 서비스에 대한 소비세 인상이다. 부가가치세, 판매세를 인상시키거나, 감면 혜택을 줄이는 등의 세제 정책도 긴축정책의 하나다. 세계 94개국이 소비세 인상을 추진했고, 개발도상국 63국도 동참하였다.

넷째는 연금개혁 정책이다. 정부지출의 긴축정책 중에서 서구에서 가장 많은 비중을 차지하는 연금을 축소시키는 긴축정책이 추진되었는데, 일부 개발도상국도 여기에 동참하였다. 세계 86국 가운데도 서구 39국, 개발도상국 47국이 연금재정의 안정화를 위한 긴축 개혁을 추진하였다. 연금기여금의 인상, 수령개시 연령 연장, 연금수령액 인하 등이 주요 개혁조치들이었다.

마지막은 사회안전망 축소 전략이다. 빈곤층 등 취약층의 생계, 보건 등을 지원하는 공공 사회안전망의 위축도 긴축정책 패키지에 포함되는 경우가 적지 않다. 세계 80국 가운데 서구 25국, 개발도상국 55국에 사회안전망 축소를 추진하였다. 자격조건의 강화, 빈곤층 타깃 정책 추진 등으로, 사회안전망 지출을 삭감하는 데 정책 목표를 두었다.

그 밖에도 일부 국가들에서는 의료비 지출을 삭감하는 의료개혁을 추

표 5-3 글로벌 긴축정책의 확대: 2010~13

	개발도상국(수)	서구산업국(수)	전체(174국 중, %)
정부 보조금 축소	78	22	100 (57%)
급여인상 동결	75	23	98 (56)
소비세 인상	63	31	94 (54)
연금 개혁	47	39	86 (49)
사회안전망 축소	55	25	80 (46)
보건 개혁	12	25	37 (21)
노동 개혁	15	17	32 (18)

자료 Orbit and Cummins 2013: 15.

진해, 의료비 본인부담 증가, 자격조건 강화 등으로 의료비 지출을 삭감하는 긴축정책이 추진되었다.

긴축 정책에 대조적인 케인즈 정책은 글로벌 금융위기 직후에 일부 적용된 사례에 지나지 않고, 단명한 것으로 분석된다(앞글: 24). 재정확대를 통한 위기극복의 정책보다는 긴축정책을 선택한 국가들이 대부분이었다. 긴축정책으로 경제성장과 일자리 창출이 가능하다는 논리다. 이에 스티글리츠는 "긴축이 아닌 일자리 창출이 정책 목표가 되어야 한다"며, 긴축은 경제활동을 위축시키며 수요를 억제시켜 궁극적으로 실업의 증가를 유도한다며 반대한다(앞글: 24).

정부보조금 삭감 정책은 가장 일반적인 조정의 정책이지만, 이와 관련된 학계의 논쟁은 지속되고 있다. 정부보조금은 비용이 많이 들면서 비효과적이고, 형평성 원칙에도 맞지 않고, 빈곤층 등의 취약층에 국한하는 타깃정책이 비용효과적인 대안이라는 주장이 있다(앞글: 26).

2) 글로벌 금융위기 → 식량위기

또 글로벌 금융위기는 새로운 글로벌 식량위기를 불러일으켰다. 많은 국가에서 빈곤이 다시 확대되는 리스크가 확대되는 추세에서 정부보조금 삭감 정책은 바람직한 선택이 될 수 없다(Ortiz and Cummins 2013: 27). 또 일부 국가들에서는 식량가격 폭등으로 인한 폭동이 끊이지 않고 있어, 정부의 긴축정책보다 더 위협적인 요인이 되고 있다.[1]

그런데 식량보조금과 함께 지역의 식량안보를 확보하기 위한 농업 투입물(종자, 비료, 살충제 등)에 대한 정부보조금은 삭감되기보다는 확대될 필요가 있다. 이로써 지역의 농업생산이 증대되고, 외부에 대한 식량 의존도를 줄일 수 있어, 다시 일어날 수 있는 글로벌 식량위기에 대비할 수 있다.

또 연료 등의 에너지 보조금의 삭감도 적지 않은 문제들을 야기시킨다. 식량과 연료에 크게 의존하는 빈곤층 등 취약층에 많은 피해를 주기 때문이다. 또한 에너지 지원의 감소는 경제성장을 위축시킬 수 있고, 또 성장의 저하로 세원이 줄면서 공공재정을 다시 압박하는 요인이 된다는 것도 이미 잘 알려진 사실이다.

---

1 방글라데시, 알제리아, 브루키나 파소, 이집트, 인도, 요르단, 이라크, 모로코, 모잠비크, 나이지리아, 세네갈, 시리아, 투니시아, 우간다, 예멘 등이 대표적인 국가들이다. 식량보조금마저도 삭감한 국가들에서는 식량위기가 더 확산되고 있다는 것을 알 수 있다.

글로벌 식량가격이 2008년과 2011년 두 차례 폭등하며 일시적인 하락을 보였지만, 지방 현지에서는 감소가 미미하게 나타난 것으로 나타났다. 식량가격 폭등으로 식품 가격은 2006~08년 위기 발발 이전에 비해 2012년 초에 세계 대다수의 인구는 80% 이상 더 많은 식품비를 지불할 수밖에 없었다(앞글: 27).

3) 글로벌 금융위기 → 사회안전망 위협

사회안전망 축소 문제도 심각하다. 전통적인 경제학은 긴축시대의 정부의 빈곤감소 정책으로는 빈곤층에 대한 '선별적' 타깃 정책을 제안한다. 실제로 55개 개발도상국들이 이런 타깃 정책으로 긴축재정을 추진했다(Ortiz and Cummins 2013: 32). 감비아, 아이티, 말리, 모리타니아, 니카라과, 세네갈, 수단, 토고, 잠비아 등이 사례가 된다. 그런데 이들 국가에서 빈곤층 타깃 정책은 정당성 문제가 있다. 빈곤층이 광범위하게 분포되어 있어 형평성 문제가 있기 때문에, 국가 차원의 '보편적' 처방이 오히려 바람직한 것으로 제시된다. 토고의 경우, 인구의 70% 이상이 빈곤층인 농촌 지역에서 극빈층을 타깃으로 서비스 범위를 제한하는 문제가 있다.

경제학자들의 견해와 달리 정책연구자들은 위기의 시대에, 긴축재정으로 사회안전망 지출을 삭감하는 것보다 확대하는 것이 위기극복의 처방이 된다고 본다. 특정 빈곤층에 대한 타깃 프로그램의 실효성은 적으며, 오히려 전체에 대한 '보편적' 빈곤감소 프로그램을 지속적으로 적용시켜, 소득과 일자리를 지원하는 중장기 정책효과를 거둘 수 있다는 시각이다.

특정 빈곤층에 대한 타깃 정책은 생계수단 검증 등 여러 문제를 안고 있다는 것을 알 수 있다(앞글: 32).

a) 생계수단 조사에 드는 비용이 많아, 전체 프로그램 비용의 15%가량을 차지한다.
b) 행정적으로도 복잡한 문제를 제기해, 공무원 부족 등 행정 역량이 취약한 빈곤국에서는 실행가능성이 낮다.
c) 재정 한계로 일부에게만 타깃을 맞추니, 다른 다수에게는 혜택을 주지 못하는 심각한 형평성 문제를 제기한다.
d) 선별적 타깃 프로그램은 인센티브 왜곡 문제와 도덕적 해이 문제를 야기한다.
e) 많은 국가들에서 정보와 접근성이 취약한 빈곤층에 대한 서비스는 빈약하고 오히려 정보와 접근성이 상대적으로 높은 중저소득층을 위한 서비스가 더 많은 왜곡 현상을 야기한다.
f) 타깃 정책은 정치적으로 부담이 된다. 빈곤층에게만 생계지원 프로그램이 지원되면, 정치적으로 민감한 다수의 중저소득층의 정치적 반발을 불러 일으키는 경우도 있다.
h) 타깃 정책은 UN의 보편적 인권선언과 밀레니움개발 선언의 정신에 위배된다고 볼 수 있다. 인권선언은 누구나 최소한의 삶의 수준을 보장받을 권리를 가진다고 선언한다. 여기에는 식량, 의류, 교육, 보건, 사회보장 등이 포함된다. 또 UN은 최근에도 사회보장의 최저수준을 제시하며, 누구도 이 이하의 수준으로 보장받지 못하는 일이 있어서는 안 된다고 강조한다(앞글: 33).

3. 글로벌 '금융' 거버넌스

금융위기에 대한 글로벌 처방은 다양하게 제시되었다. 먼저 국제금융체계가 잘 작동되지 않은 문제가 심각하게 제기되면서 개혁의 이슈가 되었다.

1) 국제금융체제의 개혁과제

국제금융체제의 개혁은 리더십과 IMF의 거버넌스 실천에 달려 있다(Chowla 2011: 36-8). 정책변화는 기술적인 실천보다는 정치적 의지의 실천에 달려 있다. 국제금융 흐름의 관리, 국제금융체계 구조에 대한 개혁은 개발목표들을 달성하는 데 중요하다. 이런 심각한 결함을 가진 체계로부터 혜택을 누리는 특수이익집단들은 변화를 가로막는 로비활동의 기득권을 행사한다. NGO 등 일반 대중으로부터의 압력만이 개혁을 가능하게 만들 수 있다.

동시에 개도국 정책결정층의 역할 또한 중요하다. 자본회계에 대한 규제에 두려움을 가질 필요 없이, 다양한 유형의 자본 흐름의 비용과 혜택들을 적극적으로 판단해야 한다. '해외자본의 유치를 위해 필요한 어떤 조치도 할 수 있다'는 낡은 패러다임을 포기하고 균형된 실용적 접근법을 시도해야 한다. 개도국들은 잠재적인 국제적 파생결과를 고려하면서 자국의 국내 수요에 가장 적합한 자본회계에 맞춰 거시경제 정책을 디자인해야 한다.

글로벌 거버넌스를 위한 IMF의 역할 과제가 핵심이다. IMF는 자본회계 규제조치들은 어떤 시기에나 바람직할 수 있다는 시각을 가질 필요가 있다. 이런 시각을 갖고 실용적 접근을 하게 되면 개도국들이 추구하는 정책목표들에 적합한 최상의 기술을 디자인할 수 있도록 지원하는 역할을 할 수 있다. IMF는 자본회계 관리 기술이 지출을 삭감하거나 통화정책의 변화 이후에 활용될 수 있는 최후의 정책수단이라는 고집을 버려야 할 것이다.

국제기관들은 금융유동을 규제하는 기존 그리고 새로운 장치들을 감독하는 데 도움이 되는 국제자료 공유와 분석의 체계를 창출해야 한다. 자료 활용도를 높이기 위해 자본 유동의 원천, 목적, 수혜자에 관한 정보가 수집되어야 한다. 이는 조세 회피에 대한 조치가 될 것이다.

또한 부유국과 개도국 모두가 투자협정이나 자유무역협정에서 발생하는 정책 장애들을 제거하는 데 공조해야 할 것이다. 개도국들이 개발 목표들을 실천하고 금융위기를 예방하는 데 도움을 주는 정책추진의 자유를 보장해주기 위해 협정 당사국들 사이의 협상의 의지를 필요로 한다. 이를 위해 새로운 협정들이 체결될 수 있거나, 기존의 협정에서 새로운 진로 개척을 할 수 있다. WTO 무역협정에서는 금융서비스 자유화 요구들이 삭제될 필요가 있다.

2) 진보적 사회안전망 정책

금융위기에 대한 처방으로 '진보적인 사회정책과 분배정책'이 일부 국가들, 특히 남미에서 성공한 것으로 알려지고 있다(Birdsall 2012). 위기대응 정책으로 사회정책의 확대가 중요한 것으로 나타났다. 사회정책은 금융정책과 마찬가지로 위기 이전부터 진행되어 왔는데, 이후에는 더 강화되었다.

■ **표 5-4** 글로벌 금융위기에 대한 G20과 NGO들의 대안 탐색

2009년 G20 런던 회담은 "지속가능한 경제 활동 헌장" 개발을 권고하였다. "새로운 지구화의 도전들에 대한 국제 금융제도들의 개혁에 덧붙여 지속가능한 경제활동을 진흥하는 핵심 가치들과 원칙들에 대한 새로운 글로벌 합의가 바람직하다는데 합의하였다"고 밝혔다. 헌장의 내용에 대해서는 구체적인 방안이 개발되지 않아, 이에 관한 NGO들의 의견은 다양하게 제시되고 있다. 응답 NGO들의 73% 대다수가 세계 경제를 위해 그리고 공유된 경제적 취약성에 대한 국제적 공조의 메커니즘을 위해 원칙들을 개발할 수 있는, 총체적인 규범적 글로벌 거버넌스 프레임워크의 설립이 긴급히 필요하다고 본다. 그들은 금융, 무역 및 개발 논의들을 핵심적인 사회적 실천이자 인권 준수로 이행될 것을 주문한다. NGO들은 "지속가능하고 사회적 시장경제를 위한 UN 헌장"의 개발을 지지한다. 헌장은 ILO의 핵심 노동기준, OECD 가이드라인, 반부패협약과 기업거버넌스 원칙 등을 참고해, 다양한 국제기관들의 가이드라인 경제 원칙들의 종합안을 제시한다. 헌장은 시장행태 관련 규율들과 고용, 사회보장, 노동권리 등의 보충적인 요소들을 결합할 수 있다.

자료 NGO Committee for Social Development. 2009.

서구 국가들의 완전고용과 복지 프로그램을 통한 위기극복 정책의 신속하고 깊이 있는 집행이 개발도상국 정책결정에 상당한 관심을 끌었다. 특히 중산층의 욕구에 부응하는 정치적 압력에 직면하는 정책결정층에게는 더욱 그러할 것이다.

남미에서는 21세기 초부터 진보정치로의 이동이 뚜렷했다. 1990년대의 신자유주의 구조조정 개혁은 성장을 이루지 못했고 빈곤과 불평등을 갖다주며, 이에 대한 좌절감이 커갔다(앞글: 8-9). 볼리비아, 베네수엘라, 에콰도르의 진보적 정부들은 천연가스와 석유 자원을 통제하며 다수 국민의 혜택을 위한 경제 관리에 국가가 직접적으로 주도했다. 브라질, 칠레, 우루과이에서는 중도좌파 정권들은 해외 투자자들에게는 안정적 가격과 예측 가능한 수익을 보장하는 거시경제 프로그램을 개발했다. 동시에 이들은 심

각한 빈곤과 소득불평등을 해소하기 위한 빈곤층을 위한 재분배적 현금이전 프로그램을 추진해왔다.

이처럼 글로벌 금융위기로 남미의 많은 정권들이 사회정책에 대한 관심을 증대시켜, 시장경제 체제에서 (전통적인 보건과 교육에 대한 공공지출의 확대와는 다른) 다수 국민의 사회보장과 공정성을 중시하는 사회정책이 추진되었다. 남미에서는 빈곤층 타깃의 선별적 사회정책보다는 유럽식 보편적 사회프로그램의 확대가 정치적으로 매력적인 것으로 간주되었다. 글로벌 금융위기에 직면해 유럽국가들의 중산층의 사회보장과 정치적 안정을 위한 위기대응의 사회정책의 성공은 중산층의 확대를 경험하는 브라질, 멕시코, 인도, 기타 개발도상국들의 사회정책 도입에 많은 영향을 미쳤다. 금융위기는 또 중국 정부로 하여금 사회복지지출을 늘리고 사회보험 정책을 강화하는 정책 변화를 유도했다.

이 같은 변화는 인프라에 대한 수출정향적 투자에 비해 국내 소비를 증대시키는 장점이 있다. 또 도시와 농촌 소득의 격차, 소득불평등 심화로 인한 사회적 소요의 리스크를 감소시키는 효과도 있다. 소득격차와 불평등을 감소하는 정책적 관심은 은행 등 금융기관에 대한 불신의 반작용으로 강하게 제기되고 있다(앞글: 10). 월스트리트의 소득집중이 무처벌과 과중한 리스트 부담을 초래했다는 생각이 확산되면서 은행 개혁뿐 아니라 광범한 사회정책 변화를 가져왔다. 중국, 동유럽, 남미 등의 신흥국에서는 국민 다수를 위한 보편적인 사회보장 프로그램에 대한 국가의 역할에 관심이 높아졌다. 또 남아시아와 아프리카 등 저소득국에서도 남미의 빈곤감소 현금이전 프로그램과 다수 국민을 위한 사회보장 프로그램의 성공을 도입해 시행하려는 관심도 높아지고 있다.

국가의 보장, 투자, 조정, 혁신의 역할 확대의 혜택을 중시하는 새로운 개발경제학자 세대들의 논의가 확대되는 변화도 있었다. 그런데 국가의 재진입이 성공할 것인지는 불투명하다. 국가의 행정권력 남용이 책임 있는 경제정책에 위협이 되는 저소득국에서 '법의 지배' 등 기본의 문제가 도사리고 있다(앞글: 12).

3) 글로벌 '경제' 거버넌스 강화

2차 대전 직후의 상황처럼 지금의 글로벌 위기를 극복하기 위해 세계 지도자들이 다시 브레튼워즈에서 회담을 갖게 되면 어떤 합의를 이끌어 낼 수 있을까? 이에 대해 〈지구화의 패러독스〉의 저자인 하버드 대학의 대니 로드릭 교수는 다음과 같은 글로벌 경제 거버넌스 원칙들을 제안한다(Rodrik 2011).

(a) 시장은 거버넌스 체제에 기초해야 한다. 금융위기에 시장이 자율적이라는 시각은 심각한 비난을 받고 있다. 시장은 이제 시장을 지원하는 다른 사회적 제도들, 즉 글로벌 경제 거버넌스를 필요로 한다. 시장은 법정, 법적 프레임워크, 그리고 규율을 도입하고 집행하는 규제기관들에 의존해야 한다. 재분배적 세제, 사회 안전망, 사회보험의 확대로 얻어지는 정치적 지지를 필요로 한다. 이는 국내 시장뿐 아니라 글로벌 시장에도 마찬가지로 적용된다.

(b) 예측가능한 미래를 위해 민주적 거버넌스(democratic governance) 제도가 국가 차원의 정치 공동체(의회 등)에서 구축될 필요가 있다. 국가의 정부들이 초국가적인 글로벌 기관들에게 상당한 통제권을 양도할 것 같지는

않으며, 글로벌 규율의 조율이 다양한 욕구와 선호를 가진 사회들에게 동시에 혜택을 줄 것 같지는 않다. EU만이 이 원칙에 예외가 될 수는 있다. 국제공조는 지난날 너무 야심찬 글로벌 목표들을 추구하느라 많은 시간을 낭비해, 생산적인 결실을 내지는 못했다. 국내에서의 민주적 절차들을 중시하는 것이 지구화의 효율성과 정통성을 향상시킬 수 있다.

(c) 다원주의 접근이 필요하다. 글로벌 경제의 핵심적인 제도적 인프라는 국가 차원에서 구축될 필요가 있다는 인식이 중시되어야 한다. 제도적 다양성의 필요성과 가치를 인정하는 글로벌 경제가 필요하다.

(d) 각국은 자국의 규제와 제도를 보호할 권리를 갖고 있다는 원칙이다. 이는 지구화의 옹호자들의 시각과 충돌할 수 있지만, 각국의 권리는 자국의 제도적 선택을 보호할 권리가 있다는 시각을 중시한다. 각국이 자국의 제도들을 보호할 도구들을 갖고 있지 않다면 제도적 다양성은 무의미해질 수 있지만, 각국은 이런 역량을 갖고 있다고 볼 수 있다. 무역이 국내에서 정치적 지지를 받고 있는 정책들을 위협하면 각국은 국가적 규제를 강화할 수 있을 것이다. 세제정책, 금융 규제, 노동조건, 소비자의 건강과 안정 규율 등, 반대로 지구화 옹호론이 타당한 것으로 밝혀지면, 보호주의 주장은 경시될 밖에 없다.

(e) 각국은 자국의 제도를 타국에 강요할 권리를 갖고 있지 않다는 원칙이다. 자국에서의 가치와 규율들을 옹호하기 위해 국제적 무역이나 금융에 규제를 강화하는 것과 이런 가치와 규율을 타국에 강요하는 것과는 구별된다. 지구화의 규율들이 미국인이나 유럽인들이 수용하기 어려운 방식으로 생산된 제품들을 소비하라고 강요할 수 없듯이, 미국이나 EU가 타국들에 대해 노동시장 규율로 환경정책, 금융 규제들을 바꾸도록 무역 제재를 가하거나 다른 압력을 행사해서도 안 된다. 각국은 강요된

의견수렴이 아니라 차이에 대해 권리를 갖고 있다.

(f) 국제경제제도들은 국가기관들 사이의 상호작용을 관리하는 규칙을 마련할 필요가 있다. 세계경제의 핵심적인 거버넌스 기능들이 개별 국가에 기초한다는 원칙은 국제규율을 포기한다는 것이 아니다. 세계경제의 새로운 교통규칙들이 필요하다고 볼 수 있다. 모든 국가들이 같은 차종이나 같은 스피드로 운전하는 게 아니라 다양한 차종, 각기 다른 속도로 운전하도록 도움을 주는 교통규칙이 필요한 것이다. 각국의 제도적 장치들의 다양성을 유지하면서 지구화의 최대화를 추구하는 것이다.

(g) 비민주적 국가들이 민주주의 국가들과 같은 권리와 특권들을 누릴 수 없다는 원칙이다. 앞의 원칙들이 기초하는 정당성은 각국에서 실제로 발생하는 민주적 심의에 기초해야 한다. 지구화는 지나치게 밀어붙이지 않을 때 가장 잘 한다.

제6장

글로벌 '식량' 거버넌스

글로벌 금융위기는 식량위기로 이어지면서, 글로벌 거버넌스는 가난한 빈곤층의 밥그릇을 지킬 수 있는지, 심각한 의문이 제기되었다. 글로벌 식량위기는 이후에도 몇 차례 글로벌 현실이 되며, 글로벌 금융위기가 개발도상국의 지속가능한 개발에 미치는 심각한 여파를 확인할 수 있었다.

1. 글로벌 '식량 위기'의 시대?

2000~13년 기간 중 8년간 글로벌 곡물 소비가 생산을 앞섰다. 기후변화의 영향으로만 2050년에는 세계곡물 생산량이 20~40%가량 감소될 것으로 예측된다. 지속가능성을 상실한 대량생산의 산업방식의 영향으로 토양의 생물리적 한계로 나타나며, 1990~2007년 기간 세계농지의 생산성이 연간 1.2%에 머물러, 이전 1950~90년 기간 2.1%에 비해 현저히 낮아졌다.

1) 글로벌 식량 가격의 폭등

식량농업기구(FAO)에 따르면 2010년 현재 22개국들이 식량가격 상승에 극히 취약한 상태에 있었다. 이들은 극심한 빈곤과 많은 식품을 수입에 의존하고, 또 수입가격이 높은 석유의 수입에 의존하는 국가들이다. 또 30개국에서 식량 폭동이 일어났는데, 곡물 수출보다는 수입에 의존하는 국가들에서 네 배 더 많은 식량 폭동이 일어나면서 해당 정부들은 특별조치를 취했다(Paul 2010). 일부 국가들은 식품 수출을 차단하고 기초 식량에 대해 보조금을 늘렸다. 2008년의 글로벌 식량가격 폭등은 중동, 북아프리카, 남아시아 등지에서 연이은 식량폭동을 일으켰다(Ahmed 2013).

식량 수확은 호황을 기록했지만, 식량 가격은 폭등했다.[2] 글로벌 곡물의 기록적인 작황에도 불구하고, 곡물가격은 급증하고 있으며 저장량은 줄어들었다. 식량비축량이 바닥으로 떨어져 소비를 충족시키지 못한 상태다. 식량비축량이 부족해 식량가격 상승을 유도했고, 기후변화 등으로 작황 실패에 대비한 완충 역할도 미비했다. 또 식량 소비가 공급을 앞서면서 식량 비축은 계속 줄고 있어, 식량 안보에 심각한 위협이 된다.

가장 심각한 지역이 사하라이남 아프리카다. 곡물 생산이 지난 50년간 거의 정체 내지 감소 추세를 보여준다.[3] 대부분 식량수입에 의존하기 때

---

2 2005~08년 기간에 옥수수 가격은 131%, 밀과 쌀 가격은 177%, 62% 상승하였고, 같은 기간에 콩오일, 코코넛오일, 팜오일 가격 또한 각기 175%, 153%, 137% 폭등하였다. 이는 지난 30년간의 최근 상승률이며, 일부는 역사적인 기록을 달성하였다(Paul and Wahlberg 2011).

3 사하라이남의 곡물 생산은 1960-63년부터 2008~10년에까지 1억 1600만 톤으로 세 배가량 늘었지만, 인구증가 요인 때문에 1인당 생산량으로 환산해보면 오히려 13% 감소되는 추세를 보여준다.

■ **그림 6-1** 세계의 옥수수, 쌀, 밀 생산

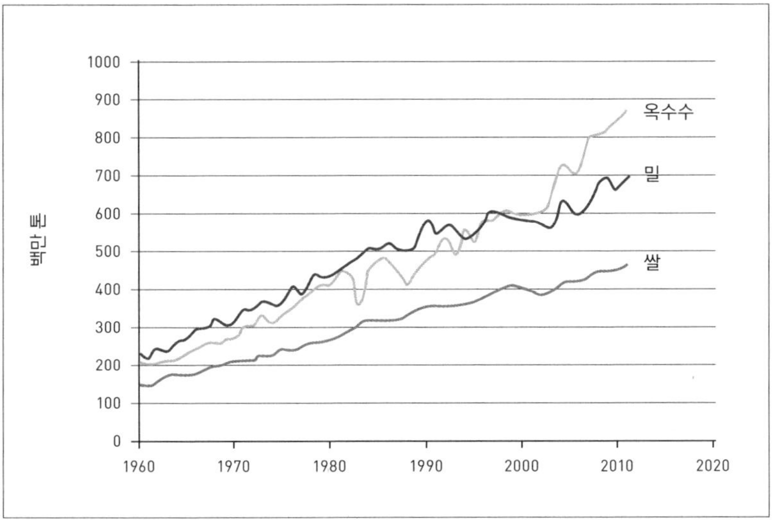

자료 USDA; Brown 2012 재인용

■ **그림 6-2** 세계의 물고기 자원 생산

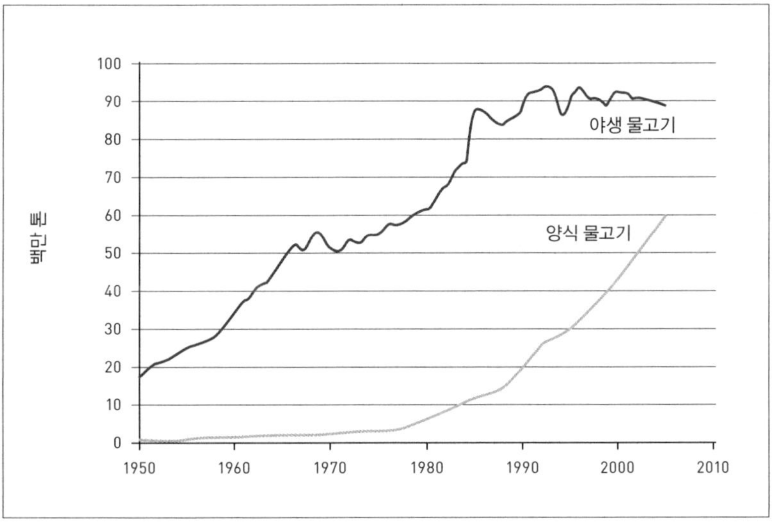

자료 FAO; Brown 2012 재인용

그림 6-3 세계 곡물 생산과 소비

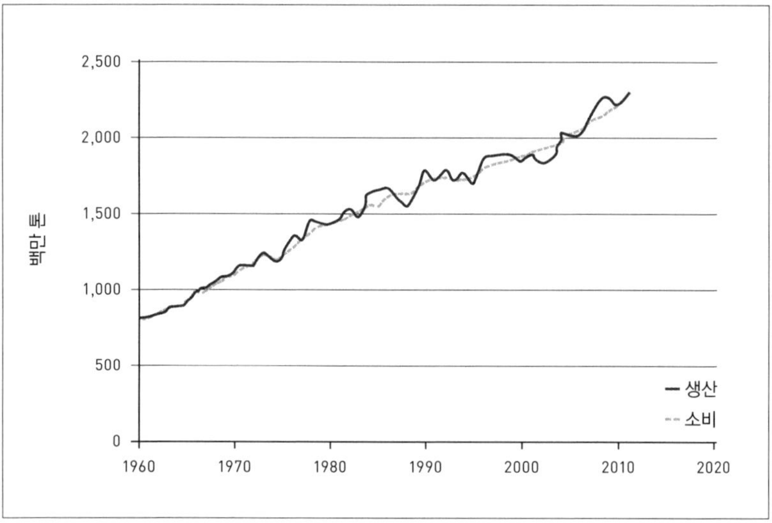

자료 USDA; Brown 2012 재인용

그림 6-4 세계 월간 식량가격지수

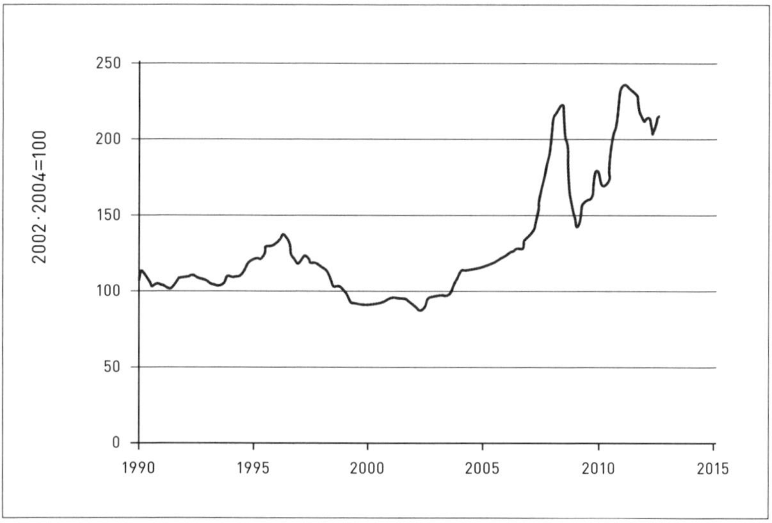

자료 FAO; Brown 2012 재인용

그림 6-5 세계 식량 비축량 (소비 일수)

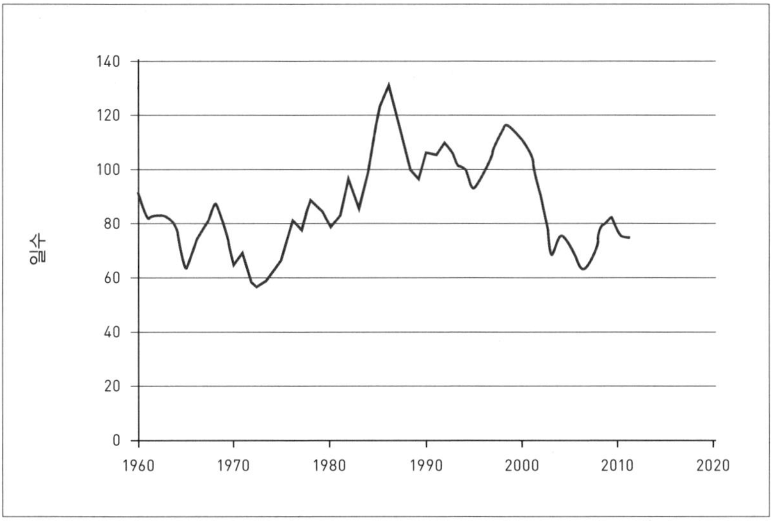

자료 USDA; Brown 2012 재인용

그림 6-6 중국의 콩 생산과 소비와 수입

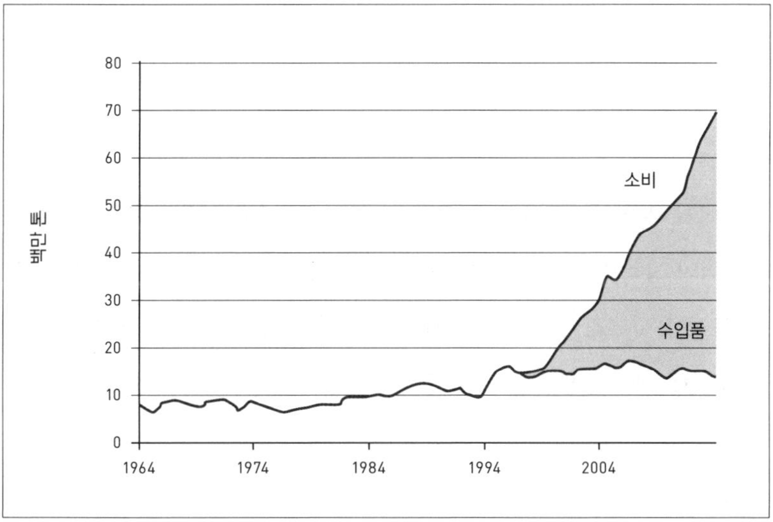

자료 USDA; Brown 2012 재인용

문에 글로벌 식량위기에 가장 심각한 타격을 받은 것이다. 아프리카와 남아시아 등지에서는 식량 공급 부족으로 빈곤이 심화된 가운데 세계의 다른 지역에서는 식량 부족 문제를 심하게 겪지는 않았다. 세계적으로 곡물의 생산과 소비는 다소 안정적이다.[4]

2. 개발도상국의 식량위기 대응 전략

식량위기가 국가 비상사태로 확대되자, 개발도상국들은 즉각적인 대응 정책을 추진했다. 식량농업기구(FAO 2009)의 분석결과를 참고하면, 국내시장정책과 해외 무역 정책 전반에 걸쳐 각국의 실정에 맞는 정책들이 추진되었다(표 6-1).

1) 식품 수출입 무역 정책

먼저 무역 정책에서는 네 가지 다양한 대응정책들이 추진되었다. 가장 일반적인 정책은 수입 식량에 대한 관세 인하로 식량을 확보하는 정책이었다. 아시아, 아프리카, 남미 모든 대륙에서 절반 이상의 국가들이 취했던 식량위기 대응방안이었다. 또 식량비축의 여유가 있었던 국가들은 공공비축

4 Brown 2012. http://www.earth-policy.org/books/fpep/fpep_data

표 6-1 개발도상국의 식량위기 대응 전략

	국내 시장 정책			수출입 무역 정책	
	(공공/수입) 식량 방출	부가세 동결 또는 감소	가격통제/사적 가래제한	수입품 관세인하	수출 규제 또는 금수
아시아 26개국	중국, 방글라데시 등 15국	몽골, 인도네시아 등 5국	파키스탄, 스리랑카 등 6국	중국, 캄보디아 등 13국	인도, 베트남 등 13국
아프리카 33개국	이집트, 케냐 등 13국	콩고, 에디오피아 등 14국	베닌, 말라위 등 10국	카메룬, 가나 등 18국	케냐, 말라위 등 8국
남미 22개국	브라질, 볼리비아 등 7국	브라질, 도미니카 등 4국	멕시코, 코스타리카 등 5국	멕시코, 페루 등 18국	브라질, 볼리비아 등 4국
전체	35국	23국	21국	43국	25국

자료 FAO 2009: 7.

분과 수입비축분을 보조금 지원의 저렴한 가격으로 공급하는 방안이 그 다음으로 중요한 대응전략이었다.

뒤이어 수출규제 또는 금수조치들도 아시아 국가들에서 취해진 중요한 정책 중 하나였다. 대표적인 사례가 쌀 수출인데, 인도가 2007년 11월 쌀수출 규제정책을 추진하자 몇 달이 되지 않아 베트남도 쌀수출 규제정책을 추진하면서 쌀 최대 수입국인 필리핀은 불과 1년도 안된 짧은 기간에 네 배 폭등한 쌀가격으로 구매해, 결국 '이웃국가 거지만들기'(beggar-thy-neighbour) 위기를 초래했다(FAO 2009: 10-11).

2) 식량지원 사회안전망

식량위기는 2008년 이후에도 장기화되면서 국가들은 다양한 사회안전망 정책들을 시행하였다. 빈곤층의 생계유지를 위한 현금이전이 가장 보편적인 정책수단이다. 또 전통적인 식량공급 방안도 병용되며, 일부 공직자들 중심의 임금인상 등 소득지원 제도를 시행한 국가들도 적지 않다. 현금이전 프로그램은 남미의 많은 국가들에서 시행되고 있는데, 이제는 아시아와 아프리카에도 보급된 보편적인 사회보장 프로그램이 되고 있다. 또 식량 지원에는 현물의 식량을 지원하는 방식이 많지만, 노동의 대가로 식량, 바우처, 현금을 지불하는 다양한 방식들로 변화되어 왔다. 식량지원 일자리(food for work), 일자리지원 바우처(voucher for work), 일자리지원 현금(cah for work)로 발전되는 것이 일반적인 동향이다(FAO 2009: 11).[5]

3) 생산자 지원 정책

식량 생산자에게도 다양한 지원으로 식량안보를 확보하려는 정책들이 추진되어 왔다. 생산자 지원정책은 다양하게 나타났다(앞글: 19). 먼저 생

5 방글라데시, 에디오피아, 캄보디아, 아이티, 인도, 라이베리아, 마다가스카르, 페루 등이 푸드 포워크 프로그램을 시행하였고, 아프가니스탄, 앙골라, 방글라데시, 캄보디아 등은 긴급 식량지원 프로그램을 시행한 국가들이다. 또 학교 급식 프로그램도 새로운 유행 방식으로, 중국, 브라질, 온두라스, 케냐, 멕시코, 모잠비크 등지에서 시행되었다. 또 일부국가들에서는 정부보조금 지원으로 저렴한 식량공급을 하는 사례들도 있었다. 도미니카 공화국, 이집트, 모잠비크, 인도, 요르단, 레바논, 모로코, 필리핀, 사우디 아라비아 등이 대표적이다((FAO 2009: 12).

■ **표 6-2** 식량위기 대응 식품지원 사회안전망정책

	현금 이전	식량 지원	소득 지원
아시아 26개국	중국, 인도, 방글라데시 등 8국	인도, 캄보디아, 인도네시아 등 9국	방글라데시, 이라크, 시리아 등 8국
아프리카 33개국	이집, 에디오피아, 남아공 등 6국	앙골라, 에디오피아, 나이지리아 등 5국	카메룬, 이집트, 에디오피아 등 4국
남미 22개국	브라질, 칠레, 멕시코, 아이티 등 9국	페루, 과테말라, 아이티 등 5국	엘살바도르, 온두라스, 파나마 등4국
전체	23국	19국	16국

자료 FAO 2009: 13.

산 안전망 형태로 투입 바우처(input vouchers)와 투입 보조금 제도가 방글라데시, 도미니카공화국, 인도네시아, 마다가스카르 등지에서 추진되었다. 다른 국가들에서는 이런 사회안전망 정책에 재정지원 프로그램, 수입세 감면, 비료와 농기구 세금부과 면제뿐 아니라 소생산자 보호를 위한 정부의 구매나 가격지원제도가 시행되었다.

인도 또한 식량 곡물에 대한 최저가격보장을 해주며 비료 제조사나 수입상에게도 그리고 관개시설과 전력에 대해서도 보조금을 지원한다. 2008년 인도는 150억 달러에 이르는 소농가들의 부채를 탕감하는 종합방안을 발표했고, 그 다음해 예산에는 농업지원, 수자원 개발 지원금 확대를 시행하였다. 2008년 중국도 식량가격 폭등으로 인한 인프레를 차단하기 위한 방안으로 농업 생산에 대한 재정지원을 확대하였다. 밀과 쌀의 최저가격보장 수준을 상향 조정했고 농민들의 금융서비스를 확대하였다.

4) 거시경제적 정책 함의

식량가격 폭등에 대한 각국의 정책대응은 복합적인 거시경제적 정책 의미를 제시해준다. 정부의 재정지출 증대가 특징적이며, 특히 부족한 식량을 공급하기 위한 다양한 식량안보 정책과 관련된 다양한 복지서비스의 제공이 있다. 식량가격 폭등에 따른 정부의 재정부담은 빈곤국일수록 국제적 식량과 에너지 가격 쇼크에 취약하기 때문에 더 크다는 것을 알 수 있다.[6]

식량가격 폭등으로 인한 인플레를 차단하는 일도 결코 쉽지 않다. 시장이 잘 기능하지 않아 식량 공급이 부족한 국가에서는 현금이전으로 지역의 인플레를 초래하게 된다. 또 식량가격 폭등은 외환보유고를 크게 줄이는 문제를 야기한다. 2008년 식량과 에너지 가격 폭등은 8개 아프리카 국가들의 외환보유고 50%를 고갈시킬 정도로 위협적이었다(앞글: 22).[7] 또 일부 국가들에서는 식량가격 폭등으로 폭동이 발생하는 사회적 위기에 직면했다.[8] 그 후 쌀, 밀, 콩, 옥수수 등 작물에 따라, 국가에 따라 가격이 다소 안정되는 기미를 보이다가 2012년 다시 가격 상승으로 돌아서는 심각한 '가격 변동성'을 보여준다.

---

6 식량지원에 정부 지출이 크게 확대되어, GDP의 1% 이상을 넘어선 국가들은 부룬디, 이집트, 요르단, 몰디브, 모로코, 티모르레스터 등이다. 또 현금 등 정부이전지출이 GDP의 2~4.5%에 달하는 국가는 방글라데시, 이라크, 말라위, 모리타니아, 멕시코, 필리핀, 남아공, 벨리즈 등이다. 말라위에서는 정부재정의 15%, GDP의 2.6%가 전부 빈곤 농가에 지원된 것이다. 방글라데시와 필리핀의 이전지출의 30~40%는 가난한 농가 생산자에게 지원된 것이다. 정부의 재정 역량이 미치지 못해 수습을 하지 못한 국가들은 시에라리온, 감비아, 아이티, 타지키스탄, 지부티, 에르트레아, 토고 등이다(FAO 2009).

7 콩고, 에디오피아, 에리트레아, 기니, 라이베리아, 마다가스카르, 말라위, 짐바브웨 등이다.

8 방글라데시, 부르키나파소, 캄보디아, 카메룬, 코르디부아르, 이집트, 인도네시아, 모리타니, 세네갈, 예멘 등에서 발생한 식량 폭동은 정부의 강력한 위기대응 정책의 추진을 강요하였다.

5) 위기 대응의 패러다임 변화?

최근 식량위기에 대한 개발도상국들의 대응 전략은 신자유주의 시대의 대응 방식과는 전혀 다른 방식에 의존했다. 신자유주의 기간에는 국내와 국제 시장에 대한 의존도를 높임으로써 자원배분의 효율성을 증대시킨다는 원리에 기초했던 시대였다(FAO 2009: 24). 개발도상국들은 국제시장의 값싼 식량이 있었기 때문에 농업에 대한 투자와 지원을 감소하게 되었고, 그 결과 식량위기를 초래한 하나의 중요한 요인으로 작용되었다. 시장에 대한 지나친 의존은 민간 부문이 정부보다 더 효율적이라는 기본 전제에서 국가로 하여금 식량과 농업에 대한 기능과 역할을 축소하도록 만들었다.

그런데 최근 식량위기는 이런 신자유주의 정책이 몇 가지 심각한 결함을 갖고 있다는 것을 잘 보여주었다. 국제시장에 의존해온 국가들이 가장 심각한 식량위기의 피해를 입었다. 마찬가지로 석유 등 에너지 수입 의존도가 높은 국가들도 식량가격 폭등으로 많은 재정적 피해를 입었다. 설상가상으로 주요 식량수출국들이 수출 금지 또는 제한조치를 단행하면서 식량수입에 의존하는 이웃 국가들을 더욱 위기에 빠뜨렸다.

2008년 식량위기의 대한 대응에서 많은 국가들이 아래와 같은 몇 가지 대안적 정책추진을 모색하며, 새로운 패러다임의 등장을 예고하였다(FAO 2009: 25-6).

세계 시장으로부터의 고립

식량 수출국들은 일반적인 대응전략은 국내가격을 보호하기 위해 세계가격으로부터의 고립을 자초하는 정책이 있다. 수출 금지 또는 제한조치들이 25개국에서 추진되었다.

식량자급 전략

중국, 인도, 말레이시아, 인도네시아, 필리핀, 세네갈 등은 식량위기에 대한 대응으로 식량자급자족 전략으로 방향을 수정했다. 필리핀은 2010년을 주식인 쌀 자급도 98% 달성을 목표로 설정해 정부의 다양한 지원정책을 추진했다. 세네갈도 식량소비의 80%를 수입에 의존하는 대표적인 수입국으로, 식량폭동에 직면한 정부는 쌀 생산을 내년에는 2.5배 증대하겠다는 목표를 제시했다. 남미 또한 식량자급에 대한 정책관심이 높아졌다. 콜롬비아는 옥수수의 60%, 밀의 96%를 수입에 의존하는 수입국으로, 식량자급의 정책을 추진했다. 그간 커피, 바나나, 열대과일, 소고기 수출에만 의존해온 결과, 식량수입의 위기를 맞았다는 분석에서, 식량생산을 위한 농지확보에 농업 지원에 대한 투자 논의가 활성화되었다. 또한 바이오연료와 목축업에 대한 정부보조금 지원을 삭감해야 한다는 주장들도 제기되었다.

"정상적인" 국제무역 과정 회피

첫째는 지역의 식량안보 강화 전략이다. 국가적 식량 자급만으로는 위태로운 세계시장에 의존할 수 없는 인식을 공유하는 국가들이 지역 차원에서 식량안보 또는 식량자급을 위한 무역협정 등의 대응 전략을 모색했다.[9]

둘째는 해외 토지 취득이다. 최근 아시아 국가들을 비롯한 일부 국가들이 해외에 대규모 토지를 임대받는 등의 취득으로 자국의 식량안보를 확

---

9 케냐, 우간다, 탄자니아는 비료가격의 급등에 대한 대응으로 지역에 비료생산 공장을 건설하는 방안도 논의했다. 남미에서는 '식량 주권'을 공조하는 국가들이 상호공조를 위한 1억 달러 기금을 마련하는 전략을 추진했다. 코스타리카, 볼리비아, 쿠바, 니카라과, 베네수엘라 등이 공조하는 식량안보 전략이다.

보하려는 두드러진 변화가 있다(앞글: 26-7).[10] 세계 식량 생산의 제한, 금융위기의 여파로 토지에 대한 투자 열기가 가열되고 있다.

대표적인 중국은 아프리카, 호주, 중앙아시아, 필리핀 등지에서 30개 토지 취득을 하였다. 중국내 토지는 산업용으로 전환되면서 농지가 줄고 있고, 식품 소비뿐 아니라 소고기 등의 육류 소비도 크게 늘고 있어 사료용 농산물 공급도 크게 달리고 있는 실정이다. 또 사우디아라비아, 일본, 한국 등은 현금 자본을 투자해 인도네시아, 필리핀, 몽고 등지의 농지를 매입해 농작물 재배, 생산을 한다. 빈곤국들에게는 빈곤 지역에 대한 투자와 발전을 갖다 준다는 약속을 하는 것이다. 그러나 현지 농민들과의 마찰, 환경파괴 문제들이 지속되고 있어, 여기에서도 자본의 논리로 지역 소농이 붕괴하는 심각한 문제가 제기되고 있다.

이런 새로운 전략들은 그간의 '정상적인' 국제무역 과정을 생략하고 식량 확보를 위해 추진되는 공통점이 있다. 토지시장이 잘 기능하지 않은 국가들에서는 토지 협상은 주로 투자자와 정치인 사이에 은밀한 거래로 이뤄지는 경우가 많다. 정치인들인 뇌물로 매수되어 토지소유권을 가진 거주자들을 강제 이주시키는 불법행위들이 뒤따르기 마련이다. 미국과 유럽의 기업들이 가난한 국가들에 해외투자 명목으로 진출해 자국 소비자들이 필요로 하는 바이오연료를 대량 생산해가고 있는 실정이다. 에티오피아, 모잠비크, 탄자니아 등이 사례가 된다.

---

10 중국, 일본, 한국, 쿠웨이트, 사우디아라비아 등은 자국 기업들의 전문기술을 활용해 해외 농지에서 식량과 사료 및 바이오연료를 생산해 자국으로 수입해오는 새로운 전략을 추진해왔다.

시장에 대한 불신과 정부개입

이상과 같이 식량위기로 국가의 개입은 크게 늘었다. 농업 보조금을 늘리고, 수출 제한조치를 단행하고, 가격을 통제해 폭등하는 식량가격을 안정시키려는 노력이 정부주도로 진행되는 것이 특징이다(앞글: 28). 말레이시아는 쌀 소비자 가격의 상한제를 시행하고 쌀 생산자를 위한 최저가격보장제를 시행한다. 식량 매점 행위에 대한 처벌은 인도, 파키스탄 등 많은 국가에서 강화되었다.

3. 글로벌 식량 위기의 원인 분석

식량가격 폭등으로 긴급 식량구호 요구는 늘었지만 인도적 긴급구호 역할을 수행하는 세계식량계획(WFP) 등 국제기관들의 예산도 줄고 있어 인도적 구호의 리스크도 증가하고 있다. 글로벌 식량위기의 원인들은 아래와 같이 복합적이며 다양하다(Paul and Wahlberg 2011; Brown 2012).

1) 인구 증가

인구의 점진적인 증가는 글로벌 식량 공급에 많은 영향을 미친다. 식량은 글로벌 차원에서 불균형하게 분배되고 있어, 굶주린 사람들은 절대 칼로리 부족으로, 여유로운 사람들은 과식으로 콜레스트롤 걱정을 하고 있다. 지구촌 인구는 1950년 25억에서 1987년 50억으로, 2011년 70억으

■ **그림 6-7** 글로벌 인구 전환: 출생과 사망률 변화 3단계

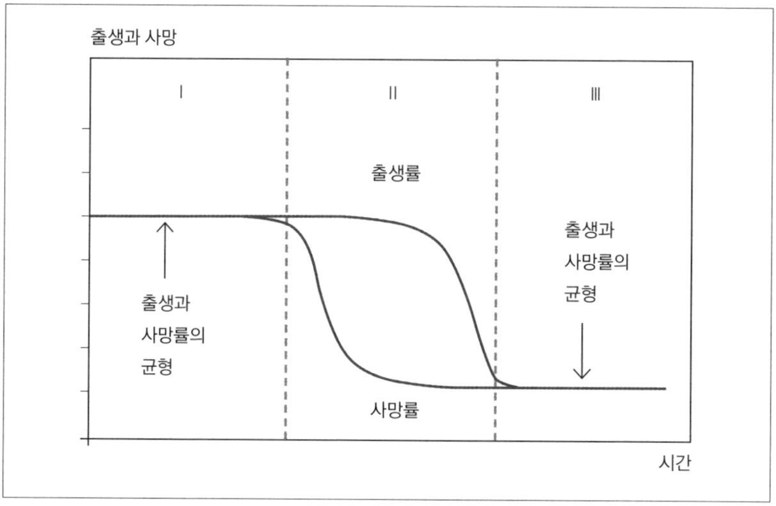

자료 Brown 2012.

로 계속 늘고 있다. 에너지 가격과 비료 가격의 상승으로 식량 증대가 뒷받침되지 않아 인구증가에 대비하지 못하는 상황에 있다.

세계적으로 개발도상국 인구의 동향은 높은 출생률과 낮은 사망률로 인한 '인구 수렁'(demographic trap)의 동향을 보여준다. 나이지리아, 에티오피아, 파키스탄 등이 대표적이며, 사하라이남 아프리카와 인도 일부 지역은 2050년까지 20억 인구가 추가 증가할 것으로 예측된다(Brown 2012).

2) 소비 패턴

소비패턴이 글로벌 식량위기를 악화시키고 있다. 절대 다수가 식량부족으로 곤경에 처해 있지만, 소수인 고소득 소비자들은 지구촌 식량의 많

은 몫을 소비한다. 이들은 많은 사료를 필요로 하는 목축업으로 유지되는 고기, 유제품 등의 고가 식품을 소비한다. 소고기 1파운드를 생산하는데 곡물 7파운드가 필요하다(Brown 2012).

부유국 소비자들의 식량소비 패턴은 다양해졌다. 연중 생산되는 신선한 과일이나 야채뿐 아니라 고가의 유제품 등을 소비하며, 낭비가 상당한 레스토랑 식사를 많이 즐기고 있다. 이런 수퍼 소비의 패턴은 인간의 기본적인 식량을 더 많이 생산할 수 있는 농가, 에너지, 물의 이용을 더 많이 점유해, '물 발자국'(water footprint)을 늘리는 특징이 있다. 이 그룹에 성공적인 개발을 한 중국, 인도 등 신흥개발국의 중산층이 합세하며 지구촌의 수퍼 소비의 패턴은 더욱 가속되고 있다. 이들은 식량의 상당부분을 차지해가는 가축용 사료로 생산되는 소고기, 우유 등의 고급 식품을 선호해, 지구촌의 식량위기를 부추기는 한 요인으로 작용하고 있다. 중국의 소고기 소비는 1985년 이래로 150% 늘며, 그간 엄청난 양의 사료 소비를 했다. 이제 많은 개발도상국들에서도 과체중과 비만이 새로운 질병으로 부상해 있다.

이들 국가들에서 식량소비가 크게 늘었지만, 그곳의 빈곤층에게 식량불안은 더 늘었다. 빈익빈 부익부, 부와 소득의 분배가 불평등해지고 있기 때문이다. 이들은 글로벌 경제위기가 지속되면서 식량 소비량을 줄이고, 식사를 거를 수밖에 없는 식량불안의 삶을 이어가고 있다.

3) 무역

무역은 글로벌 식량 체계에 많은 영향을 미친다. 신자유주의의 영향으로 글로벌 자유무역이 확대되면서 지구촌 식량위기와 빈곤을 야기했다는 주장은 여러 자료로써 검증되고 있다. 그런데 자유무역의 주도국인 미국과 유럽연합은 식량에서는 자유무역을 하지 않는다(Paul and Wahlberg 2011). 이 국가들은 합쳐서 연간 3000억 달러라는 엄청난 농업 보조금을 지급하고 있다. 그들은 식량수입 장벽을 설치해두고 수출 식량들은 마음대로 낮은 가격으로 수출한다. 그들은 빈곤국들이 자국의 지방 농민들에게 피해를 주는 수입 장벽과 저가 수입품을 받아들일 것을 강요하며, 빈곤국들이 수출을 위해 특수작물로 대체할 것을 종용한다. 세계은행과 IMF는 이 같은 규율을 구조조정 프로그램에서 유지해오고 있고, 이 조건은 차관 협정에서도 규정되어 있다. 자유무역 협정문에도 이런 문제가 발견된다.

이 같은 정책과 압력들 때문에 빈곤국의 국내용 식량생산은 계속 줄고 있다. 많은 빈곤국들은 이제 더 이상 자국의 식량 자급력을 갖고 있지 않고 기본적인 곡식조차 수입품에 의존하는 형편이다. 옥수수는 수세기 전 멕시코에서 최초로 재배되었는데, 최근에는 수출지원금을 받은 미국 수출 옥수수가 국내 옥수수 시장을 잠식해버려, 국내 내수의 절반 이상이 미국산이다. 최근 옥수수 가격의 폭등으로 옥수수 파동에 휩싸인 멕시코에서는 "토르티야(Tortilla) 위기"가 번졌다. 또 필리핀 등 전통적인 식량 수출국조차도 식량 수요를 충족시키기 위해 수입에 크게 의존하는 실정이다. 이처럼 식량이 가장 필요로 하는 지역에 식량이 생산되지 않고 있는 식량 체계야말로 글로벌 거버넌스의 필요성을 강하게 제기한다. 경제학자들은 식량의 자유무역화를 주장하며, 장기적인 '효율성'과 '상대적 이익' 이론을 제시하지만 이는 현실성이 약한 강자논리에 지나지 않는다.

'자유 시장' 이론에 또 다른 예외가 되는 것은 강력한 식량 다국적기업들이다. 카길(Cargill), 아처 데니엘스 미드랜드(Archer Daniels Midland: ADM) 등은 국제 식량시장에 막강한 권력을 행사하며 그들의 사업규모, 재정력,

■ **표 6-3** 농업의 민영화와 식량주권

세계은행과 IMF는 자유무역과 자유시장의 명분을 내세워, 정부의 시장개입을 줄이거나 없애고 소농들에 대한 지원, 자문도 없애도록 많은 압력을 행사해왔다. 이른바 농업의 민영화 정책은 국가가 농민들을 지원하고 국민들의 식량안보를 책임지는 역할을 포기하도록 하며, 대신 영리기업들의 영리활동의 자유화를 촉진시켜, 결국 오늘날의 식량위기를 키웠다. 인도, 파키스탄, 아르헨티나, 러시아, 중국 등은 최근 식량수입품 장벽을 설치해 자국의 '식량주권'을 사수하고 나섰다. 주류경제학자들은 이 같은 무역장벽은 국제시장에서의 식량가격 상승을 일으킨다고 강하게 비판한다. 그럼에도 30개국 이상이 수입장벽을 설치하는 보호무역으로 방향을 돌렸다.

자료 Paul and Wahlberg 2011.

카르텔 행태로 많은 이익을 보는 기업들이다.

식량원조 또한 무역 문제를 일으키는 한 요인이다. 부유국들은 자국의 잉여 농산물을 '빈곤 원조'의 명분으로 빈곤국으로 덤핑해, 빈곤국 국내 생산자들이 도산되는 일이 적지 않았다. 빈곤국에게 제공하는 농산품 수입 차관도 빚만 늘리고 수입 의존도를 높인다.

4) 바이오연료

1990년대 환경주의자들은 바이오연료를 석유에 대한 '녹색 에너지' 대안으로 제시해, 실제로 농업 로비활동으로 바이오연료 생산 입법이 추진되었다. 최근에는 정부의 지원정책으로 바이오연료 생산과 이용은 다양해지고 있다. 심각한 문제는 바이오연료 붐으로 농지가 사라지고 곡물 생산이 줄면서 식량가격의 급등을 야기시켰다는 점이다. 2007년, 미국 옥수수의 1/4가량을 포함한 다른 농산물의 8000만 톤이 바이오연료로 변환되어, 2008년에는 그 규모가 1억 톤을 넘었다. 그 결과 4억 인구에게 필요한 식량이 바이오연료로 바뀐 셈이다.

그런데 친환경 바이오연료가 환경을 훼손하는 문제가 제기되고 있다. 브라질과 인도네시아의 바이오연료는 열대우림을 제거해 농지로 바꾸며 생산되므로, 또 다른 환경 문제를 야기하고 있다.[11] 또 다른 연구들은 바이오연료의 환경적 지속가능성 문제를 제기한다. 바이오연료는 토양 유실, 물 자원의 고갈 문제를 일으킨다는 것이다. 옥수수 에탄올의 경우처럼, 바이오연료 생산에는 바이오연료가 석유를 대체하는 양 만큼이나 상당한 석유를 필요로 한다는 것이다. 따라서 바이오연료가 석유가 상승과 기후변화 문제를 해결하는 대안으로 보기는 어렵다. 그런데 다국적기업들은 정부의 보조금 지원을 얻어내기 위한 로비활동을 지속하며 바이오연료 생산을 주도하고 있다.

바이오연료 정책에 대한 이해관계자들의 평가는 엇갈린다. 20세기 초반, 미국의 부시 정권은 바이오연료가 곡물가격 상승에 3% 밖에 안 되는 요인으로 보았지만, 세계은행의 2008년 분석은 바이오연료가 식량가격 상승에 절반 이상의 요인으로 제시하였다. 바이오연료는 정부의 재정지원 없이는 지금처럼 확대될 수 없었다. 바이오연료는 미국에서는 1갈론에 1.5달러 정부지원을 받는다. 미국, EU에서는 법으로 가솔린, 디젤 연료에 '퍼센트 블렌드'(percentage blend)를 규정하고 있어, 가솔린이나 디젤에서 바이오

---

11 많은 분석가들은 옥수수나, 사탕수수, 팜오일, 어떤 농작물이든, 이것을 원료로 생산되는 바이오연료는 글로벌 식량위기를 낳는 주범이라는 데 동의한다. 농작물 쓰레기 등을 활용한 '차세대' 바이오연료조차도 지속가능성이 없는 대안으로 보고 있다.

연료가 차지하는 비중은 법에 의해 지속적으로 생산된다. 그런데 영국의 2008년 정책보고서는, 바이오연료가 식량가격과 환경 지속가능성에 악영향이 심각한 문제로 제기되므로 블렌드 목표량을 감축할 것으로 제안했고, EU 의회 또한 목표량 감축을 요청했다. 앞으로의 동향은 바이오연료의 생산이 중단될 수밖에 없다. 이 문제는 제8장에서 계속 논의된다.

5) 기후 변화

기후변화는 농업에 심각한 피해를 주고 있다. 가뭄, 사막화, 더 잦으며 더 심각해진 태풍, 폭우와 홍수 등 기후변화로 인한 농작물 피해는 엄청나다. 우기가 사라지고, 비가 오지 않아 상층토가 유실되어 농사를 망치는 일은 더욱 잦아지고 있다. 기온 상승으로 병충해 피해도 늘고 있다. 호주의 밀 농작 지대의 수년간 지속된 극심한 가뭄과 방글라데시의 지속적인 홍수는 극명한 기후변화로 인한 농업의 위기상을 보여준다.

농업과 기후변화는 '피드백 루프'(feedback loop)로 연계되어 있다. 기후변화가 농업에 악영향을 미치면, 농업은 다시 기후변화에 악영향을 미치는 관계를 보여준다. 지금의 농업은 농업 기계생산의 건설과 운영, 관개시설의 작동, 비료와 살충제 살포, 농작물 수확, 건조, 저장, 가공, 운송 등 전반적인 과정에 상당한 규모의 화석연료에 의존한다. 또 쌀과 가축 농업은 메탄과 질소 산화물을 다량 배출해 이산화탄소보다 더 높은 온실가스를 배출한다. 일부 연구에 따르면, 농업은 모든 기후변화 가스 배출의 1/3을 차지한다. 기온이 1도씩 올라가면 식량생산은 10%씩 감소한다(Brown 2012).

■ **그림 6-8** 비료 톤당 곡물생산량 감소

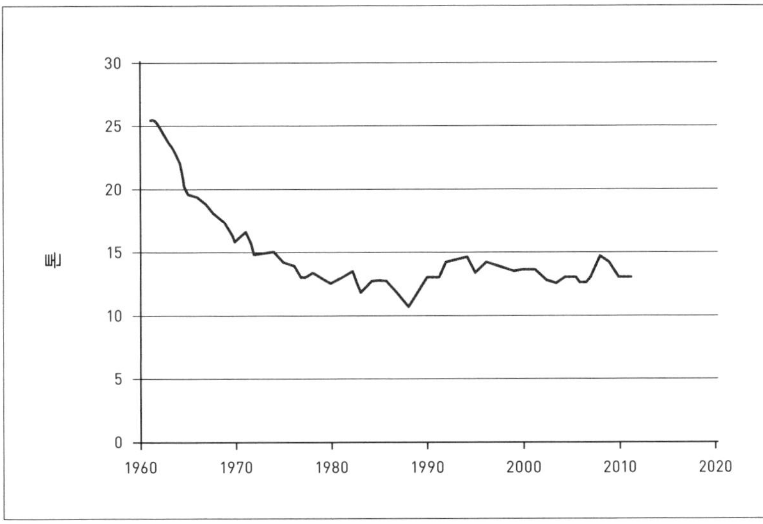

자료 IFA, USDA; Brown 2012 재인용

■ **그림 6-9** 세계의 경작지(인구 1000명당) 감소

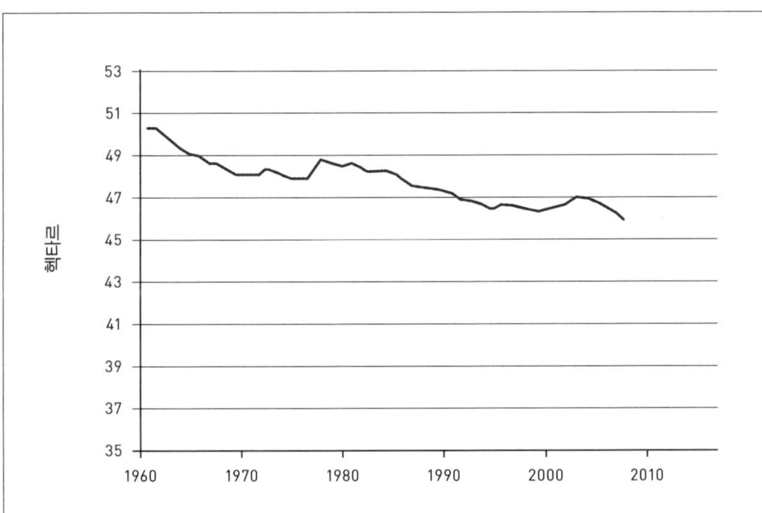

자료 FAO; UNPOP; Brown 2012 재인용

6) 토양 수분감소와 물 자원 고갈

현대식 경작, 비료와 살충제 사용으로 상층토의 수분감소 현상이 심화되고 있다. 물과 바람이 상층토를 유실시킨다. 매년 250억 톤의 상층토가 유실되고 있고, 이는 농지의 40%에 해당된다는 UN의 추산이 있다. 홍수와 폭우 피해가 상층토 유실을 더욱 악화시킨다. 식량생산은 엄청난 양의 물을 필요로 하는데, 지구촌 전체 물 자원의 70%가 농업용이다. 그런데 식수, 산업용, 여가활동 등의 소비활동의 증대로 물 수요는 증대하지만, 물 자원은 점차 줄고 있는 추세이다. 과도한 지하수 개발로 지하수 고갈이 여러 지역에서 일어나는 문제들이다.

기후변화 또한 물 부족 문제를 악화시킨다. 농작물의 빗물 의존도가 위태로워지고 있다. 대부분의 강의 물이 메말라 가고, 사막화는 지구촌 여러 지역에서 진행되고 있다.

7) 연료와 투입 비용

석유 자원의 부족 현상으로 석유가는 지속적으로 상승해왔다. 석유가 상승은 농산물 가격 상승으로 이어졌다. 산업화된 농업은 모든 과정에서 석유를 필요로 하기 때문이다. 유가는 달러로 가격이 매겨지기 때문에 달러화의 가치하락으로 농업생산 투입의 인플레를 갖다주었다. 세계은행의 분석에 따르면, 투입가의 급등은 식량가격 상승에 20%가량 영향을 미치고 있다.

이 같은 유가상승과 농업 투입가격 상승이 일시적인 것인지, 앞으로의 전망은 어떤지에 대해 전문가들조차도 분석을 내놓고 있지 못하고 있다. 석유는 최대 또는 '피크' 생산에 도달하고 있고 글로벌 연료 수요는 꾸준히 상승하고 있는 것은 분명하다. 유가가 배럴당 200달러 이상으로 치솟으면 농업투입가격 또한 뒤따라 치솟을 것이다.

8) 상업적 투기

국제 생필품 시장에서의 투기 행위들도 식품가 폭등에 일조하는 것으로 나타났다. 거대 제도권 투자자들이 주식시장의 침체와 부동산 가격의 폭락에 대한 대안으로 수십억 달러의 투자금을 석유, 광석, 식량 등으로 투자하는 방향선회를 해왔다. 거대 식품 가공업체들, 정부, 거대 농산업자들, 심지어 원조기관들조차 식량시장의 투자자로 뛰어들었다. 세계은행은 공급변동에 대비한 완충재고(buffer stocks)가 점차 줄어들면서 글로벌 식량부족 문제를 야기시켜, 상업적 투기의 열기를 키웠다고 분석했다. 앞으로도 식량부족 문제가 심화될수록 식량시장에서 투기세력이 더욱 확대되며, 식량부족 문제는 다시 악화되는, 악순환을 보여줄 것이다.

9) 농업 다국적기업

거대 다국적기업들이 지구촌 곡물, 비료, 살충제, 종자 시장을 지배하고 있다. 식량 생산지 농장부터 소비지 수퍼마켓에 이르는 식량체계에서 막대한 영향력을 행사한다(표 6-4).

■ **표 6-4** 다국적 농기업의 식량위기 책임론

카길(Cargill), 네슬레, 몬산토(Monsanto), 콘아그라(ConAgra), ADM 등이 대표적인 농업 분야 다국적기업들이다. 또 디어 앤 콤파니(Deere & Company) 등의 농기계 기업들, 거대 식량 유통업자들도 지구촌 농업에 관여해 정부의 식량정책에 영향을 미치며, 대부분이 식량위기로부터 많은 이익을 거두는 기업들이다. 카길의 이윤은 2008년 2월말까지 1/4분기에 86% 증대했다. EU는 같은 해 7월에 파스타 가격 폭등 시위를 벌린 이탈리아 소비자들의 항의에 대한 답으로 이탈리아 카길과 번지(Bunge)에 대한 조사를 착수하기도 했다. 카길은 종업원 15만 8000명, 연간 판매액 900달러 규모의 공룡회사로, 66개국에 지사를 두고 있고, 미국 밀 수출의 25%를 통제하는 영향력을 갖고 있다. 또한 소고기, 닭고기, 계란뿐 아니라 비료 생산과 유통에서 세계 최대의 다국적기업이다. 또 ADM은 미국 다국적기업으로, 옥수수 감미료, 음식첨가물을 주종으로 하는데, ADM은 그간 브라질과 동남아시아에서 콩과 팜오일 바이오연료 생산을 위해 열대우림을 제거했다는 비난을 받아왔다.

자료 Paul and Wahlberg 2011.

10) 현대의 농기업 체계

현대 농업은 소규모 농가에서 대규모의 자본집약적인 기업으로 전환되어 왔다. 기업 대지주들이 많은 농지를 소유하고 있는 반면, 가난한 농민들은 장시간 노동으로 대부분의 농장 일을 맡고 있다. 이 농민들의 저임금으로 글로벌 식량공급을 지원하고 있지만, 이들의 교육, 사회적, 정치적 기회들은 최소 수준에 머물러 있어, 만성적인 빈곤에 처해 있다.

현대식 농업은 글로벌 식량 산출과 생산의 급증을 갖다주었지만, 산업으로 농업은 환경적으로 지속가능성이 없고 또 값싼 에너지에 절대 의존하는 농기술에 의존해왔다. 단기적인 이윤추구를 위해 장기적인 환경보전을 상실한 것이다. 연료 및 다른 투입 가격의 상승으로 값싼 농업의 시대는 점차 종말을 맞을 것으로 내다보인다.[12]

4. 글로벌 '식량안보' 거버넌스

1) 권리접근의 식량안보

식량안보란 "모든 사람들이 어느 시기에나 자신의 식사욕구와 활동적이고 건강한 생활을 위한 음식 선호를 충족시켜주는 충분하고, 안정하며, 영양 있는 식량에 대해 물질적, 경제적, 사회적 접근을 가진다"고 정의할 수 있다(FAO 1996). 이는 식량의 유용성, 식량에 대한 접근 및 사람들의 식량이용에 초점을 맞춰, 이 세 가지 요소들의 안정성을 중시한다(UNDP 2012a: 9). 또한 이 개념정의는 식량안보를 생활, 활동, 임신 및 성장에 필요한 에너지, 영양에 연계되는 안보와 영양의 질적 차원을 포용한다.

식량안보와 인간개발은 상호강화적인 관계를 가진다. 그 관계의 시작은 식량 안보의 핵심적 조건들이 되는 식량의 유용, 식량에 대한 접근, 식량의 이용에서 시작된다(앞글: 10). 그리고 네 번째 조건인 안정성은 세 가지 조건들의 지구력을 확보해준다. 인간개발은 식량안보를 개선시켜주는 역할

12 하이테크에 대한 새로운 연구와 투자로 농업생산을 수년간 유지할 수 있겠지만, UN과 세계은행의 추산으로는 2050년까지 농산물 생산이 50% 이상 늘 것 같지는 않다. 그런데 그 정도의 생산으로는 지금의 빈곤 위기를 극복하고 바이오연료를 생산할 정도의 여유는 없다.

을 한다. 교육과 보건의료는 (인간은 교육과 건강을 중시하므로) 내재적 차원에서 그리고 (인적 자본의 주요 요소로서) 생산적 차원에서도 중요하다.

아마티아 센 교수의 역작 〈빈곤과 기근〉(1981)은 권리접근(entitlement approach) 시각에서 기아와 빈곤 해소 정책을 제시해준다. 권리접근은 기근이 식량공급의 감소 때문인 것으로 보았던 주류 시각을 바꿔놓은 중요한 시각을 제공해주었다. 센은 기아를 "권리 실패" 또는 (시장, 정부배분 등) 법적 수단들을 통한 식량에 대한 접근의 불능상태에서 비롯된 것으로 본다. 센에 따르면, 식량안보는 공급의 부족보다는 제한된 접근, 무기능적인 또는 존재하지 않는 제도들, 법의 지배의 부재상태에서 야기되는 효과적인 수요의 부족에 기인한다. 시장에 대한 접근의 제약을 받거나 구매력이 약화된 사람들은 식량구입의 능력을 상실해 기아에 취약해지므로 식량불안에 빠질 수 있다는 시각이다.

권리 접근은 빈곤층의 식량안보를 잠식할 수 있는 시장구조, 제도적 규율, 차별적 관행, 권력관계에 초점을 맞춘다. 권리 접근은 소득, 토지, 다른 자산 및 정치적 대표에 반영된 불평등한 식량과 자원에 대한 접근에 초점을 맞추며, 영양 있는 식량에 대한 접근의 중요성을 중시한다(UNDP 2012a: 12). 식량안보를 위해 토지, 자원 및 공급에 대한 접근, 공정하고 효율적인 공식 및 비공식 제도들, 공정한 거래, 환경적 안전장치, 법의 지배 등이 뒷받침되어야 한다. 또한 사회보장 프로그램들과 직접적인 현금 또는 현물의 이전지출이 식량 쇼크로부터 보호하는 권리를 보장하는 방안에도 초점이 맞춰진다.

권리 접근은 빈곤과 사회적 배제의 관계를 이해하는 데 많은 도움을 주지만, 식량에 대한 통제만을 중시하기 때문에 인간개발을 위한 식량안보의 일부분만을 보여주는 접근법이다. 식량안보를 양의 문제뿐 아니라 질,

■ **표 6-5** 브라질과 인도의 식량안보 공공정책

인도의 경제성장은 브라질을 앞섰지만, 영양실조 인구의 규모는 크게 줄지 않아 19%에 이르렀지만 브라질에서는 2006~08년에 거의 절반 수준인 6%로 크게 줄었다.

브라질에서는 2003년 '제로 굶주림'(Fome Zero) 프로그램 덕분이었다. 취약층의 식량접근을 개선하고 식량생산을 증대하는데 정책 목표를 설정해 농촌개발과 사회보장의 전략을 추진할 결과이다. 가족지원 프로그램인 Bolsa Familia로 현금지원 제도와 학교급식 프로그램을 시행하고, 나아가 소득지원 정책, 가족농업, 시민교육과 시민동원 정책을 추진하였다. 식량과 영양 안보가 연방정부의 정책우선순위가 되어 주정부의 책임으로 추진되면서 대통령 직속의 새로운 장관실을 설치해 관리감독의 책임을 맡겼다. 더불어 국가식량영양안보위원회가 행정기관과 공조해 정부와 시민사회의 공조를 유도, 진흥시키는 역할을 수행하였다. 식량안보를 확보하면서 불평등 해소 노력으로 인간개발을 진흥하는 역할을 맡았다. 브라질은 밀레니움 개발목표(MDG)의 극심한 빈곤율을 2015년까지 줄이는 국가목표를 이미 달성하였다. 식량에 대한 권리가 2010년 브라질 헌법에 공식화되었다.

한편 인도의 경제성장의 빈곤해소 실적 부진에 대해서는 여러 복합적인 요인들이 있었다. 인도는 2012~13년 예산을 통해 아동종합개발에 예산 60% 증액으로, 또 학교급식 지원 확대, 영양보급 확대, 여성의 교육과 기술 향상에 많은 자원을 투입하는 국가계획을 추진한다. 계획은 우선 극심한 영양실조 상태의 200여 곳에 일차적인 개선에 초점을 맞춰, 장차 다분야로 확대해, 영양, 위생, 식수, 기초 보건의료, 여성 교육, 식량안보, 소비자보호를 지향할 계획이다.

자료 UNDP 2012a: 54.

이용, 문화적 수용의 문제로 보는 것이다. 그래서 교육과 보건의료를 중시해 이들과 식량안보의 관계에 초점을 맞춘다. 식량안보의 과정을 형성하는 인간의 능력이 핵심이라는 점에서 인간개발 시각은 인간중심적이다.

2) 농업 생산성 증대

농업생산성은 식량 공급을 늘리고 식량불안에 처한 사람들의 소득을 늘리고 구매력을 높여, 식량의 유용성과 경제적 접근의 중요한 조건이 된다(UNDP 2012a: 20). 임파워먼트(empowerment)는 정보와 시장에 대한 접근 그리고 식량과 자원의 균등한 배분을 통해 식량에 대한 접근을 제고시키는 중요한 조건이 된다.

농업생산성 증대는 식량 유용성을 높이고 식량 가격을 안정화시켜 접근을 개선시키는 역할을 한다. 농업은 소농들의 소득을 증대시키고, 생활수준을 향상시켜, 역량과 지식을 축적시키는 역할을 한다. 그럼으로써 식량안보와 인간개발이 동시에 강화될 수 있다. 농업 생산 수익이 식량 생산자와 소비자 모두에게 이득으로 돌아가기 위해서는 식량가격이 하락하는 것보다 더 빠르게 농업생산성이 높아져야 한다. 농지가 제한된 지역에서 산출물은 노동생산성보다 빠르게 성장해 고용을 창출할 수 있다.

왜 농업이 중요한가? 몇 가지 중요한 이유가 있다(앞글: 22). 첫째, 농업 산출을 증대시켜 식량가격을 낮추고 빈곤층 소득의 많은 비중을 차지하는 기초 식량의 유용성을 높여야 한다. 소농민들은 현금 작물을 많이 재배해 판매를 통해 기초 식량을 구입할 소득을 높여준다. 둘째, 농사의 기초가 되는 농지는 자본보다 더 균등하게 배분되어 있기 때문이다. 농지의 효율성의 증대로 더 많은 사람들에게 많은 혜택을 줄 수 있다. 셋째, 사하라이남 아프리카 대부분에서 사람들은 자본집약적인 테크놀러지보다는 노동집약적인 농사를 하고 있다. 노동집약적인 농사에서 얻어지는 산출의 증대로 일자리가 늘고 임금이 상승한다. 사하라이남 지역에서 농업 성장이 빈곤에 미치는 영향은 비농업 성장보다 네 배 이상인 것으로 분석된다(앞글: 23).

자원이 풍부한데 어떻게 식량불안이 지속되는가? 사하라이남은 토지와 물 자원이 풍부하지만 기근이 광범위하게 펼쳐져 있다. 이 같은 모순은 이 지역의 식량의 유용성 문제보다는 불균등한 지역별 식량생산과 접근에 더 기인한다. 이 지역은 기후변화의 취약성, 식량가격의 변동성, 폭력과 갈등의 지속성 때문에 식량안보(유용성, 접근, 이용) 모두가 불안정한 식량체계를 이루고 있다. 대부분의 사하라이남 국가들은 식량수입국 입장에 있고 인도적 개입이 불가피한 위기에 처한 경우가 많아 식량원조에 크게 의존하는 실정이다. 수백만 명이 식량을 획득하기 어려운 것이 시장이 발달되자 않았고 물리적 인프라가 개발되지 않았기 때문이다. 식량안보는 식량 유용성과 접근에 그치는 문제만은 아니다. 인간개발이 이뤄지지 않은 상태에서 식량안보가 확보되지 않고 있는 것이다. 안전한 식수, 에너지, 위생에 대한 접근이 충분하지 못한 상태에서 HIV/AIDS와 말레리아 등 질병의 만성화로 식량안보 확보가 근본적으로 취약하다.

3) 사하라이남 아프리카의 식량안보

'식량에 대한 권리' 입법은 많은 아프리카에서 볼 수 없지만, 말라위와 모잠비크는 시민참여를 포용하는 기본법의 도입에 착수하였다(앞글: 15). 일부 국가들은 정책추진에서 식량에 대한 권리를 일부 수용하기도 한다. 사하라이남 국가들에서는 식량에 대한 권리는 법적 보장을 받지 못해, 특히 소농민, 자영 생산자, 농업노동자, 도시 빈민들이 정치, 경제적으로 자치역량을 갖추지 못한 취약층으로, 식량안보에 위협을 받고 있다. 이 집단들에서 여성과 아동들이 가장 취약하다. 차별과 낙인 등 사회문화적 장애들 때

■ **표 6-6** 사하라이남 아프리카의 경제성장이 식량안보에 미치는 영향

국가 인구보건센서스로 경제성장이 아동의 영양실조에 미치는 영향을 분석한 결과로, 1986~2009년 사이에 태어난 아프리카 30개국 아동 42만 명에게, 국가의 GDP 성장이 영양실조 퇴치에 기여했지만 그 효과는 미미한 것으로 나타났다. 더 중요한 요인들은 엄마의 교육, 사회경제적 지위, 영양상태다. 여성의 교육, 사회적 지위향상, 영양개선이 큰 진전을 이루지 못해, 사하라이남 지역의 영양부족 개선 효과가 나타나지 않았다. GDP는 성장했지만, 소득증대만큼 아동 영양개선 효과는 미미했다. 가장 가난한 짐바브웨는 아동 영양부족이 가장 심각한 국가다. 그 밖에도 중요한 결과들은 다음과 같다. • 도시가계의 아동들이 농촌지역 아동들에 비해 저체중 확률이 14% 더 낮음. • 가계 아동이 반명씩 늘어날 때마다 아동의 저체중 확률은 0.5~0.7% 증가. • 여성가장보다는 남성가장 가계에서 아동 저체중 확률이 0~4% 증가. • 무교육 가장보다 초등교육 이상의 교육을 받은 가장의 가계에서 아동의 영양부족 확률이 2~11% 증가. • 임산부가 영양부족이면 출산아동의 저체중 확률은 8~32%에 달하며, 모유수유 여성이 영양부족이면 그 확률은 12% 더 증가. • 남아가 여아보다 저체중일 확률이 9.5% 더 높으며 쌍둥이의 저체중 확률은 두 배 더 높음.

자료 UNDP 2012a: 20.

문에 적정한 양과 질의 식량에 대한 접근이 차단되고 있는 설정이다. 종족이나 성별 차별 때문에 토지와 자원의 불평등한 배분이 지배적이다.

이런 상황에서 식량에 대한 보편적 권리의 접근은 정부나 기업들로 하여금 식량안보의 안전장치를 갖추는 책무성을 갖도록 만들 수 있다. 그 안전장치들은 식량가격의 안정, 사회적 안전망, 계절적인 가격 변동성과 위기 상황에 대비한 생산자 소득 보장, 토지와 투입에 대한 접근 등이다.

그런데 식량에 대한 권리는 실제로 잘 시행되지 못하고 있다. 정부의 입법은 초기 걸음마 단계이며, 그나마 법의 집행을 사정하는 사법부의 역

할도 취약하기 때문이다. 따라서 법적 안전장치가 장기적인 과제로 남은 대신, 단기적인 정책처방으로 식량안보를 보장하는 것이 시급한 과제가 된다. 이를 위해 원조국, 시민사회, 지역주민들이 공조해 정부에 식량안보 정책의 도입과 시행에 압력을 행사하는 로비활동이 효과적인 처방이 될 수 있다. 시민교육도 확대해 시민들이 식량 생산과 배분 정책결정에 참여할 수 있는 실질적인 시민참여 방안들이 시행될 필요가 있다.

기후변화 취약성

사하라이남 아프리카는 특히 기후변화에 취약하다. 농업의 93%가 빗물로 재배되고 농업 인프라와 투입 공급 체인도 취약하며 매년 토양의 영양분 손실 증가하고 있다. 지난 수십 년간 사하라이남 아프리카의 강수량은 월간 7밀리 정도밖에 안 되는 수준으로 떨어져 아시아의 2.5배, 남미의 10배에 달할 정도다. 빗물의 변동성 또한 여타 지역들에 비해 매우 높다.

자연재해 또한 사하라이남 지역의 특징적인 기후변화다. 급작스러운 홍수나 폭우, 가뭄의 증대가 그것이다. 사하라이남은 기상 재앙(극심한 온도 상승, 가뭄, 화재)에서 동아시아와 태평양 지역 다음으로 세계적으로 가장 취약한 지역이다(앞글: 40). 이 두 지역들이 세계의 가뭄 피해 지역 3/4을 차지한다. 게다가 인구증가 때문에 가뭄과 극심한 기온상승과 화재로 피해를 입은 사람들의 수는 지난 10년간 두 배로 늘었고, 홍수, 폭우 피해자들은 거의 세 배로 늘었다.

식량가격 변동성

식량체계는 특히 변동적인 식량가격에 많은 영향을 받는다. 가격변동은 식량의 공급과 접근의 불안정성을 증대시키는 주요요인이 된다. 글로벌 차원에서 식량가격은 수십 년간의 안정기를 벗어나 10여 년간 두 차례 심각한 위기상황에 처했다. 기후변화로 농업생산의 감소뿐 아니라 식량의 바이오연료 활용 증대, 국제금융 투기세력의 곡물 투기로 인한 식량체계의 붕괴, 글로벌 인구증가로 인한 식량수요의 증대 등 다양한 요인들이 있다. 글로벌 식량 투기로 인해 가장 많은 피해를 보는 지역이 기초 곡물에 절대 의존하는 사하라이남 지역이며, 빈곤층이다(앞글: 41).

폭력과 갈등

폭력과 갈등은 식량불안의 원인이자 결과로 나타난다. 농업생산물의 심한 변동과 식량에 대한 접근의 큰 변동으로 사회적 대립과 갈등이 야기되며 폭력과 전쟁으로까지 발전한다. 이런 폭력이 증대하면 식량유용성이 줄고 접근이 차단되면서 빈곤이 확대된다. 분쟁 지역에서 식량생산이 줄어들면 타지역에서 식량을 구입하게 되어 식량 유용성, 접근, 이용 모두가 줄면서 가격은 오르게 된다. 폭력이 늘면 운송과 시장 거래를 위협해 식량시장의 붕괴를 가져올 수도 있다.

또 글로벌 식량가격의 폭등은 지역의 식량폭등을 일으켜, 시위와 폭등의 빌미가 되고 있다. 부르키나파소, 카메룬, 코트디브아르, 기니아, 모잠비크, 세네갈, 우간다 등지에서는 식량폭동과 시위가 끊이지 않았다(앞글: 42). 저개발국가에서는 국제 식량가격 상승과 대정부 시위와 폭동 사이에 긍정적인 장기적인 상관성이 있다는 경험적 분석도 있다.

자원과 기회의 편향

자원, 소득, 역량의 불평등 배분은 식량안보에 위협적이다. 이것들은 식량과 노동시장 접근, 정치 및 사회적 대표, 기회, 자유의 불평등에 반영된다. 사하라이남 지역의 토지 불평등은 역사적으로 낮은 수준이지만, 여성의 토지 소유권이 보장되지 않다. 여성은 식량생산과 아동 영양에서 중요한 역할을 하므로 양성평등 보장이 식량안보 확보에 주요 요인이 된다.

소득 불평등 또한 식량안보 확보에 걸림돌이 된다. 정부와 제도의 역할이 미치지 못하는 지역에서는 빈곤감소의 성장을 진흥시키는 정책 추진에서 시민참여와 집단적 의사결정이 이뤄지지 못하게 된다. 높은 소득불평등은 빈곤을 감소시키는 경제성장의 효과를 위축시킨다. 빈곤층은 소득의 많은 부분을 식량구입에 투입해야 하기 때문이다. 또 불평등은 경제성장과 빈곤감소에 좋지 않은 영향을 미친다.

정책 편견과 국제사회의 무관심

1960년대 독립을 쟁취한 아프리카 국가들의 주류 경제정책은 농업에서 자원을 채취해 도시 산업화에 투입하는 것이었다. 산업화와 근대화의 지름길을 가기 위해 농업에서 제조업으로 자원과 인센티브를 전환시켜놓았다.

2006~08년과 2010~11년 두 차례의 식량가격 폭등과 두 기간 사이의 글로벌 경기침체는 글로벌 개발 논의에서 식량안보를 최우선 어젠다로 상정시켜 놓았다. 원조국의 무관심도 심각해, 개발원조의 농업 부문은 1990년대 중반 이래로 2003년까지 피크를 이루며 감소되었다(앞글: 47). 고소득국가의 농민지원금과 바이오연료 생산자에 대한 정부보조금 지원, 사하라이남 국가들의 농업지원금의 감소 등이 식량안보를 위해한 국제적 관행이었다.

4) 세계식량안보위원회(CFS)의 글로벌 거버넌스

"왜 기아는 지속되는지에 대한 중요한 이유들은 국가들과 국가 간 기관들의 인권 준수사항들을 고려하지 않은 국가, 국제기관의 정치적 결정들이다." 2008년 글로벌 식량위기의 경고가 발동되었을 때 조직된 〈식량과 영양에 대한 권리 감시〉(Right to Food and Nutrition Watch)의 2009년 초판은 "누가 세계 식량체계 거버넌스를 지배하는가?"에 초점을 맞추었다. 식량에 대한 권리를 인권에 초점을 맞춘 새로운 시각을 제공해주었다. 이는 2008년 UN 인권위원회가 글로벌 식량위기를 인권 이슈로 다루면서 시작되었고, 이어서 사회운동과 시민사회단체들은 UN과 국제기관들의 정책변화를 촉구하며, "식량주권과 인권의 원칙들에 기초한 식량생산 체계"를 글로벌 식량 거버넌스로 요청하고 나섰다.

이런 배경에서 2009년 "누가 세계식량체계의 거버넌스를 지배하는가?"라는 연구가 시작되었다. 먼저 UN의 세계식량안보위원회(CFS)의 개혁에 관심의 초점이 모아져, 농지수탈, 영양실조 등 인권 기초적인 "식량안보와 영양을 위한 글로벌 전략 프레임워크" 논의가 개시되었다. 2011년의 〈식량과 영양 감시 보고서〉는 식량 권리의 책무성에 초점을 맞춰 국가들과 국제기관들의 책무성을 가진 역할을 강조하였다. 식량에 대한 권리가 진보적이며 지속가능한 실현이 되기 위해서는 개인, 공동체, 국가, 국제사회, 모든 차원에서 강화된 '책무성 메커니즘'의 존재에 의존한다는 것이다(RT-FN-Watch 2012: 13).

글로벌 거버넌스 조직인 세계식량안보위원회(CFS)의 개혁이 선행되어야 한다는 것이 중론이다. CFS의 개혁은 "국가들이 국가식량안보 차원에서 적절한 식량에 대한 권리의 진취적 실현을 위한 자발적 가이드라인을 수

■ **표 6-7** 식량안보 관련 국제기관의 결의와 협약

연도	내용
1948	UN 총회의 보편적 인권선언의 도입(UN 헌장 제25조)
1974	UN 세계식량회의가 보편적 기아와 영양실조 퇴치 선언 채택.
1976	국제경제, 사회, 문화적 권리에 관한 국제규약(ICESCR) 시행, 제11조에 적절한 식량에 대한 권리를 포함.
1987	UN 경제사회이사회에 ICESCR 시행을 모니터링하는 경제사회문화권리위원회 설립, 경제, 사회, 문화적 권리에 대한 보다 명확한 법률적 해석을 알리는 역사적 시초.
1988	미국인권조약의 국가당사자들은 경제, 사회, 문화적 권리를 추가적 규약("Protocol of San Salvador")으로 채택, 제12조에 식량에 대한 권리를 포함.
1996	UN 식량농업기구(FAO)의 세계식량정상회담은 세계삭량안보 로마선언문을 발표, 식량에 대한 권리를 시행하는 최초의 실행계획
1999	경제사회문화권리위원회는 적절한 식량에 대한 권리를 채택, 식량에 대한 권리에 관한 ICESCR 결의에 대한 국가의 의무사항들을 서술.
2000	UN 인권위원회는 식량에 대한 권리에 관한 특별 보고자(rapporteur) 설치.
2000	UN 총회의 밀레니움선언에 기초한 밀레니움개발목표에 제1목표가 2015년까지 극심한 빈곤과 기아 퇴치로 설정.
2002	세계식량정상회담 로마선언문은 식량에 대한 권리의 진보적인 실천을 위한 자발적인 가이드라인을 개발하는 국제실무팀을 설치.
2004	FAO는 "식량에 대한 권리의 자발적 가이드라인"을 발표, 식량에 대한 권리를 시행하는 국가들의 의무사항들의 시행에 가이드라인 제시.
2009	UN총회는 ICESCR의 선택적 규약을 채택, 식량에 대한 권리를 국제적으로 정당화.

자료 UNDP 2012b: 19.

행해 기아로부터 해방되는 세계"를 지향한다.

개혁조치들 중 하나는 시민사회 대표들의 폭넓은 참여를 보장하는 것으로, 여기에는 만성적인 기아와 영양실조에 시달리는 사람들의 대표로 소농민, 농업노동자, 원주민, 여성, 청년, 도시빈곤층 등이다. 이러한 참여에

기초한 CFS와 시민사회 사이의 관계는 상호 신뢰 관계로 발전하고 있다.

그럼에도 CFS 논의과정에서 국가기관, 국제기관, 기업들의 역할 과제에서 식량에 대한 인권 접근법에 이들은 상당한 거부반응을 보였다(앞글: 15). 그럼에도 원칙상 합의가 이뤄진 부문들이 많아, 이제는 집행에 관심이 집중되고 있다. 시민사회 측에서는 다음을 강조하고 있다(앞글: 15-6).

- 식량안보와 영양과 밀접히 관련되는 정책들을 통해 식량에 대한 인권을 진취적으로 시행한다;
- 소규모 식량생산자들을 우대하는 정책들을 도입한다;
- 재분배적 개혁안을 포함하는 "농임수산 소유에 관한 책임 있는 가이드라인"을 시행한다;
- 모든 형태의 차별에 저항하는 여성의 권리를 옹호한다;
- 식량 권리, 노동 권리, 임금과 적절한 생활수준 관계에 주목한다;
- 사회적 보호의 인권 측면을 인식한다;
- 영양 정책을 인권 시각으로 기본틀을 짜서, 영양과 영양 관련 개발의 사회적 결정요인들을 중시하는 정책을 시행한다;
- 기후변화의 요인들에 초점을 맞춰 기후변화 완화에 대처한다.

나아가 〈식량과 영양 권리 감시〉는 인권 프레임워크에 기초한 우선순위를 제시하였다(앞글: 17). 첫째, 인권의 우선. 식량안보에서 인권 시각이 많이 반영되고 있지만. 개혁된 CFS는 "국가의 식량안보 차원에서 적절한 식량에 대한 권리의 진보적인 실천을 국가들이 수행하는, 기아로부터 자유로운 세계를 지향한다."

둘째, 정책 일관성. 일관성의 개념은 "인권의 일관성" 차원에서 이해되어야 한다. 정부 정책들은 식량에 대한 권리를 포함한 인권에 대한 부정적인 영향을 미치지 않는지, 평가되어야 한다.

5) '통합적 접근'의 글로벌 거버넌스

글로벌 식량위기는 10여 년간 지속되었지만 정부들은 위기 극복에 실패했고 UN은 빈곤층의 삶의 위기에 답을 제시하지 못했다. 식량안보는 인구, 기후변화뿐 아니라 무역, 농업 등 다원적 측면에 대한 통합적인 접근을 필요로 한다. 통합적 접근의 식량안보 대안에 대해서는 아래의 연구들을 참고해볼 수 있다.

인구, 무역, 농업, 기후변화 통합의 접근

식량위기에 대한 중장기 대책 과제로는 다음을 참고해볼 수 있다(Paul and Wahlberg 2011).

(a) 인구정책: 인구정책에서 우선 여성의 선택권에 기초해, 국가 차원의 인구 억제에 대한 정부의 안정화 정책이 선행되어야 한다. 소득불평등과 그에 따른 식량 배분의 왜곡이 지배했기 때문에 이를 바로 잡기 위해서는 재분배적, 평등주의적 공공정책의 강화를 요청한다. 소비자들이 환경보전에 대한 세금 부담을 포함한 전체비용을 세금으로 부담하게 되면, 지속가능성이 없는 소비는 크게 줄어들 것이다.

(b) 무역: 무역의 관행도 글로벌 거버넌스 이슈가 된다. 효율성 제고를 위해 지역 생산이 갖고 있는 장점들을 우선시하는 현실주의 접근법이 활용

■ **표 6-8** 국제무역협정의 실패 → 글로벌 식량위기

농업은 국제무역협정의 실패를 보여주는 대표적인 부분이었다. 불공정한 무역 관행이 식량안보를 위협한 것이다. 부유국들이 농업과 바이오연료 생산자들에게 장기적인 정부조조금을 지원한 것이 글로벌 식량위기를 키운 것이다. 〈2005년 인간개발보고서〉는 "산업국들이 국내에서는 돈을 낭비하고 해외에서는 생계를 위협하는 체계로 진입했다."고 강조한다. 부유국 정부들이 자국 농민들에게 많은 농업보조금을 지원해 세계 농업시장을 주도하게 만들며, 그들의 상업적 투기로 글로벌 식량위기를 일으킨 것이다. 정부보조금은 누감적인 것으로 부유한 농민들에게 더 많은 혜택을 주어 자본집약적인 농업을 조장한다.

자료 UNDP 2012b: 54.

되어야 한다. 지속가능성은 치솟는 에너지 가격 상승과 관련되면서도 식량주권 요청과도 밀접히 관련된다. 로컬 소싱(local sourcing)은 지역화된 식량 생산의 증대에 기여한다.

(c) 기후변화: 글로벌 식량체계가 붕괴되지 않게 하기 위해서도 기후변화 완화와 적응에 긴급대응 조치들이 추진되어야 한다. 농업은 지구촌의 온실가스 배출에 큰 몫을 차지하고 있기 때문에 기후변화 이유와 관련되어 재조직화되어야 한다.

(d) 토양침식과 물 고갈: 토양과 물 자원을 보존하는 새로운 농업 실천방안들이 도입되어야 한다. 장기적인 환경보존을 희생으로 단기적인 상업적 이윤 극대화를 추구하는 관행은 이제 법적 조치로 규제해야 한다.

(e) 연료와 에너지: 석유는 이제 피크 생산점에 이르렀기 때문에 앞으로는 지속적인 감소세로 이어질 것이다. 태양열, 풍력 에너지 등의 새로운 에너지 자원이 농업에도 적용되어야 한다.

(f) 노동과 정치: 소농들과 농업노동자들의 소득과 작업조건을 개선하는

정책들이 추진되어야 한다. 토지재분배 정책도 여전히 중요한 정책이 될 수 있다.

(g) 농산업 체계: 글로벌 식량체계는 다양하지만, 농산업 모델이 변화를 주도하고 형성하는 역할을 한다. "신녹색혁명"과 같이 효율성만을 중시하는 모델은 퇴장하고 "회복력, 지속가능성, 생다양성, 배분적 공정성"을 중시하는 식량체계를 탐구해야 한다. 그러면 생산은 보다 지방 중심이 될 것이며, 지역 농민들의 지식과 실행이 중시될 것이다.

글로벌 NGO의 '통합적 접근'

글로벌 INGO들은 '통합적 접근'의 글로벌 거버넌스 대안을 제시한다 (NGO Working Group 2011).

(a) 식량생산에 대한 생태적 접근

대규모 농산업 생산방식은 지구 자원들을 고갈시켜 엄청난 양의 온실가스를 배출하고 있다(전체의 약 1/3에 달한다는 추산). 생태적 농사방식이 장기적인 생산성, 지속가능성 및 소농민들에 대한 공정성을 제고하는 결과를 낳는다. 이 방식은 농촌 공동체를 보전하고 병충해, 살충제, 화학비료, 화석연료의 파괴적인 사용을 회피하는 바람직한 대안이다. 동시에 토양을 보전하고 빗물을 보전하며 생다양성을 보전한다.

(b) 신녹색혁명과 농산업 이데올로기

신녹색혁명 옹호자들은 식량위기에 대한 농산업적 방안에 대한 기대를 제시하고 있는데, 이는 그릇된 위험한 발상이다. 그들은 농산업 모델의 엄청난 환경적, 사회적 부작용을 무시하고, IAASTD, UNEP, FAO 등 국제기관들이 제시하는 과학적인 위기 극복처방을 간과한다. 정부 정책결정자들은 상업적 이해주도적인 이데올로기를 포기해야 하며, 식량 소비자와 생산자의 욕구들이 인정되며 미래 세대들의 요구가 존중되는 미래에 관한 개방적이며 민주적인 토의에 동참해야 한다.

(c) 지역의 식량생산과 식량주권

많은 개발도상국들은 국내 식량생산을 대체하는 수출 현금 농작물에 특혜를 농업정책들을 수용하였다. 그 결과 개발도상국들은 국민들을 먹여 살릴 수 있는 식량을 충분히 생산해내지 못했다. 기초 음식용 식량이 50% 이상 부족한 국가들이 속출했다. 그리고 지금은 치솟는 변동적인 글로벌 식량가격이 이런 취약한 국가들의 국민들에게 특히 심각한 피해를 주는 위기를 조장하고 있다. 일부는 농업무역의 개방적 접근을 주장하지만, 그 무역은 자유무역도 공정 무역도 아니다. 값싼 보조금 지원의 수입농산물로 소농민들을 도태시켰고 농산업은 지방 생산자를 도산시켰다.

(d) 글로벌 식량 거버넌스와 세계식량안보위원회

글로벌 거버넌스의 강력한, 일관된, 민주적인 체계의 결핍으로 기후변화, 경제불안, 자원고갈과 기아 등 인류를 위협하는 복합적인 위기들이 심화되고 있다. 식량정책에서는 세계은행으로부터 UN 고위층의 테스크포스, G20, UN 총회, UN 전문기구들, 세계식량안보위원회(CFS)에 이르기까지 책임의 분산과 경쟁적인 권위체제 모습을 보여준다. 이 글로벌 거버넌스 기관들 중에서 CFS는 시민사회단체들과 소생산자들을 포함하는 모든 분야 이해관계자들의 투입을 정책에 반영하는 가장 민주적인 지식기반의 조직이다. CFS의 역할이 강화되어야 하고 식량정책 형성에서 주도적 역할을 수행해야 한다.

(e) 토지소유권과 토지투기(Land-Grabbing)

지난 수년간 헤지펀드, 정부 및 농산업 기업체들은 "토지투기" 형태로 세계적으로 많은 농지들을 구입하거나 임대를 받았다. 그릇된 정책 진흥책으로 창의적인 투자, 시장 효율성 증대라는 명분으로 진행되면서 투기세력과 투자자들의 새로운 고수익의 투자 수단으로 전락하고 말았다. 지역의 식량 소비를 위한 식량 생산의 증대와는 관계없이 수출목적의 농작물 생산이 되었다. 토지투기는 이미 수천만 명의 소농민의 생계를 상실하게 만들어, 빈곤을 심화시켰다.

(f) 식량가격 투기

금융회사들과 농산업기업체들은 대규모 자본을 생산시장, 또는 농산물의 파생시장에 투입해왔다. 4대 기업체들이 세계의 국제곡물무역의 75%를 통제하고 있고, 정부들은 세계은행과 IMF의 압력으로 자국의 식량비축량과 마켓팅 시스템을 해체시켰다. 투기적 투자펀드들은 몇 배 증대해 수십억 달러가 파생시장에 유입되어 가격이 폭등하며 식량가격의 변동성을 증대시켜놓았다. 이 같은 위험한 투기세력에 대한 해결방안에는 투기적 압력을 억제하는 새로운 시장 통제가 포함된다. 공공 곡물 비축과 마켓팅 장치들은 지방, 국가, 지역 차원에서 투기적 가격변동에 대한 완화장치가 되며 위기상황에 대비한 비축분을 유지하는 중요한 정책수단이다.

(g) 바이오연료

바이오연료 정책은 엄청난 양의 식량과 야채를 자동차나 다른 에너지 사용에 전환시켜놓고 있다. 식량위기가 피크를 이루었던 2009년에 약 1억 톤의 곡물들이 이렇게 전환되었다. 바이오연료 생산으로 대규모 토지이용 변화가 일어나 숲이 사라지고 농업과 환경 체계들을 붕괴시키고 있다. 바이오연료 작물들은 농지이용 전환, 생산투입, 저장, 수송, 물이용 등에서 환경에 부정적인 영향을 미치고 있다. 바이오연료 시장은 토지와 식량 가격 급등을 일으키고 있어, 정부의 보조금 정책은 철회되고 연료혼합 정책 역시 철회되어야 한다.

(h) 물

신선한 물은 농업과 인류생활에 필수적인 자원인데, 그 공급이 줄어들고 있고 농업 생산도 많은 지역에서는 물 공급 제약을 받고 있다. 신선한 물의 70%가 농업용으로 사용되고 있다. 지하수 공급은 지속가능한 방안으로 이용되어야 하며 재조림과 보존적 토지이용으로 치수와 토양의 습도 유지에 도움이 된다. 산업과 광업의 물 사용의 낭비를 통제해야 하며 물 집약적인 바이오 에너지 생산도 중단되어야 한다. 물 자원에 대한 갈등을 공조로 유도하며 물에 대한 권리를 확고히 해야 한다.

(i) 토양 보호

토양은 식량 생산의 증대로 급속히 파괴되고 있다. 살충제, 바람과 물로 인한 침식, 오염, 숲파괴 등 토양 오가니즘의 파괴가 진행되고 있다. 게다가 기후변화로 악화되는 추세다. 산업형 농업은 투기와 바이오 에너지 수요에 부응해 토양 두께가 얇고 토양의 질이 낮은 상태로 농작물을 경작한다. 토지이용법률과 보전 규율 등 글로벌 토양보전 정책들을 추진해 농지의 건강성과 생산성을 유지해갈 수 있다.

(j) 투자의 증대?

장기적인 사회적 목표 달성을 위한 농촌에 대한 투자는 바람직하지만 대규모 농산업 비즈니스 방식으로 농지수탈 등 자본집약적인 투자는 결코 바람직하지 않다. 소농민들과 농생태적 농민들도 투자를 늘이고 있어, 이들의 투자를 진흥시키는 정책이 대안이 될 수 있다. 물 자원의 지속가능한 이용을 위한 투자나 새로운 농사 기술의 개발 등은 지속가

■ **표 6-9** 남태평양 도서국들의 자유무역 → 당뇨와 비만

남태평양 도서국가들의 비만과 당뇨는 세계적으로 가장 높다, 인구의 비만율은 75%, 당뇨환자는 47%에 달한다. 원인은 그릇된 무역협정으로 소위 '정크 푸드'의 수입이 크게 늘면서 발생한 것으로 알려지고 있다. 〈사모아 미국령〉 지난 10년새 인구 7만 명 중 92% 다체중, 절반 당뇨병자. 원래 생선, 바바나를 주식으로 비만과 당뇨가 없었는데, 짜고, 달고 기름진 육식(junk food) 대량 수입으로 식생활 변화. 〈오키나와〉 세계 최장수지역이 10년새에 비만, 당뇨, 노인병 증가. 미군부대 찌개(소세비, 햄 등 가공식품) 식생활 변화가 주원인으로 파악된다. 〈키리바티〉의 경우, 식품의 72%가 수입산으로, 이로 인한 유해식품소비가 늘면서, 수입식품과 유해식품소비 사이의 상관관계가 확인된다. 이 국가들에서는 유해식품인 소고기 등의 육류, 담배, 알코올 등의 수입품 인하 협정이 진행중이다. 무역협정이 체결되면 정부의 권한으로 유해식품 소비를 억제시킬 방법이 없는 것이다. UNDP, WHO 등 국제기관들이 피지에서 회의를 통해 9개 남태평양 도서국가들의 보건과 무역 관리들과 함께 문제해결의 방안을 탐색해, 9개국 공동의 무역과 보건 관리들의 연석회의를 정례화하기로 하였다. 개발국과의 무역협정에 공동대응하고 있다.

자료 2013. "Trading health for Wealth." http://www.undp.org/content/undp/en/home/ourperspective/ourperspectivearticles/2013/04/19/trading-health-for-wealth-obesity-in-the-south-pacific-doug-webb.html

능한 식량생산을 위한 바람직한 투자가 될 수 있다.

(k) 농업가족과 농업 노동

세계에서 가장 극심한 기아와 영양실조에 시달리는 인구는 소농민이나 농업노동자 등 농업 종사자들이다. 이들 중 특히 여성과 여자아이들이 취약한 위치에 있다. 그간 대규모 농산업이 소농민의 몰락을 유도해 와 이에 대한 대응방안이 필요하다. 새로운 젠더지향적 정책으로 농촌 가족들을 지원하고 법률적 보호장치를 시행하며 이들에 대한 최저임금 보장 등의 사회보장 장치가 시행될 필요가 있다.

(1) 양질의 영양과 식량

식량공급의 부족, 다국적기업들의 정크푸드 판촉 활동 등으로 건강을 해치는 불량식품의 판매가 빈곤국에서도 확대되고 있다. 과체중과 비만이 이제는 만성질환으로 개발도상국 국민들에게 고통을 주고 있다. 미국령 사모아 인구의 92%가 미국식 패스트푸드와 탄산음료의 섭취 등으로 과체중에 시달리며, 절반 가까이는 비만으로 인한 당뇨의 위험에 처해 있다. 생선과 바나나 등을 주식으로 했던 사람들의 식생활의 변화로 지난 10년 새에 일어난 엄청난 보건의 퇴보이다. 멕시코 등지의 남미에서도 미국의 탄산음료의 판촉의 영향으로 많은 사람들이 과체중과 비만의 위험에 빠져 있다는 사실은 여러 자료를 통해 확인할 수 있다.

제7장

글로벌 '물' 거버넌스

물 부족과 기후변화로 야기되는 '물 위기'는 이제 모든 국가, 시민들이 현실로 적응해야 하는 글로벌 거버넌스 어젠다다. 물 위기를 야기하는 다양한 배경요인들을 살펴보고, 물 위기 극복의 강력한 글로벌 거버넌스 전략을 정리해본다.

1. 글로벌 물 위기와 물 안보

1) 글로벌 물 위기

UN과 세계은행 공동의 2018년 '물고위급패널'의 〈한 방울의 물도 소중하다〉 보고서는 물 위기를 '궤도 이탈'의 위기로 파악하고, 다음과 같이 물 위기 극복의 중요성을 강조한다(HLPanel on Water 2018: 11-12).

a) 물 공급과 위생: 20억 이상 인구가 오염된 물을 마실 수밖에 없는 상황이다. 45억 인구는 안전하게 관리된 위생 서비스를 받지 못하고 있다. 특히 여성과 여아들이 안전한 물과 위생 서비스를 받지 못해 인간의 존엄을 갖고 생산적, 건강한 삶을 유지하지 못하고 있다. 젠더 불평등 때문에 안전한 물과 위생 접근, 관리, 혜택의 능력에서 심각한 남녀 디바이드를 만들며, 인권, 젠더 평등을 누리지 못하는 심각한 결과를 초래한다.

b) 물 부족: 세계 인구 36%의 25억 인구가 물 부족 지역에서 생활한다. 2050년이 되면 세계 인구 절반 이상, 글로벌 곡물 생산 절반가량이 물 스트레스로 위협에 처하게 된다. 극심한 물 부족으로 2030년이면 7억 명 이상이 생활터전을 잃고 떠도는 신세가 될 것이다. 인구 증가와 식량과 에너지 수요 증가는 물 부족 문제를 가중시킨다. 물 배분과 사용에 대한 의사결정도 어려워질 것이다.

c) 물 가치 평가절하: 물 스트레스는 늘고 있지만 농부, 비즈니스, 가계들은 소비 감소, 물의 질 유지, 생태계나 사회적 목적 활용에서 인센티브를 갖지 않는다. 많은 물 부족 지역에서 물 낭비가 심하고 비효율적이다. 부적절한 정책과 인센티브 부족의 문제다.

d) 물 관련 재난: 지난 20여 년간 재난의 90%가 홍수, 태풍, 가뭄, 폭염 등 기후관련 사태 때문에 발생했다. 2050년이면 사막화만으로도 100여 개국의 20억 인구의 생계가 위협을 받게 된다.

e) 물 오염: 인간의 활동으로 인한 물 오염은 건강과 사회경제적 임팩트를 가지며, 생다양성 상실, 생태계 기능 저하와 관련된다. 또 물 오염으로 돌이킬 수 없는 임팩트를 가진 물 이용가능성을 악화시킨다.

f) 물 거버넌스: 물 위기는 일반적으로 거버넌스 위기다. 기술적 해법은 있지만 "누가 무엇을 어떤 수준에서 어떻게 할 것"인지가 도전과제가 된다.

세계 물 위원회(World Water Council) 또한 2018년 〈글로벌 물 안보〉 보고서에서 물 위기를 "농업의 위기, 환경의 위기"로 간주해, 물 안보를 글로벌 거버넌스 최우선 어젠다로 상정한다. 보고서는 "지구의 역사에서 물 사용과 낭비가 최고에 달하면서 6명 중 한 명 이상이 안전한 식수를 공급받지 못하며 6명 중 2명 이상이 적절한 위생 혜택도 누리지 못한다."고 설명한다. 또 보고서는 "인간 소비를 위한 식품 생산에 물 사용이 늘면서 산업과 농업용 물 이용이 위협을 받고 있다"고 경고한다. 인간의 소비를 위한 물 낭비는 산업과 농업 개발을 위한 물 유용을 줄일 뿐 아니라 수자원 생태계와 생명체들에게도 심각한 피해를 주면서, 환경적 균형은 깨지며 더 이상 규제적 역할을 상실하고 만다. 환경 위기가 초래된다.

라이프 스타일의 변화와 인구증가로 일인당 물 소비는 지속적으로 늘고 있다. 물 안보가 지난 30여 년간 크게 개선되었음에도 관개용 물 사용이 전체 66%를 차지하며 나머지 34%가 가정(10%), 산업(20%), 저수지 증발(4%)로 나뉜다. 세계물위원회(WWC 2018)에 따르면, "물 스트레스(water stress)는 물 사용과 물 자원 사이의 불균형에서 초래된다." 물 자원이 부족한 상태에서 많은 물 사용은 물 스트레스를 높인다. OECD 2018년 보고서 또한 "글로벌 차원에서 물 부족 문제 해결에 공조할 것이지만, 지금 추세로는 2050년에는 깨끗한 물을 공급받지 못하는 인구가 2억 4000만 명, 기초위생 공급 혜택이 없는 인구는 14억이 될 것이다"고 경고한다(OECD 2018: 20).

2) 글로벌 물 안보

물과 식량은 밀접히 관련된다. 식량안보는 "모든 사람들이 어느 때나 활성적이고 건강한 삶을 위한 자신의 식사 욕구와 식량 선호를 충족시키기 위해 충분하고, 안정하며 영양 있는 식량에 물리적, 경제적 접근을 갖고 있을 때 존재한다"(FAO 1996). 지구촌 식량 생산은 늘고 있지만, 기아와 영양실조에 시달리는 사람들이 늘어나고 있다는 모순에서 식량 생산만으로 문제해결이 어렵다는 것을 알 수 있다. 2012년 세계 물의 날과 세계 물 주간 모두가 식량안보와 관련된 물 이슈들에 초점을 맞추었다. 같은 해 6월 Rio+20 정상회담에서도 물은 핵심 이슈로 채택되었고, 이 회의를 준비하기 위한 2011년 Bonn 회담에서는 "물, 에너지, 식량 안보 관계"에 초점을 맞춘 개발전략 수립을 강조하였다.

지구촌 인구 70억 가운데 10억의 영양부족 상태에 빠진 사람들의 식량을 공급하기 위한 대안은 있는가? FAO는 2050년까지는 식량생산이 70% 이상 증대되어야 한다고 본다. 그런데 이는 물 자원의 확보를 전제로 하는데, 물은 글로벌 에너지 수요를 충족시키기 위해서는 향후 30년간 60% 이상 증대해야 한다는 추산이 나오고 있다. 전기 혜택을 받지 못하는 13억 인구를 위한 전력 공급도 해야 한다. 게다가 기후변화로 인한 가뭄 등 자연재해 요인들을 감안하면 물 자원 확보는 결코 낙관적일 수 없다.

물 자원에 대한 스트레스 증대를 어떻게 대응할 것인지 우선 물 생산과 공급에 초점을 맞춰볼 필요가 있다. 또 수요 측면에서는 식량생산에서의 물과 에너지 효율성을 증대시킬 수 있는 수요관리도 필요하다. 여기에는 식량 수확부터 소비에 이르는 과정에서 낭비되는 30~50% 정도의 식량 문제에 대한 대처도 시급하다.

■ **표 7-1** 피크 워터(peak water): UN 안보리의 '물 안보' 정의

물품을 생산하는데 많은 양의 물이 필요하다. 진 바지를 만드는데 1만 리터의 물이 있어야 하고, 아침에 계란 프라이 두 개와 커피에 큰 욕실의 물 3개가 필요하다. 물이 없으면 에너지 생산도 못하고, 식사도 식량도 모두 물로 만들어진다. 풍력 에너지는 예외지만, 태양광 에너지도 물로 패널을 계속 세척해야 한다. '피크 오일'(peak oil)도 위협적이지만, '피크 워터'(peak water)도 인간안보를 위협하고 있다. 대체 에너지는 계속 만들어지고 있지만, 대체 물은 불가능하다. UN 안보리 또한 '물 안보' 인식을 공유하며, 물로 인해 세계 곳곳에서 불안과 갈등을 유발시키는 주요요인으로 간주하며, '물 안보'에 대해, 다음과 같이 정의한다. "생계, 인간 웰빙 및 사회경제적 개발을 유지하기 위해, 수인성 오염과 수해에 대한 보호를 위해, 평화와 정치적 안정 분위기의 생태계를 보존하기 위해 적절한 양과 적정한 질의 물에 대한 지속가능한 접근을 보장하는 국민의 역량이다." 세계기상기구(WMO) 사무총장이자 UN-Water 대표에 따르면, "물은 정치, 보건, 경제, 개인, 식량, 에너지, 환경 등을 포용하는 광범한 안보의 개념에 해당되며, 이들 사이의 핵심적인 링크 역할을 한다."

자료 Leahy 2013.

식량 생산부터 이용과 낭비에 이르는 전체 식량사슬을 통해 나타나는 "물과 식량 안보"의 도전들을 종합적으로 검토해야 한다. 그럼으로써, 글로벌 개발의 새로운 비전이 되는 SDG 비전들(경제개발, 사회개발, 환경적 지속가능성)의 가이드라인에 기초해, 광범위한 기술적, 경제적, 재정적, 제도적 거버넌스 이슈들에 관심의 초점을 맞춰볼 수 있다. 이점이 2012년 스톡홀름의 세계물주간 회의에서 제시된 어젠다들이다.

식량생산 전 과정에서 물 효율성을 제고하는 일이 중요하다. 물 자원은 한정되어 있기 때문에 물의 생산적인 이용 문제는 글로벌 어젠다가 된다. 물 생산성 문제는 효율적인 관개와 밀접히 관련되며, 또 빗물을 잘 활용해서 소규모 관개시설을 갖추는 지역 전략도 매우 중요하다.

물 안보는 특히 여성들의 빈곤과 '시간 빈곤'을 해결하는 해법이 된다.

깨끗한 식수는 건강에도 확실히 도움이 되며, 농촌지역의 여성들이 허리가 휠 정도로 힘든 노동에 보내는 시간을 덜어 주는 효과가 있다(Green 2008: 45-6). 이렇게 남은 시간은 기술을 배워 소득을 높이는 데, 친구나 가족과 더불어 즐기는 데, 고단한 하루를 마치고 편한 잠을 자는 데 사용할 수 있는 귀한 시간이다. 여성들이 고되게 물을 긷는 일에서 벗어나기 전에는 자기 엄마 세대보다 더 나은 삶을 기대하거나, 자신의 딸을 같은 운명에서 구제한다는 희망을 가질 수 없다.

식수와 위생의 실천사례에 대한 해답을 구하기는 쉽지 않다. 그러나 경제적으로 보면, 이 분야에 1달러를 투자했을 때 8달러의 비용 절감과 생산성이 발생한다. UN 의 연구에 따르면, 사하라이남 아프리카 국내총생산의 5%(연간 2억 8000만 달러)의 경제적 손실을 추산하며, "어떤 테러 행위도 식수와 위생의 위기 수준을 넘는 경제적 손실을 끼치지 않는다"라고 결론지었다(앞글: 46).

표 7-2 스리랑카의 식수위생과 공공서비스로 산모 사망률 최저

스리랑카는 '중하소득국'으로 분류되지만, 임산부 사망률은 세계에서 가장 낮은 편이다. 스리랑카 여성이 출산을 할 때, 옆에서 돌봐 주는 훈련된 조산사가 있는 경우가 96% 정도다. 산모와 가족이 치료가 필요할 때면 집에서 걸어갈 수 있는 거리에 있는 공공진료소에서 자격을 갖춘 간호사에게 무료로 진료를 받을 수 있다. 아이들은 무상으로 기초교육을 받고 여자아이들도 대학까지 무료로 다닐 수 있다. 이것은 1인당 소득의 증가에 훨씬 못 미치는 공공 서비스 투자를 하는 산유국 카자흐스탄에 견줘 볼 만 하다. 스리랑카는 카자흐스탄보다 1인당 국민소득이 60% 적지만, 카자흐스탄 아이가 태어나 5년 안에 사망할 확률은 스리랑카 아이보다 거의 다섯 배가 높다. 또 학교에 다니고 안전한 식수를 마시거나 깨끗한 화장실을 사용할 가능성도 카자흐스탄에서가 더 적다.

자료 Green 2008: 48-50.

교육과 보건과 마찬가지로 식수와 위생 서비스는 풀뿌리 활동의 초점이 되어, 정부 당국의 정책실행을 설득하는 자조적 활동들이 이뤄지고 있다. 가장 획기적인 진전 사례로 인도와 파키스탄을 들 수 있는데, 슬럼 거주자 연대조직들이 정부당국을 설득해 수백만 명의 슬럼 거주자들을 위한 위생 서비스를 유치하는 데 중요한 몫을 했다. 중국, 인도, 레소토, 브라질 등지에서 이룬 식수와 위생 서비스의 개선 사례들은 하나의 핵심적 요인이 '하향식' 기술 해법보다는 위생 서비스를 요구하게 하는 것이 더 효과적이라는 사실을 잘 보여 준다. 시민들의 운동과 효과적인 국가 사이의 상호작용에 성공의 열쇠가 있는 것이다.

2. 물-식품-에너지-기후변화

물은 식량과 밀접한 관계를 가질 뿐 아니라 기후변화와 에너지와도 밀접히 연계되며 인간안보와 개발을 위한 지속가능한 개발 정책 추진에서 '통합적 접근' 전략을 요청한다.

1) 기후변화 → 물

먼저 물은 기후변화와 밀접히 관계된다는 것을 알 수 있다. 기후변화의 심각한 영향으로 물 자원의 고갈, 물 위기가 초래되는 현실을 직면하고 있기 때문이다.

기후변화 → 물 위기

물 자원은 국가의 주권영역에 해당될 수도 그렇지 않을 수도 있지만, 기후변화는 국가의 영토나 주권에 해당되지 않고 지구 전체의 온실가스 효과 등으로 국가의 지역에서 직접적인 피해가 일어나기 때문에, 기후변화와 물 자원은 다른 복합적인 차원의 이슈로 판단해야 한다(Vivekanandan and Nair 2012: 2)

물은 기후변화 이외의 여러 이유들에서 희소자원이 되고 있다. 인구증가가 첫째이며, 다음으로 과도한 지하수 개발로 인한 물 자원의 고갈, 산업화의 오염 등이 있다. 여기에다 기후변화의 심각한 영향을 더하면 물 자원의 희소화는 더욱 심각해진다. 물의 양적, 질적 악화를 일으키는 요인들은 더욱 복잡다양해지고 있다.

효과적인 물 자원의 관리는 수요와 공급 양측 모두에 동시에 적용될 필요가 있다. 관개시설의 개선과 물 효율적인 작물재배 등 물 자원 보전으로 물 자원 체계에 대한 요구를 상당히 줄일 수 있다.

세계는 빗물로 재배하는 농업에 많이 의존하고 있기 때문에 기후변화 등으로 인한 수자원의 결핍은 식량공급의 감소로 식량안보를 위협할 수 있다. 극심한 가뭄은 농작물 피해뿐 아니라 가정, 산업, 농업용 물공급에 많은 피해를 준다. 사하라이남 아프리카는 극심한 가뭄으로 인한 농사실패와 만성적 빈곤의 확대로 이중의 취약성을 안고 있다.

기후변화는 물 스트레스가 극심한 지역의 가뭄, 홍수, 기타 극심한 재난의 빈도와 강도를 높일 수 있다(앞글: 6). 그 중 가뭄으로 인한 사회경제적인 피해는 자연조건과 인간적 요인들의 상호작용에 기인한다. 농지의 변경, 물의 수요와 이용 등이 그 요인들이다. 과도한 지하수의 채취로 물 자원 부족과 토질의 악화를 초래한다.

기후변화로 인한 보건의 악화는 이미 여러 지역에서 확인되는 심각한 피해다. 남아시아에서는 5세미만 아동의 설사 사망률이 가장 높은 지역으로, 깨끗한 식수와 위생에 대한 접근이 가장 제한된 지역이다. 더불어 다른 질병도 확산되고 있다. 기후변화로 인한 물 자원의 고갈 문제를 해결하기 위해, 우선 기후변화에 대한 적응과 완화(adaptation and mitigation) 정책들을 국가의 개발 정책들에 통합시켜 추진되어야 한다(앞글: 9). 그런데 개도국의 현실은 공공정책들의 분절화로 종합적인 통합된 지속가능한 개발 정책이 추진되지 못하고 있다. 국가-지방 차원의 기후변화 정책연계가 미약하며, 정부-시민사회 사이의 공조 전략 또한 개발되어 있지 않다. 글로벌 차원에서 기후변화 거버넌스가 효과적으로 작동되지 않고 있다.

글로벌 기후변화는 거시과정과 미시과정 모두가 관련된 다양한 차원의 복잡한 문제로 인식된다(앞글: 10). 지역 차원에서는 물오염과 자원고갈 문제로 기후변화의 피해에 대응할 수 있는 역량이 부족한 형편이며, 거시 차원에서는 온실가스 배출 증대로 기후변화가 더욱 심해지는 경우다. 이 같은 다차원적 특성을 가진 기후변화이지만, 그간 하향식(top-down) 접근법이 통용되어 글로벌 모델이 제시되며 이를 지역에서 적용해온 것인 사실이다. 다차원에서 기후변화 문제에 대응하는 것은 국가, 국제 차원의 공조적인 방안들의 제도화를 요청하고 있다.

기후변화에 대한 글로벌 거버넌스

한편 기후변화에 대한 글로벌 거버넌스의 진전은 국가들이 다른 국가들과 더불어 정책결정과 정책집행의 공유를 강요받을 수밖에 없게 만든다. 2015년 파리 기후협정은 선택이 아니라 필수가 되었다.

물 거버넌스는 정치체계가 생태계의 긴급사태와 역동성에 잘 호응할 것을 주문한다. 또 정책결정층이 국민의 권리에 책무적이며 물에 의존해 생계를 유지하는 취약층 보호에도 관심을 가질 것을 주문한다(Vivekanandan and Nair 2012: 8). 전통적인 거버넌스 접근법은 중앙집중화된 정부기관 주도로 낮은 수준의 국민의 참여에 기초한 것이라면, 새로운 거버넌스 접근법은 환경 적응적 거버넌스로, 정치체계에 많은 부담을 줄 수 있지만 무수한 행위자들로부터의 지지와 요구를 중시한다(앞글: 9).

이 같은 환경체계에 기초한 접근법은 환경적 상황에서의 특정 자원들의 사정과 관리에 초점을 맞춰 지속가능한 계획안의 사회적 효과를 고려한다. 이 과정은 모니터링과 피드백 메커니즘을 통한 관리 방안들의 지속적이며 역동적인 조정을 수반한다. 이 모델에서 거버넌스는 시민사회, 기업 등의 관여에 개방적이다. 인도의 물 자원 관리 사례에서는 국가와 시민사회의 첨예한 갈등도 있지만, 실제 전문성을 갖춘 전문가들의 역할도 중시되어, 이들 삼자 사이의 조정으로 지속가능하고 평등지향적인 자원 관리를 위한 물 거버넌스가 추진된다.

기후변화에 대한 효과적인 거버넌스는 간단하지 않고 복잡하다. 환경적 변화를 일으키는 행동의 차원은 이 행동을 규제하는 정책결정이 시행되는 차원과 다르기 때문이다(Vivekanandan and Nair 2009: 1). 또한 물은 접근, 이용 및 의미에서 국경을 넘는 초국가적 자연자원이라는 사실에서 거버넌스의 복잡성은 더해진다. 강, 호수, 해양은 여러 국가들에 걸쳐 있는 것이 일반적이다.

강뿐 아니라 호수, 해양 등 물 자원은 초국경적 속성 때문에 상당히 정치화될 수밖에 없다. 그래서 물에 대한 권리주장, 물의 배분과 가격 등 이해관계들은 정치적 해결을 요구하는 거버넌스 어젠다다. 기후변화의 피해가 직접적으로 일어나는 지방적 문제들에 대한 해결은 보다 높은 차원인 국가적, 국제적, 글로벌 차원의 거버넌스에 더욱 의존할 수밖에 없다. 글로벌 물 거버넌스를 위한 정보의 공유와 관리, 거버넌스와 행정적 조직, 시장과 공급체계 등 많은 정보와 자원에 대한 국가 간 공조가 필수적이다.

2) 물-에너지-기후변화

IPCC 2014년 보고서는 '물-에너지-기후변화' 연계성을 설명한다(IPCC 2014: 92). 대부분의 에너지 생산 방식은 상당한 규모의 물을 필요로 한다. 직접적으로 수력발전과 작물 기반의 에너지 소비 등, 그리고 간접적으로 화력발전소 등의 발전소 냉각에도 많은 물이 필요하다. 물은 채광, 제조, 화석연료나 다른 부산물의 폐기에도 필요하다. 에너지를 위한 물은 개발도상국에서는 낮은 수준에 있지만, 일부 개발국에서는 물 허비가 50% 이상에 달한다.

3) 물-식량-에너지

식량사슬에서 물과 에너지 투입은 핵심적이며 서로 연관되어 있다. 식량생산에 필요한 양질의 물을 공급하는 데 많은 비용이 들고, 또 에너지 생산과 상당한 물 소비를 한다(Clausen 2012: 10). 일 리터 바이오연료를 생산하는 데는 20~30톤의 물이 필요로 한다. 기후변화의 완화(mitigation)는 주로 에너지 문제이며, 적응(adaptation)은 토지와 물의 문제다. 기후변화의 피해를 줄이기 위한 적응 방안으로는 토지와 물의 효율적인 관리가 중요하다.

■ **그림 7-1** 물-에너지-기후변화 연계성

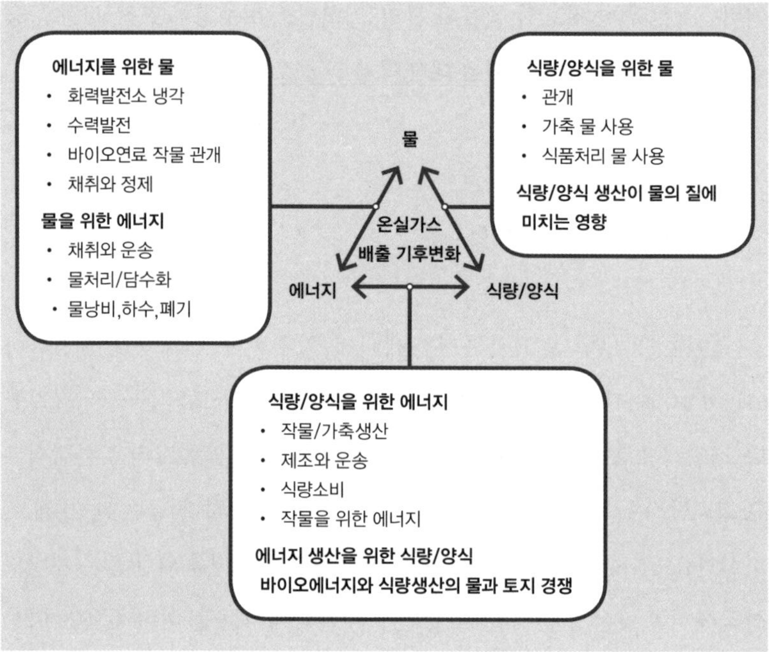

자료 IPCC 2014: 92.

또 식량-에너지 문제는 비용 문제이기도 하다. 높은 에너지 가격은 물을 비롯한 농업 투입의 비용을 높이며 식량가격 인상을 초래한다(앞글: 10). 또 높은 에너지 가격은 농작물을 식량보다는 연료로 재배하도록 유도하는 인센티브로 작용한다. 에너지 가격의 변동성은 식량안보의 리스크를 초래하는 식량가격의 상승을 유도한다.

식량 무역은 잉여 식량을 식량 부족 지역으로 이동시키는 기회가 된다(앞글: 10). 그런데 이제는 윈-윈 전략으로만 볼 수는 없다. 자국의 국경을 넘어 해외에서 토지와 물을 투기대상으로 하는 글로벌 자본투기의 동향은 식량과 물 안보를 위협하고 있다. 식량 1kg 마다 물 5~25톤이 소비된다.

안정적 물 체계는 사회 모든 부문들의 유지에 필수적이다. 물은 식량과 에너지 안보 확보뿐 아니라 건강보장과 인권 및 평등 지향적인 중요성을 가지고 있다. '통합적 물 자원 관리' 접근법은 다양한 부문의 물 자원 수요, 생태체계, 생다양성 등 복합적인 문제들을 통합적인 시각에서 접근한다.

따라서 글로벌 물 거버넌스는 이 같은 통합적 시각에 기초해야 한다. 물 관련 이해관계자들의 개방적인 참여에 의해, 바람직한 물소비와 공급, 물손실과 낭비에 대한 심의적 논의를 통해 모두에게 이득을 줄 수 있는 물 생산과 이용, 소비에 대한 글로벌 차원의 지혜를 모으는 데 있다(앞글: 10). 다국적기업들의 일방적인 이윤 추구에 맞서는 '물 안보' 보전을 위한 글로벌 거버넌스가 필요하다.

3. 물과 토지 투기 → 물과 식량 위기

1) 물 투기(water grabbing)

그런데 물 안보를 위협하는 물 투기(Water grabbing)가 확대되고 있다. 물 투기는 "강력한 행위자들이 물 자원과 생태계에 의존해 생계를 유지하는 지역사회를 배제시켜 자신들의 이익을 챙기기 위해 물 자원과 유역들을 통제하거나 전용하는 상황"이다(Transnational Institute 2012: 2). 이런 일이 가능한 것이 민영화, 상품화, 공유 자원의 투기의 과정과 관련된다. 투기 행위자들은 모든 사람들이 이용하는 물을 비용을 지불하고 사는 사적 재화로 바꿔놓는다. 물 투기는 여러 형태로 나타나는데, 대규모 식량이나 연료용

작물의 생산을 위한 물 채취부터 수력발전용 강물의 댐, 공적 물 자원의 상업적 비즈니스 행위 등에 이른다.

일반적으로 물을 포함한 자원의 투기가 확대되어 왔다. 물의 경우 토지 투기처럼 글로벌 차원에서 해외 직접투자 형식의 상업적 투기로 진행되고 있고, 이 때문에 지역 농민과 빈곤층의 물 접근과 이용이 어려워지는 상황이다. 43개국 7억 명이 1인당 1700cc 미만의 물을 사용하지 못해 물 스트레스 상황에 있어, 물 투기에 대한 글로벌 거버넌스가 필요하다(앞글: 3).

2) 글로벌 물 투기의 주요 요인들

물 투기는 식량, 물, 에너지 등의 자연자원의 풍요롭고 값싼 공급을 사적으로 통제하는 자본의 축적과 연관되어 있다. 개발의 경제적 모델의 한 형태라 볼 수 있다. 2008년 글로벌 금융위기의 확산으로 일차 곡물시장에 대한 투기자본이 쏠려 글로벌 식량위기를 몰고 왔고, 이차적으로 물, 토지, 광물 자원에 대한 금융투기가 진행되고 있다. 여기에 투기자본뿐 아니라 정부나 공공기관들도 합세해 상업적 이익을 챙기기에 혈안이 되어 있다.

지구촌은 그간 여러 차례 석유가 폭등과 '피크 오일'(peak oil)을 경험하면서 새로운 대체 에너지로 바이오연료 개발에 나섰다. 팜오일, 자트로파, 사탕수수, 소야 등은 운송과 산업용 액체 연료의 소스로 생산되고 있다. 엄청난 규모의 바이오연료 생산이 아시아, 아프리카, 남미 곳곳에 EU의 재생에너지정책(Renewable Energy Directive: RED) 등 주요정책으로 추진되며, 상당한 정부보조금이 지원되고 있다(앞글: 9). 그런데 바이오연료는 생산에 필요한 거대한 양의 물을 필요로 하는 사실에서부터 지속가능성이 취약하다. 또한 관개시설을 갖추고 수확물을 세척하고 처리 과정에서 보일러 사용 등에서 엄청난 양의 물을 필요로 한다. 에탄올 생산에 필요한 사탕수수 경작의 경우, 1리터의 에탄올 생산에 사탕수수 12킬로그램이 필요하고 물은 7000리터가 필요하다.

둘째는 식량위기와 밀접히 관련된다. 금융위기로 국가와 투자자들이 값싼 대체 에너지를 찾기 위해 바이오연료 생산에 몰두하는 논리와 마찬가지로 금융위기로 식량가격의 폭등의 위기를 극복하기 위해 식용 곡물을 경작하기 위해 엄청난 물 자원을 필요로 했다(앞글: 4). 많은 개발도상국들은 식량가격 변동성이 심한 국제시장에 대한 의존하기보다 국내에서 직접 식량생산을 하기 위해 식량생산을 위한 물 자원의 확보가 더 시급한 개발과제가 된다. 물 자원과 농지 확보는 이제 경제 안정화의 전략이자 미래 인플레에 대비하는 방어수단이 된다.

물투기 주도자들은 대기업의 자본 축적이 물을 비롯한 자연자원의 통제와 어떻게 관련되는지를 잘 보여주고 있다. 물, 식량, 토지가 밀접한 관련이 있는 안보의 이슈들이기 때문에, 개발 전략에서는 이 세 가지에 대한 안보 전략을 통합적 접근할 필요가 있다. 물투기는 물, 식량, 에너지 공급의 유용성에 관련된 것이라기보다는 경제적 수익성에 일차적인 목표가 있다는 것은 분명한 사실이다.

3) 물 투기는 누가 하는가?

일차로 금융투자자들에게는 글로벌 물 위기가 좋은 투자기회로 생각해 아그리사르 펀드(Agrisar Fund)를 출시했다. 네덜란드 로보뱅크(Robobank)

와 스위스의 사라신뱅크(Sarasin Bank)는 물 자원에 투자를 일차적인 목표로 설정하였다(앞글: 6). 또 일부 대기업들은 페루, 방글라데시, 남아프리카 등지에서 공공 물 서비스를 매입해 판매하는 투자에 열중해왔다. 글로벌 독점 다국적기업들도 있는데, 대표적으로 프랑스의 비벤디(Vivendi)와 수에즈(Suez)는 세계 물 서비스의 70%를 독점하는 다국적기업들이다. 이들의 물 판매는 해외직접투자에 의해 물 서비스를 하는 사업이기 때문에 빈곤층에 대한 서비스나 물 자원보전에 대한 기여는 전혀 이뤄지지 않는다. 이런 물 상업화의 확장으로 세계 곳곳에서 물 시위가 확산되면서 일부 도시들은 다시 공공 서비스로 전환하는 변화도 일어나고 있다.

한편 농업 비지니스들은 물 자원에 대한 자본 통제력을 확대해가고 있다. 이 농업 비지니스는 물 집약적인 농업을 하기 때문에 지역의 소농들과 불가피하게 물 자원 확보 경쟁을 하거나 이들을 배제시키는 물투기로 나서고 있다(앞글: 7). EU의 '무기를 제외한 모든 것'을 기초로 하는 무역 정책 때문에 캄보디아에서 대규모 물 집약적인 사탕수수 생산을 지원하며 생산품을 유럽으로 수입해오고 있다.

4) 물투기와 토지투기의 관계

양자는 거의 동일한 현상을 보여준다. 투자자들이 대규모 토지를 구입 또는 임대해서 지역에 경제적 이익은 거의 주지 않고 사회경제적, 환경적 피해만 입히는 공통점을 갖고 있다(앞글: 8). 농업생산에 물 자원 확보는 필수적이기 때문에 토지투기는 물투기와 거의 동시에 이뤄진다고 볼 수 있다. 개발도상국 정부들이 해외투자에 대한 특혜로 물 자원의 통제권을 허용하는 것이 일반적이다. 말리와 수단에서 투자자들은 필요한 만큼 무제한 물 자원 이용권을 허가받고 있다.

토지투기와 물투기, 둘의 또 다른 공통점은 물이용 모델이 착취, 배제, 이윤의 극대화 특성을 갖고 있다는 것이다(앞글: 10). 둘 다 대규모 식량 및 비식량 곡물의 대량생산에 밀접히 관련되어 엄청난 양의 물을 필요로 한다. 물을 투입해 고부가 상품으로 만들어 이윤을 극대화하는 것이다. 해외 투자자들은 자신들의 비즈니스가 국내 개발에 도움이 된다고 주장하지만, 실제는 오히려 많은 피해를 준다는 증거들은 무수하다. 물 자원이 고갈되어 물 자원 확보가 우선 어렵고, 대규모 기계농업을 하므로 일자리 제공은 미약한 수준에 그치고, 현지 소농들의 토지를 약탈해 소득감소와 빈곤을 야기하는 등 여러 문제들이 속출한다. 지속가능한 농업 생산이 이뤄지지 않기 때문에 현지인들에게 소득이나 개발에 도움을 주지 못한다.

물 관리가 실패해 물 자원이 오염되는 사례들도 적지 않다. 환경오염을 일으키는 화학제품의 무분별한 사용으로 지역주민들에게 막대한 건강피해를 입히는 경우도 적지 않다(앞글: 10). 강물 오염을 식수를 위협하며 고기잡이로 생계를 유지하는 어민들에게도 생계를 위협하는 일도 있다. 브라질의 거대 사탕수수 농장에서도 주변의 강과 호수들을 오염시키고, 숲을 마구 제거해 환경피해를 입히는 사례들도 많다.

4. 글로벌 '물' 거버넌스

1) UN과 국제사회의'물 안보'어젠다

지구촌은 자원의 한계에 직면해 있는데, 특히 물 자원의 한계는 가장 심각하다. 물 자원의 개선과 확보 없이는 진정한 인간개발을 기약할 수 없다. 이에 UN 등 국제기관들은 물 자원의 확보에 많은 노력을 기우려온 결과, 이제 물은 주요 개발 어젠다로 부각해 있다(Camdessus and Payen 2012: 98).

지난 세기 말까지만 해도 식수는 이차적인 관심사였지만 21세기에 와서는 개발의 핵심으로 부각되고 있다. 2010년 UN은 '물에 대한 접근'을 기본적인 인권으로 선언하였다. 또 물에 대한 이념적 논쟁, 특히 물의 관리와 가격제에 관한 국가와 기업, 각 부문의 역할에 관한 논쟁도 점차 합의점을 도출하고 있다.

'물 안보' 위기 의식은 21세기 초부터 공유되기 시작했다. UN의 2003년 〈세계 물 개발 보고서〉는 "물 위기는 근본적으로 거버넌스 위기"로 보며, 물 자원 관리에 초점을 맞추었다. 그런데 물 위기에 대한 국제사회의 초기 대응은 지방·지역적 전략에 초점을 맞추었다. 그러다 2008년부터 국제협력과 글로벌 기관들의 역할에 초점을 맞춘 '글로벌 물 거버넌스'가 제시되었다(Cooley et al. 2018: 6). 여기에는 글로벌 정부 및 비정부 기관들, 레짐, 프레임워크, 글로벌 물 문제 해결을 위한 협정 등이 포함되기 시작했다.

또 개발도상국 원조(ODA)에도 물은 핵심 의제로 포함되기 시작했다. OECD의 DAC의 파리회의(2005), Accra 회의(2008), 부산회의(2011)에서 지속적으로 '물 안보' 의제가 상정되며 ODA 합의안을 이끌어냈다. 그 결과, 물 자원 부문에 관한 네 가지 원칙들이 제시되었다: 1) 수혜국의 개발 우선 정책의 소유권, 2) 결과에 대한 초점, 3) 개발 파트너십의 확대, 4) 투명성과 상호적 책무성 등이 그것이다.

실제로 ODA에서 물의 비중이 크게 늘어나, 1980년 4% 미만에서 2008~10년 7%로, 금액으로는 20억 달러에서 80억 달러로 크게 늘었다. 그리고 물 지원 ODA의 40%가 빈곤국으로, 1/3이 아프리카로 지원되었다. 그 결과 2010년 말에, 지난 10년에 비해 10억이 넘는 더 많은 사람들에게 개선된 물의 접근이 이뤄졌고, 세계 인구의 11%에 해당되는 7억 8000만 명 정도가 양질의 물 접근에 소외된 것으로 추산된다. 이는 1990년 23%에 비교하면 두 배가 넘는 개선효과로 보여진다. 식수의 접근 확대로 위생상태도 크게 개선되었다.

물 자원의 개선은 개발에 만족스러운 결과를 보여주는가? 낙관이 아니라 비관의 목소리가 더 많은 것이 사실이다. '물에 대한 접근'이란 최소주의(minimalist)를 의미한다(Camdessus et al. 2012: 98). 20억 인구는 지속적으로 '건강에 해로운 물'(unhealthy water)에만 접근하고 있고 인류의 절반에 가까운 인구는 질적 수준이 의심되는 물을 지속적으로 마시게 될 것이다. 게다가 도시 환경의 확대로 물과 위생 인프라의 공급이 인구증가를 따라잡을 수 없을 것이라는 예측이 나오고 있다. 그 결과는 잔인할 정도로 침묵적인 불의(injustice)를 보여준다(앞글: 98-100).

- 물을 길러 와야 하는 책임을 맡은 여성들의 몸은 녹초가 되고 있고,
- 여자 아이들은 물길어오기 등 가사일 때문에, 또는 프라이버시가 없는 학교화장실을 써야 하기 때문에도 학교다니는 등교의 권리를 박탈당하고 있으며,
- 건강을 해치는 물 때문에 14세 이하 아동 220만 명이 매년 사망하고

있고,

- 아프리카의 병원 병실의 절반은 수인성 질병으로 고통받는 사람들도 채워져 있으며,
- 슬럼 생활자들은 안전한 식수 공급을 받는 일반인들에 비해 20배나 더 높은 물 값을 내고 있다.

2) 식수 접근의 인권 보장

또 모든 사람에게 식수의 접근이 인권으로 보장되는 새로운 장기 목표가 설정되어야 한다(앞글: 101). 아프리카 장관들의 물 위원회(AMCOW)는 2025년까지를 보편적인 식수에 대한 접근을 목표로 제시하였다. 새로운 재정지원 방안으로는 지금의 물 자원 ODA 지원 규모를 3~4배 증가해 60억 달러 이상은 되어야 하며, 궁극적으로 다음 20년 기간에 지구촌 모든 국가 GDP의 1~2% 규모의 투자가 이뤄질 필요가 있다.

- 물 자원의 낭비와 비효율성 때문에 27억 달러가 손실되고 있어, 이 같은 낭비와 비효율성으로 비용절감을 할 수 있다.
- 혁신적인 재정 계획으로, 개발국의 물 가격에 1%의 자발적인 기여금을 부가가치로 징수해 개발도상국의 물 자원 지원금으로 지원할 수 있다.
- 남북, 남남 "삼각" 재정지원 방안은 부산의 '원조 효율성' 회의에서 채택된 것으로, 물 자원 부문에서도 아프리카의 발전한 8개 국가들이 빈곤국들을 돕는 방안도 OECD DAC과 아프리카 개발은행의 지원을 통해 실제 추진되고 있다.

'물에 대한 권리'를 수용하는 것이 글로벌 물 위기 극복 방안이 된다(Trannational Institute 2012: 17). 물에 대한 권리를 인권 차원으로 접근해 우선 가장 절실히 필요로 하는 빈곤층과 소농민에게 물이 접근될 수 있는 기회를 확대해야 한다. 이에 UN 인권위원회는 2010년에 물에 대한 권리를 인권으로 수용해 회원국들이 준수해야할 규정을 마련하였다. 이 규정에 따라 공공 물 서비스가 확대되며, 민영화와 상업화를 규제하는 조치들이 국가마다 시행될 필요가 있다.

또 해외투자를 유치하는 빈곤국들도 물과 토지 약탈이 몰고오는 경제 사회적 폐해를 감안해, 이를 규제해 물과 식량안보를 확보하는 제도적 장치를 마련하는 것도 중요하다. 토지매입 협상에서 물 자원 관리와 이용에

표 7-3 SDG 6(모두를 위한 물과 위생)의 세부목표

6.1	2030년까지 모두를 위한 안전하고 저렴한 식수에 대한 보편적이고 공평한 접근 달성.
6.2	여성과 소녀 및 취약계층의 요구에 특별한 주의를 기울이면서, 2030년까지 모두를 위한 적절하고 공평한 공중위생 및 개인위생에 대한 접근을 달성하고 노상 배변을 종식.
6.3	2030년까지 오염 감축, 유해 화학물 및 물질의 투기 근절과 방출 최소화, 미처리 폐수 비율 반감(半減) 및 전 세계적인 재활용과 안전한 재사용의 상당한 증진을 통하여 수질 개선.
6.4	2030년까지 모든 부문에 걸쳐 물 사용의 효율성을 상당히 증대하고, 물 부족 문제에 대응하기 위하여 담수의 지속가능한 취수와 공급을 보장하며, 물 부족으로 고통받는 사람의 수를 상당히 감축.
6.5	2030년까지 적절한 경우 초국경 협력 등을 통하여 모든 수준에서 통합된 수자원 관리를 이행.
6.6	2020년까지 산, 산림, 습지, 강, 암반 및 호수를 포함한 물 관련 생태계를 보호하고 복원.

대해서는 사회적, 환경적 평가를 거치는 투명성이 보장되어야 한다. 물 권리에 명시되어 있듯이, 물은 생계에 필수적인 공공재화로서 투자협상의 대상이 될 수 없다는 점을 인식할 필요가 있다.

SDG 6(모든 사람을 위한 물과 위생)은 다른 SDG들과 밀접히 관련된다. 그런데 국제적으로는 파리 기후협정(Paris Climate Agreement)를 비롯한 새로운 도시 어젠다(New Urabn Agenda), 재난리스크 감소를 위한 센다이 프레임워크(Sendai Framework for Disaster Risk Reduction 2015~30) 등에 물 안보 문제가 잘 포함되지 않은 문제가 심각하다(OECD 2018: 21). SDG 6은 6개 세부목표를 글로벌 거버넌스 어젠다로 제시한다.

3) 물 발자국 모니터링

'물발자국'(water footprint)은 1) 환경적 지속가능성(물은 최대 지속가능한 한도를 초과해서는 안 된다), 2) 자원 효율성(생산물 단위당 물 사용 측정), 3) 균등한 배분(물발자국 측정으로 혜택을 누린다)이라는 중대한 의미가 있다. WFN에 따르면 물발자국은 개인, 생산물, 국가 단위로 측정되는데, 제품의 사례로는 우유(225리터), 오렌지쥬스(160리터), 쌀밥(375리터), 소고기햄버거(3000리터) 등을 들 수 있다.

글로벌 물발자국네트워크(WFN: Water Footprint Network)와 국제표준 'SO14046'에 따르면, 물발자국은 용수의 공급원별로 녹색(green), 청색(blue), 회색(grey) 물발자국으로 분류한다. 녹색은 자연상태로부터 공급된 강우량을, 청색은 인위적인 에너지가 투입된 지표수 또는 지하수의 양을, 회색은 제품 생산과정에서 발생한 오염원을 천연농도 또는 주변 수질 수준에 맞게 정화하기 위한 물의 양을 의미한다(www.waterfootprint.org).

물발자국 산정 및 인증을 위한 국제적인 노력은 WFN의 가이드라인과 국제표준화기구(ISO)의 국제표준 마련으로 제도화되는 과정이다. 'SO14046'은 전 과정평가(Life Cycle Assessment)에 근거한 제품 및 공정의 물발자국 평가와 관련된 원칙, 요구사항 및 지침을 규정하고, 기존의 물 사용 측면을 고려한 물발자국 인증에서 산성화 등과 같은 물에 관한 모든 영향까지 포괄한 인증기준이다. 국제사회에서는 물발자국 지표를 지속가능한 수질 및 수자원관리 지표로 활용하고 있다.

4) 물 민영화 → 공영화

옥스팜(Oxfam)이 세계 곳곳에서 경험한 바로는 정부가 성공적인 결실을 맺는 국가는 여성과 여자아이들에게 기본 서비스를 잘 제공하고, 기초보건과 교육에서 이용자부담을 없애며, 식수와 위생 서비스에 보조금을 지원해 준 곳들이다(Green 2008: 50). 그 밖에도 공공 서비스 전달의 장기적인 공공 역량 구축, 농촌지역까지 서비스 확대, 교사와 간호사에 대한 투자, 서비스 이용자이며 전달자인 여성의 사회적 위상과 자율을 강화하는 정책 등이 중요했다.

기초적인 보건과 교육에 드는 비용을 개인이 부담하게 하면 빈곤층에게는 심각한 짐이 되므로 그런 제도는 폐지할 필요가 있다. 1980년대와 1990년대 초에 '이용자 부담'을 주장한 세계은행은 그 뒤 공식적으로 입장을 바꿨다. 보건 분야에서는 모호하긴 하지만, 교육에서는 이용자 부담금을 고집하지 않고 있다. 잠비아가 2006년에 농촌 주민들에게 이용자 부담금을 철폐한 것처럼 그동안 부채탕감 혜택을 받은 많은 국가들이 이용자 부담금 철폐 절차를 밟고 있다.

그런데 세계은행과 IMF는 개도국들이 국가부채를 줄이기 위해 다국적기업들에게 공공 물 자원 공급권을 매각하도록 압력을 행사해왔다. 정부가 아니라 민간부문의 물 공급이 바람직하다며, IMF 융자를 받는 조건에 물 민영화 등의 구조조정을 강요했다. 그런데 민영화는 물 가격 상승으로 이어져 빈곤국 국민들은 물을 사먹을 수 없어 더 멀리 물을 길으러 가야 하는 물 스트레스를 겪고 있다. 식량조차 구입할 여력이 없는 빈곤층에게 물 구입이라는 이중의 부담을 주는 것이다. 가나의 경우 민영화로 물 가격이 두 배 올랐고, 물 구입에 소득의 1/4을 지불할 정도로 큰 부담을 안고 있다.

이에 지구촌 곳곳에서 민영화의 피해를 입은 사람들이 시위로 저항하면 나서고 있다.[13] 물 부족 문제는 중동에서 더욱 심각하다. 세계 석유의 절반을 가진 지역이지만 세계 빗물의 2%만이, 세계 물 공급량의 0.4%밖에 안 되는 지역이다. 지금 상태로 지속되면 아랍 지역의 물 공급은 2030년에 절반으로 줄어든다는 추산이 있다.

식수공급의 민영화를 다시 공공화로 바꾸는 일대 변화가 세계 곳곳에서 진행되고 있다(McDonald 2013: 9). 영리를 추구하는 민간 기업들이 물 서비스의 공급권을 이양받았지만, 물 가격의 폭등, 빈곤층에 대한 혜택 저조 등의 문제로 지방도시들이 서둘러 물 서비스를 다시 공영화하는 변화가 일고 있는 것이다. 민간기업보다 정부기관이 더 효율적인 물 공급자라는 분석

---

13 볼리비아의 코차밤바의 물 가격은 민영기업인 베첼(Betchtel)이 운영하며 35% 인상하자 시민들이 거리로 나서 시위에 동참하였다. 이에 볼리비아 정부는 계약을 파기키는 조치를 단행하기도 했다. 이런 시위들은 파라과이, 브라질, 파나마, 볼럼비아 등 남미뿐 아니라 인도, 파티스탄, 헝가리, 남아공에서도 뒤따랐다(Green 2008: 50).

이 뒷받침되고 있는 것이다. 공영화의 주요 근거들은 다양하지만, 민영화의 실패가 가장 중요한 요인이라는 공통점이 있다. 민영화의 전도기관인 세계은행조차도 민영화 정책의 재고를 표명하였다. 민영화의 실패 사례들이 밝혀지면서 민영화는 점차 줄고 있지만 물의 상업화 추세는 민관 파트너십의 형태로 지속되고 있는 실정이다. 세계은행과 UN 기관들이 아직도 물 서비스업에 대한 기업의 투자를 장려하며 다양한 회의를 개최하고 있다. 이에 맞서는 반대 모임과 활동들도 다양하다.[14]

일부 지방정부들은 물 서비스 민영화를 여전히 지지하고 있다. 그러나 많은 지방정부들은 물가격 인상, 빈곤층에 대한 물 공급 제한 등 사회적, 환경적 문제들에 실망한 결과, 민영화를 철회하였다. 민영화를 철회하고 공영화로의 전환은 아직 일반화된 추세는 아니지만, 이제 중요한 발걸음을 옮기고 있다. 신자유주의 시장기반의 서비스 전달 방식에 대한 심각한 회의에서 비롯된 신자유주의 반대의 흐름이다.

물 서비스 공영화는 민영화에 비해 모든 사례에서 보다 형평적이며, 보다 투명하고, 보다 효율적이라는 공통점을 보여주었다(앞글: 13). 재정적으로도 모든 도시들에서 직접적인 지출절감과 수입증대의 효과가 있었다. 효율적인 관리를 통한 비용절감이 물 서비스 소비자들에게는 양질의 서비스 제공으로 나타난다. 이 같은 단기적인 비용절감으로 장기적인 시설투자가 가능해지면서, 장래의 비용부담을 덜게 되는 이중의 효율성이 발생한다. 더불어 빈곤층의 물 이용도를 높이며 공중보건의 질적 향상, 지속가능한 환경보전 등 사회경제적 효과도 나타난다.

---

14 2000년 볼리비아 코차밤바에서는 다국적기업을 시위로 추방시킨 사례도 있었고, 인도에서는 수자원을 물병으로 판매하는 기업들을 추방하는 지역사회운동이 확산되었다(McDonald 2013: 9).

5) 인간과 자연의 조화: 숲과 나무

"지구는 글로벌 물 위기에 대해 예술적으로 디자인된 대책을 갖고 있다. 나무들이다." UNDP는 2018년 홈페이지에서 〈세계 물의 날〉을 맞아 특별 분석을 제시한다.[15] 지금 지구는 담수(freshwater)가 고갈되는 중이다. 지구의 70%가 물로 덮여 있지만, 그 중 3%만이 담수다. 자연이 물을 보충해 줄 능력을 뛰어넘는 속도로 인간은 물을 소비하고 있다. 지구는 스스로를 치유하는 특별한 디자인의 생태계를 이미 갖고 있는데, 지금 물 위기에 대한 답은 지구의 테크놀러지, 특히 숲과 나무들에 답이 있다.

숲은 생명체가 의존하는 담수 자원을 보존하는 인간의 가장 강력한 지원군이다. 나무들은 '비 만들기' 역할을 한다. 지구의 연간 강수량의 40%는 나무들이 잎을 통해 습기를 내뿜으며 발생하는 증발수량(evapo-transpiration)에서 나온 것이다. 실제로 인도네시아 열대우림의 해안을 인공위성 촬영한 사진들에서 나무들이 습기를 뿜어내며 연무(mist)를 형성해 비를 만드는 모습이 확인되었다. 지구의 열대우림들이 비를 만드는 공장인 것이다. 따라서 숲의 비 만들기 능력이 지구의 물 공급과 강수 패턴을 결정하는 핵심이다.

지구의 건강에 핵심이 되는 것은 자연 스스로의 테크놀러지다. 자연은 인간이 담수 공급을 보전하는 데 최고의 지원군이 되는 숲을 제공한다. 숲을 보전할 것인지는 인간에게 달려 있다. 인간과 나무는 공동의 운명을 공유하는 관계다. 모두가 물에 의존해 생명을 유지한다. 담수 자원은 위기

---

15 UNDP, http://www.undp.org/content/undp/en/home.html

에 처해 있는데, 그 답은 숲과 나무에 있고 우리에게 있다. 자연의 지혜에 의존해 물 자원의 고갈을 멈출 수 있다.

6) 글로벌 물 거버넌스 전략

"물 위기는 대부분 거버넌스 위기에 뿌리를 두고 있다."OECD(2018)는 이런 분석과 함께 물 거버넌스의 중요성을 다음과 같이 설명한다(OECD 2018: 21).

첫째, 물은 섹터, 장소, 사람들뿐 아니라 지리와 공간적 범위를 함께 관련짓는다.
둘째, (표면과 지하) 담수 관리는 글로벌 및 지방적 관심사로 의사결정, 정책과 프로젝트 과정에 공공, 민간, 비영리 기관들의 복합적 이해관계자들을 포함한다.
셋째, 물은 매우 자본집약적이고 독점적 분야로 중요한 시장 실패가 발생해 이해관계자 사이의 조정이 필수적이다.
넷째, 물 정책은 근원적으로 복잡하며, 또 보건, 환경, 농업, 에너지, 공간계획, 지역 개발 및 빈곤해소를 포함하는 개발에 핵심적인 영역들을 밀접히 연계한다.
다섯째, 국가마다 다소 차이는 있지만, 국가(중앙정부)는 지방정부에 복잡하고 자원집약적인 책임을 점차 위임시켜, 결국 책임 분절 문제를 완화하는 상호조정이 필요한 중앙-지방 정부들 사이의 상호의존이 늘고 있다.

UN의 2018년 〈물 한 방울도 소중하다〉는 보고서는 물위기 극복의 처방을 다음과 같이 제시한다(UN 2018: 18-21).

> 첫째, 물이 소중하다는 가치를 인정해서 물 배분을 둘러싼 갈등을 해소하고 지속가능한 물 서비스 전달을 가능하게 해야 한다. 물 관련 의사결정에서 다양한 집단에게 소중한 물의 복합적인 가치를 파악해 실천해야 한다. 물과 물 서비스의 적절한 가격을 매겨 물의 가치를 평가할 필요가 있다. 물 가격제가 가계 물 공급에 적용되면, 관개나 오염물 처리, 보존 등이 물에 대한 접근이 모든 사람에게 적정 가격에서 보장되는 것이 핵심이다. 특히 여성, 원주민 등 취약층이 물 가격 결정에 참여하는 것이 중요하다.
>
> 둘째, 물 거버넌스는 "물 자원과 서비스의 관리에 관한 의사결정과 시행이 이뤄지고 의사결정층의 책무성이 주어지는 규율, 실천, 과정"이다. 관련 기관들이 효과적이고 형평성을 지향하도록 여건을 마련해주는 것이 도전과제가 된다. 물 거버넌스 달성을 위해서는 기술, 재정, 제도적 해법들이 복합되어야 한다. 모든 사회 집단들이 참여하는 굿 거버넌스는 복잡하지만 반드시 이뤄져야 한다. 거버넌스는 중앙과 지방 모든 정부들뿐 아니라 기업과 시민사회와 시민들 등의 이해관계자들이 포함되며, 복합적인 물 정책들이 관련된다. 물 거버넌스 개선을 위해 정치 리더십 역할이 필수적이다.
>
> 세계적으로 286개의 강물, 국경에 결쳐진 600개의 지하수를 포함하는 대수층(aquifers)이 존재하며, 세계 인구 40%가량이 강물을 공유하며 생활한다. 초국경적 물 협력이 없으면 포용적인 지속가능한 개발이 심각하게 위축되며 물을 둘러싼 평화와 안보를 위협하게 된다. 1997년 초국경적 물줄기의 사용법에 관한 조약 등 다양한 국제적 조약들과 협약들이 있었지만, 여전히 초국경적 강줄기의 60%가량이 협약이 이뤄지지 않은 상태에 있다.

셋째, SDG 6과 안정한 식수와 위생에 대한 인권의 보장은 젠더 평등과 사회적 포용의 실천으로 뒷받침되어야 한다. 그런데 기존의 규범과 관행으로 젠더, 사회적 불평등이 심각하다. 물에 대한 젠더 평등과 사회적 평등을 추구하는 정부의 정책들이 추진될 필요가 있다. 〈글로벌 물 파트너십〉이 제시하는 물 자원과 관리에서 젠더 평등과 사회적 평등 실천을 위한 4대 영역 추진이 필수적이다.

a) 리더십: 물 거버넌스 기관들은 젠더 평등과 사회적 포용을 핵심 목표로 설정하는 리더십을 발휘한다.
b) 분석: 젠더와 사회적 포용 분석으로 여성, 취약층 등의 물 이용과 지식 등을 공개한다.
c) 참여: 물 관리 기관들의 의사결정에 포용적 참여가 필수적이다. '그들 없이 그들에 관한 아무것도 없다'(nothing about them without them)는 접근법이 중요하다.
d) 자원: 여성의 물과 토지자원 소유를 배제시키는 차별적 정책의 변경.

넷째, 물과 위생에 대한 보편적 접근이 보장되어야 한다. SDG 6은 물과 위생에 대한 기본적 접근 이상으로. 지속가능하며 포용적이고, 형평성을 가진 안전한 서비스 수준을 요청한다. 정책, 기관, 프로그램들은 극빈층, 가장 취약한 계층, 특히 여성, 여아, 장애인에 초점을 맞추는 포용한 구조를 갖춰야 한다. 또 안전한 식수에 대한 인권을 존중해야 한다.

마지막으로, SDG 6 달성뿐 아니라 다른 물 관련 SDGs 달성을 위해 다양한 메커니즘을 통해 모든 이해관계자들의 조정된 통합된 활동들이 필요하다. 이를 위해 UN 총회(UNGA)는 2018~28년 기간을 〈국제 물과 지속가능 개발을 위한 행동의 십년〉으로 결정했다. 특히 SDG 6의 달성을 목표로, 모범 실천사례들의 교환과 지식 공유를 하며, 주창과 네트워크 활동 추진, 파트너십과 행동의 증진, 물 관련 목표달성을 위한 홍보 강화 등을 추진한다.

세계물위원회(World Water Council 2018)는 〈글로벌 물 안보〉 보고서에서 안전한 물과 위생에 대한 지속가능 접근이 보장되기 위한 과제를 제시한다.

- 물에 대한 권리 보장
- 물에 대한 책임의 분권화
- 지방에서의 노하우 개발
- 물 재정지원 증가와 개선
- 물 자원의 평가와 모니터링 등.

제8장

글로벌 '재난과 기후변화' 거버넌스

세계적으로 재난은 줄지 않고 늘고만 있는 가운데 기후변화에 대한 적응과 완화는 별 다른 진전을 이루지 못하고 있다. 기후 재난은 인류가 자초한 것으로, 이에 대한 강력한 글로벌 거버넌스가 신속하게 마련되어 추진되지 않으면 더 심각한 인류 재앙을 맞게 될 수도 있다. 가장 적은 온실가스를 배출한 빈곤국, 빈곤층이 가장 심한 기후변화 피해를 입고 있는 '생태적 불의'(ecological injustice)를 바로 잡는 강력한 글로벌 거버넌스가 요청되고 있다.

1. 글로벌 '환경' 거버넌스 어젠다

1) 기후변화 → 인간안보 위협

기후변화의 위협

재난 중 지진을 제외하면 홍수나 태풍 피해가 가장 많다. 1996~2015년 20년 기간에 지진사망자 74만 8000명(55.6%)을 비롯해, 태풍(17.8%), 폭염/한파(12.3%), 홍수(11.1%) 가뭄(1.7%)로 나타난다(UNISDR 2016). 그런데 사망자와 피해자 대부분이 개발도상국 사람들, 특히 빈곤층이다. 지진이 국가와 사람을 차별하는 것은 아니지만, 가장 많은 피해가 아이티, 인도네시아 등 개발도상국, 빈곤층이다.

글로벌 톱 10 재난 사망률은 모두 개발도상국에 몰려 있다(그림 8-2). 기후재난이 개발도상국을 심하게 차별한 것이다.

〈2010 세계개발보고서〉는 모든 개발도상국 지역이 기후변화의 요인

■ **그림 8-1** 글로벌 기후재난 사망 및 피해자(1996~2015)

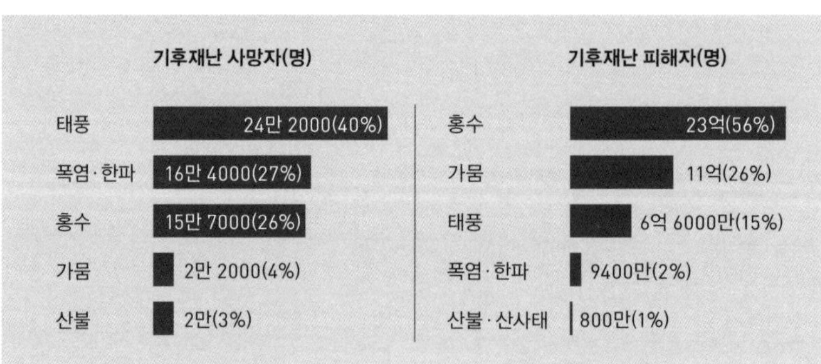

자료 UNISDR 2016.

■ **그림 8-2** 글로벌 톱 10 재난 사망률 (인구 10만 명당 사망자) 1996~2015

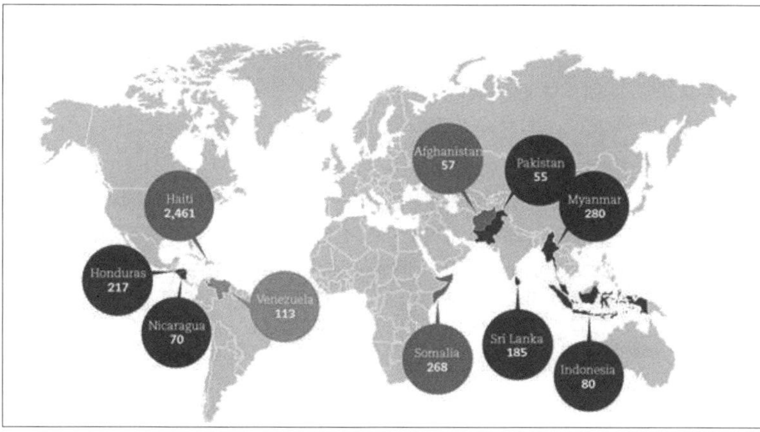

자료 UNISDR, 2016: 15, "Poverty and Death: Disaster Mortality."

들이 각기 다르지만, 기후변화로 인한 경제적, 사회적 피해에 취약한 지역이라는 결론을 제시한다(World Bank 2010). 사하라이남 아프리카의 경우, 가뭄과 홍수 등의 기후 스트레스는 기후변화, 인프라 부족, 높은 자연자원 의존으로 더 확대될 수 있다. 아시아와 태평양 지역의 경우, 저지대에 인구가 밀집되어 홍수 피해에 특히 취약한 지역이다.

"인간이 자초한 기후변화는 이제 명백한 현실이며 예상보다 빠른 속도로 진행 중이다." 2007년 기후변화 보고서로 노벨평화상을 수상한 기후변화정부간패널(IPCC)보고서의 결론이다. 이 암울한 진단에는 더 불규칙하고 더 가혹한 이상기후 현상과 해수면 상승이 포함되어 있다. 언젠가는 키리바티(Kiribati), 몰디브(Maldives), 투발루(Tuvalu) 등 저지대 섬나라들이 모두 사라지고, 베트남과 이집트의 해안이 파괴될지도 모른다. IPCC 보고서는 온실가스 배출을 억제하지 못하면 지구의 평균온도가 2100년까지 2~4.5도(최상의 추정치는 3도) 상승할 것으로 내다보았다. 온도가 2도 이상 상

■ **표 8-1** 인간 안보의 의미와 통합적 접근법

UNDP의 《1994년 인간개발보고서》에서 처음 제시된 인간안보 접근법은 다음 세 가지 원칙에 기초해 응급대응과 개발을 하나의 기본틀로 통합했다. i) 충격에 취약한 사람들은 스스로의 운명을 결정하는 주체로서 일련의 권리들을 보장받아야 한다. ii) 정부와 국제기구들은 빈곤층에 영향을 미치는 위험과 취약성을 모두 해결해야 한다. iii) 빈곤 해소, 형평성, 성장 논의에서 일반적으로 외면받거나 경시된 사회적, 정치적, 경제적 안정은 위험을 해소하는 데 기본적인 것이다.

자료 Green 2008: 204-5.

승하면 기후변화는 '위험' 수준이 된다.[16]

"기후변화는 인간안보를 위협한다"고 강조하는 IPCC 〈2014년 보고서〉는 다음과 같이 설명한다(2014: 762).

> 생계를 위협하며, 문화와 개인 정체성을 위태롭게 하며, 사람들이 피할 수 있는 이주를 강요한다. 또 국가가 인간안보에 필요한 여건을 제공할 수 있는 능력을 약화시킨다. 기후변화는 이 모든 또는 일부 요인들에 동시다발적인 영향을 미칠 수 있다. 기근, 분쟁, 사회정치적 불안정 등의 심각한 불안의 상황들은 거의 대부분 복합적 요인들의 동시작용에 기인한다. 사회적으로 주변화되고 자원 의존이 높고 자본자산이 한정된 대부분의 인구층에게 인간안보는 기후변화로 인해 점차 악화될 것이다.

16 WHO는 지난 30년간 인간이 초래한 이상기후로 이미 연간 15만 명 이상 사상자가 발생했는데 그것은 대부분 가난한 나라에서였다고 보고했다(Green 2008: 258).

기후변화 → 식량, 물 안보 위협

기후변화와 변동성은 농업 안정과 식량안보, 물 스트레스와 부족, 재산의 파손에 직접적인 영향을 미친다(IPCC 2014: 762-3). 식량가격과 식량가격 쇼크는 인간안보에 심각한 영향을 미친다. 식량의 생산과 식량 접근의 감소에 영향을 미치며 소비자와 생산자 모두가 영향을 받는다. 식량안보는 빈곤, 물 유용성, 식량 정책 등 요인들의 상호작용으로 결정된다. 2008년의 글로벌 식량위기는 특히 아프리카와 남미에서 심각했다. 2010~11년의 식량가격 폭등은 28개국에서 4400만 명을 빈곤층으로 추락시키는 심각한 영향을 미쳤다.

식량가격은 또 사회정치적 안정에 영향을 미쳐, 2008년과 2010~11년의 식량가격 폭등은 식량 폭동과 직접 연관되었다. 아프리카 14개국에서는 2008년 식량 폭등이 있었는데, 그 배경에는 높은 수준의 빈곤율, 제한된 식량접근과 유용, 억압적인 정권, 도시화된 지역, 강력한 시민사회에서 발생했다(앞글: 762).

기후취약층: 아동, 여성, 노인

IPCC의 2014년 보고서는 기후변화가 인간안보에 미치는 심각한 위협의 경험적 실체를 자료로써 제시한다. 인구 중 아동, 여성, 노인은 기후변화 취약계층으로서 기후관련 부상과 질병에 취약하다(IPCC 2014: 717). 말라리아, 설사, 영양결핍은 아동에 집중되어 있다. 아동은 식량 공급이 부족하면 특히 위협에 처하게 된다. 아동을 가진 가계가 소득 수준이 낮고, 식량 불안은 아동과 청소년의 건강이 나쁜 가계에서 흔하다. 노인층은 폭풍, 홍수, 고열 등에 취약한데, 노인이 다른 연령층에 비해 이동성이 취약해 위험한 상황을 회피하기 어려운 건강 상태에 있기 때문이다(앞글: 718).

표 8-2 기후변화 → 건강에 미치는 세 가지 경로

직접 피해	더위, 가뭄, 폭우 등 극심한 기상이변으로 직접적 피해.
자연 체계	질병 매개체, 수인성 질병, 공기오염 등 자연체계로 매개.
인간 체계	직업, 영양실조, 정신적 스트레스 등 인간체계로 매개.

자료 IPCC 2014: 717.

기후변화 관련 취약성과 젠더 관련성은 복합적이다. 가뭄, 홍수, 폭우 등의 재난과 관련해서는 남성보다 여성이 더 취약하다. 그런데 중국의 경우 농사일을 하다 홍수 등의 재난 피해에 남성이 더 많은 피해를 당한다. 방글라데시 여성은 남성에 비해 기후관련 헤저드에 더 많은 피해를 입는다. 빈곤 상태, 영양결핍, 강유역 주거환경 등이 요인이다. 식량불안이 아동의 성장에 미치는 영향은 소년보다 소녀에 더 많은 피해를 준다는 연구결과도 있다.

빈곤국가와 빈곤지역이 가장 많은 기후변화의 피해를 본다(앞글: 719). 많은 국가에서 인종과 종족 요인이 건강 상태와 사회적 취약층을 설명하는 가장 강력한 요인들이다. 방글라데시의 홍수 피해에 관한 연구에 따르면, 가계의 위험은 가계 소득이 높고 소득원의 수가 많으면 상대적으로 덜 위협적인 것으로 나타난다. 가난한 가계가 덜 가난한 가계에 비해 홍수 피해에 더 취약하며, 예방적 행동도 할 수 있는 여유도 적으며, 피해 복구 지원을 더 받는 것으로 조사되고 있다.

2) 글로벌 환경 거버넌스 어젠다

국제환경 거버넌스(International environmental governance: IEG)는 복잡한 거버넌스 구조를 갖고 있다. 협정, 국제기구, 정책 도구, 금융 메커니즘, 규정, 절차, 규범 등이 복합되어 있는 시스템을 이룬다(UNCDP 2015: 15). 또 IEG는 환경 분야 이외에 국제 무역에 대한 글로벌 거버넌스에도 상당한 영향을 미치고 있다. 환경 퇴화(degradation)는 글로벌 현상이 된지 오래다. 환경 퇴화 현상은 개별 국가의 영역을 벗어난 지역에서 멈추지 않고 있다. 생다양성 상실, 사막화 증가뿐 아니라 기후변화는 모든 환경적 위협 중 가장 심각한 것으로 드러난다. 그런데 환경 피해에 대한 국제적 노력은 부적절했고, 올바른 방향으로 진전되지도 않았으며 환경 퇴화의 원인들에 대한 해결에도 접근하지 못했다.

SDG 2030 어젠다의 시행은 환경적 지속가능성을 개발 과정의 통합적인 핵심으로 수용하는 국제적 합의를 보여준다. SDGs 이행에는 여러 난해한 과제들이 드러나 있다.

첫째는 지속가능한 소비와 생산 패턴의 획기적인 변화가 요청된다. 테크놀러지의 진전으로 자원 이용의 효율성 증대 가능성이 높아졌고, 기술 혁신으로 생산과 환경 사이의 지속가능한 보완성 창출이 핵심 과제로 부상한다. 효율성 증대는 일정한 한계가 있고, 지금의 재화와 서비스 생산 패턴의 생태적 발자국 감소만으로는 환경적 지속가능성을 보장할 수도 없는 상황이다. 부유층의 비지속가능한 라이프 스타일이 환경에 막대한 피해를 주는 현실이다. 생태적 발자국 분석에 따르면, 지구촌 인구가 미국의 개인 평균 소비로 이동하면 지구 3~4개가 더 필요하다. 소비 증가에 기초한 것이 아닌 새로운 성공의 패러다임이 필요하다.

둘째는 개발의 측정지표를 일인당 GDP 기준에서 지속가능한 지표로 바꿀 필요가 있다. 개발의 지표를 GDP 기준으로 하면 빈곤퇴치, 형평성 개선 등은 중요성이 이차적인 것으로 밀려나는 문제가 있다.[17]

셋째는 환경 문제는 국경이 없는 문제라는 인식을 공유할 필요가 있다. 국가들은 환경 기준을 약화시켜 해외직접투자(FDI) 유치에 경쟁하고 다국적기업들은 비즈니스 친화적 환경 기준에서 투자처를 물색하고 있다. IEG는 WTO가 양자 투자협정과 자유무역협정에 통합한 시스템을 개발할 필요성을 강조한다. 이 시스템은 국제적으로 합의된 해외직접투자 기준, 규제, 윤리강령을 진흥하고 시행할 필요가 있다. 그럼으로써 환경적 규제를 회피하는 투자와 개발 활동을 차단할 수 있다. 또 '보조성' 원칙에 따라 글로벌 거버넌스 제도들은 지역, 지방의 거버넌스 구조나 접근법에 의존해야 한다. EU의 기후변화 완화 정책이 보조성 원칙의 교훈을 보여준다(앞글: 18-20).

넷째, 포용성, 투명성, 책무성 원칙을 준수한다. 환경과 인간 웰빙 사이의 연계성을 인정해 건강한 환경에 대한 권리를 인권으로 존중하는 인식의 변화가 필요하다.

---

17 개발 목표에 환경적 지속가능성이 포함되고, 빈곤퇴치, 불평등 감소 등 GDP 수치와 직접 관련되지 않은 개발 목표들이 SDGs에 포함된 중요한 근거이다. 그 밖에도 인권 개선, 거버넌스 진흥, 평화 유지와 같은 질적 기준의 SDGs가 전체 17개 목표 중에 다수 포함되어 있다.

3) 인간안보 취약층: 아동, 여성, 빈곤층

인간안보 취약층: 아동, 여성, 빈곤층

불안과 위험은 부유층보다 빈곤층에게 더 큰 문제일 뿐 아니라 다른 사회적, 경제적 불평등을 받는 계층들에게서 다양하게 나타난다(Green 2008: 200). 여성과 아동들은 대부분의 사회에서 더 취약하고 차별을 받기 때문에 성인 남성과는 다른 형태의 위험에 처해 있다. 여성과 아동들은 가정폭력을 당할 수 있고, 영양 섭취를 성인 남성에 견줘 제대로 못 할 수 있으며, 재앙이 일어났을 때 응급지원을 이용하는 데도 취약할 수 있다. 많은 국가에서 여성들은 남편이 사망하면 궁핍해진다. 마찬가지로 소수민족, 노인, 장애인, 병약자 등 일반 소외집단들도 더 큰 위험에 처하는 경우가 많다.

가난한 사람들이 직면하는 개인적 위험들은 서로 강화하고 악화시키면서 불평등과 배제를 심화한다. 가족의 1차 부양자가 병들거나 일자리를 잃으면 가족은 음식 섭취를 줄여 질병을 이겨 낼 저항력을 잃거나, 염소나 소 같이 아끼는 자산을 처분하게 되어 결국 또 다른 충격에 맞설 저항력을 잃게 된다. 말라위는 2001년부터 다음 해까지 기근이 이어지자 절망에 빠진 여성들이 생존을 위해 성매매에 뛰어들면서, HIV 감염률이 높아졌다.

공동체 전체에 충격이 닥치면 친지나 이웃에게 도움을 받기가 어려워지므로 회복력이 더욱 약해진다. 분쟁과 자연재해의 파괴적인 악순환이 전개되면 개인, 공동체, 국가의 자원이 고갈되고 제도들이 힘을 잃으며 퇴거, 원조와 복구지원의 차단, 물질적 자산과 자연의 파괴로 위험이 증폭된다. 분쟁은 강우량이 적은 지역을 기근에 빠뜨릴 수 있다. 아프리카 식량위기의 절반 이상이 군사적 분쟁으로 수백만 명이 살 곳을 잃고 쫓겨났기 때문이다. 2003년 10만 명의 AIDS 고아가 사는 17개국 중 13개국이 분쟁 중이었거나 긴급상황에 임박해 있었다.

기후변화의 위협들도 빈곤층이 처해 있던 기존의 위험과 취약성을 악화한다. 케냐와 다르푸르의 경우 가뭄으로 비옥한 토지와 물이 점차 줄어들자 갈등이 심화됐다. 잠비아에서는 가뭄 때문에 여러 명의 잠자리 상대를 가진 노인들에게 딸들을 일찍 시집보낼 수밖에 없는 가족들이 많아져, 사람들이 AIDS에 걸리는 확률이 높아졌다. 가뭄과 박탈은 여성과 소녀들을 성 산업으로 내몰아 HIV가 더 만연한 도시로 이주하도록 부추긴다. 또 연구에 따르면 지난 수십 년간 가뭄, 전쟁, 홍수 등을 겪은 사람들은 소득과 소비가 모두 줄고 자격을 상실하며 더 쉽게 병들었다. 더구나 가난한 사람들은 이런 충격이 닥치면 일반적으로 당장의 생존을 위해 장기적 발전의 가능성을 희생시킨다.

생계자산에 대한 위협

〈그림 8-3〉은 가난한 개인이나 가족을 위협할 수 있는 위험들의 사례와 그런 위험을 관리하고 그것에 저항하게 하는 핵심적인 자산 목록을 보여준다. 위험 요소들은 사회, 정치, 환경의 변화에 따라 지속적으로 변한다. 도시화는 수백만 명의 사람들에게 잠정적인 죽음의 덫을 놓는다. 세계 대도시들의 거의 절반이 지진 단층선에 자리 잡고 있거나 사이클론 이동경로 아래에 있다. 또 많은 대도시들은 해수면의 상승, 폭풍, 쓰나미에 취약한 해안가에 있다.

그림 8-3 생계 자산에 대한 위협

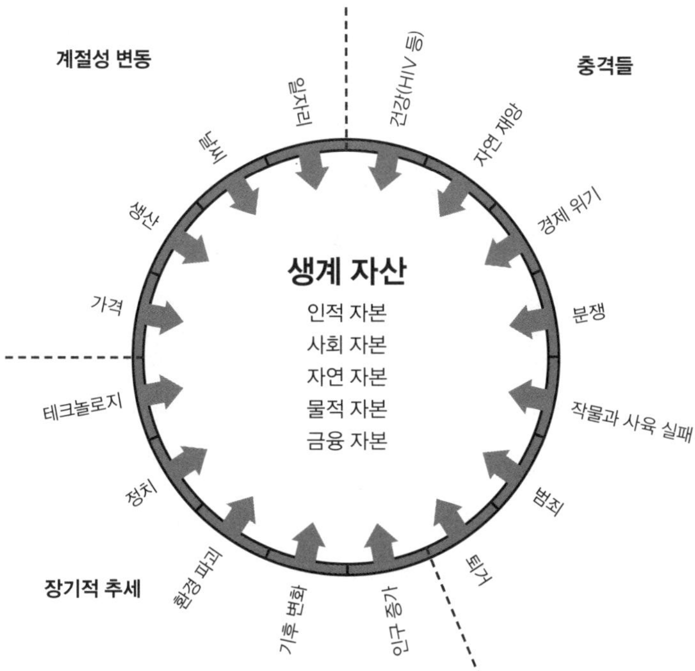

생계 자산들

인적 자본: 기술, 지식, 일할 능력, 건강

사회 자본: 개인 간의 또는 정치적 제도나 시민조직들과의 비공식 네트워크를 포함한 사람들이 활용하는 사회적 자원; 교회 등 공식 집단 멤버십; 신뢰, 상호호혜성, 교환관계들.

자연 자본: 사람들이 활용할 수 있는 공동의 자원, 토지, 물 등의 자연자원의 축적.

물질 자본: 생계를 지원하는 (주거, 교통, 관개, 에너지 등) 기본 인프라와 생산품들.

재정 자본: 저축, 임금, 송금, 연금 등 이전지출.

자료 〈자료〉 Green, 2008: 202.

4) 재난 취약층: 아동, 여성, 빈곤층

자연재해 문제 역시 다른 취약성의 원인들처럼 불평등 문제로 회귀한다. 부유한 국가들과 공동체들은 자연재해에 대처할 수 있는 자원과 체계들을 갖추고 있지만 가난한 국가들과 공동체들은 그것에 대처할 자원이 부족하다. 위태로움(hazard)은 자연적일 수 있지만 위태로움에 취약성(vulnerability)이 배가된 리스크(risk)는 사회적, 경제적, 정치적 불평등과 불의로 조장된다(Green 2008: 245-6).

그래서 리스크의 취약성을 해소하는 일에 더 많은 관심을 집중해야 한다. 재해를 대비하는 과정에서 또는 재해가 발생한 뒤 복구하는 과정에서 가난한 사람들을 배려해야 한다. 또 가난한 사람들과 공동체가 재난에 대비하고 대응하는 데 능동적인 주체가 되도록 권력을 제공해야 하며 다른 한편으로는 재난을 관리할 효과적이고 책무적인 국가 제도를 구축해야 한다.

국가가 가난하고 무능할수록 취약한 국민을 보호할 수 있는 능력이 약하다. 개발도상국은 부국보다 인구가 다섯 배 많을 뿐이지만, 재해로 영향을 받는 사람들의 수는 평균적으로 150배가 더 많으며, 그것에 따른 경제적 손실도 국내총생산 비율로 20배나 된다(앞글: 250). 2002년 전 세계 자연재해의 3분의 1이 아프리카에서 일어났다. 이런 재해는 지역 빈곤, 분쟁, 식량불안 해소에 가장 큰 장애 중 하나다. 부국에 사는 빈곤층도 정부가 재해 대비에 투자하지 않거나 필수적인 기반시설 유지에 실패하면 고통을 면하기 어렵다.

연령, 성별, 장애, 정치적 소속, 민족 등 요인들이 강하게 작용하면서 소외층이 권력계층보다 더 큰 피해를 입을 가능성이 높다. 재해는 또 여성들에게 불공정한 영향을 미친다. 재해가 발생했을 때 여성은 남성보다 보건과 사회 서비스, 정부 서비스 이용에 취약하기 때문에 뒤따르는 문제들에 대처할 능력이 부족하다. 취약성은 또 가난한 사람들이 사는 지역과 관련된다.[18]

재해가 심한 지역에서는 하향 악순환이 작용해서, 가난한 사람들이 더욱 가난해지고 미래의 충격에 더 취약한 상태가 된다(앞글: 252). 부분적으로는 기후변화 때문에 지난 20여 년간 홍수, 사이클론, 폭풍우 등 자연재해 발생이 네 배나 늘었다. 재해의 발생빈도가 점차 늘면서, 아무리 미미한 재해라고 해도 가난한 사람들과 공동체들에게는 다음 재해가 닥치기 전에 복구할 여유가 주어지지 않아, 궁핍과 취약성의 수렁에서 빠져나오기 더 힘들어졌다.

5) 글로벌 재난 거버넌스

2015년 UN이 추진한 센다이 프레임워크(Sendai Framework)는 2005년의 효고(Hyogo) 프레임워크를 계승, 확장한 것이다. 그간 재난이 크게 늘면서 글로벌 재난 거버넌스를 강화하기 위한 국제적 활동을 다음과 같은 목표들로 제시하였다(UN 2015: 12).

---

18 방글라데시의 위험성이 높은 갠지스 강 상류 분지의 섬들이나 1990년대 시에라리온과 라이베리아의 난민촌이나 작은 개울물로 가득 찬 거주지들, 또는 가뭄과 홍수, 산사태에 취약한 중앙아메리카의 가파른 경사지들이 그 예다. 도심에서도 빈곤층은 부득이하게 건축법이나 기반시설이 부재한 고위험지대에서 홍수, 진흙사태, 지진의 위험을 마주한 채로 산다(Green 2008: 251).

(a) 2030년까지 글로벌 재난 사망률을 2005~15년 기간에 비교해 2020~30년 기간에 평균 이하로 낮춘다.

(b) 2030년까지 글로벌 재난 피해자를 2005~15년 기간에 비교해 2020~30년 기간에 평균 이하로 낮춘다.

(c) 2030년까지 글로벌 GDP 대비 재난의 경제적 손실을 낮춘다.

(d) 2030년까지 교육, 보건 시설 등의 기초 서비스 인프라 피해를 크게 줄인다.

표 8-3 센다이 프레임워크 기본원칙

(a) 각국은 국제, 지역, 초국격. 양자 협력을 통해 재난 리스크를 예방하고 감소시키는 일차적인 책임이 있다. (b) 재난 리스크 감소를 위해 각국의 사정과 거버넌스 시스템에 따라 중앙정부와 관련 기관들, 부문들, 이해관계자들 사이에 책임을 분담한다. (c) 재난 리스크 관리는 인명과 재산, 건강, 생계 및 생산적 자산 및 문화적, 환경적 자산을 보호하고, 동시에 개발에 대한 권리를 포함한 모든 인권을 증진, 보호한다. (d) 재난 리스크 감소를 위해 모든 사회의 참여와 파트너십이 필요하다. 또 재난 취약층, 빈곤층에 특별한 관심을 갖고 임파워먼트, 포용적, 접근가능한, 차별 없는 참여가 필요하다. (e) 재난 리스크 감소와 관리는 모든 섹터와 관련 이해관계자들의 조정 메커니즘에 의존한다. 동시에 중앙과 지방 차원의 정부의 모든 행정, 입법 기관들의 완전한 참여를 필요로 하며, 민간과 공공 이해관계자 사이의 분명한 책임의 소재를 밝힌다. (f) 중앙 정부의 역할도 중요하지만 자원, 인센티브, 의사결정 책임을 통한 지방정부와 지역사회의 임파워링으로 리스크 감소가 중요하다. (g) 개발국의 ODA 책임 완수를 포함한 효과적인 글로벌 파트너십과 국제협력의 강화는 효과적인 리스크 감소에 필수적이다. (i) 저개발국, 소도서국, 아프리카 국가들을 포함한 개발도상국은 재정, 테크놀러지 이전, 역량구축 등의 지원이 적절한, 지속가능한, 시의적절한 수준에서 제공될 필요가 있다.

자료 UN 2015: 13.

(e) 2020년까지 중앙과 지방 정부의 리스크 감소 전략을 수입한 국가의 수를 크게 늘린다.

(f) 2030년까지 개발도상국의 센다이 프레임워크 국가 정책 시행에 대한 지원을 통한 국제협력을 강화한다.

(g) 2030년까지 헤저드 조기경보시스템과 재난 리스크 정보 공개를 확장한다.

UN 센다이 프레임워크는 다음을 국가의 의무로 규정하는 원칙들을 제시하였다 (앞글: 13).

2. 글로벌 기후변화와 환경보존

1) 글로벌 기후변화 거버넌스 어젠다

글로벌 기후변화 거버넌스는 국가별 온실가스 배출에 대한 부담에서 시작해서, 가장 적은 온실가스 배출을 하는 빈곤층이 가장 심한 피해를 보고 있는 '생태적 불의'(ecological injustice)를 교정하는 과정으로 어젠다를 설정해볼 수 있다.

지구 온난화와 탄소예산

'지구 온난화'(global warming)는 이산화탄소(CO2), 메탄(CH4), 아산화질소(N2O) 등 온실가스(GHG)와 수증기 등이 대기에 잔류하여 우주로의 열방출을 감소시키는 '온실 효과'(greenhouse effect)로 인해 지구평균 기온이 상승하는 현상이다. 기후변화의 90% 이상이 인간활동에 기인한 것으로, 주로 화석연료 사용, 가축 사육, 쓰레기매립 등으로 인한 대기중 온실가스 농도급증, 인위적인 에어로졸 발생, 토지의 과잉이용과 산림훼손 등이 원인으로 파악된다.

탄소 예산(Carbon Budget)은 지구 평균기온이 산업화 이전 대비 2℃ 이상 상승하는 것을 막기 위해 허용되는 온실가스배출량(CO2eq)을 의미한다. IPCC 제5차 보고서에 따르면 2℃ 목표달성을 위해 산업화 이후 이산화탄소 누적배출량이 2900기가 톤 CO2 이하로 억제되어야 하나, 2011년까지 2/3에 해당하는 약 1900기가 톤 CO2을 이미 배출해서, 2011년 이후 가용한 탄소예산이 약 1000기가 톤 CO2에 불과하다(외교부 2015).

그림 8-4 지구 평균온도, 1880~2012

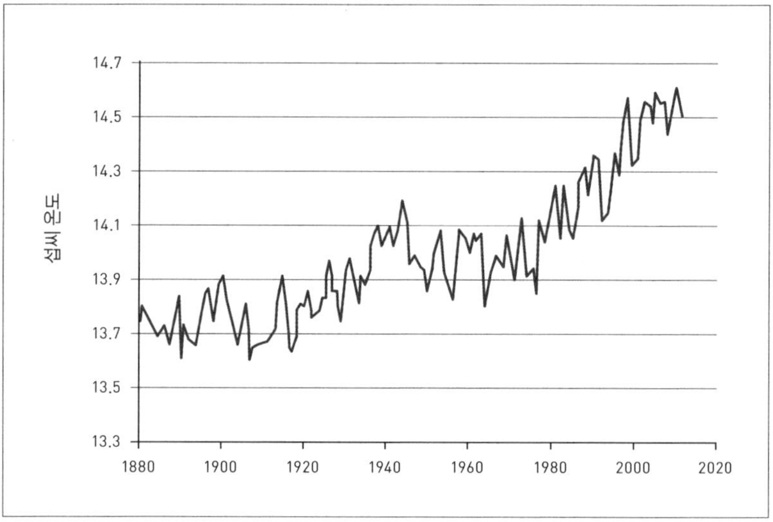

자료 NASA GISS; Brown 2012 재인용

■ **그림 8-5** 화석연료 CO2 배출량, 1990~2010

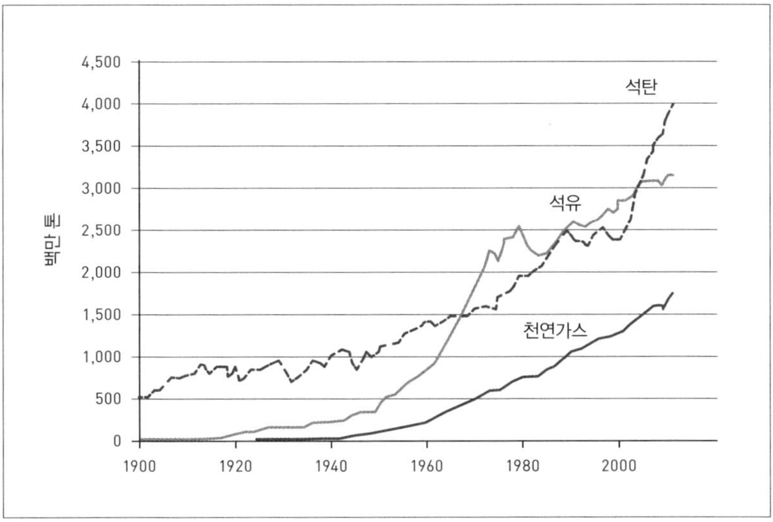

자료 EPI from CDIAC; Brown 2012 재인용

■ **그림 8-6** 대기권 CO2 농도, 1000~2000년

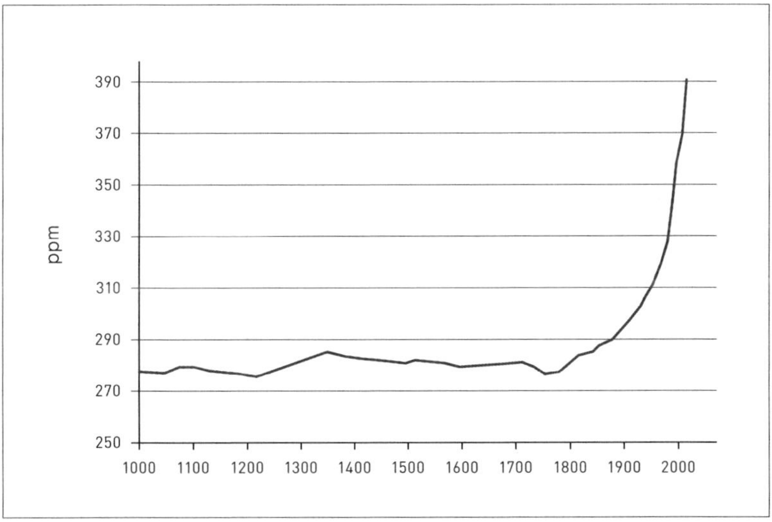

자료 EPI from Worldwatch; Brown 2012 재인용

국가별 온실가스 배출 부담

온실가스 배출은 수십 년 이상 백년 넘게 누적되어 지속적인 기후이변을 일으키는 원인이 되기 때문에 현재 수준의 온실가스 배출량보다는 역사적인 누적량을 기준으로 국가별 기후변화 대응 부담금을 물게 하는 방안이 합리적이다. 〈그림 8-7〉을 살펴보면, 지난 약 160년 기간(1850~2012년)의 CO2 배출 누적량에서 미국이 압도적으로 높고, 그 다음으로 중국, 러시

그림 8-7 국가별 CO2 배출 누적량(1850~2012)

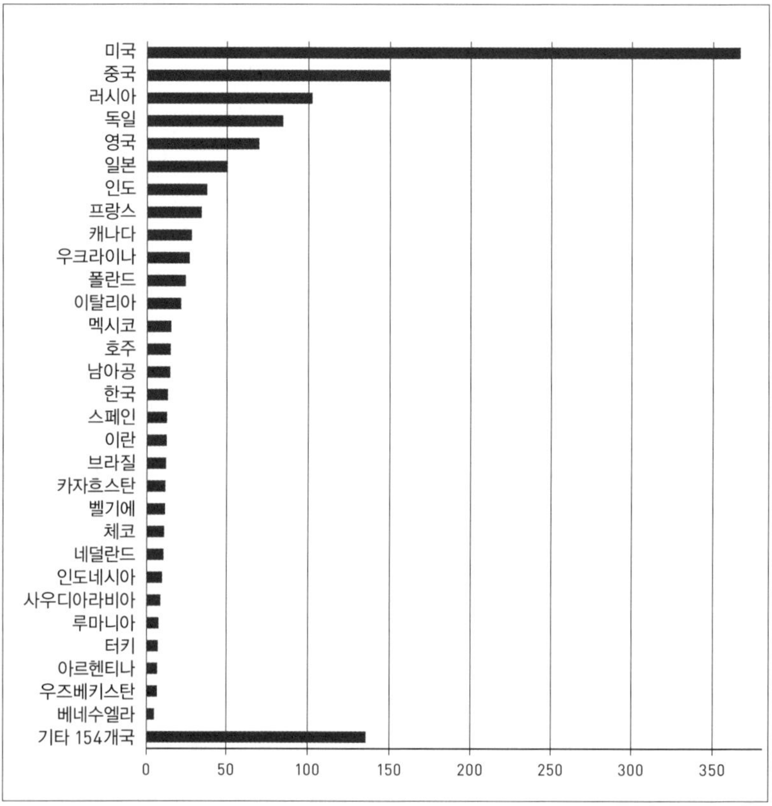

자료 World Resources Institute 2015.

아, 독일, 영국, 일본이 상위권에 올라 있다.

국가별 배출 규모에서는 중국과 미국이 최고의 온실가스 배출국인 가운데, 인도, 브라질, 러시아 등 BRICS가 뒤를 잇고 있다. 한편 국민일인당 온실가스 배출은 그림 상단 오른편의 미국이 가장 높으며, 호주와 캐나다도 상위권에 있다. 그림의 중간에 있는 한국은 고소득국 평균 수준으로, 일본, 독일, 영국, 프랑스, 이탈리아보다 더 많은 배출국이다. 그림 하단 왼편에

■ **그림 8-8** G20의 국민 일인당 GDP와 온실가스 배출 2012년

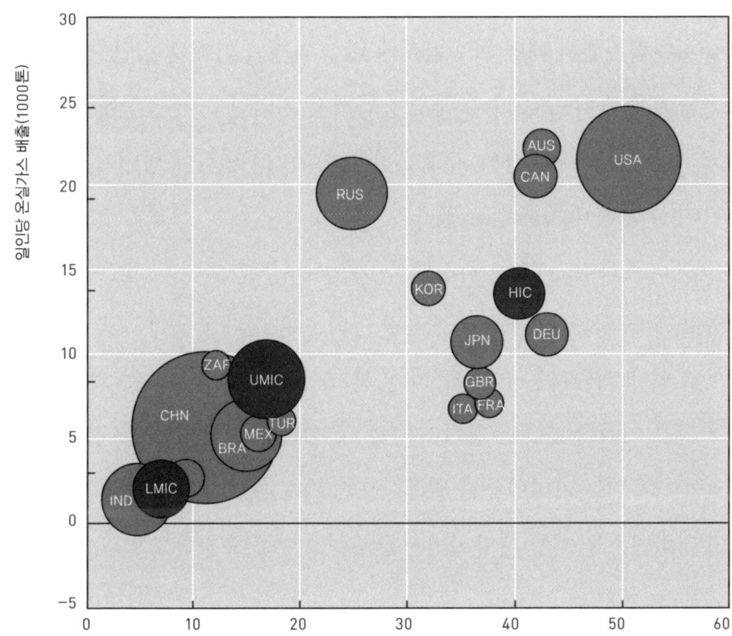

참고 HIC(고소득국), UMIC(중고소득국), LMIC(중저소득국)
자료 OECD 2016.

는 국민소득 수준이 낮고 배출 수준도 낮은 중소득국, 저소득국이 위치해 있다. 인도는 저소득국으로 배출이 적지만 인구가 많아 국별 배출 규모에서 중국, 미국, 브라질 다음으로 많은 온실가스를 배출한다.

기후변화에 대한 글로벌 대응에서 미국과 중국의 공조가 필수적이다. 연간 글로벌 온실가스 배출의 40% 이상을 책임지고 있는 G2다. 미국은 2015년 말 파리기후협정에 서약했지만, 트럼프는 이를 파기하며 지구촌 전체에 충격을 던졌다. 중국의 입장도 중요하지만 중국은 적극적인 역할을 기피하고 있다. IMF의 위기수습 기금에 일부 기여할 것을 약속하면서도 IMF에서의 중국의 공식적인 영향력이 확보된다는 조건에서 추가적인 기여가 가능하다는 입장이다(Birdsall 2012: 17). 기후변화에 대한 글로벌 거버넌스의 진전이 미뤄지면서 매년 기후변화에 대한 엄청난 피해들이 연약한 개발도상국들에게 닥쳐오고 있다. 적도에 가까운 지역일수록, 농업에 더 의존하는 국가일수록 기후변화의 피해가 참혹하다. 기후변화에 방비가 없는 빈곤층이 가장 심한 피해를 입고 있다.

중국, 브라질 등의 신흥 강대국들은 서구 국가들의 더 많은 기여를 주장하고, 서구 국가들은 중국, 브라질 등의 신흥 강대국들이 지금 개발과 성장으로 위해 배출하는 CO2 등의 온실가스 배출에 상응하는 기후변화 대응 기금을 기여할 것을 주장한다(앞글: 18). 그래서 전통적인 G7 강대국들은 글로벌 기후변화 거버넌스를 위해서도 G7을 G20로 확대시켜 신흥 강대국들의 거버넌스 참여를 개방하면서 글로벌 기여를 요청하고 있다.

빈곤층에 대한 이중, 삼중의 불의(injustice)

지구 온실가스 배출의 증가는 부유국가, 부유층의 생산과 소비 증대에 기인한다. 세계 톱 1%의 소비로 인한 CO2 배출이 지구 전체의 49%

그림 8-9 지구 온실가스 배출: 소득계층별 비교

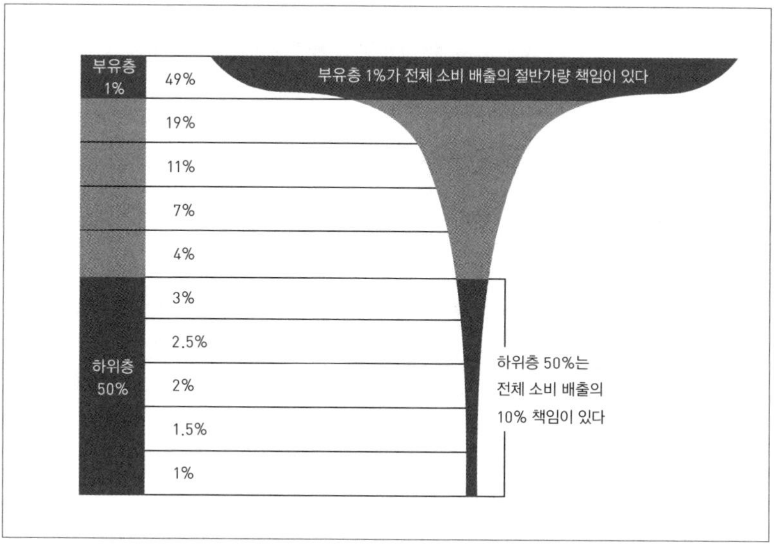

자료 Oxfam 2015: 5.

를 차지하며, 세계 인구 하위층 50%는 전체의 10% CO2 배출을 한다(그림 8-9). G20 국별 자료를 보면, 미국인의 과소비가 얼마나 많은 지구온난화 책임이 있는지를 알 수 있는데, 상위 10%가 하위 10%의 다섯 배 이상 CO2 소비 배출을 한다(그림 8-10).

기후변화는 빈곤층에게 이중을 넘어 '삼중의 불의'를 조장한다. 개인 차원에서 기후변화에 가장 많은 피해를 입을 사람은 기후변화 문제를 일으키는 책임이 가장 적고 또 기후변화에 대응할 자원을 가장 적게 가진 빈곤층이다(UNRISD 2016a: 142). 마찬가지로 국가 차원에서도 소비가 가장 적고 온실가스 배출이 가장 적은 국가들이 기후변화에 가장 심각한 피해를 볼 가능성이 높고 또 기후변화에 대응해 완화와 적응하는 데 필요한 재원을 가장 적게 갖고 있어, 기후변화 피해의 악순환 굴레에 빠져들게 된다. 글

그림 8-10 가계의 생활소비 CO_2 배출: G20 국가별, 2015년

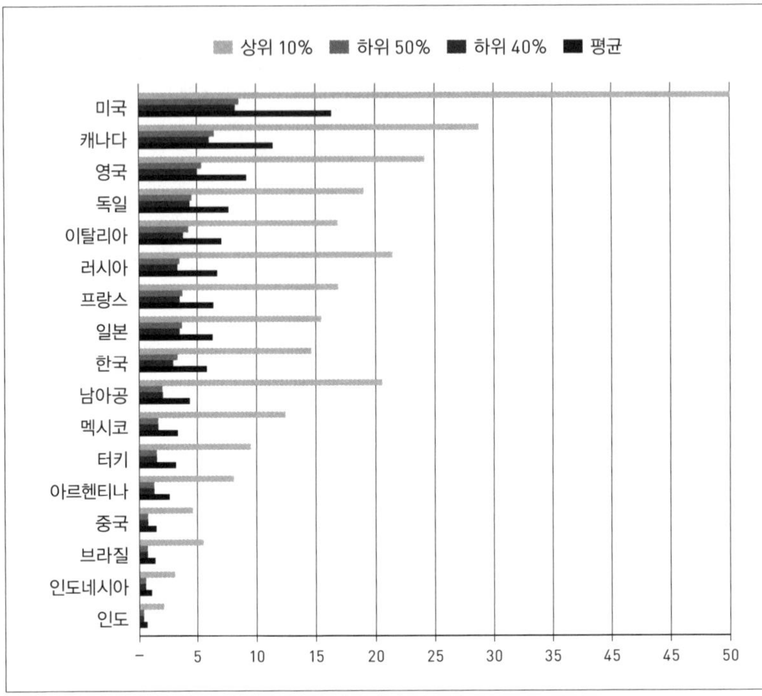

자료 Oxfam 2015: 11.

로벌기후기금(GCF) 기후재정의 77%가 완화에 투입되고, 완화와 적응 복합 7%, 적응에는 16%만이 지원되었다. 완화는 중소득국에 주로 지원되고, 적응은 저소득국에 필요한 재원이라는 점에서 기후재정의 배분에서 상당한 불균형, 불공정이 있다(OECD 2017: 64).

역사적 책임이 가장 없는 사람들이 기후변화로 가장 큰 고통을 받는다는 것은 분명 정의에 어긋나는 불공정한 글로벌 현상이다. 적도 지역의 개발도상국 시민들 대부분은 온실가스를 매우 적게 배출하지만 가장 심각한 타격을 받는다. 그 이유는 지역 특성상 환경 변화의 강도 때문이며,

■ **표 8-4** 생태적 불의(ecological injustice), 이중, 삼중의 불의

생태적 불의(eocological injustice): 가장 적은 온실가스 배출을 한 사람(빈곤층)이 가장 많은 기후변화 피해를 당한다. **이중의 불의**(double injustice): 기후변화에 가장 많은 피해를 입을 사람은 기후변화 문제를 일으키는 책임이 가장 적고 또 기후변화에 대응할 가장 적은 자원을 가진 사람. **삼중의 불의**(triple injustice): 이중의 불의 피해층(빈곤층)이 녹색경제 정책이 조장하는 부정적인 사회적, 배분적 결과의 피해자다.

자료 UNRISD 2016a: 143.

또 그 국가들이 환경 변화에 대처할 자원을 결여하고 있기 때문이다(Green 2008: 258). 가난한 국가들이 가뭄, 농산물 생산 격감, 극심한 허리케인, 홍수, 폭풍, 해일 등의 복합작용으로 가장 심한 타격을 받을 것이다. 또한 가난한 사람들은 이것과 더불어 늘어나는 건강 위험에 직면하게 될 것이다. 물이 오염되면 설사나 콜레라가 유행하거나, 기온이 상승하면서 말라리아를 옮기는 모기가 새로운 지역으로 확산된다. 이런 일들이 일어나는 빈도가 늘면서 공동체들이 사태 수습을 하기 전에 또 다른 사건들이 줄을 이어 자산을 재건하고 원기회복을 할 수 있는 시간적 여유를 갖지 못한다.

한 지역 안에서도 여성들이 더 큰 영향을 받는다. 전통적으로 음식, 연료, 식수, 간호 등을 제공하는 농가 여성들은 당장 이용가능한 자연자원에 크게 의존하는데 가뭄, 홍수 또는 예측이 불가능한 폭우가 자원을 고갈시키면 여성들은 영양부족 상태의 아이들을 돌보거나 식수와 연료를 수집하는 데 더 많은 시간을 소비할 수밖에 없다. 특히 여성들은 자산과 대출 이용에서 상대적으로 불리하고 궁핍하므로 불확실성이 늘어나는 자연에 더 의존하게 된다. 연구자들은 가뭄이 들면 남부 아프리카 의 HIV 감염률이

올라간다는 경험적 사실을 제시한다(앞글: 261).[19]

3. 바이오연료 → 토지투기 → 식량위기

1) 바이오연료 생산과 식량위기

농민들이 농업용 연료를 소량 생산하기 위해 바이오연료를 사용하기도 하지만 식량위기와 문제가 되는 것은 산업용 바이오연료(industrial agro-fuel)[20]로, 대량 집중적 경작으로 이뤄지고 있다는 데 문제가 있다. EU의 바이오연료 지원정책은 2003년에 시작되어 2009년에는 유럽재생에너지정책(RED)의 도입으로 확대되었다. RED 정책으로 2020년까지 유럽 에너지 생산의 20%가 재생에너지로 충당하도록 되어 있다. 수송 부문의 경우 10%가 재생에너지로 충당되도록 되어 있다. 유럽환경정책연구소(IEEP)의 분석에 따르면, 2020년까지 바이오연료의 72%는 바이오디젤, 28%는 바이오에탄올이 될 것으로, 이를 위해 각각 40%와 50%가 수입으로 충당될 것이다

---

19 농작이 실패하면 남성들은 일자리를 찾아 도시로 나가고 몇 달이 지난 뒤 일부 남성들이 바이러스에 걸린 채 돌아온다. 또한 몇몇 부모들은 궁핍한 삶에 허덕이다가 지참금을 받으려고 또는 부양부담을 줄이려고 어린 딸을 이미 아내나 성관계 파트너가 여러 명이 있는 남자에게 시집을 보낸다. 그리고 몇몇 여성들은 돈을 손에 쥘 다른 자산이 전무하기 때문에 농사 실패를 벌충하려고 자식들을 위한 돈이나 식량을 대가로 성매매를 한다.

20 1세대 바이오연료(agrofuel)는 농업 생산물 원료로 생산된다. 바이오디젤은 유성식물인 팜, 콩, 해바라기, 랩씨드 등으로, 그리고 에탄올은 밀, 옥수수 등의 곡물로 생산된다. 바이오 디젤은 디젤과 혼합해서, 바이오 에탄올은 가솔린과 혼합해 생산된다(Erard 2012: 65). 2세대 바이오연료는 밀, 옥수수의 줄기 등 부산물로 만들어진다.

그림 8-11 세계 바이오 에탄올 생산

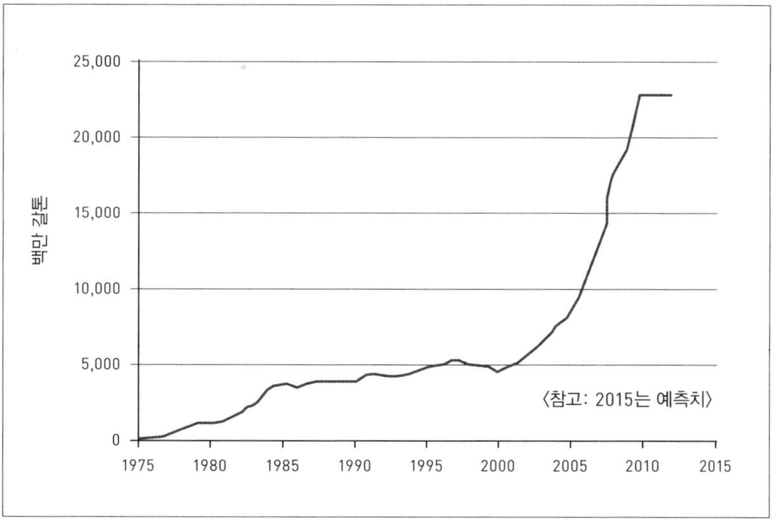

자료 F.O. Licht; Brown 2012 재인용

그림 8-12 미국 옥수수의 사료, 연료, 수출

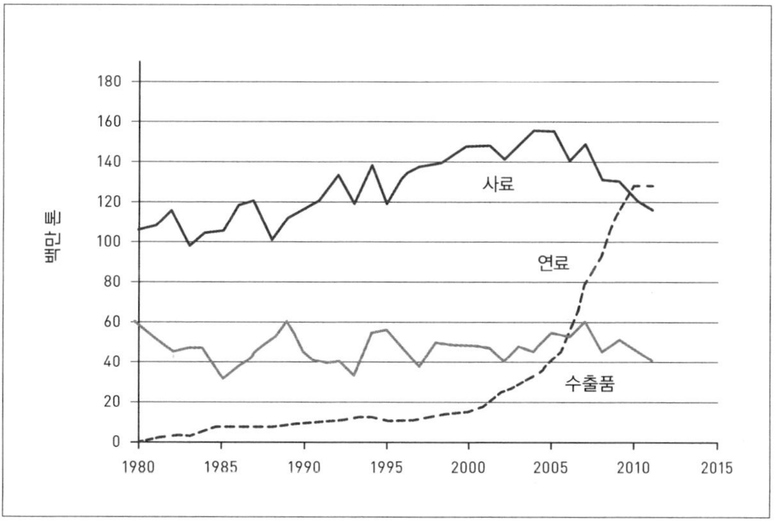

자료 USDA; Brown 2012 재인용

(Erard 2012: 65). 이를 위해 유럽 국가들은 해외에서 바이오연료 생산에 박차를 가하고 있다.[21]

바이오연료 생산 때문에 대규모 "토지투기"가 글로벌 차원에서 진행되어, 지난 2001~11년 기간에 프랑스의 네 배가 되는 토지투기가 이뤄진 것으로 나타났다(앞글: 65). 특히 아프리카는 가장 심각한 피해를 입은 대륙으로, 그 규모는 7000헥타르가 넘으며, 글로벌 토지투기 66%가 식량위기가 가장 심각한 아프리카 대륙에서 이뤄졌다. 또 글로벌 차원에서 농지수탈의 40%가 바이오연료 생산 때문인 것으로 분석되기도 한다(앞글: 65-6).

따라서 국제사회는 굶주림으로 바이오연료가 생산된다고 비판하며, 이는 심각한 인권 침해라 주장해왔다. "토지투기는 식량에 권리 침해"이며 글로벌 식량 불안정을 악화시키는 주요 요인으로 파악되고 있다(앞글: 66).

글로벌 식량위기는 바이오연료 생산으로 초래되었다는 것은 국제기관들이 확인해주는 객관적 사실이다, 그럼에도 미국이나 EU에서는 그 영향이 미약한 것으로 평가절하하고 있다. 각국 지도자들의 주장 또한 자국의 국익에 초점을 맞추고 있다.[22] 이를 바로 잡기 위한 '글로벌 식량 거버넌스'의 필요성을 강하게 제기되고 있다.

---

21 국제에너지기관(IEA)에 따르면, 2000~10년 기간 바이오연료 생산은 160억 리터에서 1000억 리터로 625% 폭증해, 바이오연료의 생산에 많은 농지 확보가 뒷받침되었다. UNEP에 따르면, 2004~08년 기간의 바이오연료 생산에 투입된 농지는 3570만 헤타르로 세 배 이상 확대되었다(Erard 2012: 65).

22 각국 리더들도 바이오연료에 대한 비난 또는 옹호의 발언을 쏟아냈다(Leopold 2011: 14-15). 브라질의 룰라 대통령은 미국 등 유럽의 바이오연료 정책이 식량위기를 일으켰다고 비난했다. 독일의 메르켈 수상은 유럽의 식량 정책이 아니라 개발도상국의 불안정한 농업정책이 식량가격의 변동성을 조장한다고 보았다. 부시 미국 대통령은 '국가 에너지 안보' 이슈라며, 외국의 불안정한 에너지 수입에 의존하기보다 미국의 안정적인 바이오에탄올 생산이 중요하다고 발언했다.

표 8-5 바이오연료 → 식량가격 상승 요인: OECD, IMF, 미국, EU

	내용
OECD	"바이오연료 지원정책은 글로벌 식품 가격에 상당한 영향을 미침"
IMF	"옥수수와 콩 가격 상승의 각기 70%, 30%" 직접적 영향을 받음
IFPRI	"곡물 가격 상승의 30%" 영향을 받음
FAO/OECD	식량 가격 상승에 "중요한 요인"
미국 정부	2~3% 정도의 미약한 영향
EU 위원회	4% 미만의 미약한 영향

자료 Erard 2012: 66.

2) 글로벌 토지투기 어젠다

'토지투기'(land grabbing)이란 "기존에 토지에 의존해 생활하는 사람들의 이해를 도모하지 않는, 대규모의 농지나 숲 토지의 구입 또는 임대"를 말한다(Murphy 2013: 3). 토지투기의 확산은 그간 세계은행이나 UNCTAD의 신자유주의 정책으로 해외직접투자 유치를 개발의 전략으로 강요한 결과로 나타났다(앞글: 4).

언론에서 '토지투기'가 보도되기 시작한 것은 2008년과 2009년의 일이다. 이때는 이미 세계 곳곳에서 상당한 규모의 토지투기가 일어나, 농민들의 저항도 있었던 시기였다. 그 중 한 사건은 한국의 대우그룹이 마다가스카르의 경작지 절반가량을 임대하는 계약을 추진 중이었는데, 당시에 국민의 신임을 잃고 있던 부패한 정권을 퇴각시킬 정도의 심각한 시위가 일어

■ **표 8-6** 책임 있는 농업투자 원칙들

제1원칙: 기존의 토지에 대한 권리와 또 관련된 자연자원을 인정하고 존중한다. 제2원칙: 투자로 식량안보를 위협하지 않고 식량안보를 강화시킨다. 제3원칙: 농업투자 관련 과정들은 적절한 비즈니스, 법률, 규제적 환경에서 모든 이해관계자들의 참여에 의해 투명하고, 모니터링되어, 책무성을 보장받는다. 제4원칙: 모든 물질적인 영향을 받는 사람들이 상담을 받으며, 상담을 통한 합의사항들은 기록되고 실행한다. 제5원칙: 투자자들은 투자 프로젝트가 법의 지배를 존중하고 산업적 최상의 실천을 반영하며 경제적으로 실행가능하며 영구적인 공유된 가치로 남는다는 점을 보장한다. 제6원칙: 투자자는 바람직한 사회적, 분배적 영향을 창출하며 취약성을 증대시키지 않는다. 제7원칙: 프로젝트의 환경적 영향은 수치로 측정되며, 리스크와 부정적 영향을 최소화하며 완화시키면서 지속가능한 자원 이용을 위한 조치를 실행한다.

났고, 새 대통령이 들어서면서 토지임대는 무산되고 말았다.[23] 이런 내용의 기사가 영국의 보수주의 잡지 *Financial Times*가 탐사 보도할 정도로 이례적인 사건이었다. FT는 그간 자유무역과 해외직접투자의 혜택을 열심히 보도해온 신자유주의 언론이라 볼 수 있다.[24]

이런 언론 보도가 확산되면서 FAO, UNCTAD, International Fund for Agriculture and Development (IFAD) 등이 "책임 있는 농업투자 원칙들"을 마련해, 글로벌 협약 형식으로 제시하였다. 일곱 개 원칙들은 실행이

---

23 대우는 토지 투자의 목적이 옥수수 대량생산으로 "한국의 식량안보를 확보하기 위해" 한국으로 수출할 것이라는 입장을 밝혔고, 130만 헥타르의 토지를 99년간 무상 임대를 받아 4만 5000명의 일자리 창출과 20억 달러의 인프라 투자를 할 계획이었다(Financial Times 2009. 3.18).

24 대우가 추진했던 토지임대가 마다가스가르 국민에 어떤 개발의 혜택을 주는지에 대해서는 전혀 언급없이 토지임대에 대해 단순한 사기업의 영리추구 행위라며 강하게 비판한 것이다.

표 8-7 시에라리온의 바이오생산 경작지 임대

세계에서 가장 가난한 국가 시에라리온은 어려운 선택을 하였다. 1991~2002년 기간 치열한 내전으로 인구의 절반이 주거지를 떠나 이주자나 난민의 신세가 되었던 빈곤국이자 분쟁국이다. 식량을 생산하는 농지를 바이오연료를 생산하는 다국적기업의 대규모 사탕수수 경작지로 50년간 임대해준 것이다. 5만 7000헥타르에 해당되는 농지를 임대해줌으로써 농지에 의존해 식량 자급을 해왔던 많은 소작농들에게는 빈곤의 위협이 기다리고 있다. 스위스 다국적기업인 Addax 바이오에너지는 사탕수수 농지에서 바이오 에탄올을 생산해 유럽에 수출할 계획으로 농지 임대를 받았다.

시에라리온 정부는 심각한 식량불안을 해소하기 위한 방안으로 식량생산과 사기업의 투자를 통한 대량 산업방식을 선택한 것이다. 정부는 유럽 은행들로부터 1억 4300만 유로의 금융융자를 받아, 이 자금으로 농업생산 증대 프로젝트를 시행해왔다. 그 프로젝트에는 토지 임대를 통한 다국적기업의 투자유치도 포함되어 있다. 다국적기업 Addax는 학교시설과 의료 시설 지원 약속을 했지만 아직 약속은 이행되지 않고 있고, 또 토지 임대에 대한 보상도 최소 수준에 그치고 있어 갈등을 야기하고 있다.

자료 Kennedy 2013: 6.

의심스러운 원칙들이라는 것이 시민사회의 비판이었다. 토지투기가 심각한 지역들 중에는 농업에 크게 의존하고 빈곤이 심각한 국가들이 많이 포함되어 있다는 점에서 글로벌 토지 거버넌스의 요청을 받고 있다.

토지매각이나 임대를 해주는 국가들은 수단, 에티오피아, 소말리아, 콩고 등이다. 2004~09년 사이에 아프리카 5개국(에티오피아, 리베리아, 모잠비크, 나이지리아, 수단)에서 천만 헥타르의 토지임대가 계약되었는데, 이 국가들은 대부분 부패한 정권들이 해외직접투자에 나선 사례들이 많다(Kennedy 2013: 4-5).

3) 토지투기의 배경 요인

해외직접투자 → 토지투기

2008년 경제위기와 식량위기로 해외토지투기가 활성화되었다. 캄보디아가 대표적인 사례로 2012년 국토의 22%가 해외의 사기업들이 구입한 것으로, 이는 캄보디아의 토지법에 근거해 토지 임대도 한번에 100년까지 2만 5000헥타르를 구입 또는 임대할 수 있다. 토지투기는 지역 농민들이나 주민들과 상의 없이 이뤄지고 있어, 지역갈등을 부추기며 소농민들의 생계형 농업에도 위협이 될 수 있다. 캄보디아 인구의 대다수는 생계형 농업에 의존하고 있는데, 농민 가구의 20%가량은 농지를 갖고 있지 않다.

캄보디아를 비롯한 동남아시아 전역에서 토지투기가 활성화되었다. 캄보디아에서 토지는 생명과 같은 것이다. 인구의 68%는 하루 2달러 미만의 수입으로 생계를 유지하고 26%는 매일 빈곤에 시달리고 있다. 이런 상황에서 해외 투자자들의 대규모 토지 매입으로 소농민들은 토지가격 상승으로 토지 확보에 어려움을 겪고 또 농업생산물의 가격 경쟁력을 상실하며 소득이 줄어 빈곤으로 몰리는 형국이다(Tolson 2013).

지난 20여 년간 해외직접투자(FDI)는 개발에 이득보다는 토지 소유권을 박탈하는 무소유를 확대시킨 피해를 갖다주었다. 캄보디아는 1989년 자유시장 개혁을 단행해 1992년부터 해외직접투자 유치에 나서면서 토지투기의 급등을 자초했다. FAO의 자료에는 1990년 제로 상태에서 2008년 8억 달러로 토지투기가 급등했다. 2000~10년 기간 중국이 전체 해외직접투자의 47.6%, 한국이 18.8%로 1위와 2위를 차지했다.

초기의 해외직접투자는 관광(53%), 인프라(21%), 의류산업(20%)였지만, 2008년 이후부터는 토지투기로 많이 쏠리고 있다. 2006~08년 곡물가격

■ **표 8-8** 인도네시아 소농의 팜유 바이오연료 농사

인도네시아와 말레이시아에서는 전 세계 팜유의 80%가 생산되는데, 전체 생산량의 상당 비중을 소농들이 차지한다. 인도네시아의 450만 명의 소농들은 보통 자신의 농산물을 구매하는 회사에 엄청난 빚을 지고 있어, 적절한 가격을 협상할 수 있는 힘을 거의 갖고 있지 않다. 바이오연료가 농촌에서 소외와 불평등을 악화하거나, 소농들에게 새로운 빈곤 탈출의 길을 열어 줄 수 있다. 그러나 바이오연료 생산으로 경작을 전환하는 추세는 식량 가격을 인상시키는 결과를 낳는다. 2008년 초까지 몇 년간 수요가 공급을 초과해 글로벌 식량비축분은 20년 중에서 최저 수준으로 떨어졌다. 궁극적인 아이러니는 일부 기업들이 팜유를 재배하려고 숲을 갈아엎어 농지를 만들었는데, 이것이 결국 지구온난화를 심화했고 또한 바이오연료 붐을 자극했다는 사실이다.

자료 Green 2008: 132-3 (주성수 2010).

급등으로 농지가 해외투자가 가장 매력적인 투자가 되고 있는 것이다. 많은 부유국들이 자국의 농업을 아웃소싱해 식량안보를 국가전략을 추진하고 있는 것이다. 여기에 주식 등 금융시장 투기세력까지 합세해, 이제 곡물시장, 농지 할 것 없이 식량 관련 해외투자는 글로벌 금융시장의 주류를 형성하고 있다.

이 같은 글로벌 동향은 캄보디아 농민 등의 빈곤국 농인들에게는 토지소유권 상실 등으로 생계 위협을 주며 국가 차원에서도 식량안보에 위협이 되고 있다. 캄보디아 인권수호와 진흥 연대에 따르면, 2012년 현재 캄보디아 토지의 22%가 사기업들에게 임대된 것으로 추산된다. 동남아시아 NGO들의 연대조직에 따르면, 이제 동남아시아는 아프리카 다음으로 토지투기가 진행되고 있다고 본다. 동남아시아는 세계 농업가구의 75%가 있고, 그 중 80%는 소농민과 소생산자들이라고 추산한다.

에티오피아의 농지 10%가 외국인 통제, 인도네시아와 캄보디아는

8%, 우간다는 4~8% 정도로 추산된다고 〈지구의 친구들〉(Friends of the Earth 2012:7)은 소개한다. 많은 현금을 보유하고 토지가 부족한 국가들은 국내 식량 공급을 위해 해외 토지를 매입하거나 장기 임대해 식량 안보를 확보하려 한다. 토지와 자원이 풍부하지만 현금이 부족한 개발도상국들은 토지와 농업에 해외투자 유치를 추진한다. 많은 국가의 정부들이 식량안보 또는 바이오연료 공급을 위한 토지투기에 나서고 있지만, 농비지니스는 식량이나 바이오연료의 대량 생산과 공급으로 수익을 극대화하고 있다. 투자자들과 투기자들도 고수익의 식량생산과 공급을 물색해 투자한다.[25]

반면에 해외투자를 유치해 농지를 임대 또는 매각한 국가들은 수단과 우간다 등 아프리카가 많다. 또 아시아의 파키스탄, 캄보디아, 인도네시아 등도 있으며, 러시아, 우크라이나, 조지아, 일부 남미 국가들도 있다(앞글: 7). 유럽 등지의 소비 증대와 바이오연료 소비 증대로 산업농의 확대를 가져왔고, 토지투기를 유도했다. 이 같은 토지 수요가 급증하면서 식량가격의 폭등을 유발해 투자자들의 대규모 투자를 몰고 온다. 지금의 기후변화의 추세와 물 자원 부족을 감안하면 토지가격과 식량사격의 상승은 충분히 예측된다. 그래서 엄청난 투기자본이 농업, 토지, 식량으로 몰렸다.

토지, 농업, 식량 수요 증대와 투기자본의 확대의 이면에는 과소비라는 근본적인 문제가 있다. 서구 산업국들과 신흥 개발도상국들의 중산층의 소비 욕구를 충족시켜주는 식량, 농업 생산이 필요하다. 유럽의 소비 수준은 유럽 대륙의 한계 역량을 넘어섰다. '지구의 친구들'의 자료 분석에 따르면, 유럽의 토지 흔적(소비되는 자원을 생산하는 데 필요한 농지의 규모)은 세계에

---

25 중국, 인도, 이집트는 자국의 쌀과 곡물의 확보를 위해 투자하는 국가다. 사우디아라비아는 기후변화와 자국의 물 부족 때문에 해외 토지투자를 통해 농산물 확보에 나선다.

서 미국 다음으로 큰 규모이다(앞글: 8). 유럽에서 소비되는 자원의 절반 이상의 토지가 해외에 있다.[26] 가장 현명한 토지투기 근절 방안은 토지투기를 하는 서구 국가들의 과소비를 줄여 해외 수출품에 식량과 연료를 의존하는 비중을 감소시켜야 한다. 지구적 지속가능성을 고려해야 한다.

GATT 농업 규제부터 토지투기까지

오늘날의 토지투기와 식량투기의 역사적 배경에는 1995년의 세계무역기구(WTO)의 탄생과 밀접히 관련되어 있다(Kennedy 2013: 6). 글로벌 차원의 우루과이 라운드의 농업협정(Agreement on Agriculture: AoA)이 WTO 회원국들의 결의로 발효된 것이다. AoA에 따라 국내 정치로도 더 이상 농업을 보호할 수 없고, 국가들은 수출품과 수입품 모두에 국경을 개방하고, 관세를 인하할 수밖에 없다. 빈곤국들에 대한 개발 원조는 빈곤국들로 하여금 자국에서 수출 농작물의 생산을 위한 토지를 해외투자로 유치해 값싼 식량을 국제시장에서 수입하도록 압력을 행사했다. 자국의 식량생산을 줄이고 수입농산물에 크게 의존하게 된 것이다. 일부 국가들은 농업 생산의 다양화, 품종개량, 농업고용의 확대 등으로 혜택을 보기도 했지만, 많은 개발도상국들은 식량을 국제시장에 크게 의존하면서 식량가격 폭등시에는 식량안보의 위협을 받았다. 국내에서는 농업생산이 줄고, 농촌인구가 도시로 이주해 식량수입에 의존하지 않고서는 도시인구의 식량수요를 감당할 수

---

26 이처럼 유럽의 해외 의존도가 높은 것은 소고기와 식사 소비, 바이오연료 소비 수준이 지나치게 높기 때문이다. 유럽에 식량이나 농산물을 수출하는 국가들에게는 수입원이 되며 경제성장에 도움이 될 수 있지만 토지는 한정된 자산이다. 수출국은 수출 수입도 중요하지만 자국의 식량 안보를 갖춰야 하는 문제에 직면하면 또 생다양성 보존 등의 지속가능한 생산도 추구해야 하는 삼중의 어려움에 직면하게 된다(Friends of Earth 2012: 9).

없었다.

지구화의 영향으로 재정과 생필품 관련 정책과 법 규정들의 변화도 뒤따르며, 글로벌 식량위기를 초래하였다. 2000년대 초부터 투자펀드들이 농지, 식수 등의 농업 자산을 투자자산으로 간주해 여기에 자금이 몰리기 시작했다. 선진국에서는 토지가격이 이미 많이 상승한 상태로 개발도상국의 토지를 투자 또는 투기의 대상으로 한 것이다. 또 이런 투자를 확대하게 만든 요인들은 선진국의 은행과 금융의 탈규제로, 투기 자본들이 토지 등에 투자할 수 있는 자유도가 크게 높아졌다. 국가들 사이의 자본 이동의 탈규제와 함께 투자자본의 증대로 해외직접투자 형식으로 해외의 토지매입 또는 임대가 확대된 것이다. 한국처럼 IMF의 금융지원을 받은 개발도상국들은 구조조정의 요청에 토지 등에 대한 해외직접투자에 개방적인 탈규제정책을 시행하도록 협약되어 있다. 멕시코는 북미무역협정(NAFTA)의 협정에 따라 거의 100년간 해외 투자자에게 토지 소유권을 개방시켰다.

1990년대부터 은행과 투자자들, 곡물거래자들은 식량과 농업 관련 파생 금융상품들을 판매하였다. 이처럼 식량생산, 유통, 금융의 지구화로 2006~08년의 식량가격 폭등이 유발되었다. 가장 많은 피해를 보았던 국가들은 식량자급자족을 포기하고 수입 농산물에 의존해오다 식량가격의 폭등에도 불구하고 수입품에 의존할 수밖에 없었던 많은 빈곤국들이다.

4) 토지투기에 대한 글로벌 거버넌스

우간다의 심각한 토지투기 문제를 대응한 〈지구의 친구들〉은 토지투기의 심각성을 알리며, 이에 강력한 글로벌 거버넌스를 제안한다. 〈지구의 친구들〉은 대규모 토지투기로 열대우림이 제거되며, 생다양성 손실과 물의 고갈과 오염 등 심각한 환경피해가 일어나며, 동시에 지역사회가 농지를 상실해 식량자급자족의 위협에 처해 있다고 강조한다(Friends of Earth 2012: 6). 국민 10명 중 4명이 빈곤상태에 살고 있고, 85% 이상이 소규모 농업에 의존해 생계를 유지하고 있는 우간다에서 일어나는 대규모 토지투기는 이들을 위한 개발투자라기보다는 이들의 생계를 위협한다는 점에서 OXFAM, 지구들의 친구들 등 INGO들의 거센 저항을 받았다.

〈지구의 친구들〉은 우간다의 토지투기 문제해결의 방안을 제시한다(앞글: 16).

- 헌법의 토지소유권을 존중하고,
- 대량 농업생산을 진흥하기보다는 생다양성 보전을 위한 자연우림을 보호하고,
- 전통적인 토지소유권을 가진 시민들을 보호할 법을 시행하며,
- 바이오연료 생산을 위한 토지투기를 중단시키고 대신 농업생태적 농가를 지원하고,
- 프로젝트 시행 이전에 지역의 식량생산 등 사회와 환경 영향 평가를 시행하며,
- 국제금융기관들과 세계은행들이 토지투기 방식으로 지역의 빈곤을 조장하는 것보다 빈곤을 감소시키는 프로젝트에 재정을 지원하도록 책무성 감시를 하며,
- 지역사회가 자신들의 토지권리를 방어하기 위한 지역토지협회를 조직하도록 허용하라.

그리고 타국 정부들에 대해서도 다음과 같이 제안한다(앞글: 17).

- 대규모 토지투기를 차단하고 토지를 지역사회에 돌려주고,
- 2006년 국제 농업개혁과 농촌개발 회의에 협약한 농업개혁 프로그램을 시행하며,
- 세계은행의 '책임 있는 농업투자(Responsible Agricultural Investment (RAI) 원칙들을 철회하고 대신 지역사회를 위한 토지, 임법, 어업에 대한 안정적인 접근을 제공하기 위한 세계식량안보위원회(Committee on World Food Security)에서 합의된 '토지와 자원자원 소유를 위한 자발적 가이드라인'에 국가적, 국제적 거버넌스 구조들을 기초하도록 한다.
- 토지투기를 유발시키는 과소비를 없애는 정책을 시행한다. 미국과 EU의 바이오연료 의무조항과 보조금제도를 없애고 고기 과소비 해결정책을 시행한다.

또한 EU의 바이오연료 생산 정책의 변화를 촉구하는 국제사회의 요청이 강화되고 있다. 그 요청은 프랑스의 국제연대위원회(CFSI)의 권고처럼 다섯 가지 제안으로 제시되고 있다(Erard 2012: 67).

- 교통수단에서 재생에너지 혼용비중 10% 목표를 철회할 것.
- 보조금이나 감세 등 모든 1세대 산업용 바이오연료 지원제를 폐지할 것.
- 에너지 절약과 에너지 효율성 개선 정책에 투자할 것.
- 모든 국제기관들이 일제히 1세대 산업용 바이오연료 생산과 소비 목표를 철회하고 이들을 지원하는 모든 지원제도을 폐지할 것을 실천할 것
- 2세대, 3세대 바이오연료 연구를 강화하고 또 환경, 빈곤인구의 개발 및

인권의 실현에 긍정적인 영향을 가진 바이오연료를 지원할 것.

바이오연료에 대한 EU의 에너지 정책은 큰 변함이 없다. 식량위기의 요인으로 분석한 학계와 NGO들의 로비와 압력으로 2008년에 시행된 바이오연료 소비의무 비율을 낮추고 2015년에 유럽 바이오연료 정책의 종합평가를 시행할 것으로 의결하였다. 그럼에도 EU의 바이오연료 생산자의 막강한 로비의 영향으로 오히려 2030년까지 의무소비 비율을 14%로 늘리자는 주장도 제기되었다. 2018년에는 팜오일 바이오연료 생산에 대한 보조금 지원이 철회된 변화가 의미 있는 변화 중 하나다. 인도네시아 등지에서 팜오일 바이오연료 생산이 숲제거를 유발한다는 여론의 압력이 제기된 것인데, 그럼에도 다른 작물에 의한 바이오연료 생산은 2020년까지 지속될 것이다. 이에 〈지구의 친구들〉은 바이오연료 생산으로 특히 아프리카 국가들이 심한 피해를 입어, 500만 헥타르 농지들이(덴마크 국토 규모)의 바이오연료 생산에 토지투기가 되어 있다며, EU 바이오연료 정책 철회를 계속 주장한다.[27]

---

27 Friends of the Earth http://www.foeeurope.org/agrofuels-in-depth

4. 글로벌 '기후변화' 거버넌스

또한 기후변화에 대한 적응과 완화를 위한 글로벌 거버넌스로 2015년 파리 기후협정을 중심으로 하는 글로벌 기후변화 거버넌스를 참고할 수 있다.

1) 글로벌 기후변화 거버넌스

기후변화에 대응하는 일은 '완화(배기가스 줄이기)'뿐 아니라 '적응(기후변화에 대한 사람들의 대응력)'에도 힘써야 한다(Green 2008: 262). 적응은 이제 불가피하다. 지역 공동체들이 '적응'에 성공하려면 국가와 국제사회의 상당한 지원이 필요하다. 이 점을 2015년 기후협정에 담은 것은 다행스러운 일이다.

기후변화의 관리에 대한 논의는 글로벌 거버넌스의 효능성 테스트를 해볼 만한 근거를 제시해준다(Jayadev 2010: 11). 2002년 IPCC 3차 보고서는 기후변화가 인간개발에 미치는 심각한 영향을 지적하였다. 농작물의 감소, 농업생산성의 저하, 식량안보와 고용 감소, 해안지역 거주 빈곤층의 이주, 수인성 질병 확대, 영양실조 등 빈곤 관련 채널들에 대해 광범한 기후변화의 영향이 자료로 제시되었다. 〈2002년 기후변화 보고서〉가 제시한 글로벌 기후변화의 심각성과 글로벌 거버넌스의 긴박성에도 불구하고 이후 개최된 UN 코펜하겐 기후회담은 국가들의 기후변화 대응 합의를 제대로 이끌어내지 못하고 실패한 회담으로 남았다. 실패의 원인으로는 민주적 책무성과 심의의 결여가 우선 제기되었다. 글로벌 포럼에서의 국가들의 불균등한 대표가 온실가스 배출감소에 대한 합의 도출에서 결정적인 실패 요인으로 꼽힌 것이다.

이 같은 형식상의 대표에서의 형평성 결여 문제뿐 아니라 개발도상국들이 당면한 역량과 협상력 부족의 문제도 제기되었다. 이로 인해 개발도상국들이 기후변화 심의 과정에 완전한 참여국의 역량을 발휘하지 못한 것이다. 글로벌 환경기금(Global Environment Facility: GEF)에 대해서도 개발도상국은 그것을 불공정한 의사결정 구조를 가진 세계은행이 주도하는 것으로 불신하고 있다(앞글: 12).

2) 2015년 파리 기후협정

2015년 제21차 유엔기후변화협약의 파리 협정(Paris Agreement)이 채택, 발효되었다. 교토의정서가 37개의 선진국에게만 온실가스 감축 의무를 부과하던 것과는 달리 파리 협정은 2020년부터 195개국 모두가 온실가스 감축에 동참하도록 했다. 파리 협정의 주요 내용은, 산업화 이전 대비 2도 이내의 수준으로 유지하며, 1.5도 이하로 제한하기 위해 노력한다고 명시한 점이다. 또한 국가별 온실가스 감축량은 각국이 제출한 계획을 인정하되 5년마다 상향된 목표를 제출하도록 하고, 정기적인 이행 상황 및 달성 경과보고를 의무화하고 이를 점검하기 위한 '종합적 이행점검' 시스템 도입을 합의했다. 또 개발도상국 온실가스 감축 지원에 선진국은 매년 1000억불 재원을 마련하기로 했다.

한국은 INDC(자발적 국가감축량)를 제출해, 11.3%에 해당하는 감축분을 국제탄소시장을 통해 달성하겠다는 계획으로, 캐나다, 일본, 뉴질랜드, 스위스 등의 국가 또한 탄소시장을 이용하겠다고 밝혔다. 선진국 또는 개발도상국이 '국제적으로 전달이 가능한 감축 달성량'을 사용하기 위해 협력적인 접근방법을 취할 수 있다고 명시해, 모든 당사국이 감축분에 대해서 판매자나 구매자가 될 수 있음을 의미한다. 따라서 향후 다양한 형태의 국제 탄소시장이 설립될 것이다.

파리 기후변화체제 협상은 교토의정서에 기반한 현재의 기후변화 대응체제의 한계를 극복하고, 세계 모든 국가들이 참여하는 2020년 이후(Post-2020)의 새로운 기후변화 체제를 마련하기 위한 협상이었다. 교토의정서(Kyoto Protocol)는 1997년 일본 교토에서 의정서로 채택되어, 2005년 2월에 발효되었다. 그런데 교토의정서 체제에서는 CO2 배출량 1, 2위 국가인 중국(26%)과 미국 (16%)이 의무감축 대상국이 아니며, 교토의정서 제2차 공약기간(2013~20) 참여국들의 배출량도 전 세계 배출량의 약 15%에 불과해, 실효성이 크게 의문시되었다. 이후 세계 모든 국가들이 참여하는 파리 신기후협약으로 진전되었다.

신기후협정 체결은 다음과 같이 개발도상국과 개발국 사이의 여러 쟁점들을 직면해야 했다(외교부 2015: 32-4). 첫째는 차별화 쟁점이다. 신기후변화체제 협상의 최대 쟁점은 온실가스 감축, 적응, 지원 의무 등을 국가 간에 어떻게 차별화해 적용할지, 심각한 이슈가 되었다. 개발도상국은 역사적 책임, 공통의 그러나 차별화된 책임(CBDR) 원칙 및 개별 국가의 능력에 기초할 것을 고집했다.[28]

---

28 기존 기후변화협약상의국가 분류인 부속서 체제(부속서 I, II)를 유지해야 한다는 입장이다. 부속서 I은 온실가스 감축 의무국, 부속서 II는 재원 지원 의무국. 반면 개발국들은 부속서 I, II에 따른 구분이 1992년 기후변화협약 채택 당시의 상황을 기준으로 하므로, 지난 20여 년간의 변화된 각국의 상황을 반해야 한다는 입장이며, 변화된 각국의 상황을 스스로 반하는 자체적 차별화를 지지했다.

둘째는 감축 이슈다. 각국은 국가별 기여방안(NDC: Nationally Determined Contributions)을 통해 자국의 온실가스 감축량을 스스로 결정함에 따라, 감축의무의자체적 차별화를 실현하는 문제다.

셋째는 적응 이슈다. 개발도상국들은 기후변화 적응의 시급성과 중요성을 강조하면서 선진국들의 지원을 강조하는 반면, 선진국들은 적응의 중요성을 원칙적으로는 인정하나, 적응 세부 이슈에 대해서는 소극적 입장을 견지했다.[29]

특히 빈곤층, 빈곤국들이 기후변화 피해로 가장 극심한 고통을 받고 있는 현실에서 기후변화 적응에 필요한 기후재정 지원이 확대될 필요가 있다. Oxfam은 2015년 파리 기후협정에 앞서 기후재정이 최소한 절반 이상 '적응'에 투입될 것을 강조하였다(Oxfam 2015: 12). 그런데 기후재정의 77%가 완화에 투입되고, 완화와 적응 복합 7%, 적응에는 16%만이 지원되었다. 완화는 중소득국에 주로 지원되고, 적응은 저소득국에 필요한 재원이라는 점에서 기후재정의 배분에서 상당한 불균형, 불공정이 있다(OECD 2017: 64). 적응 관련 ODA 조차 취약성이 낮은 국가들에 치중된 문제도 있다. 2013년 적응 관련 ODA 중 9%만이 기후변화에 가장 취약한 국가 10%에 지원되었다. 2014년 5개국(방글라데시, 브라질, 인도, 모로코, 터키)이 전체의 36%를 지원받았고, 인구 20% 이상이 절대빈곤층인 최빈국 14개국이 전체 적응 재정에서 가장 적은 지원을 받았다(앞글: 64).

---

29 개도국들은 감축과 적응의 동등성(parity)을 강조하면서, 신기후변화체제에서는 중·장기적, 정량적 적응 목표를 설정하고, 적응 이슈와는 별도로 기후변화로 인한 손실과 피해에 대한 내용이 반영되어야 한다는 입장이다. 선진국들은 감축과 적응의 중요성을 인정하면서도 국내적·지역적 이슈인 적응에 관한 정량적 전 지구적 목표 설정은 현실적으로 어려우며, 손실과 피해는 적응 이슈의 틀내에서 다루어져야 한다는 입장이다.

3) 글로벌 숲지키기와 REDD+

지구온도 2도 상승 이내에 머물기 위해서는 브라질과 인도네시아 등의 열대우림 국가들에서 연간 배출감축이 지속되어야 한다. 숲제거 손실로 인한 탄소배출이 2008~12년 기간에 연간 5.4기가 톤에 달해, EU 전체의 탄소배출 총량과 거의 같은 수준에 달했다(Birdsall and Kuczynski 2015: 4). 숲이 글로벌 배출 총량에 기여하는 순기여도가 약 10%에 불과하지만, 숲지키기와 숲재생을 대규모로 시행하면 연간 온실가스 배출 30%가량 감축할 수 있다.

탄소 저장 측면에서 나무들의 현상유지를 하는 것이 숲에 나무를 심는 일보다 훨씬 더 비용효과적이다. 1헥타르 숲을 제거해 발생하는 탄소의 분량을 만회하는 데는 25~100년의 기간이 걸리며, 생다양성의 숲 생태계는 영구히 상실될 수 있으며, 복구에만 수백 년이 걸릴 수 있다(앞글: 5). 현상태의 숲을 유지해 탄소를 흡수하면 지금까지 검증되지 않은 비용이 많이

표 8-9 숲 지키기 → 기후변화 완화 (온실가스 배출 감소)

〈24~30% 온실가스 배출 감축〉 열대우림의 숲 제거를 완전히 멈추고 제거된 숲 복원으로 글로벌 온실가스 배출 감축.
〈28% 비용 절감〉 화석연료 사용을 줄이면서 지구적 완화 행동에 열대우림 유지와 복원으로 글로벌 섭씨 2도 상승 억제에 소요되는 비용 절감.
〈10+ SDGs〉 열대우림이 SDG 17개 중 10개 이상 달성에 기여.
〈30미터 간격 위성 관찰〉 세계적으로 숲 제거를 30미터 간격으로 인공위성 관찰 가능.
〈50+ 숲지키기 참여국〉 열대우림을 가진 국가들이 글로벌 온실가스배출감소를 위한 외부의 성과기반의 재정지원 프로그램(REDD+)에 동참.

자료 Seymour 2017: 1.

■ **그림 8-13** 글로벌 열대우림 손실 → 온도상승, 비용증가, 피크 배출

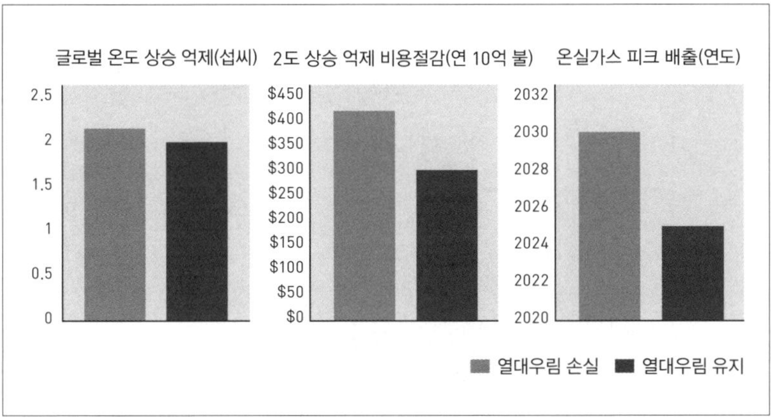

참고 열대우림 손실(유지)로 온실가스 배출 증가(감소).
자료 Seymour 2017: 2.

드는 테크놀러지가 탄소를 흡수하는 것보다 훨씬 더 비용이 저렴하다. 열대우림은 다른 지역이나 섹터에 비교해 저비용으로 배출 감소를 할 수 있는 풍부한 원천을 제공한다.

또 열대우림 제거를 중단하고 제거된 숲을 복원하면 기후변화 완화를 앞당길 수 있는 효율적인 처방이라는 자료들이 제시되어 있다(표 8-9, 그림 8-13). 숲 지키기를 잘 하면 온실가스 '피크 배출'(peak emission)을 5년 앞당길 수 있다.

REDD+(숲제거방지배출감소)는 열대우림 국가들로부터 산림제거 중단이나 감소의 오프세트를 기업, 국가, 다른 기관들이 구매하도록 허용하는 메커니즘이다. 대표적인 브라질과 노르웨이 파트너십은 2008년에 REDD+ 협정을 맺어 산림제거 감소 성과 기간(1996~2005년)의 평균치 이하로 성과 달성을 하면 이에 대한 성과지불을 하는 환경기금에 10억 불을 투자했다.

■ **그림 8-14** 아마존의 숲지키기와 농업생산

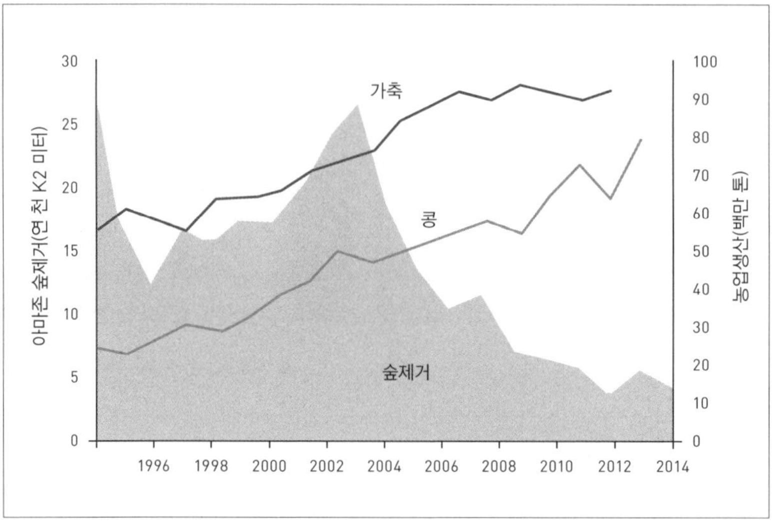

자료 Birdsall and Kuczynski 2015: 31.

■ **그림 8-15** 숲 지키기 온실가스배출감소(REDD+) 참여 국가

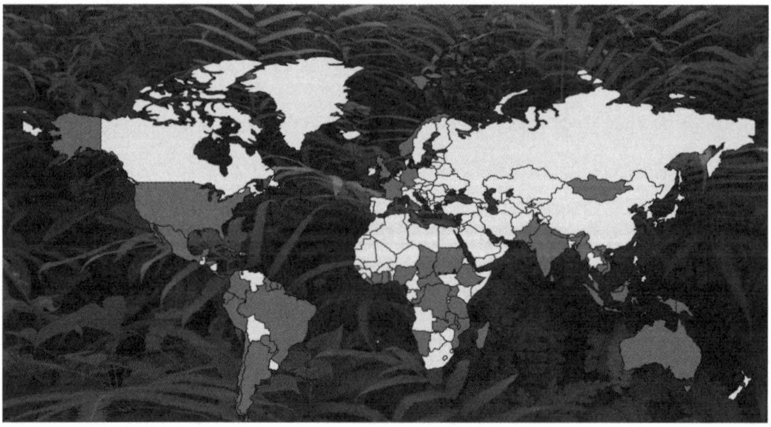

자료 UN REDD+ Platform http://redd.unfccc.int/ (2018.5. 현재)

다른 열대우림 국가들도 동참하지만, 재원 미달로 큰 성과를 내지는 못하는 상태다. 기후변화 완화뿐 아니라 SDGs 이행을 위해서도 REDD+ 확대에 필요한 재원 마련이 글로벌 거버넌스 어젠다로 제기된다.

제9장

글로벌 '자원' 거버넌스

국가의 자연자원 의존도가 지나치면 대규모 부패를 낳는 원인이 될 수 있다. 우루과이의 대작가 에두아르도 갈레아노(Eduardo Galeano)는 그것을 '부의 저주'라고 표현했다. 인적 자원이 유일한 경제적 자산인 한국과 대만이 끈질긴 고투와 장기투자로 개발성공의 결실을 맺은 것과 달리, 자연자원이 풍부한 빈곤국에서는 쉽게 돈 벌어 빨리 권력을 사려고 한다. 그럼에도 보츠와나와 볼리비아는 풍부한 자원을 잘 관리해 빈곤해소 재원으로 투입하는 '자원 축복'의 국가가 되었다.

1. 자원부유국의 '자원 저주'?

1) 자원 부유 → 부패와 갈등

'자원의 저주' 국가

나이지리아에서는 1960년대에 3000억 달러의 석유 수입이 사라져 버려, 포장된 도로도 거의 없는 채로 인구의 70% 이상이 하루 소득 1달러 이하로 살아야 했다(Green 2008: 88). 부의 저주는 나이지리아에 어떤 형태의 좋은 영향도 남기도 않았다.

자연자원으로 국가와 시민들 사이의 '사회계약'이 단절될 수도 있다. 정부가 세입을 석유 로열티에 의존하게 되면 시민들에게 세금을 부과할 필요가 없게 되고 그러면 공공정통성을 배양할 필요도 느끼지 못하며 그 대신 뇌물로써 권력을 쟁취하려 한다(앞글: 89). 이런 상황에서는 민주주의가 이중의 칼날이 될 수 있다. 폴 콜리어(Paul Collier)에 따르면, 경쟁적 선거와 자유로운 미디어, 독립적인 사법부 등 견제와 균형을 갖춘 국가에서는 정부의 책무성과 효과성을 요구하는 압력이 많기 때문에 자연자원은 일반적으로 경제를 이롭게 한다. 만약 제도적 견제와 균형의 장치, 그리고 경쟁적 선거제가 없다면 정당들이 부를 수중에 넣으려고 치열하게 경쟁해 부패와 혼란이 악화될 것이다. 그런 국가에서 경제성장은 권위주의 정권보다 더 저조하다. 이것이 이라크의 미래에 시사하는 의미는 침울한 것이다.

그렇지만 자연자원 자체가 사망선고는 아니다. 보츠와나가 다이아몬드 부를 관리해온 방식은 '피의 다이아몬드'(blood diamond)로 얼룩진 앙골라, 시에라리온, 콩고민주공화국의 폐허와는 극단적으로 대비된다(앞글: 90). 한편 말레이시아는 주석과 고무 생산 의존을 끝마치고 마이크로웨이

브와 모바일 시장으로 이동했다. 중요한 것은 땅에서 나오는 돈을 잘 관리하는 강력한 책무성을 가진 제도를 갖추거나 창출하는 일이다.

노벨 경제학상 수상자 조셉 스티글리츠(Stiglitz 2012)는 "아프리카의 천연자원은 경제적 저주가 아니라 축복이 될 수 있다"며, 자원저주의 문제를 경제적 특성으로 해석한다.

- 자원부유국은 강한 통화(자국화폐 약세)를 가지고 있는 경향이 있어, 이것이 수출을 가로막은 요인이 된다.
- 자원채취는 일자리 창출을 거의 하지 않아 실업률이 오른다.
- 생필품 가격이 오르면 국제은행들이 달려들고 가격이 내리면 뛰쳐나가기 때문에 변덕이 심한 자원가격은 성장세가 불안정하다.

게다가 자원부유국들은 지속가능한 성장 전략을 추구하지 않는 경향이 있다. 자원의 부를 생산적 투자에 재투자하지 않으면 빈곤을 면하기 어렵다는 점을 인식하지 못한다.

자연자원이 풍부하지만 지속가능한 개발을 이루지 못하는 데는 몇 가지 이유가 있다. 정치 부패가 가장 핵심적인 원인으로 지목된다. 자연자원이 풍부한 국가들이 그렇지 않은 국가들에 비해 성장이 뒤쳐져 있다는 것은 경험적 연구들에서도 확인되고 있다. 두 번째 중요한 이유는 자연자원의 이용의 부가가치 창출의 역량이 없기 때문이다(Grynspan 2012). 자연자원에 크게 의존하는 개도국들은 성장을 위한 광범위한 생산기반의 개발을 하지 못하는 한계가 있다는 것이다. 고용창출의 효과도 없고 빈곤해소 영향력도 미약한 것이다. UNDP의 사례분석에 따르면, 자연자원의 이용으로 지속가능한 개발을 이루는 성공의 조건은 효과적인 정책, 책무성의 제도,

거버넌스 시스템의 작동이다(Clark 2011).

자원의 축복 국가

자원채취로 경제가 성장하고 인간개발 투자를 늘려 성장하는 국가들도 많지만, 자원부유국에서 국민의 상당수가 빈곤에 허덕이는 실정에 있다. 자원채취로 성장과 개발을 이루는 게 아니라 경제정책의 실패, 정치적 부패의 만연, 불평등, 정치불안, 갈등의 확대가 일부 자원부유국의 공통점으로 부각되고 있다(Clark 2011).

효과적인 국가는 엽관주의의 유혹을 물리치고 자연자원의 혜택에서 오는 재정수입에 기초해 장기개발을 추진할 수 있다. 보츠와나는 남아프리카의 작은 국가로 세계에서 다이어몬드 생산이 가장 많은 국가다. 그런데 자원의 저주가 아니라 자원의 부를 성장과 개발로 환원시킨 대표적인 자원 축복의 국가다. 국가 차원에서 계획에 의해 광물 자원의 상당 부분을 교육과 보건에 대한 투자금으로 입법화시킨 국가다. 또한 자원의 부 일부를 국부펀드인 풀라 펀드(Pula Fund)에 투자해, 재정적자를 메우고 가격 변동에 대한 완화장치로 갖춰 외화를 조달하는 데 사용한다.

노르웨이는 1900년대 초에는 유럽에서 가장 빈곤한 국가였지만, 지금은 세계 최상의 인간개발 국가다. 노르웨이는 자원에서 얻어진 부를 보편적 복지국가의 기틀을 마련하는 데 필요한 재원으로 활용해 복지국가의 전통을 유지하고 있다. 노르웨이는 석유에 75% 정도의 세금을 부과해 '석유 기금'을 마련해 석유가 고갈된 뒤에도 복지국가를 위한 장기 재정지원의 길을 열었다(Green 2008: 90). 볼리비아는 지난 400년간 '부의 저주'로 고통을 받아 왔는데, 2003년 대중소요가 일어나 정권을 교체하고 석유세를 50%로 인상할 것을 요구했다. 그때까지 석유와 가스에 대한 세금은 18%

에 불과했다. 볼리비아의 새 지도자 에보 모랄레스는 노르웨이에 도움을 요청해 2007년 두 정부는 에너지 부문에서 공공제도를 강화하자는 협정서에 서명했다.

나이지리아의 경우 1973~83년 기간의 석유 붐은 거의 대부분 정치인들의 정치자금으로 낭비되었다, 그런데 제2기(2003~8)년 기간에는 전혀 다른 개발의 자금으로 활용되며 성공을 거두었다(Clark 2011). 경제개혁을 통해 자원의 부를 경제성장과 인간개발에 효율적으로 투입한 결실인 것이다. 나이지리아의 구매력 대비 일인당 GDP 수준은 2000년 $1496에서 2010년 $2135로 급등하였다.

2) 거버넌스 실패: 우간다의 교훈

'자원 저주'의 징후들로 낭비, 부패, 환경재앙, 갈등이 일어날 가능성이 있다. 자원 저주를 회피할 수 있는 정보가 없는 것도 아니며, 국가, 비국가 전문가들과 자문가들이 없는 것도 아니다. 또 자원 개발 분야의 선진국 노르웨이 정부와 수백만 달러의 파트너십으로 기술력도 갖추었고 지역과 국제 NGO들의 활동도 다양하다. 문제는 재정적 통제 등 관리와 거버넌스 문제가 가장 중요한 것으로 드러난다(Shepard 2013). 채드의 경우 세계은행의 파트너십으로 개발한 석유 산업의 법적 장치들이 거버넌스 실패로 몇 년 가지 않아 붕괴되고 말았다.

장기적인 자원 관리의 성공을 가늠할 수 있는 최근의 연구가 인도네시아, 보츠와나, 칠레, 노르웨이 사례를 통해 네 가지 주요 원인들을 분석하였다. 1) 평화로운 개발에 대한 광범한 공유된 기대감, 2) 정부에 자문하고 자제를 시킬 수 있는 강력한 정치적으로 무관심한 유권층, 3) 상당한 수준의 기술적 전문성, 4) 자원개발 수입의 지출 계획에 대한 대중적 수용 등이다(Shepard 2013).

우간다의 경우, 지난 수년간의 폭력적인 대립을 경험한 후 평화와 개발에 대한 광범한 공유된 기대감이 강하다. 비교적 여유로운 석유 채취로 기술적 전문성을 축적한 장점도 갖고 있다. 다만 중앙집중화된 의사결정이 이런 전문성을 저해하는 요인으로 작용할 수도 있다. 이들에 비해, 우간다의 1당 지배의 정치, 일인 대통령(무세베니)의 정치 주도로 견제 세력인 시민사회가 취약해진 문제가 심각하다. 게다가 석유 자원 이슈에 대한 권력이 대통령 일인에 집중된 문제는 우간다의 개발에 심각한 장애물이었다.

석유자원의 투명한 관리를 위해 EITI 등의 투명성 요구에 대해 우간다 정부는 이를 정치적 공격으로 생각해, 일체 감시나 모니터링을 거부했다. 그러나 정확한 정보에 대한 접근이 정치 루머를 차단해 우간다의 사회통합에 기여할 수 있다면, 정부가 굳이 이를 거부할 이유는 없을 것이다. 가나의 공익과 책무성 위원회가 대표적인 사례가 된다.

또 다른 이슈는 자원수입의 지출 이슈이다. 많은 이들이 국가의 부과금이나 수입의 일정 몫을 저축하는 방식을 제안한다. 트리니다드 토바고 사례처럼 지출계획에 대한 대중지지를 확보하는 방안도 가능하다. 또 노르웨이도 있다. 이 모든 방안들은 우간다 특유의 권력관계 등 정치적 환경에 비추어 적절한 '자원 개발과 관리 거버넌스'를 선택할 수 있다(Shepard 2013).

3) 니제르 델타의 자원의 저주

니제르 델타는 세계 10대 습지 중 하나로 해안 생태계에서 생활하는 3100만 명의 생활기반인데, 여기에 엄청난 양의 석유가 매장되어 있다. 반세기 가까이 정부와 외국 석유회사들(Shell과 Royal Dutch Shell)이 엄청난 양의 석유를 채취해 부당한 부의 축적을 이뤘지만 지역사회는 이런 부의 혜택은 커녕 심각한 환경피해로 삶의 터전마저 위협받는 고통의 시간이 지속되었다. 1960년대부터 약 6000억 달러의 오일머니가 생산되었지만, 지역사회는 오히려 심각한 고통을 받았다는 것이 이해가 되지 않는다(Amnesty Int'l 2009: 10).

표 9-1 나이지리아 니제르 델타의 오일머니 투쟁

니제르 델파 지역의 석유개발은 석유산업이 미치는 부정적인 영향에 대한 지역사회의 저항의 역사로 점철되었다. 부정부패와 '오일 머니'가 지역 주민들의 삶에 심각한 피해를 주는 문제를 일으켰다. 지난 반세기 동안 석유회사들과 정치인, 정부관리들이 '오일 머니'로 부를 축적하는 사이에, 주민들의 저항은 끊이지 않았다. 기초생계에 필요한 물과 위생조차 해결하지 않고 오히려 오염된 물을 마시고 이용하며 건강을 해치는 피해가 속출한 것이다. 석유회사들의 채취과정에서 발생한 무수한 환경피해들은 지역사회가 고스란히 떠안게 되는 재앙을 견딜 수 없어 심각한 무장저항으로까지 발전한 것이다. 다국적 석유회사들은 수익극대화를 위한 채취에만 관심을 가졌을 뿐, 최소한의 환경피해에 대한 보상은 물론이며 지역사회에 대한 피해보상을 전혀 고려하지 않았다. 일부 회사들이 회유를 위해 임시방편적으로 금전을 지급하는 일도 있었다. 정부의 대응은 강력한 무력진압이 되었고, 이에 대해 지역사회의 무장항쟁은 사태를 더욱 심각한 무장충돌로 이끌었다. 2005년 말 이래로 무장세력들과 갱들의 무력행사는 늘어나며, 불법적인 석유 도난, 석유회가 직원과 가족의 납치 등정부군과의 대치도 지속되었다.

자료 Amnesty International 2009: 13.

니제르 델타의 석유산업은 석유생산 지역 주민들에게는 환경피해만 주며, 식수오염 등으로 인한 빈곤의 확대, 보건과 위생의 악화, 정부로부터의 심각한 인권 침해 등을 겪었다. 암네스티가 2009년에 현지조사를 통해 밝힌 석유회사들의 인권침해 사례들은 무려 수십 가지에 달한다.

암네스티는 니제르 델타지역 사례를 들며, 채취산업 지역사회의 인권 이슈들을 심각하게 제기한다(Amnesty Int'l 2009: 10).

- 식량에 대한 권리와 적절한 생계수준에 대한 권리의 침해. 석유 관련 오염과 환경피해로 인해 지역주민의 주요 식량자원이 되는 농업과 수산업에 대한 피해가 심각했다.
- 노동을 통한 생계 유지의 권리 침해. 농업과 수산업에 대한 오염과 환경피해로 이를 생계로 유지하는 주민들의 노동을 통한 생계를 위협하였다.
- 식수에 대한 권리 침해. 석유채취로 발생한 석유유출과 오염물질로 식수와 가정용수 오염이 심각하였다.
- 보건에 대한 권리 침해. 식수오염, 환경오염으로 인한 보건과 위생의 피해가 발생했고, 이에 대한 적절한 대책도 마련되지 않고 방치함으로써 더욱 심각한 보건 문제가 제기되었다.
- 석유 관련 오염에 대한 적절한 모니터링이 존재하지 않았다. 석유채취가 인구밀집 지역에서 지속적으로 진행되었음에도 이런 환경 영향에 대한 평가나 모니터링도 갖춰지지 않았다.
- 석유산업이 환경문제나 인권에 대한 영향에 대한 지역주민에 대한 정보 공개나 상담 등의 소통이 이뤄지지 않았다.
- 인권침해를 당한 주민들에 대한 적절한 처방책이 마련되지 않고 방치되었다.

석유채취로 인한 식수오염, 농지상실, 물고기 자원고갈 등 생계와 직결된 경제적 피해마저도 전혀 보상받지 못했다. 오히려 정부의 무장진압으로 저항도 무산되면서, 정부는 국민을 위한 정부인지, 다국적기업을 위한 정부인지, 심각한 의문을 제기하였다. 암네스티는 문제의 핵심을 정부의 역할 실패로 지적했다(앞글: 78-80).

첫째는 석유회사들에 대한 효과적인 규제 역할의 실패다. 정부는 아예 석유회사들에 대한 규제를 할 계획도 갖고 있지 않을 정도였으며, 오히려 석유회사들이 규제에 관여하였다.

둘째, 지역주민들에 대한 피해 모니터링도 없었으며 관련된 정보제공도 하지 않았다. 정부는 시민사회, 아프리카 위원회 등이 수십 년간 이에 대한 요청을 했지만 정부는 전혀 반응하지 않았다.

셋째, 심각한 피해를 입은 주민들에 대한 적절한 대응방안 마련도 이뤄지지 않았다. 니제르 델타 지역의 대부분의 주민들은 석유회사 운영에 따른 심각한 피해를 당했지만, 정부는 이를 외면해왔다.

넷째, 정부가 다국적 석유사에게 인권의 주요 책임을 위임한 것은 심각한 실책이었다. 석유 과련 오염으로 인한 식수와 보건 피해 등이 속출하였지만, 정부는 주민과 석유사의 협의로 문제 해결을 맡기고 회피하는 것이 일반적이었다.

다섯째, 문제해결을 위한 처방책 마련에도 정부는 책임을 회피하였다. 석유유출 사고의 조사와 보상에 대한 권한도 다국적 석유사에게 위임한 정부의 역할은 무책임한 실책이었다.

마지막으로, 정부와 다국적 석유사와의 관계는 비정상적인 것이었다. 정부가 조인트 벤처의 주요당사자로 참여함으로써 석유산업 관련 규제를 실패하게 만든 최초의 발단이었다. 무수한 인권침해 사례들도 다국적 석유사들에 대한 규제 실패이자 이들에게 규제와 문제해결까지 위임한 정부정책의 실패였다.

2. 글로벌 '자원' 거버넌스: EITI

1990년대 말 학계에서는 '자원 저주'(Resource Curse) 또는 '풍요의 패러독스'(Paradox of Plenty) 논의가 제프리 삭스, 조셉 스티글리츠 등에 의해 저술되었다(http://eiti.org/eiti/history). 언론 기자들과 작가들도 채취산업의 부정부패, 갈등, 관리 소홀 얘기들을 많이 쏟아냈다. 이 문제는 자연자원의 부가 다른 수출 분야의 경쟁력은 약화시킨다는 경제 현상으로 알려진 '더치 질병'(Dutch Disease) 이상의 문제로 발전되었다. 다른 문제들로는 엘리트들에 의한 자원 세입의 포탈, 세제 발전의 장애, 지역과 지방의 긴장 고조 등이 그것들이다.

자원 저주에 대한 학계와 시민사회, 그리고 기업과 국가들의 공조적 협력으로 오늘날 EITI를 글로벌 거버넌스 규율로 제시하게 된 과정을 살펴볼 수 있다. 그린(Green 2008)과 미툰(Midttun 2010), EITI 홈페이지에 서술된 역사적 배경 등을 참고해 EITI의 발전 과정을 간략하게 정리해볼 수 있다.

1) 제1단계: 시민사회 거버넌스 혁신

국제 NGO인 글로벌 위트니스(Global Witness)가 최초로 앙골라의 자원 저주에 초점을 맞춘 계획안을 준비하였다. 일련의 보고서를 통해 앙골라는 사하라이남에서 가장 거대한 산유국이지만 UN의 인간개발지수(Human Development Index)가 1999년 174개국 중 바닥인 160위에 위치한 빈곤국이다. 앙골라는 장기간 내전을 겪으면서 국가 자원의 부가 매우 불투명한 상태에서 정부와 석유 다국적기업 사이에 정경유착의 부패가 심각해 소수 엘리트 집단들이 오일머니를 착복했다.

오일머니가 앙골라 국민의 개발에 투자되지 않고 오히려 빈곤의 악화 등 저개발을 일으키는 원흉이 된 것이다. 다이아몬드 산업에 적용되는 UN의 킴벌리 과정(Kimberley Process)은 개도국에서 자원의 부가 전쟁에 투입되지 않도록 다이어몬드 원석의 채취, 선적 등 일련의 과정에서 투명성을 확보하는 것으로, 앙골라 석유산업에서 적용될 것을 주장하였다.

글로벌 행동을 위해 글로벌 위트니스는 강력한 시민사회 파워를 동원하기 위해 PWYP(publish what you pay: 당신이 지불한 것을 공표하라) 캠페인 기관을 조직하였다. 여기에 세계적인 NGO들이 대거 동참하였다.[30] PWYP는 앙골라와 유사한 상황에 있는 지역의 NGO들이 도움을 청해 오면서, 보다 광범위한 지역의 활동을 조직하였다. 그 결과, 글로벌 차원의 '투명한 회계' 시민운동이 전개된 것이다. 캠페인은 선진국의 정책 관심사가 되는 굿 거

30 CAFOD, Open Society Institute, Oxfam GB, Save the Children UK, and Transparency International UK 등이 연대조직으로 참여하였다. 뒤이어 Catholic Relief Services, Human Rights Watch, Partnership Africa Canada, Pax Christi Netherlands and Secours Catholique/CARITAS France 등의 INGO들과 개도국 NGO들도 동참해 거대한 NGO 연대조직이 탄생되었다.

버넌스, 기업 책무성, 빈곤 퇴치 등과 잘 연계된 운동으로 서구 정치인들의 지지를 이끌어내는 데 성공했다. 정치적 거버넌스의 진전인 것이다. 나아가 영국의 석유회사들에 대한 압력을 행사해 다국적기업들의 투명한 회계와 비즈니스를 요청하는 캠페인으로 발전되었다. 이에 언론도 공조해 정치부패와 이에 대한 NGO의 창의력 행동을 소개하며 정치인들의 관심을 높였다. 기업 내부에서도 관심이 증대하면서 NGO들은 다국적기업의 본국과 자원수출 개발도상국에서도 활발한 로비활동으로 기업의 회계투명성 공조를 이끌어냈다. 글로벌 인권감시 NGO인 Human Rights Watch(HRW)는 '자원 저주' 이슈를 개도국 인권 문제로 연계시켜 글로벌 관심을 더욱 키웠다.

2) 제2단계: 다국적기업의 동참

NGO 활동과 언론보도의 확대에 힘입어 PWYP 계획은 여론 확대와 산업계의 동참을 이끌어냈고 영국의 대표적인 석유회사인 BP가 앙골라 정부에 지불한 지출금을 공표하였다. 2001년 석유회사인 BP의 CEO 존 브라운은 캠페인에 동의하며 앙골라 정부에 지불한 금액을 문서로 발간하였고, 이에 앙골라 정부의 강력한 반발을 샀다. 나아가 브라운은 2010년 〈비지니스를 넘어서〉 보고서에서 앙골라 국가석유사 대표로부터 정보를 유출한 데 대해 항의서한을 받았다고 회고하였다. 브라운은 한 국가나 한 기업만으로 "지불한 금액을 공표"하는 것은 한계가 있으니 글로벌 차원에서 모든 기업들이 동참할 것을 호소하였다(http://eiti.org/eiti/history).

앙골라의 BP 사례 영향으로, 또 다른 석유회사인 쉘(Shell)은 나이지리

■ **표 9-2** 글로벌 석유사 BP의 글로벌 CSR

보스톤 대학의 기업시민정신센터(CCC)는 BP가 기업시민정신을 조직의 상부부터 하부까지, 비즈니스 전체에 통합시킨 혁신적인 사례로 꼽는다. BP는 이사회 차원의 윤리와 환경보전위원회, 사회정책과 기업윤리 기업이사, 그룹 차원의 감독기구를 광범하게 포함하는 통합적 거버넌스 체제를 구축했다. 이 전체를 총괄하는 책임은 CEO 존 브라운(John Browne)이 맡아 왔다. 브라운의 글로벌 리더십으로 세계적으로 유명한 글로벌 채취산업투명성본부(EITI)가 창설되어, 자원이 풍부한 빈곤국들이 '자원의 저주'(resource curse)로부터 해방될 수 있는 획기적인 전기를 맞았다. '글로벌 자원 거버넌스' 형태이다. 글로벌 CSR 사례를 평가하는 하버드 대학의 "CSR 이니셔티브" 보고서는 존 브라운의 리더십은 BP를 세계에서 "가장 혁신적이며, 경쟁적이고, 최대 이윤을 내는 에너지 기업"으로 성장시켜놓았다고 평가한다.

자료 Googins and Mirvis 2009.

아에서 석유산업 지불금의 투명성에 오바산조 대통령과 공조할 수 있었다. 그는 부패 근절을 정치적 목표로 하는 정치인으로, 이미 TI 자문위원회와 포드 재단의 이사를 겸할 정도의 영향력을 가지고 있어서, Shell과의 투명성 정책추진에 큰 장애가 없었다.

3) 3단계: 정치적 리더십

영국 다국적기업 BP와 영국 정부의 공조는 EITI 조직에 결정적인 역할을 했다. BP 영국의 아프리카 장관인 피터 헤인(Peter Hain)은 Global Witness의 보고서에 제시된 제안들을 토의하기 위해 시민사회와 기업 대표들과 일련의 회의를 가졌다. 다른 한편에서는 글로벌 위트니스와 PWYP 캠페인은 정책결정층에 대한 로비활동을 전개하며 정치적 지지를 획득하면서 영국의 국제개발 주무부서 DFID와의 공조를 이뤄냈다. 석유자원국 주재 영국 대사관들의 보고서들도 석유 산업의 투명성과 부정부패 이슈를 심각하게 다루며 영국기업들에 미치는 영향에 대한 우려를 표명하였다.

BP의 단독적인 공표의 한계를 극복하기 위해서는 글로벌 차원에서 여러 국가들과 여러 기업들이 동참해, EITI의 필요성을 부각시켰다. 이런 글로벌 거버넌스의 기회가 2002년 요하네스버그의 정상회담이었다. 이 회담에서 영국 수상 토니 블레어는 연설을 통해 영국 정부가 EITI를 시행할 뜻을 공식화하였다. 글로벌 차원에서 석유, 가스, 광물 자원 부의 투명성 제고를 위해 정부뿐 기업, NGO들이 공조할 것으로 강조하였다. 2002년 10월 블레어 수상의 지지 성명에 따라, 영국 국제개발청은 시민사회, 기업, 정부 삼자 회의를 개최해, 리포팅 스탄다드를 개발할 것을 합의했고, 2003년 채취산업에서의 지불과 세입의 투명성을 제고하는 '원칙들'이 제시되었다. 12개 조항들의 원칙들은 자원의 투명한 관리의 필요성을 중시해, "지불과 세입의 공표에 대한 실행가능한 접근"이 필요하다고 발표하였다(http://eiti.org/eiti/history).

그 후 첫 포럼이 2003년 2월에 개최되어 모든 이해관계자들과 개도국 정부 대표들도 동참해, 공식적으로 EITI의 시행을 2003년 6월로 확정하였다. 그러나 시행계획은 강제적인 것이라기보다는 자발적으로 것으로 방향이 결정되면서 PWYP 캠페인 측의 강한 불만을 샀고, 또한 미국, 프랑스 등 주요국들의 합의를 이끌어내는 데 어려움을 겪었다.[31] 그럼에도 EU 의회는

---

31 미국은 기본적으로 정부-대-정부의 회의로 결정되는 것으로 기업들의 문제가 아닌 것으로 간주하였다. 프랑스의 입장은 타국의 부정부패 문제는 관련 기업들의 문제이지, 프랑스 정부가 관여할

채취산업의 수입 투명성을 정책을 추진한 최초의 국제기관이 되었다. "EU 국가들은 유럽 주식시장에 상장된 채취산업체들이 정부에 지불하는 지출금의 공개를 추진시켜야 한다"고 결의하였다.

EITI는 유럽에서 지지를 받으면서도 자발적 접근에 기초한 것으로 강제적 규정을 희망하는 PWYP와 NGO들의 시각과는 근본적인 차이를 보여주었다. 정부와 달리 시민사회 측에서는 주식시장의 상장 조건으로 의무적인 투명성 규정을 희망하였고, 각국이 채취산업에 대한 규정과 회계감사 기준을 규제할 것을 주장하였다.

또 EITI의 진전은 토니 블레어 수상 등 개인의 강력한 리더십 역할도 중요했다. 블레어 수상은 오픈 소사이어티 연구소(Open Society Institute)의 창설자이자 Global Witness와 PWYP의 지원자인 조지 소로스로부터 많은 영향을 받았다. 나이지리아 대통령 오바산조(Obasanjo)는 전직 세계은행 임원을 재무장관으로 고용해 부패와의 전쟁을 추진하는 등 강력한 리더십으로 Shell과 공조해 EITI의 탄생에 많은 기여를 하였다.

4) 4단계: 정책파급과 국제적 제도화

자원보유국 중 먼저 나이지리아, 아제르바이젠, 가나, 키르기즈스탄이 참여했고, 이어서 페루, 콩고, 트리니다드 토바고 등이 동참했다. 동참하는 국가들과 기업, NGO들은 2005년 런던에서 회의를 갖고 "기획안이 효과적

바가 아니라는 것이다. 그러나 프랑스 정부는 이후 영국정부가 EU의 의결을 성사키는 노력에 공조하는 정책변화를 보였다(Midttun 2010).

이고 신뢰를 확보하기 위해 확고한 국제적인 게임 규칙들"이 필요하다는 합의문을 발표하였다(http://eiti.org/eiti/history).

2006년 오슬로의 3차 글로벌 회담에서는 EITI 원칙들을 시행하는 국가들이 첫 번째 EITI 보고서를 준비하였다. 아제르바이젠은 2003~05년 기간의 세입에 대해, 나이지리아는 1998~2004년 기간의 세입에 대해 보고서를 제출하였다. 2007년에는 EITI 국제사무국이 오슬로에 개설되었다. EITI 규율들이 2009년 도하의 EITI 글로벌 회담에서 발표되었고, 2011년에는 수정된 규율들이 채택되었다. 2012년 말 현재 37개국이 EITI를 시행하고 있고, 70개 주요 석유, 가스, 탄광 회사들이 EITI 원칙들을 지지하였다(http://eiti.org/eiti/history).

영국정부의 주도적 역할로 탄생한 EITI는 세계은행의 공조로, 공식적인 지지 표명을 얻었고 몇몇 대규모 채취산업 프로젝트에서 수입 투명성의 제도화를 요구하는 주도적 역할을 추진하였다. 호주, 벨기에, 캐나다, 프랑스, 독일, 이탈리아, 네덜란드, 노르웨이, 스페인, 스웨덴, 영국, 미국 등이 일차적으로 EITI를 지지하는 공조국이 되었다. 그 후 EITI는 UN, EU, OECD 등으로부터 공식적인 지지를 받았다. 이로써 EITI는 서국 국가들의 지지로 세입 투명성 확보를 위한 글로벌 거버넌스 제도를 갖추는 데 성공하였다. 2007년 전직 스웨덴 외교관 요하네스 모버그의 리더십으로 오슬로에 국제 EITIT 사무국이 개설되었다.

또 2004년 미국 하원은 미국 채취산업체들이 외국 정부들에게 지불하는 지출금의 공개를 의무화시키도록 하는 주식시장 공개법을 이용한 법안(Publish What You Pay Act)를 추진했지만 법으로 공표되지는 못했다. 2004년 EITI 재정을 지원하는 다자트러스트 기금(Multi-Donor Trust Fund)이 영국의 DFID와 세계은행의 협약으로 추진되었고, 이후 독일, 네덜란드,

노르웨이, 프랑스, 호주, 벨기에, 캐나다, 스페인, 미국, 핀란드, 스위스 정부들이 차례로 동참하였다. 또 그 기금에 석유, 가스, 탄광 기업들, 기관 투자자들, 재단들, NGO들도 동참해, 글로벌 기금으로 발전되었다. 또 아프리카연합(African Union)의 주선으로 자원부유국인 아프리카 국가들의 동참이 이어졌다. 그러나 엄격한 회계감사를 요구하는 완전한 시행에 동참하는 국가들은 아제르바이젠과 리베리아를 제외하고는 커다란 진전이 없는 것도 사실이다. 그러나 가입 2년 후에는 완전한 시행을 요구받고 있기 때문에 많은 국가들로 확대될 것으로 내다보인다.

3. EITI 원칙과 실행기준

'자원저주'를 자원축복으로 바뀌는 방안에 대해 스티글리츠(2013)는 다음과 같이 제안한다. 먼저 국민들이 자원의 혜택을 누릴 수 있도록 해야하는 확고한 목표를 설정해야 한다. 자원채취 회사들은 자원 가치를 적게 지불하려 하고, 자원보유국은 많은 지불을 원하는데, 경쟁적이고 투명한 경매체제로 더 많은 재원을 확보할 수 있다. 그런데 적지 않은 국가들이 자원채취 기업들과 공정한 계약을 체결하면서 자원의 착취를 당했는데. 가능하면 재협상을 하고, 그렇지 않으면 초과이윤에 대한 세금을 부과할 수 있다. 세계적으로 많은 국가들이 이제 이렇게 하고 있는 것이 일반적이다. 보츠와나가 여러 차례 재협상으로 지난 40여 년간 엄청난 성장을 기록하였다. 또 볼리비아와 베네수엘라뿐 아니라 호주, 이스라엘도 재협상을 했고, 미국도 초과이윤 세금을 부과하였다.

■ **그림 9-1** EITI 채취산업 투명성 가치사슬

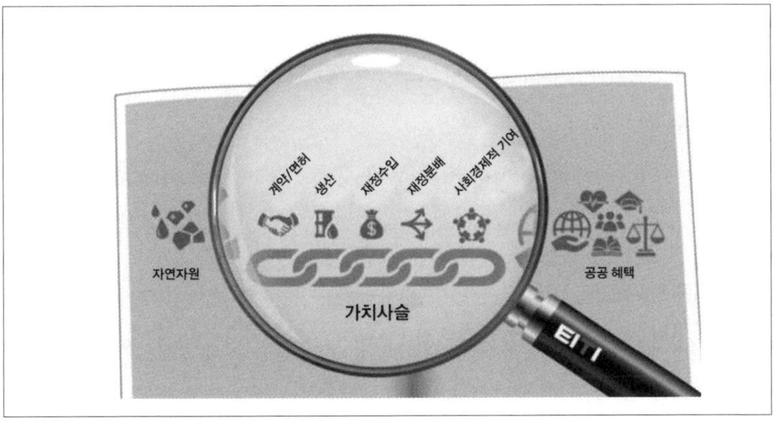

자료 EITI https://eiti.org/files/progressreport.pdf

아래의 EITI 원칙과 실행기준들은 자원공급처인 자원보유국 정부와 수요처인 다국적기업들을 규제하는 글로벌 거버넌스 규율이다. 이 원칙들에 따라 자원채취 이전의 계약 단계부터 채취와 공정 등의 생산과정과 판매, 자원수입의 지출에 이르기까지 전체 과정을 투명하게 관리해서, 국민과 이해관계자 모두에게 공시해 투명성과 책무성을 최대화하기 위한 글로벌 거버넌스에 해당된다.

1) EITI 원칙

1. 자연자원의 부의 신중한 사용은 지속가능한 개발과 빈곤퇴치에 중요한 엔진이 되어야 하지만 잘못 관리됨으로써 부정적인 경제적, 사회적 영향을 미친다는 신념을 공유한다.

2. 국가의 시민들의 혜택을 위한 자연자원 부의 관리는 국가 발전의 이해추구를 위해 주권 정부의 권할에 있다는 것을 확인한다.

3. 자원채취의 수익은 세입으로 수년간 발생하면 가격에 크게 의존한다는 것을 인지한다.

4. 정부의 세입과 지출에 대한 공적 이해를 통해 지속가능한 개발을 위한 적절하고 현실적인 의사결정에 관한 토의와 정보를 공유할 수 있다는 것을 인지한다.

5. 채취산업에서의 정부와 기업들의 투명성의 중요성과 공공재정관리와 책무성의 필요성을 중시한다.

6. 투명성 제고의 달성은 계약과 법률에 대한 존중 차원에서 이뤄질 것으로 인지한다.

7. 재정적 투명성으로 얻어지는 국내 및 해외 직접투자의 환경이 개선될 것을 인지한다.

8. 세입과 지출의 엄중한 관리를 위해 모든 시민들에 대한 정부의 책무성 원칙과 실천을 확신한다.

9. 공적 생활, 정부 운영 및 비즈니스에서 높은 수준의 투명성과 책무성 제고를 실천한다.

10. 지출과 세입의 공표에 대한 광범위한 일관적이며 실행 가능한 접근이 필요하며, 이 접근은 실행과 이용이 간단하다는 것을 확신한다.

11. 특정 국가의 지출 공표는 국가 차원의 모든 채취 산업체들에 해당될 것을 확신한다.

12. 해결방안을 탐구함에 있어 정부와 정부기관, 채취산업 회사, 서비스 회사, 다국적기업, 다자간 국제기관, 투자자, NGO 등 모든 이해관계자들이 중요하고 의미 있는 기여를 한다는 것을 확신한다.

2) EITI 기준(Criteria)

1. 기업들이 정부에 지출하는 모든 석유, 가스, 광물 원료의 지출금(지출)뿐 아니라 정부가 석유, 가스, 광물 회사들로부터 받은 모든 원료 수입금(세입)에 관해 공적으로 접근가능하고, 종합적이며, 이해하기 쉬운 방식으로 정기적인 공표를 한다.

2. 회계감사가 이뤄지지 않은 지역에서는 지출과 세입은 국제적인 회계감사 기준을 적용하는 신뢰할 만한, 독립적인 회계감사의 대상이 된다.

3. 지출과 세입 금액은 국제적 회계감사 기준을 적용한 신뢰할 만한, 독립적인 감사관에 의해 검증되며, 세입-지출상의 불일치가 있을 경우 감사관의 의견을 공표한다.

4. 이 접근법은 국영기업들을 포함한 모든 기업들에도 적용된다.

5. 시민사회는 이 과정의 디자인, 모니터링, 평가에서 동참자로 적극 활동하며 공적 토의에 기여하는 역할을 맡는다.

6. 이상과 같은 공적, 재정적으로 지속가능한 실행계획은 측정가능한 목표, 실행 일정표, 잠정적인 역량 한계 등을 포함해서, 필요한 경우 국제 금융기관들의 지원으로, 초청 정부가 개발한다.

3) 자원보유국과 기업들의 참여

2018년 현재 51개 개발도상국이 EITI 보고서를 채택하고 있는데, 2006~15년 기간에 EITI 규정을 준수한 국가는 31개국이다. 최대의 자원 수입을 기록한 나이지리아는 2014년 54개 기업에서 633억 불의 수입

■ **표 9-3** EITI 규정을 준수해 자원저주를 극복한 국가 사례

〈모잠비크〉는 2010년 채취산업 수입을 6500만 불로, 2009년 4000만 불에서 80% 크게 늘렸다. 보고를 한 채취산업체 수는 2009년 31개에서 2010년 44개로 늘었다. 〈가나〉는 2010년에 비해 2011년 채취산업 수입이 네 배 증대하였다. 9억 4000만 불 수입 중 석유와 가스가 4억 4000만 불, 광물 수입이 5억 불이다. 광물의 가격인상, 특히 금가격 인상으로 수입이 늘었고, 법인세는 25%에서 35%로 10% 인상한 수입도 많은 부분을 차지한다. 〈잠비아〉는 2009~10년에 50% 수입 증가를 올려, 전체 채취산업 수입은 7억 5000만 불에 이른다. 구리 생산이 16% 늘었고, 구리 가격도 올라, 수입이 대폭 늘었다. 구리 수출이 전체 수출의 78%를 차지하고, 구리 생산 증대가 계속 될 것으로 예측되어 2015년에는 13억 5000불에 이를 것으로 추정된다. 〈중앙아프리카〉는 2009~10년 2년 만에 정부의 채취산업 재원이 두 배 늘었다. 1200불에서 2100불로 재원이 늘었지만, 세계 다이아몬드 생산 14위에 있지만, 여전히 불법 채취와 밀거래가 많아, 투명한 채취와 재정기여가 이뤄지지 않고 있다. 〈이라크〉는 석유수입이 2009~10년에 25% 증가했다. 정부재정수입이 522억 불에 달하면서 전체 재원의 3/4로 의존도가 높다. 이라크 국민 1인당 1500달러에 해당되는 수입이다. 2010년 8억 6000만 배럴이 생산되어, 그 중 6억 9000만 배럴, 80%가량이 수출되었다.

자료 EITI 2013.

을, 이라크는 2015년 64개 기업에서 517억 불 수입을 거두었다(https://eiti.org/countries).

2013년 EITI 보고서를 제출한 26개국의 자료에서는 절반 이상의 국가들이 채취산업 재원 증가를 기록하였다. 이 국가들의 5억 정도의 인구가 정부의 채취산업의 수입에 대한 정보를 접하고 있다.

제10장

글로벌 '보건과 사회정책' 거버넌스

MDGs가 시행된 21세기에 들어서면서 '사회적 전환'(social turn) 논의가 급진전되면서, 시장 근본주의의 사회적 결과에 대한 관심과 더불어 개발의 사회적 측면에 대한 정책과 제도들이 등장하기 시작했다(UNRISD 2016b 61). 민영화, 자유화, 탈규제 등의 신자유주의 정책들이 여전히 지배적이지만, 이 정책들은 이제 빈곤, 부패, 투명성 정책들로 보완되는 과정에 있다. 신자유주의 정책을 적용하는 하나의 통일된 접근법을 점차 대체하고, 문화, 경제, 정책적 배경의 다양성을 중시하는 새로운 사고방식과 실천들이 지방, 국가, 지역, 글로벌 모든 차원에서 진행되고 있다.

1. '인간안보'의 사회정책

1) 신자유주의 → '사회적 전환' 패러다임

"새로운 개발 접근법과 혁신은 이제 사회정책이 경제성장에 종속되는 시기는 마감되고 있다." UN 지속가능개발연구기관(UNRISD)은 〈전환적 변화를 위한 정책 혁신〉 보고서에서 이렇게 강조한다. 보편적인 사회보호 정책들이 브라질, 중국, 태국 등 신흥시장국 뿐 아니라 볼리비아의 보편적 사회연금 등 일부 저소득국에서도 등장하고 있다.

사회정책, 사회보호, 사회보험

'사회보호'(social protection)는 사회정책의 하나로, 일반적으로 사회보호에는 사회보험을 비롯한 사회부조와 노동시장정책이 있다.

'사회보호'는 "빈곤층이 자신들이 공동체와 사회의 경제, 사회, 정치적 생활에 참여하고, 기여하고 혜택을 누리는 역량을 향상시키는 공적 행

표 10-1 사회정책, 사회보호, 사회보험

사회 정책 (social policy)			
기본 서비스 제공	사회 보호 (social protection)		
교육, 의료, 주택 등	사회 보험: 생애주기 위험과 고용 관련 기여 프로그램	사회 부조: 빈곤과 취약성 해소 공공 사회부조 (세금 지원)	노동시장정책: 소극적(실업보험) 적극적(고용훈련)

자료 UNDP 2016c: 21.

동"이다(OECD 2009: 19). 사회보호의 가장 큰 목표는 빈곤층과 소외층의 경제적, 사회적 취약성을 해소하는 것이다. 이런 접근법에 기초한 정책과 프로그램들로는 빈곤층에 대한 직접적인 자원 이전, 홍수 대비와 곡물 다원화 등으로 재앙적 위험 해소, 소수자 권리 입법과 반차별 캠페인 등 취약성과 소외의 구조적 원인 해소 등이 있다(Green 2008: 250).

복지국가가 가장 취약한 계층에게 소득과 자원을 이전하는 것은 많은 개발도상국에서는 일반적인 동향이다. 사회보호는 최빈국에서도 급격히 빠른 지지를 얻고 있다. 2005년 에티오피아 정부는 공공근로 프로그램과 노인과 산모 대상의 보조금 지급 등으로 700만 명이 넘는 극빈층을 지원하는 '생산적 안전보장 프로그램'을 도입했다. 브라질에서는 가족수당제인 볼사 파밀리아(Bolsa Familia) 제도를 도입해, 아동이 학교에 나가고 백신주사를 맞는 조건으로 1100만 빈곤가정에 재정을 지원한다.

협의의 '사회보호'는 두 가지 요소로 구성된다(앞글: 252-3). 하나는 사회적 지원으로서 연금, 아동보조금 등의 형태로 취약층에게 자원을 이전하는 것이다. 다른 하나는 사회보험으로서 개인이나 가족이 다른 사람의 자원을 빌려 쓰면서 위험에 스스로 맞서게 하는 제도다. 그러나 사회보호는 실제로 더 깊고 중요한 구실을 한다. 사회보호는 국가가 세계인권선언에 규정된 기본권을 보장함으로써 취약성 해소에 노력할 의무가 있다는 주장으로 빈곤의 중심부에 정면으로 대응한다.

기본권 보장의 시각에서 사회보호는 사회서비스와 사회형평성 문제들까지 확장된다. 사회보호를 통해 정당한 교육, 보건, 식수, 영양을 제공하고, 취약한 농민들에게 토지를 재분배하며, 여성들이나 도시의 불법거주자들에게 재산권을 보장해 주고, 성폭력에 대처하며, 비공식 경제에서 일하는 노동자들의 노동권을 보장할 수 있다. 사회보호는 가난한 사람들을 '수

■ **표 10-2** 남아공의 사회보호

2007년 남아프리카공화국의 아동지원금, 장애수당, 연금이 전체 인구 4800만 명 중 거 의 1300만 명에게 제공되었다. 그 지원액은 2007년 국내총생산의 3.4%인 90억 달러였다. 이 프로그램이 가능했던 것은 고위급의 정치적 지원과 정부를 강하게 압박하는 활성적인 시민사회가 존재했기 때문이다. 남아프리카공화국은 암울한 아파르트헤이트 시대에서 벗어나 새로운 헌법에 "누구나 자신을 비롯해 가족들을 부양할 수 없다면 사회적 지원을 포함한 사회보장을 받을 권리를 가진다"라고 명시했다. 사회보조를 받는 가정은 그렇지 않은 가정보다 더 많이 자녀 교육을 시키고, 아이들에게 더 좋은 영양을 공급하며, 일자리를 더 집중적이고 폭넓고 성공적으로 찾는다고 한다.

자료 Green 2008: 253.

혜층'으로 취급하는 게 아니라, 가난한 사람들의 권리와 주장에 맞춰, 지속적인 지지층과 국가의 행동을 구축하며, 그럼으로써 개발에 필수적인 능동적 시민들과 효과적 국가의 합작을 진흥할 수 있다.

개발도상국의 사회보호 정책

지난 20여 년간 개발도상국, 특히 저소득국에서 빈곤층을 위한 사회보호 정책은 광범한 빈곤을 타개하는 새로운 접근법으로 정착하고 있다. 1990년대부터 2008년 금융위기 시기까지 중-저소득국에서 사회보호 프로그램의 확대가 진행되었고, 브라질, 중국, 인도가 주도적 역할을 하였다.

OECD의 2017년 보고서는 사회보호 정책이 아시아 개발도상국들에서도 점차 확대되는 추세를 보여준다. 공공 사회보호지출은 〈그림 10-1〉 우측의 미얀마, 라오스, 파키스탄 등이 취약국이며, 아시아 평균은 크게 개선될 결과를 보여준다. 스리랑카, 라오스 등 일부를 제외하고 대부분이 공

■ **그림 10-1** 공공 사회보호지출: 아시아 20개국, GDP 비중 (%)

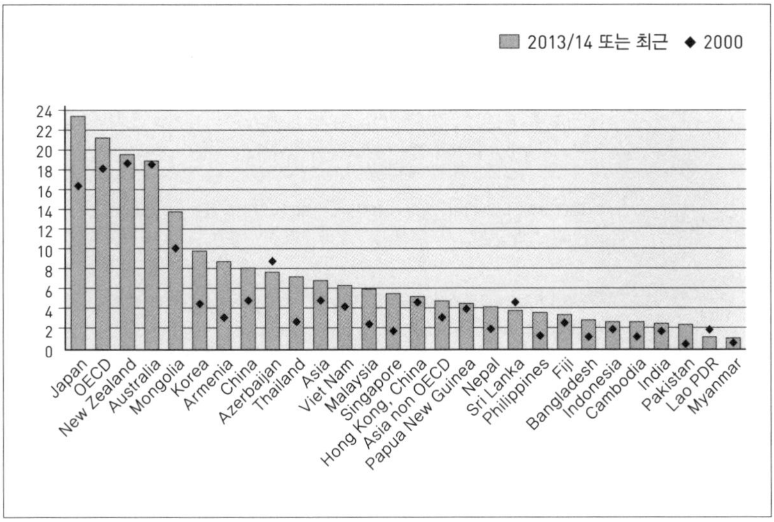

■ **그림 10-2** 아시아 24개국 공공 보건지출: GDP 비중 (%)

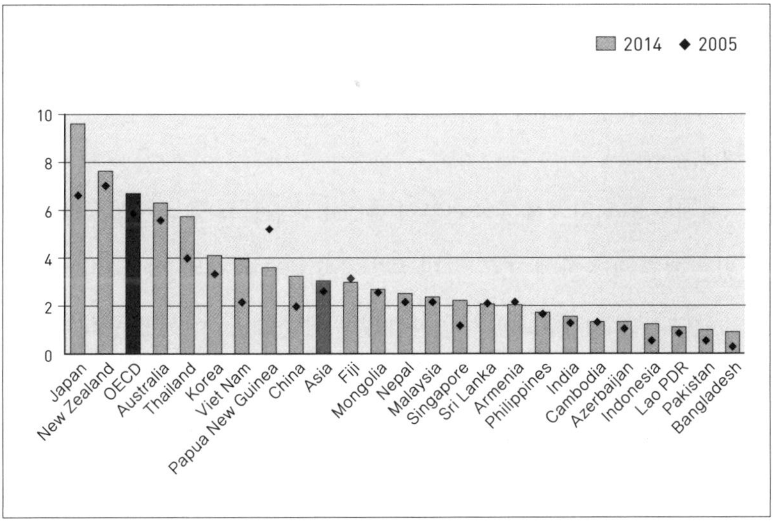

■ **표 10-3** 아프리카 28개국의 사회보호 지출비

사회보호지출비 (GDP 비중, %)	국가 (아프리카 28개국)
1% 미만	베닌, 브루키나 파소, 카메룬, 이집트, 카나, 케냐, 말리, 니제르. 탄자니아, 토고, 투니시아, 잠비아, 탄자니아, 토고, 투니시아, 잠비아
1~3% 미만	에르트리아, 리베리아, 마다가스카르, 모리타니, 모잠비크, 나미비아, 르완다, 스와질랜드
3% 이상	보츠와나(3.2%), 레소소(4.6%), 모리셔스(4.4%), 세이셀(3.4%), 세에라리온(3.5%), 남아공(3.4%),

자료 UNDP 2016c: 63.

공사회보호 지출비를 늘려다는 것을 알 수 있다(OECD 2017c: 55). 또 공공 보건지출비도 점차 늘며 개선되고 있다.

아프리카에서도 사회보호 프로그램은 지속적으로 확대되고 있다. 현금지원 프로그램은 2000년 중소득국에서 불과 몇 개 되지 않았지만 2012년 120여 개로 확대되었다. 사회보호 지출비가 GDP의 1%도 되지 않은 국가가 과반수 이상이지만, GDP 3% 이상인 국가는 28개국 중 6개국에 달했다(표 10-3).

사회보호 서비스와 소득보장의 확대를 지원하는 제도적 환경에는 역량 있는 관료제와 함께 포용적, 민주적 정치 제도와 실행방안들이 핵심이 되고 있다(앞글: 63). 1980년대 말 이래 많은 개발도상국에서 민주화가 진행되며 인권을 보장하는 법률적 체제와 규범적 요구들이 제도화되었다. 식량, 주택, 식수 및 위생에 대한 권리를 포함한 적절한 생활수준의 보장이다. 이 같은 체제는 보편적 사회정책을 가능하게 만든 정치적 공간의 확장을 지원하는 중요한 법적, 정책적 환경이 되었다.

대표적인 브라질의 '보건위원회'는 시민참여에 기초하는 참여적 체제로, 보편적, 공공 재원에 기초하는 권리기초적 보건 시스템의 효과성, 호응성, 책무성을 지향하는 역할을 하였다. 위원회는 1988년 시민헌법에 의해 설립되어 연방·주·지방 차원의 의료 서비스 감독의 책임을 맡으며, 보건계획, 예산과 지출의 회계감사 역할도 한다. 위원회의 구성은 서비스 이용자, 보건 전문가, 민간 기관 대표들이 동등하게 위원으로 참여한다. 전국에 걸쳐 5000여 보건위원회가 설치되어 지역사회 협회와 사회운동조직 대표들도 참여한다.

2) 인간안보와 통합적 사회정책

'인간안보'(human security) 접근법은 시민들이 스스로 취약성을 감소시켜 위험에서 자기 자신을 보호하도록 지원하고 보조한다. 아래부터의 상향식 접근을 통해 국제적 인도주의와 인권법에 걸맞은 보호를 하도록 압박하는 것이다(Green 2008: 206). 취약한 사람들은 능동적으로 자신들을 둘러싼 일상의 위험들에 대비하고 대처할 방안을 끊임없이 찾고 있다. 그 방안에는 적극적인 조직을 만들어, 위험을 직접 관리해 줄이는 공공정책의 도입을 요청하는 것도 포함된다.

정부는 취약층의 자치역량을 지원할 수 있다. 중요한 것은 보건, 교육, 생계, 정보 이용을 보장해서 더 가난한 남성과 여성들이 기술과 지식을 갖춘 능동적 시민들로 거듭나 위험을 해결할 수 있게 지원하는 것이다(앞글: 206). 정부와 국제기구들은 빈곤층과 취약층이 폭력, 박탈 또는 위협의 먹이가 아니라는 점을 인식시키고 평상시나 비상시를 막론하고 권리를 보장하고 또 보호해야 한다. 또 충격의 가능성을 줄이고 그 영향을 완화하는 행동에 나서야 한다. 따라서 인간안보에는 빈곤에 대한 투쟁과 같은 두 가지 핵심요소들이 포함된다. 하나는 조직을 통해 자신의 권리를 주장하는 능동적인 시민들이며, 다른 하나는 이런 권리들이 실현되도록 행동하는 효과적인 국가다.

특히 아동의 취약성은 인간안보 접근법의 중요성을 잘 드러낸다. 전통적으로 아동은 자신의 부모나 보호자의 재산일 뿐인, 주로 '보이지 않는 존재'로 취급되었다. 1989년 〈UN 아동권리협약〉이 큰 변화를 일으켰다. 결의안은 각국의 아동보호 실태를 개선하고 아동의 계발을 위한 기본 서비스를 제공하라고 요구했다. 또 아동의 삶에 영향을 미치는 결정에는 아동의 의견을 반영하게 하는 등, 아동의 권리를 보편적으로 인정하도록 영향력을 행사했다. 위험에 대한 최우선의 공공책임은 중앙정부 차원에 있다.

그러나 빈곤국에서 정부는 나약한 역량을 보여준다. 쓰나미, 가뭄, 분쟁 등이 변방 사람들이 가장 흔히 접하는 위험이며 또 가장 취약한 사람들은 국가의 힘이 매우 약한 국가에 살고 있다. 이런 상황에서 국제 공동체는 개발지원, 긴급구호, 외교, 국제적 평화유지 등의 방법을 통해 인명을 구제하는 행동에 나서야 한다. 빈곤 문제와 마찬가지로 분쟁이나 기후변화는 국가와 국제 차원에서 동시적인 집단행동으로만 해결할 수 있다.

인간중심적 개발 국가는 기초 사회서비스의 확대를 중시하는 국가들이다. 보건, 교육, 기타 공공 서비스를 통한 사람의 역량에 대한 투자는 성장과정의 부가물이 아니라 통합적 일부로 간주한다. 글로벌 비교국가 분석에 따르면, 보건과 교육에 대한 공공지출 투자는 일정 기간후의 인간개발 실적으로 나타나는 긍정적 상관관계를 보여준다(UNDP 2012). 또 공공 보건 지출의 상승은 아동생존율 상승과 5세 미만 아동의 사망률 감소와 밀접

■ **그림 10-3** 공공 교육과 보건 투자 → 인간개발지수(HDI)와 아동사망 개선

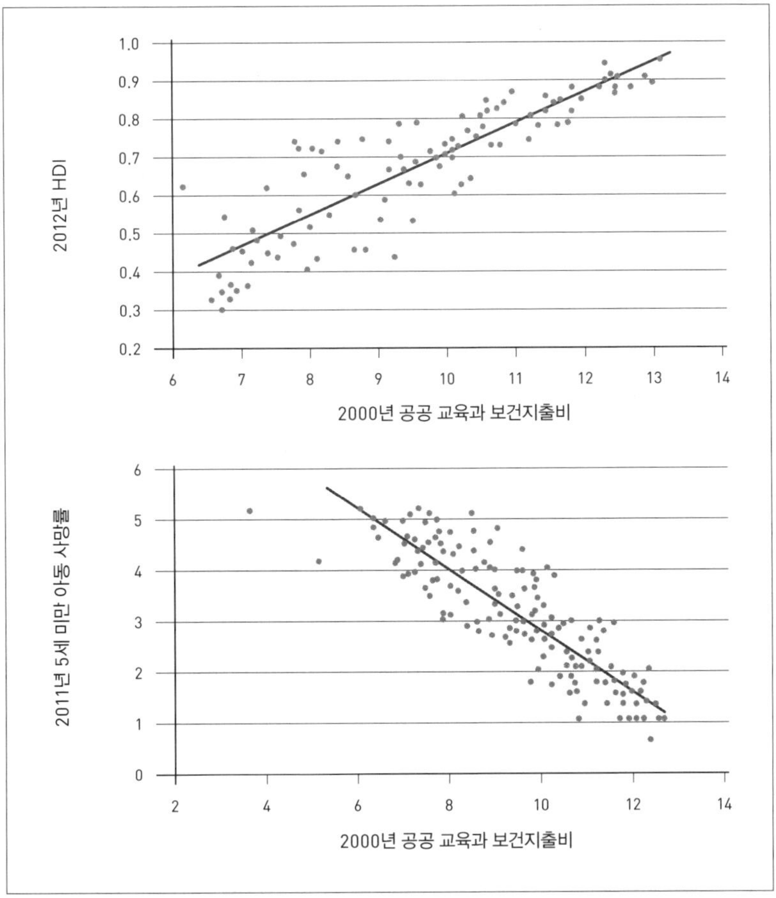

자료 UNDP 2012.

한 상관관계가 있다(그림 10-3). 방글라데시는 재정 적자를 회피하면서 공공 사회서비스 투자를 늘리며 성장을 유지해온 국가이며, 인도는 중앙 정부의 사회서비스와 농촌개발 지출비를 2006~07년 13.4%에서 2011~12년 18.5%로, 사회서비스 지출비는 2006~07년 21.6%에서 2011~12년 25%로 늘렸다.

3) 친빈곤층 사회보호 정책

세계적으로 사회보호 프로그램이 확대되고 있지만, 여성, 극빈층, 장애인, 원주민, 이주자, 비공식분야 노동자 등의 취약층을 경시하는 경향이 두드러지게 나타난다. 또 재난, 쇼크, 위기 등으로 박탈을 경험한 취약층을 신속히 사회보호에 통합하는 융통성 또한 결여되어 있다(UNDP 2016c: 38).

사회보호가 빈곤 친화적 성장을 촉진시키는 다섯 가지 경로를 확인해 볼 수 있다(OECD 2009: 23-24).

인간개발에 대한 투자

사회보호는 공공서비스의 접근, 그리고 인적자본, 특히 보건과 교육에 대한 투자를 증진시켜, 빈곤층의 노동시장 참여를 지원한다. 남아프리카와 남미의 조사연구에 따르면, 사회적 현금이전과 보건보장제로 두드러진 보건과 교육의 개선이 이뤄졌다. 아동보육수당과 학교영양지원으로 학교등교율이 높아졌고, 특히 이런 교육에 대한 투자가 HIV 예방의 가장 효과적인 자산으로 밝혀진다(OECD 2009). HIV 감염률이 높은 국가들(잠비아와 말라위)에서의 현금이전제는 HIV와 AIDS 감염의 가계의 빈곤을 성공적으로 감소시켰고, 남아프리카의 아동보육수당은 아동영양개선과 학교등교에 크게 기여한 것으로 조사되었다. 또 사회보호는 빈곤의 최악의 결과인 빈곤의 세습을 차단시키는 데 결정적인 역할을 할 수 있다.

사회보호는 직접적으로 건강을 개선시켜, 그로써 경제성장에 기여하며, 또 기대여명의 10% 연장은 일인당 국민소득의 연평균 0.3~0.4% 성장 효과가 있는 것으로 박혀지고 있다. OECD(2017) 자료에서는 공공 사회보호 지출비와 빈곤인구 비율은 역비례 상관성을 보여준다.

■ **그림 10-4** 공공사회보호지출비 → 빈곤층 감소(위) / 공공의료지출비 → 평균수명 증가(아래)

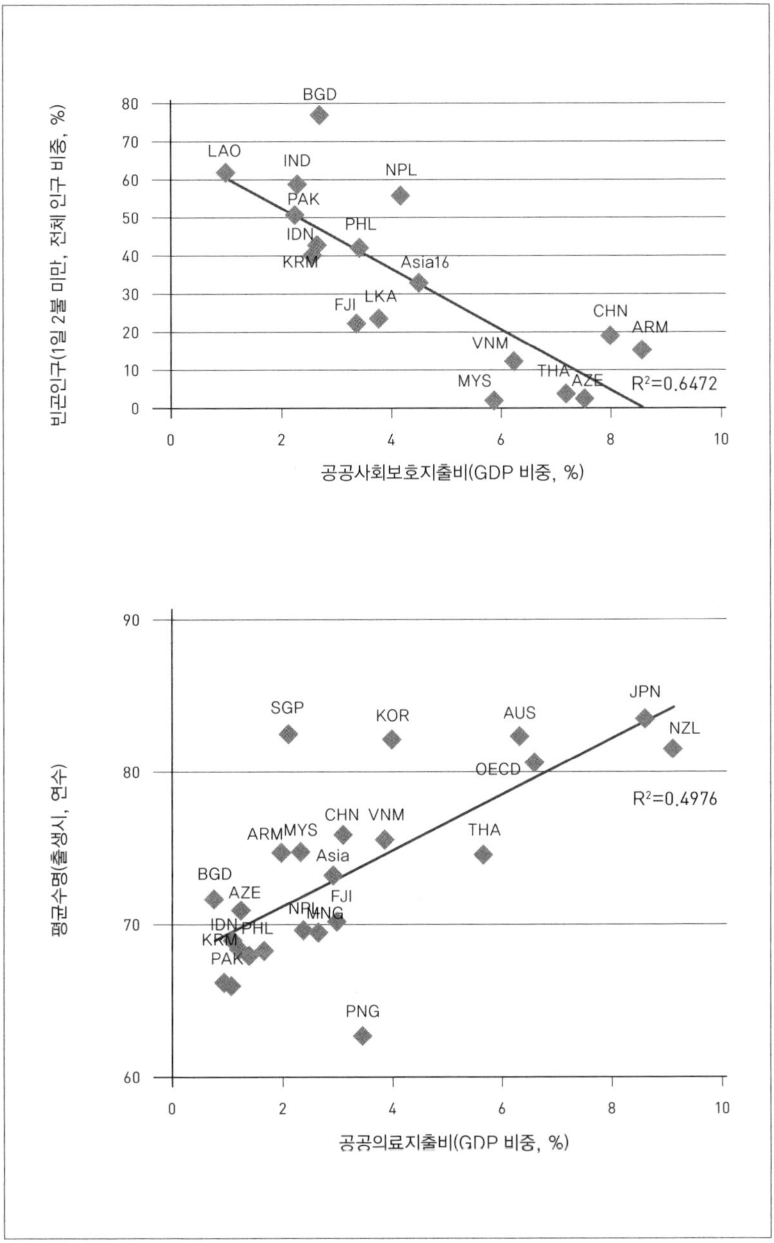

〈그림 10-4〉 우측 하단에는 공공사회보호 지출비가 많아 빈곤인구가 적은 국가 그룹(중국, 베트남, 태국, 아제르바이젠, 아르메니아, 미얀마)이 있다. 반대로 좌측 상단에는 공공사회보호 지출비가 적어 빈곤인구가 많은 국가 그룹(방글라데시, 인도, 파키스탄, 라오스, 네팔, 인도네시아, 필리핀 등)이 있다. 또 공공 의료지출비가 많은(적은) 국가는 국민의 평균수명이 높은(낮은) 국가로 나타난다. 둘은 높은 상관성을 보여주는데, 그림의 좌측 하단에는 지출비가 적고 평균수명이 낮은 아시아의 빈곤국들이 위치해 있다.

위험(risk) 관리

사회보호는 빈곤층의 위험으로부터 자신들과 자산들을 보호해, 장기적으로 소득을 내는 잠재력과 투자의 여력을 키워준다. 에티오피아의 가뭄은 가계의 소득을 15년 이상 늦추게 만들었다고 한다. 중국 농촌에서는 의료비지출 부담으로 인한 위험이 가계의 노동이주와 아이의 학교 등교 결정에 중요한 영향을 미친 것으로 알려지고 있다. 사회적 의료보장은 과다한 의료비로 인한 생활의 궁핍화를 차단하고 가축이나 토지 등의 생산적 자산을 처분하지 않고 보존하게 해준다. 의료비 부담에 직면한 농민들에게 적절한 현금이전을 지급하면 그들은 자신들의 미래 생계가 달려 있는 가축이나 농지를 처분하지 않을 것이다. 인도의 농촌고용보장 프로그램이 시행된 지역에서는 다른 지역보다 농민들이 높은 수확을 내는 농작물에 투자하는 역량을 갖게 되었다고 한다.

역량강화와 생계유지

사회보호 프로그램은 차별에 맞서 소외층, 특히 여성을 보호하는 역할을 한다. 방글라데시, 브라질, 남아프리카에의 여학생들은 사회보호 덕분에 학교 등교가 크게 늘었다. 사회보호로 여성의 수중에 많은 자원이 생기면 여성의 역량강화뿐 아니라 아동 생존, 영양개선, 학교 등교 상승의 효과가 발생한다.

여성이 가계의 의사결정자 역할을 하면 그렇지 않은 가계에 비해 아동에 대한 지출이 늘면서 아동의 영양, 교육의 개선효과가 있다. 가계에서 누가 현금이전을 통제하느냐에 따라서 AIDS, 빈곤, 아동생존, 여성과 아동의 역량강화에 결정적인 영향을 미친다(Nolan 2009).

또 사회보호는 빈곤층의 노동시장 참여를 지원해, 고용과 역량강화에 기여한다. 남아프리카에서는 사회이전지출을 받은 가계가 그렇지 않은 가계에 비해 일자리를 찾아 고용에 성공하는 확률이 훨씬 높다는 조사가 있다. 특히 여성에게는 남성에 비해 고용 성공률이 두 배에 달한다고 한다. 의료보장은 건강개선을 통해 그리고 비효율적인 리스크 적응 방법을 대체시켜 노동 생산성을 높이고, 그럼으로써 고용과 경제성장을 촉진한다.

사회보호의 역할은 빈곤층의 공적 참여를 증진시키는 역할도 한다. 빈곤층들이 자원을 동원하고 조직을 만들어 정부에 대한 자신들의 역량을 강화해 사회보호의 도입과 확대를 위한 주창활동을 한다. 사회보호의 확대로, 노동자, 소농민, 자영업자들이 시장에서의 협상력을 개선시켜, 자치역량을 강화한다. 노동자들이 보다 적극적으로 일자리를 찾으며, 노동시장에서의 권리강화 의식을 높인다. 이로써 노동자의 임금 향상뿐 아니라 생산성 향상의 효과가 발생해 고용의 성장으로 이어진다.

빈곤층 친화적 거시경제 전략

사회보호는 장기적으로 거시경제 전략 수립에도 도움이 된다. 네팔의 노동조합은 성장과 형평성을 지향하는 노동시장의 개혁에 사회보호가 포함될 것을 주장해왔다. 멕시코와 인도네시아에서는 빈곤 농민들에게 가격 하락에 대한 보조금으로 보상하는 정책을 추진해왔다. 사회보호는 지역의 재화와 서비스에 대한 수요를 촉진시키는 효과를 낳는다. 잠비아에서 사회 이전지출의 80%는 농촌지역의 기업들을 지원하는 지역의 생산품 소비에 사용되었다. 남아프리카에서는 소득계층간 재분배 정책으로 국가지출을 수입품에서 지역 생산품으로 전환시키는 효과가 발생했고, 이로써 무역수지를 개선시켜 저축이 늘고 경제성장을 이룩한 결실을 올렸다(OECD 2009: 24).

사회통합과 국가건설

사회보호는 효과적이며 안정적인 국가의 건설을 지원해, 사회통합을 통한 성장의 촉진을 가능하게 해준다. 더불어 갈등을 줄이고 시민의식의 성장을 진흥한다. 모리셔스는 사회 연금을 통해 사회통합을 이룬 대표적인 국가다. 사회연금의 확대는 높은 빈곤율을 가진 취약한 단일품종의 경제를 이제는 아프리카에서 가장 낮은 빈곤율을 가진 고성장 국가로 바꿔놓았다(앞글: 24). 또 보츠와나는 지난 30여 년간 아프리카에서 가장 빠른 속도로 성장한 국가로, 사회연금 제도가 빈곤의 타개하고 투자를 높이는 사회안정을 지원하는 정부의 가장 효과적인 제도로 발전했다.

4) 보편적 대 선별적 사회보호

사회적 배제는 사회보호로 상당 부분 차단될 수 있다. 그런데 포용을 중시하지 않는 사회 프로그램은 기존의 불평등을 강화시키고 취약층을 방치해 사회적 배제를 강화시킨다. 이런 의미에서 특정 집단 대상으로 선별적

표 10-4 아프리카 국가들의 모범 사회보호 프로그램

국가	사회보호 프로그램	프로그램 내용
알제리	사회안전망 프로그램	보편적 현금지원 선별적 지원(공공작업)
카메룬	학교급식 프로그램	선별적 학교급식 여학생 급식지원
에티오피아	생산안전망 프로그램	공공작업; 선별적 현급지원, 식량지원(80%) 보편적 지원(아동,노인,장애인,HIV환자(20%) 식량지원; 위기대응 월간 급식지원 보충적 농업지원(대출,투자, 기술지원)
가나	국가보건보험 빈곤해소 생계역량강화	건강보험 중심 보편, 선별적 사회보험(취약층) 보편적 현금지원
케냐	가정재배 급식프로그램	선별적 학교급식 지역농민 지원
레소소	노인연금	보편적 현금지원
말라위	사회현금지원 농가투입물지원	극빈층 보편적 현금지원(지역기반 선별) 농업 선별 지원(옥수수, 담배, 목화)
모리셔스	보편적 기초연금	현금지원, 보건서비스 노인연금; 장애연금; 유족연금
나미비아	취약아동 영양지원 노인연금	선별적 현금지원 보편적 현금지원
나이지리아	국민케어(COPE)	선별적 현금지원
르완다	비전 2020 프로그램	공공작업(선별적 지원) 보편적 현금지원(취약층) 선별적 금융서비스(대출,훈련)
남아공	사회연금 아동현금지원 공공작업 프로그램	보편적 현금지원 보편적 현금지원 고용관련 공공작업
잠비아	학교급식 프로그램	취약아동 보편적 급식 지원 학교에서 HIV/AIDS 교육 학교 농업 파이롯트 (정원)

자료 UNDP 2016c: 59.

사회보호는 사회통합에 장애가 된다. "사회집단을 구분하는 타깃 정책은 특정 지단을 포용하고 다른 집단은 배제하는 사회적 분리를 강화할 수 있고 빈곤 타깃 정책 또한 수혜층의 스티그마를 낳게 될 수 있다." 정부보조금에 의존하는 엄마의 경우도 젠더 평등에 긍정과 부정적 임팩트를 가질 수 있다. 보다 효과적인 보조금 지급이라는 긍정뿐 아니라 여성의 역할을 무상의 돌봄에 국한시키는 부정도 함께 보여준다.

아프리카에서도 적지 않은 국가들이 사회보호 프로그램을 운영하고 있다. 아직 보편적 현금지원이 일부 국가의 정책에 불과하지만, 빈곤, 일자리, 보육, 학교급식 등으로 점차 확대되는 추세다.

2. 글로벌 위기에 대한 사회정책

앞서 설명한 글로벌 금융위기, 식량위기, 재난 위기에 대응해 인간안보를 실행하는 사회정책의 주요 내용은 무엇인지를 살펴볼 만하다.

1) 금융위기 대응의 사회정책

UN 경제사회이사회와 UN 기관에 등록된 개발 NGO들을 대상으로 글로벌 금융위기 직후의 NGO의 재정 현황과 글로벌 위기 극복에 관한 다양한 의견을 들었다. 등록된 4010개 중 640개가 응답했다. 현장 활동을 하는 NGO들은 국가의 재정자원의 효율적인 사용에 관한 의견을 다음과 같

■ **그림 10-5** 금융위기에 대응하는 국가 재정자원 활용방안

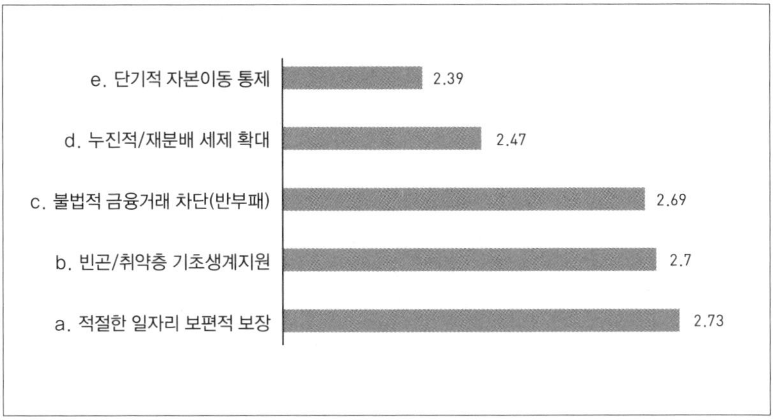

자료 NGO Committee for Social Development 2009 : 41.

이 제시했다(NGO Committee for Social Development 2009: 39-41).

첫째는 사회안전망과 소득지원이다. 금융위기로 사회서비스의 공적 공급이 위태로워지고 있고, 연금재원 확보 문제가 심각하다. 많은 NGO들은 빈곤층에 대한 정부의 직접 현금이전지출을 주문한다. 응답 NGO의 80%가 빈곤층과 취약층에 대한 국가적 기초 소득지원 프로그램의 시행이 필요하다고 본다. 브라질에서 빈곤층 엄마는 아이의 학교 등교와 예방접종 확인서를 제출하면 양육의 수당으로 현금(월 120달러) 지원을 받는다.

둘째는 적절한 일자리 마련이다. 빈곤 감소와 형평성을 지향하는 성장을 위해 모든 사람에게 적절한 일자리를 마련해주는 노동정책 시행이 시급하다. 81%의 NGO들이 실업자를 위한 공공 노동 프로그램의 추진을 주문한다.

2) 식량위기 대응의 사회정책

식품위기로 지속된 2006~11년 기간의 긴급상황에서 인도적 구호를 위한 단기적 인 처방으로 다음이 제시되었다(Paul and Wahlberg 2011).

(a) 식량 지원: UN의 중재로 WFP나 NGO들을 통해 식량지원이 긴요한 지역에 대한 긴급 인도적 지원이 이뤄질 필요가 있다. 공여국의 전통적인 지정학적 고려가 우선되어서는 안된다. UN의 중앙긴급대응기금(CERF)에 식량지원 기금이 모금되어, 식량 현금지원(cash for food), 식량 노동지원(work for food), 학교급식 지원 등 다양한 방식으로 식량위기에 처한 빈곤층 구제를 서둘러야 한다.

(b) 농민 지원: 긴급 식량지원과 동시에 소농들의 농업생산을 높이기 위한 긴급 지원이 뒷받침되어야 한다. 특히 하향식 지원방식보다는 농민의 의견수렴을 통한 지원방식으로 이뤄져 지역 농민들이 지속가능한 농업의 실행에 도움을 주는 방식이 되어야 한다. 국제사회도 소농들의 생산, 농작물 저장, 유통 등의 마켓팅 지원을 위한 재정지원을 할 수 있다.

(c) 정부의 곡물비축 관리방안 강화: 무역자유화와 민영화로 정부의 곡물비축 관리 역량이 많이 위축되었다. 또한 농업 공급과 가격 감독 기능과 안정된 가격의 식량 공급 기능 또한 상당히 위축되어 있기 때문에, 이를 바로잡을 수 있는 정부의 관리 역량 강화 방안이 추진되어야 한다. 정부는 식량 비충의 민영화 압력에 맞서는 역량을 발휘하고, 곡물 비축물의 저장, 관리, 분배를 강화하는 역량을 갖출 필요가 있다.

(d) 바이오연료 생산 중단: 바이오연료 생산이 식량 체계에 미치는 악영향이 분명해지고 있기 때문에 바이오연료 정책을 중단시키는 긴급 조지들

이 시행되어야 한다. 바이오연료 보조금지원제 또한 중단해야 한다.

(e) 투기 근절과 가격 고정: 거대 무역회사들이 주도하는 식량가격에 대한 투기행위를 근절하는 조치들이 시행되어야 한다. 이에 대해 기업과 재정 부문의 반발이 예상되므로, 여러 단계를 거쳐 점진적으로 시행될 필요가 있다.

(f) 식량에 대한 권리의 강화: 국제사회는 식량에 대한 권리를 기본적인 인

표 10-5 브라질과 인도의 식량안보 공공정책

> 1980년대 이후 인도의 경제성장은 브라질을 앞섰지만, 영양실조의 인구의 규모는 크게 줄지 않아 19%에 이르렀지만 브라질에서는 2006~08년에 거의 절반 수준인 6%로 크게 줄었다.
>
> 브라질에서는 2003년 '제로 굶주림'(Fome Zero) 프로그램 덕분이었다. 취약층의 식량접근을 개선하고 식량생산을 증대하는데 정책 목표를 설정해 농촌개발과 사회보장의 전략을 추진할 결과이다. 가족지원 프로그램인 Bolsa Familia로 현금지원 제도와 학교급식 프로그램을 시행하고, 나아가 소득지원 정책, 가족농업, 시민교육과 시민동원 정책을 추진하였다. 식량과 영양 안보가 연방정부의 정책우선순위가 되어 주정부의 책임으로 추진되면서 대통령 직속의 새로운 장관실을 설치해 관리감독의 책임을 맡겼다. 더불어 국가식량영양안보위원회가 행정기관과 공조해 정부와 시민사회의 공조를 유도, 진흥시키는 역할을 수행하였다. 식량안보를 확보하면서 불평등 해소 노력으로 인간개발을 진흥하는 역할을 맡았다. 브라질은 밀레니움 개발목표(MDG)의 극심한 빈곤율을 2015년까지 줄이는 국가 목표를 이미 달성하였다. 식량에 대한 권리가 2010년 브라질 헌법에 공식화되었다.
>
> 한편 인도의 경제성장의 빈곤해소 실적 부진에 대해서는 여러 복합적인 요인들이 있었다. 인도는 2012~13년 예산을 통해 아동종합개발에 예산 60% 증액으로, 또 학교급식 지원 확대, 영양보급 확대, 여성의 교육과 기술 향상에 많은 자원을 투입하는 국가계획을 추진한다. 계획은 우선 극심한 영양실조 상태의 200여 곳에 일차적인 개선에 초점을 맞춰, 장차 다분야로 확대해, 영양, 위생, 식수, 기초 보건의료, 여성 교육, 식량안보, 소비자보호로 지향할 계획이다.

자료 UNDP 2012b: 54.

권으로 강화시키는 공조노력이 필요하다. 인권 NGO들, 정부들, UN 등이 공조적으로 식량에 대한 권리를 명확히 정의하고 이를 실천하기 위한 구체적인 행동지침과 집행에 관한 규정들을 시행할 필요가 있다.

3) 기후변화 대응의 사회정책

기후변화 또한 긴급한 사회정책의 추진을 요청한다. 현금이전지출을 포함한 여러 방안들을 참고해볼 수 있다(Davies et al. 2009: 206-8).

현금이전지출

현금이전지출은 기후변화에 가장 취약한 빈곤층의 취약성을 완화시켜주는 효과적인 정책수단이 된다. 케냐의 국가사회보장제는 다양한 취약층에 두 가지 상이한 정책방안들을 시행한다. 부통령의 고아와 취약아동 현금이전프로그램은 아동의 학교 등교와 보건소 방문을 보건으로 지급되는 사회보장제이다. 또 〈굶주림 안전망 프로그램〉은 식량과 영양 안보뿐 아니라 교육과 보건 지원제도로 긴급구호대처보다 예측가능한 지속가능한 자원 이전지출제도를 시행한다. 이것이 사회보장제도가 기후변화 적응에 대비하는 연계성을 보여준다. 에티오피아의 생산적 안전망 프로그램은 현금 및 식량 지원 프로그램으로 계절성 식량불안에 취약한 가계를 지원하는 데 목적을 둔다. 가계의 자산 보호를 지원하기 위해 현금이나 식량 이전지출 대신 공공작업 고용을 제시하기도 한다. 에티오피아는 프로그램 참여자 모두가 5년 이내에 프로그램 지원에서 벗어나 자립하도록 요구한다.

날씨지수의 농작물 보험

전통적인 농작물 수확에 대한 보험방식에서 최근에는 직접적으로 나쁜 날씨에 대한 보험방식으로 변화가 있다. 강수량 부족과 농작물 실패 관계에 기초한 날씨지수를 활용한 것으로, 장기적인 강수량과 작황 자료를 지수개발의 기초로 삼는다. 농민들은 날씨지수가 일정 기준에 달하면 작황이 좋지 않아도 보상을 받게 되어, 농사 인센티브를 상실하지 않는다. 따라서 잘 디자인된 날씨지수 보험은 리스크를 감수하는 농업 실험을 통해 적응적 역량을 확보할 수 있게 해줄 수 있어, 기후변화로 인한 소득손실 예방에 대안이 될 수 있다.

자산 이전

가축 등 생산적 자산의 판매는 농촌 빈민층에게는 기후변화 피해를 극복하는 일반적인 전략이다. 그런데 이런 자산을 갖고 있지 않으면 빈민층은 만성적인 빈곤의 덫에 갇히게 된다. 따라서 기후변화에 적응하면서 가축 등 자산을 판매하지 않고도 기후변화 피해 이후 정상으로의 회복을 위한 사회보장 정책이 추진될 필요가 있다.

사회보호 프로그램은 자산 축적에 기여할 수 있다. 조건부 또는 무조건의 현금 이전, 소액대출, 가축 등 직접적인 지원이 가능하다. 방글라데시의 기후변화 적응 프로그램에는 대체 가축 사육이 응용되었다. 오리 사육을 통해 기후변화에 적응하면서 소득을 올리고 기후변화 피해 이후의 회복을 위한 대안이 되었다.

고용보장 프로그램

취약층이 도시지역에서 일자리를 찾는 일은 매우 힘든 일이다. 지역사회의 차별과 편견, 소외층에 대한 사회보장제의 결여, 다른 노동자들의 편견과 반감 등이 있기 때문이다. 농촌지역에서도 농장 노동 이외에 일자리가 찾기 힘들다. 소외층은 특히 기후변화에 가장 취약한 계층이기 때문에 이들에 대한 사회보장제의 시행이 시급하다. 인도의 국가농촌고용보장법은 2006년 200여 개의 가장 빈곤한 농촌지역부터 시행된 국가적 사업으로, 농민들에게 100일간의 고용을 보장해준다.[32] 특히 여성 일자리 부족 문제도 있어, 젠더 평등 지향적인 정책으로의 변화도 필요하다. 또 장애인, 노인 등의 취약층을 배제하는 문제도 있다.

사회연금

사회연금은 국가로부터 노인들에게 지급되는 현금 이전지출로, 개인의 기여에 관계없는 균등한 지급의 연금제도다. 사회적 연금은 소득지원제도로 저소득 계층을 위한 재분배적 보장제도다. 사회적 연금은 기후변화 등의 외부 쇼크의 피해에 대한 안전장치 역할을 한다.

---

32 임금은 국가 최저임금 수준에 맞춰져 있다. 이 프로그램에 참여한 농민들은 수로 등 관개시설을 확충하는 일에 참여해 기후변화에 대한 적응 대안을 마련한다. 이 프로그램은 가계 단위로 일자리 카드를 지급하고 있어, 개인 단위로 변경해 빈곤층 구제를 더 적극적으로 추진할 필요가 있다.

3. 글로벌 '보건' 거버넌스

1) 보건과 지속가능한 개발

국제기관들이 보건의료에 관심을 갖고 글로벌 거버넌스의 진전을 추구해온 지 오래되었다. 1991년 UNDP의 인간개발지수에 의료가 포함되었고, 2001년 세계은행의 세계개발보고서의 관심도 경제성장 중심에서 보건, 교육, 사회적 배제 등 사회개발로 초점이 바뀌었다(UNDP 2012c: 5). UN은 2000년 MDG 여덟 가지 중 세 가지를 보건의료로 설정할 정도로 보건의료는 인간개발의 핵심이 된다. 또한 보건은 SDG3, 6. 10의 전제조건이자, 목표달성으로 설정될 정도로 중시되고 있다.

보건의 결과와 사회경제적 진전과는 밀접한 상관관계는 여러 연구들에서 확인되고 있다(앞글: 5). 만성적 질병은 가계를 빈곤에서 박탈로 몰아넣는 주요 요인들 중 하나라는 것이 아시아 일부 국가들의 조사에서도 확인되고 있다. 질병으로 인한 소득상실, 만성적 빈곤 등 무수한 사회경제적 피해가 일상화되고 있다는 것이다. 거시경제나 국가차원에서는 개인의 질병들이 커다란 영향을 미치고 있지 않다고 볼 수 있지만, 반대로 질병으로 인한 사망률이 감소되면 생산성과 경제성장에 기여한다는 것도 경험적으로 확인되고 있다.

이처럼 보건은 개발에 영향을 미치고 있듯이 역으로 개발은 보건에 영향을 미치는 상관성을 갖고 있다. 미국과 같이 비교적 삶의 여건이 풍요로운 국가들에서도 사회적 환경은 개인의 보건 상태에 약 15% 정도의 영향을 미치고 있다는 연구도 있다(앞글: 5). 사회환경과 개발의 패턴은 개인의 행태와 환경에 영향을 미치고 있기 때문에 이들의 전체적인 보건에 대한 영향력은 상당하다는 것이다. 특히 여성과 여자아이들의 교육 등 인간개발의 개선은 보건과 개발의 실적을 크게 높여주는 결정요인으로 나타난다. 소득증대와 기대여명의 증대가 약한 상관성을 보여주지만, 소득불평등은 저소득층의 빈약한 보건상태를 악화시키는 것으로 알려지고 있다.

많은 국가들이 1970년대 이래로 기대여명의 연장을 이룩했지만, 국가들 사이의 격차뿐 아니라 국내 집단들 사이의 격차는 더욱 벌어지면서, 글로벌 차원에서 불평등과 보건 이슈가 심각하게 제기되어 왔다. UNDP의 1970~2010년 기간의 자료에 따르면, 일부 사하라이남 국가들에서는 기대여명이 오히려 퇴보하는 기록도 보여준다.

세계적으로 약 3400만 명이 HIV 감염자로 추산되는데, 지난 수십 년간 치료약의 개발과 보급으로 획기적인 감소를 기록했지만 여전히 하루 7000명가량이 새롭게 감염되고 있다. 또 약 16억 인구가 1990년 이래로 안전한 식수를 이용할 수 있었다. 또 MDG 목표 임산부 사망은 여전히 목표달성에 크게 미치지 못하고 있지만 지난 10년간 약 34% 감소되었다.

HIV 감염에 대한 확고한 치료제나 효과적인 백신은 아직 없지만, HIV에 대응에 적절한 경험, 기술, 체계를 갖고 있다. 항레트로스 치료를 통해 HIV 감염자들 대부분이 생명을 유지하며 정상적인 기대여명 수준에 가까운 건강을 유지하고 있다. 치료 효과의 개선과 예방적 노력의 확대로 AIDS 관련 사망을 줄이면서 새로운 HIV의 감염을 차단할 수 있다.

지난 10여 년 간의 성과는 부분적으로는 HIV, 결핵, 말라리아에 대한 글로벌 기금의 조성과 국제적인 HIV 타개를 위한 국제개발 협력의 집중적인 노력에 기인한 것이다. 그런데 글로벌 기금이 글로벌 경제위기의 여파로 재정확보에 실패함으로써 HIV 감소와 건강개선에 심각한 영향을 미치고 있다.

2) 신자유주의 보건 서비스

SDGs는 의욕적인 계획을 제시하고 있지만, 여전히 기존의 신자유주의의 '성장 전략'에 의존하는 문제가 심각하다(Global HealthWatch 5, 2017: 1). 글로벌 차원에서 채취·생산·소비의 성장 전략이라 볼 수 있다. 성장 전략은 비판자들에게는 "빈곤을 영속화시키고, 지구를 파괴하며 인류 존재의 기반을 위협하고 있다."(앞글: 2). 성장 패러다임은 스스로 변화하지 않을 것이며, SDGs의 기술적인 적용으로도 변화될 수 없을 것이라는 비판도 있다.

이런 변화를 만들기 위해 지난 10여 년간 남미 국가들이 경제와 정치를 바꾸고 보건 서비스 혁신을 추진한 것은 상당한 긍정적 평가를 받는다. '보편적' 보건 서비스를 지향하는 공공 서비스 확대 등의 두드러진 성과에도 불구하고, 정권들과 진보적 운동들은 고착화된 신자유주의 레짐의 파워를 감당하지 못하는 한계를 보였다. '빈곤층을 위한 빈곤한 보건 시스템'이라는 수구 세력들의 이념 저항에 직면한 것이다.

'보편적' 보건 적용(Universal health coverage: UHC)은 글로벌 보건시스템 정책에서는 법률상의 슬로건에 지나지 않는다. UHC와 대조적인 기초보건서비스(Primary Heath Care: PHC)는 기초 보건 섹터의 구축과 지역사회 보건 인력의 핵심 역할을 중시하며, 보건 계획, 책무성, 예방에 지역사회의 참여를 중시한다. 반면에 UHC는 공공 및 민간 보건기관들로 서비스의 구매를 중시해, 실제로 많은 국가들에서 민간 서비스의 확대로 공공 보건 서비스의 약화를 유도하는 전략을 추진한다. UHC에서는 지역사회의 통제 역할이 대단히 모호하다.

신자유주의자들은 개발도상국들의 보건 서비스의 실패를 신자유주의 적용 실패로 돌린다. 개발도상국들이 비효율적인, 부패한 금융과 행정 시스템을 갖고 있기 때문으로 본다. 그럼에도 신자유주의 보건 서비스 개혁을 단행한 국가들의 사례 분석을 보면, 민관 파트너십(PPP) 모델들의 심각한 결함들이 드러난다. 공공 자원이 민간부문으로 이전되었지만 보건 서비스의 효율성과 효과성이 나타나지 않았다(앞글: 4). 글로벌 보건 거버넌스 기관으로서 WHO는 심각한 민주적 책무성 위기에 직면해 있다. WHO의 주요 사업의 재정이 회원국의 지원으로 뒷받침되지 않고, 규제와 감독의 대상이 되는 다국적기업들의 지원과 투자로 이뤄지기 때문이다(앞글: 4-5). 재원의 독립성을 갖추지 못하는 WHO는 다국적기업들의 입장에 치우쳐, 회원국들의 요구와 욕구를 충족시키지 못하는 '민주적 책무성' 결여에 직면해 있다. 기업 재단이나 다른 민간 재단들의 역할 또한 보건에 대한 기여보다는 이들의 재정에 의존하는 글로벌 거버넌스 기관의 거버넌스 역할 약화를 더 경계한다.

최근 번성하는 다양한 형태의 민관 파트너십(PPPs) 또한 마찬가지다. 보건 PPP들은 민간 투자에 절대적으로 의존하는 새로운 글로벌 거버넌스 도구로 발전하면서 전통적인 UN 시스템 중심의 국가들의 주도적인 거버넌스 시스템을 대체시키는 위협이 될 수 있다(앞글: 5). 글로벌 백신과면역연대(GAVI)와 UNAIDS 또한 일정한 기여와 성과가 있음에도 공공 부문의 역할과 공공 보건 시스템에 심각한 위협이 된다는 비판도 제기된다(앞글: 5).

대부분의 개발도상국은 선진 개발국과 양자 투자협정(BITs)을 체결해 두고 있다. 그런데 투자자-국가 분쟁해결(ISDS) 메커니즘은 개발도상국들에게는 심각한 위협을 준다. 자국의 국내법에 적용될 수 없는 초법적인 투자 관련 압력이 행사되며 국제분쟁에서 결국 굴복할 수밖에 없는 상황에 있다(앞글: 6). 개발도상국들은 자체 보건 시스템 구축에 노력하고 있지만,

엘살바도르 사례처럼, 국가 리더십의 지지로 개혁을 추진해도 경제적·재정적 전환이 부재한 상태에서 개혁이 자칫 실종될 수 있는 상황에 있다(앞글: 7-8).

3) 보건의 인간안보 접근법

건강의 취약성을 완화하는 인간안보 접근법은 가난한 사람들과 공동체에 임파워먼트를 갖게 하는 데 초점을 맞춘다. 그래서 빈곤층이 건강 문제를 스스로 예방하고 대처하며, 신속히 회복할 수 있다. 보건 서비스를 어떻게 제공할 것인지, 공동체가 스스로 여러 목소리를 내며 의사결정을 해야 한다.

공공 보건서비스: 스리랑카 사례

인간안보는 또한 보건 서비스에 대한 보편적인 접근을 보장해 줄 '효과적인 정부'를 필요로 한다. 불평등을 해소하려면 현실적으로 여성이 보건 서비스의 이용자가 될 수 있게 여성 인력을 양성하고, 기초의료와 농촌의료를 탈바꿈해야 한다. 보건인력 위기를 해결하려면 정부가 적절한 임금을 지불하고 인력을 보충하며 적절한 보건계획에 투자해야 한다.

지난 수십 년간 정부와 원조제공자들이 '반국가적'이라고 비난하던 공공 서비스 정신을 고취해야 한다. 정부는 아직 잔존하는 이용자부담을 없애고 무상 기초의료에 투자하며 치료보다는 예방에 초점을 맞추어야 한다. 기초보건교육에 재정이 더 효과적으로 사용될 수 있는데도, 일반적으로 세계 대부분의 보건전문가들은 의료 최신장비 구입 등을 더 바란다. 부국들

표 10-6 스리랑카의 식수위생과 공공서비스 → 산모 사망률 최저

> 스리랑카는 '중하소득국'으로 분류되지만, 임산부 사망률은 세계에서 가장 낮은 편이다. 스리랑카 여성이 출산을 할 때, 옆에서 돌봐 주는 훈련된 조산사가 있는 경우가 96% 정도다. 산모와 가족이 치료가 필요할 때면 집에서 걸어갈 수 있는 거리에 있는 공공진료소에서 자격을 갖춘 간호사에게 무료로 진료를 받을 수 있다. 아이들은 무상으로 기초교육을 받고 여자아이들도 대학까지 무료로 다닐 수 있다.
>
> 이것은 1인당 소득의 증가에 훨씬 못미치는 공공 서비스 투자를 하는 산유국 카자흐스탄에 견줘 볼 만 하다. 스리랑카는 카자흐스탄보다 1인당 국민소득이 60% 적지만, 카자흐스탄 아이가 태어나 5년 안에 사망할 확률은 스리랑카 아이보다 거의 다섯 배가 높다. 또 학교에 다니고 안전한 식수를 마시거나 깨끗한 화장실을 사용할 가능성도 카자흐스탄이 더 적다.

자료 Green 2008: 49–50 (주성수 2010).

은 의사와 간호사를 현혹시켜 빼가지 않는 것만으로도 도움을 줄 수 있다.

아동과 모자보건: 방글라데시 사례

방글라데시는 아동 생존율을 크게 높인 실적을 갖고 있다. 1990년 유아사망률은 천 명당 97명으로 인도(81명)에 비해 높았지만, 2004년에는 38명으로 급감해 인도(48명)보다 크게 앞섰다. 이런 실적에는 세 가지 요인들이 있었다.

먼저 여성의 의류공장 일자리를 제공하고 소액금융 지원을 한 것이다. 의류공장 노동자 대부분은 농촌에서 이주해온 여성들이 대부분이었다. 젊은 여성에게 일자리는 고용과 소득에서 젠더 갭을 줄이는 중요한 변화였다. 소액금융 또한 여성들에게는 자영업의 밑천을 제공해 빈곤 탈출의 기회를 제공하였다. 소액대출기관인 그라민뱅크는 800만 명에게 87억 4000만 달러 소액대출을 해주었는데, 대상자 95%가 여성이다.

둘째는 여성의 사회적, 정치적 지위 향상이다. 많은 여성들이 비정부 조직들이 조직한 여성단체들에 정기적으로 참여해 역량강화를 한 것이다. 그라민뱅크는 여성들에게 3년에 한 번씩 은행의 주요 간부직 선출에 참여해 투표하도록 하며 선거의 중요성 교육을 시켜, 참여자로서의 역량을 강화시켰다. 그래서 공직 후보로 나서는 여성이 점차 늘면서 젠더 평등화 개선이 이뤄지고 있다.

셋째는 여학생들의 학교등교율이 높아진 것이다. NGO인 BRAC이 운영하는 비공식 학교는 무학의 성인들에게 4년 속성 초등교육을 제공해, 등교율 94% 이상을 기록할 정도로 인기가 많다. 여기에서 졸업한 학생들 대부분은 공식 학교에 입학에 정규과정을 거친다. 특히 교육과정에는 보건교육이 많아, 성인 성교육, 결혼과 임신, 가족계획, 약물중독, 젠더 이슈 등 광범위하다. 15년전 여학생 등록률이 전체 40%에 불과했지만, 이제는 남성을 앞선다. BRAC은 여성들에게 피임, 설사 등의 아동 질병에 관한 기초 보건교육 서비스를 제공한다. 방글라데시 아동의 95%가 결핵 예방접종을 해, 인도(73%)에 비해 높은 수준에 있다. 성인 결핵 예방에도 좋은 실적을 보여준다.

이처럼 방글라데시 아동과 모자 보건에서 획기적인 성과를 낸 것으로 평가받고 있다. 5세 미만 아동 사망률(1000명당)이 1980년 200명에서 2015년 40명 미만으로 급감하였다. 그럼에도 여전히 아동과 성인의 영양부족 등 보건 문제가 심각하다(OECD 2017c).[33] 이에 국가는 제2차 국가 영

---

33 임산부 18% 영양실조, 신생아 26% 저체중아, 5세 미만 아동의 1/3 저체중 또는 발육부진아다. 아동 발육부진은 상위10% 부유층과 하위 10% 빈곤층 사이에 두 배 이상 격차를 보여준다(26% 대 55%). 그런데 이런 격차는 식량 접근, 식품가격 인상, 젠더 소수층, 자연 재해 등이 복합적으로 작용되며 더욱 악화되는 실정이다.

양행동계획(National Plan of Action for Nutrition(2016~25)를 개시하였다. 아동, 임산부 등의 취약층에 초점을 맞춰 영양 개선을 추진하는 국가 계획이다. 2021년까지 5세 미만 아동의 발육부진율과 저체중률을 25%와 10% 미만으로 낮추고, 6개월 미만 신생아의 모유수유를 50% 이상 늘리며, 임산부의 영양실조 비율도 10% 미만으로 낮추는 국가계획이다. 이를 위해 연간 국내총생산(GDP)의 0.01%를 10년간 16억 달러를 투자하는 사회투자 전략을 제시한 것이다.

3) SDG 3: 보편적 보건 서비스

보건의 '상업화'는 1980년대 이래 무역과 투자 기회의 확대와 더불어 개발도상국에 심각한 개발 이슈가 되었다. 보건의 상업화에 따른 부정적 임팩트에 대응하는 정부의 공공부문 역량 재구축과 규제 제도의 강화가 일부 개발도상국에서 추진되었다(UNRISD 2016b: 63). 대부분의 개혁은 형평성 개선, 양질의 서비스 개선, 대상층 확대와 비용 지원 등에 초점을 맞췄다.

일부 저소득, 중소득국은 보건서비스 제도 개선으로 '보편적' 보건 서비스 제공을 추진하였다. 2014년까지 72개국이 국민 90% 이상 보건 서비스 적용을 했는데, 거기에 2개 저소득국, 8개 중저소득국, 19개 중상소득국이 포함되어 있다. 보건 서비스 혜택 인구를 확대하고 서비스의 질적 개선에는 정부의 재정지원이 절대적이다. 브라질, 중국, 태국의 경우, 지불능력제에서 보건욕구제("from each according to their ability to pay and to each according to their health needs")로 원칙을 전환해, 의무적 기여제 건강보험에 적용되지 않는 취약층에 대한 혜택을 확장시켰다(앞글: 64).

경제성장에 따라 사회서비스 적용인구 확대가 가능했지만, 심각한 경제적 불황의 시기에 보편적 의료서비스를 시행한 국가들도 있다. 대표적으로 태국의 경우, 아시아 금융위기가 지속되었던 21세기 초에 건강보험 서비스를 확대하였다. 그런데 개발도상국이 운영하는 보편적 보건서비스의 효과성은 SDG 3.8에 제시된 보편적 보건서비스 적용 기준에는 크게 미치지 못한다. SDG 3.8은 인구 적용, 서비스 범위, 재정 보호에서의 보편화를 주요 기준으로 제시한다. 또 저소득국과 중저소득국의 건강보험은 서비스의 질 문제가 심각하다.[34]

〈SDG 3〉은 "건강한 삶과 보편적 복지증진"을 제시한다. 이를 달성하기 위해 9개의 세부목표(target)와 4개의 세부실행 목표를 제시한다. SDG3은 현존하는 국제 보건이슈를 적절히 반영하고 있다. SDG3은 이러한 변화하는 국제보건의 이슈를 총체적으로 반영하고 있다. 개발도상국에서 여전히 큰 문제인 모자보건과 전염병의 문제뿐만 아니라 모든 국가에서 큰 위협요소인 비전염성질병, 담배, 약물남용, 교통사고 등을 포함하고 있어 변화하는 국제보건 이슈들을 담아냈다(오충현 2015: 53).

---

34 부탄, 감비아, 필리핀, 르완다, 바누아투의 건강보험은 정부의 보건서비스 접근의 자유가 상당하지만 임산부 사망률에서 SDG 3.1의 만 명당 7명을 넘는 수준으로 보건서비스 질의 문제가 제기된다.

4. 글로벌 'HIV/AIDS' 거버넌스

1) HIV/AIDS와 인간안보

HIV가 전 세계로 확산되면서, 건강과 불평등 사이의 연관성이 다시금 확인되었다. HIV는 특히 사하라이남 아프리카와 여성 등 가난하고 취약한 사람들을 공격했다. HIV 유행이 심각한 사회에서는 생산부터 조직까지 모든 빈곤과 불평등 퇴치 활동이 HIV와 에이즈 관련 활동으로 전환되어 왔다(Green 2008: 231).

의약기술의 발달로 에이즈에 걸렸다는 것이 부국에서는 더 이상 사망 선고는 아니지만 의약품의 높은 가격과 효과적인 보건 서비스의 부재로 가난한 사람들, 특히 여성들에게 에이즈는 살인마가 되어 왔다. 감염의 생리학 때문에 그리고 사회적 차별 때문에 여성이 남성보다 더 AIDS의 위험에 취약하다. 특히 차별과 그것에 따른 경제적 취약성으로 여성들은 남성에게 크게 의존할 수밖에 없기 때문이다. 재산권이 없는 여성은 남편과 사별하면 집에서 쫓겨나 궁핍과 위험 상태에 빠지기 쉬우며 이것은 AIDS나 다른 질병의 원인이 된다. 15~24세 여성들이 같은 연령대의 남성보다 HIV에 감염될 가능성이 여섯 배나 높다(앞글: 232).

AIDS의 확산은 풀뿌리운동에 고무적인 사례를 남겼다. 가장 잘 알려진 남아프리카공화국의 치료행동캠페인 사례를 비롯해, 우크라이나에서 일곱 명의 HIV 감염인 활동가들이 1999년 조직한 '우크라이나 HIV/AIDS 감염인 네트워크' 등 다양하다(앞글: 235-7). 이 네트워크는 자조모임, 공공교육, 높은 수준의 로비 등 복합적 활동으로 HIV와 AIDS를 국가 보건 우선과제로 지정되게 했고, 치료를 위한 정부예산을 세 배 늘렸으며, 나아가 정

■ **표 10-7** 남아공의 ARV 복제약 치료행동 캠페인(TAC)

> 2001년에는 세계 최대의 제약사 39곳이 남아프리카공화국을 상대로 1997년에 제정된 의약법 조항들을 둘러싼 소송을 제기했다. 그때 남아프리카공화국 국민 450만 명이 HIV 바이러스에 감염되었지만 대다수가 효과적인 치료를 받지 못했는데, ARV 약품이 지나치게 비싸서 벌어진 일이었다. 다른 문제들로는 아파르트헤이트 기간의 유물인 고도의 불평등한 보건 시설, 재정 부족, HIV와 에이즈를 해결하려는 일부 정부 기관들의 정치적 의지 결여 등이 있다.
>
> 제약회사들은 남아프리카공화국의 공공의료의 위기로 빚어진 황폐화를 감안하지 않고 법적 소송을 제기함으로써 국제적 비난을 샀다. 제약회사들은 남아프리카공화국의 의료법은 '병행 수입(값싼 특허약품의 수입)'을 허용함으로써 무역 관련 지적재산권을 위반했다고 주장했지만, 실제로는 무역 관련 지적재산권 협정은 이 문제에 중립적이었다. (치료행동 캠페인 TAC이 주도하고 옥스팜과 국경없는 의사회가 참여하는 전 지구적 운동을 비롯한) 시민들의 활동과 여론의 분노가 자신들의 평판에 심각한 위협을 가하자 결국 제약사들은 소송을 포기했다.

자료 Green 2008: 329(주성수 2010).

부의 ARV 약 구매에 관한 '비공개 입찰' 결과를 포기하게 만들었다.

2) HIV/AIDS에 대한 글로벌 대응

시민행동과 병행해 전 세계 국가들은 적절한 재정으로 효과적인 의료서비스와 예방프로그램을 지원하거나, 저렴한 의약품의 공급을 (차단하기보다는) 촉진하는 보호조치를 제공해야 한다. 제약업계로서는 의약품에 대한 접근이 국제법이 명시한 보편적 인권이라는 점을 이해하고, 특별한 책임감을 가져야 한다. 의약품과 같은 '사회적 재화'의 제공을 단순히 시장 원리에 맡겨서는 안 된다. 아무리 수익성이 없더라도 제약회사들은 생명을 살린다는 사명을 가지고 이 사업에 뛰어들어야 하는데, 그렇지 않으면 정부가 규제적 권한을 이용해 누구에게나 치료를 제공하도록 보장해야 한다.

HIV/AIDS에 대한 가장 성공적인 대응은 보건 서비스와 더불어, 비보건 분야들의 전략적 조치들을 결합한 방안들이다(UNDP 2012c: 10). 비보건 분야들로 HIV 감염에 직접적인 영향을 미치는 소득과 젠더 불평등, 이주 패턴, 인권보호의 실패 등 사회경제적 요인들이 주요 요인들로 제시된다. 이 요인들은 HIV 감염에 대한 대응뿐 아니라 임산부와 아동의 건강을 비롯한 주요 건강 상태의 개선에 밀접히 관련된다. 따라서 보건서비스의 개선과 더불어 사회경제적 장애들을 극복한 보다 종합적이고 중장기적인 개발 전략의 수립으로 보건을 비롯한 인간개발 전반의 실적을 높일 수 있다,

젠더 불평등과 소득불평등은 HIV 감염에 가장 직접적인 강력한 영향을 미치는 주요 요인들이다. 국가들의 사례분석 결과, 남녀 젠더 규범, 여성의 경제적 지위, HIV 세 가지 요인들을 동시에 접근하는 전략이 이 세 가지 모두에서 두드러진 개선 효과를 거두었다(앞글: 11). 동시 접근 전략이 개선 효과는 높이고 비용부담은 줄이는 효과성과 효율성 모두를 충족시켜준다는 것이다.

HIV와 다른 만성적 질병들은 개인과 가계에 심각한 피해를 입히며, 빈곤과 사회적 배제로 몰고 간다. 특히 HIV 감염이 확산된 국가들에서는 개인과 가족 단위를 넘어 지역사회 차원으로 빈곤과 사회적 배제가 확산된다. 따라서 국가의 사회보장 제도가 효과적으로 도입, 추진되는 것이 가장 시급한 대응 전략이 된다. 만성적인 빈곤으로 HIV의 확산이 증가되는 국가들에서는 사회보장제가 빈곤감소와 HIV 대응에 효과적인 정책수단이 된다. 종합적인 사회보장제도에 HIV 대응 보건 전략을 통합하는 것이 지속

■ **표 10-8** 브라질의 ARV 복제약 보급과 HIV/AIDS 국가관리

브라질은 가난한 국가에 무상으로 ARV 약을 제공하는 것을 막고 있는 거대한 장애물을 제거하며 세계의 무대에 올랐다. 그때까지 ARV 약의 가격은 엄격한 특허규정 때문에 매우 높게 책정되어 있었다. 브라질은 카타르 도하에서 열린 WTO 각료회의에서 개발도상국이 당면한 막중한 공중보건 문제를 고려해 의약특허를 유연성 있게 적용해야 한다는 주장을 납득시켰다. 브라질은 이미 특허의약품을 대체할 복제 의약품 제조를 허가하는 법안을 통과시킨 상태였고, 지금은 82% 낮춘 가격으로 에이즈 관련 의약품 17종 중 8종을 자체 생산하고 있다. 또 정부는 다른 특허의약품의 가격도 인하하려고, 무등록 상표 의약품을 제조하는 회사에 강제 실시권이라는 위협 수단을 이용하고 있다. 브라질 정부는 기존의 공중보건 체계를 이용해 진료소 네트워크를 구축했으며, 보건인력을 늘려 환자들이 올바르게 의약품을 복용하도록 돕게했다. 동시에 국가 보건 체계를 전산화해 의약품의 생산과 배분을 철저히 통제했다. 또한 보건담당자들이 에이즈 감염인의 바코드 신분증으로 의료기록을 조회할 수 있게 해, 국내 개별 에이즈 사례를 추적하는 것이 가능해 졌고 전국 111개의 진료소가 개개인에 대한 약 처방 현황을 공유할 수 있게 됐다. 지방정부, 민간부문, 시민사회조직들도 에이즈 환자들에게 무료 버스승차권이나 음식, 유동식을 제공함으로써 도움을 주고 있다.

자료 Green 2008: 236 (주성수 2010).

가능성을 높인다고 볼 수 있다(앞글: 11).

AIDS에 대한 효과적인 대응은 국가와 지방 차원에서, 정부의 내부와 외부에서 강력한 리더십을 요청한다. 책무성, 목표의 달성, 그리고 HIV와 광범한 보건 서비스 사이의 시너지를 증진시키기 위해서는 거버넌스와 감시 제도들이 도입, 시행되어야 한다(앞글: 13). 지방정부의 역량 한계가 있기 때문에, 민간 부문의 기업들, NGO들과의 정책 공조와 서비스 전달의 파트너십 추진이 전략적으로 필요하다.

또한 관련 법의 제정과 집행도 HIV 확산을 감소시키고 치료 접근의 기회를 확대시켜, HIV의 피해를 차단하는 역할을 한다. 처벌적인 법의 적

용으로 오히려 효과적인 HIV 서비스 접근을 차단하는 악영향을 미칠 수 있기 때문에 신중한 법 적용이 요청된다. 사회적 스티그마와 차별을 없애고 인권 기초적인 접근으로 HIV 대응 효과를 높을 필요가 있다.

중저소득 국가들이 AIDS, 결핵, 말라리아 퇴치 프로그램에 필요한 주요 재원이 되는 글로벌 기금은 다자간 재정메커니즘이다. 일부 국가들의 경우 세계은행의 재정지원에 많이 의존한다. 2011년 11월, 글로벌 기금은 글로벌 금융위기로 인해 심각한 재정난을 겪고 있다며 앞으로의 정책집행이 연기되거나 취소될 것을 알렸다(앞글: 16). 세계은행은 HIV, 결핵 등 질병 중심적 프로그램보다는 일반 보건체계로 재정지원을 변경할 것을 발표하였다.

글로벌 기금을 집행하는 국가들은 글로벌 기금의 여건의 따라 또한 기금의 재정지원이 보건체계를 강화하도록 하기 위해 역량 개발에 노력할 것을 요청받는다. 기금 관리의 투명성, 책무성을 제고하기 위해서도 역량개발은 필수적인 요청이 된다.

3) 글로벌 치료약 거버넌스: 적정가의 복제약

지적소유권과 복제약은 글로벌 보건 거버넌스에서 핵심적인 이슈들이다. 첫째, 수면병 등의 방치된 질병 치료약의 개발 문제가 있다(Jayadev 2010: 13). 이 질병들은 세계 인구 1/6에 심각한 영향을 미치고 있어 인간개발에 심각한 걸림돌이 된다. 둘째는 빈곤국의 약품에 대한 접근의 문제다. WHO는 비싼 가격과 접근 이용성의 문제로 기존의 약품과 백신의 접근이 어려운 인구 1000만 명이 매년 사망한 것으로 추산한다. 무역관련 지적소유권(TRIPS)[35] 협정과 그에 따른 쌍무적 무역협정들은 이런 문제들을 더 악화시키는 요인들로, 정부의 공중보건 증진의 역량을 제한시킨다.

TRIPS 협정은 거대한 활성적인 복제 약품 섹터를 가진 인도와 브라질 등지의 복제 제약사들이 1995년 이후 발명된 약품의 복제를 크게 제한시킨다. 이런 정책은 빈곤층의 약품 접근성을 심각하게 제한시키는 글로벌 이슈가 된다. TRIPS 협정에는 공중보건의 긴급 상황에 직면한 개발도상국들이 약간의 융통성을 갖고 복제허가를 해줄 수 있다는 조항이 있지만, 특허권을 가진 북반부의 국가들의 불허로 잘 활용되지 않고 있다. 최근 태국 정부가 HIV 치료와 심장질환 치료약 복제를 허용한 사례는 있다.[36]

TRIPS는 특히 의약 산업에서 심각한 논란을 일으켜 왔다. 매년 1000만 명이 넘는 개발도상국 사람들이 전염병과 기생충으로 사망하는데, 대부분 기존의 약으로 치료할 수 있는 질병이다. 사망자 수의 이면에는 다른 주요 요인들이 있지만, 황폐화된 보건 서비스와 고가의 의약품은 인명 구호에 결정적인 걸림돌이 된다. 개발도상국의 대다수 사람들은 자기 스스로 약을 구입해야 한다. 예를 들면 인도에서는 전체 보건 서비스 지출의 4분의 3 이상이 사람들 호주머니에서 나온 돈이며, 그 중 75%가 의약품을 사는 데 들어간다.

거대 제약회사들은 상당한 자금을 투입해 복제의약품의 도입을 최대

---

35 '무역 관련 지적재산권'(TRIPS: Trade Related Intellectual Property Rights)은 지구적 지적재산권 체계를 도입해, 최소 20년의 보호 기간을 가진 특허권을 비롯해, 다른 산업 디자인, 상표, 저작권, 그 밖의 지적재산권 등이 포함되어 있다.

36 이로써 2007년 미국 통상대표부는 태국을 최악의 지적소유권 위반국 지정하는 결과를 초래했고, 나아가 미국과의 쌍무적 무역협정에서 TRIPS 플러스 규정의 추가 적용으로 처벌적 대우를 받게 되었다. 플러스 규정에는 개별 회사가 국가를 소송할 수 있는 처벌 조항 등이 포함되어 있다.

한 길게 늦추려는 활동을 벌이고 있는데, 그 노력의 필수적인 도구가 되는 것이 TRIPS 규정들이다. 이 때문에 특허 약품과 복제약의 가격은 엄청나게 차이가 난다. 연구개발 비용이 다른 산업에 견줘 높고, 약품 복제에 드는 비용은 매우 낮다. 또 기업들은 아주 다른 비즈니스 모델을 추구하는 차이가 있다. 특허 약품 생산자들은 광고에 크게 투자해 높은 값을 받아 손해를 벌충하는 반면에 복제약 제조 회사들은 대규모 생산과 낮은 비용에 집중한다.

세계무역기구가 창설되기 전에는 50여 개국에 이르는 개발도상국들은 의약품을 생산품 특허에서 제외하거나 보호 기간을 단축하는 등의 안전장치를 제시했다. 인도는 융통성이 있는 지적재산권 체계 덕분에 '개발도상국 세계의 제약사'로 명성을 날리며 전 세계 복제약 대부분을 제조해서 빈곤국들로 수출하게 되었다. 인도의 복제약 생산자들 사이의 경쟁 덕

표 10-9 세계의 약국 인도의 복제약 생산

인도 대법원이 2013년 다국적 거대 제약회사인 노바티스가 생산하는 백혈병 치료제 글리벡의 특허권 인정을 불허했다. 인도는 2005년 세계무역기구(WTO)에 가입하며, 특허권 침해에 대한 단속을 강화하고 특허권 인정 요건도 엄격히 했다. 그 결과 2005년 이후에는 신약에 대한 특허권을 발급하지 않아, 특허권이 종료되는 글리벡 등 기존 오리지널 약의 복제약 생산이 활발해졌다. 1999년 백혈병 등의 치료제로 개발된 글리벡은 전 세계에서 독점적 지위를 누리고 있다. 특허약은 한달에 약 2700~4000달러의 약값이 들지만, 반면 글리벡 복제약 값은 한달 75~175달러다. 인도는 암·결핵·에이즈 치료제 등 값비싼 독점 특허권 의약품의 복제약을 공급하는 주요 국가다. 인도의 복제약 시장 규모는 2011년 기준으로 110억 불이며, 2020년에는 약 740억 불로 성장할 것으로 예측된다. 인도는 세계 복제약의 25%를 공급하고 있다.

자료 한겨레신문 2013.4.1.

분에 ARV 약가격이 환자 1인당 연간 1만 달러에서 100달러로 떨어졌다.

최빈국들은 2016년까지 유예기간을 갖게 되지만 대부분 제조 능력이 없기 때문에 자국의 국민들을 위한 복제 의약품을 생산할 수단이 전혀 없다. 가장 심한 피해가 HIV와 AIDS 등 '신종 질병'이며, 암과 천식 등 유병률이 높은 다른 질병들에는 새로운 세대의 약품들이 필요한데, 그것들이 모두 지금은 특허 약품이다. 사실 세계의 주요한 복제 의약품 생산자들은 2005년까지 무역 관련 지적재산권 협정을 시행할 의무가 있기 때문에 이 약품들의 이용은 이미 중단된 상태다.[37]

2001년 남아공 사태를 계기로 무역 관련 지적재산권과 공중보건에 대한 도하(Doha) 선언문의 채택이 활발히 논의되었다. 2001년 11월에 채택된 도하 선언문의 법적 명료성이 남아공 사태에서 제약사들이 보인 추태는 복제약 생산의 길을 열어주었다. 일부 제약사들은 ARV 복제약의 수입이나 지역 생산을 더는 반대하지 않았고, 사하라이남 아프리카에 대해서는 자신들의 ARV약을 비롯해 여러 다른 약품들을 저렴하거나 '이윤을 뺀' 원가로 제공하게 되었다.

그렇지만 이런 특별한 방안들은 몇 개 안 되는 고위험 질병에만 적용되는 데 그쳤고, 이 질병들에 관련해서도 공급량이 모자랐다. ARV약을 포함한 일부 핵심 약품의 가격이 최근 급격히 떨어졌다. 게다가 개발도상국들은 늘어나는 비전염성 질병의 부담에 직면해 있다. WHO에 따르면 오늘날 비전염성 질병에 희생된 사망의 80%가 개발도상국에서 발생한 것이다.

---

37 무역 관련 지적재산권에서는 개발도상국들에게 공중보건을 보호하기 위해 특허 규정을 무시해도 되는 융통성을 일부 제공했지만, 이것은 부국들과 기업들이 제재를 위한 소송을 곧바로 제기함으로써 법적 다툼으로 퇴보하고 말았다.

암, 심장병, 당뇨를 치료하는 신약들은 제약업체들이 공세적으로 특허를 내서 가난한 사람들의 수중에 들어갈 수 없는 높은 가격으로 팔린다.[38]

2015년 TRIPS 위원회는 최빈국에 대한 의약품 적용 면제 혜택을 2033년까지 연장할 것을 의결했다. 최빈국은 병행수입품에 대해서도 2021년까지 적용면제 혜택을 받았다. 2017년 1월 WTO는 "저소득 국가들이 복제 의약품을 수입할 수 있도록 하는 관련법 개정안이 합의점에 도달했다"고 공표했다. WTO는 개정안 타결로 TRIPS에 복제 의약품을 생산할 수 없는 저소득 국가는 대신 복제 의약품을 수입할 수 있도록 하는 조항을 더했다.

4) 글로벌 '지적재산권' 거버넌스

이제 글로벌 보건을 위해 지적재산권 규정들에 대한 글로벌 거버넌스를 어떻게 추진할지 여러 논의가 진행 중이다. 그 중 국제 인도적 구호를 대표하는 Oxfam의 그린(Green)의 제안을 참고해볼 수 있다(Green 2008: 331-2).

a) 무역 관련 지적재산권 규정 안에서도 개발 수준의 차이는 다른 형태의 지적재산권 규정들을 필요로 한다는 것을 인정한다. 여기에는 인명구

38 계속 공세적으로 특허권의 시행을 추진하며 아시아와 라틴아메리카의 저소득국과 중소득국들에서 고가를 요구하는 제약업체들 때문에 수백만 명의 가난한 사람들이 약을 살 수 없을 정도다. 이 국가들이 무역 관련 지적재산 권의 긴급 수입제한 조치(Safeguard)를 이용하려 하면 다시 그것들을 넘어서서 공세적인 법률 전술로 회귀하는 일도 있었다. 노바티스(Novartis)와 화이자(Pfizer)는 각각 인도와 필리핀에서 법적 다툼에 휩쓸렸다.

제용 약품과 기술에 대한 의무적 면허와 '병행 수입' 등 세이프가드와 유동성에 훨씬 더 쉽게 의지하는 것, 또 기술 이전을 더욱 확고히 실행하는 것이 포함된다.

b) 더 급진적인 방법은 지적재산권을 세계무역기구에서 완전히 제거하는 것이다. 그래서 무역 관련 지적재산권 규정들이 사라지고 그 쟁점을 UN 세계지적재산권기구(WIPO)의 개혁안으로 돌려보내는 것이다. 2004년 이래 아르헨티나와 브라질이 주도한 개발도상국 그룹은 WIPO에 개발 어젠다 상정을 성사시킨 일이 있었다.

c) 〈지식 접근에 관한 국제협약〉을 통해 지식과 혁신이 개발에 기여하도록 보장하는 것을 우선시한다. 조지프 스티글리츠가 제안한 방안은 약품 발명이 특허를 내지 않고 바로 복제약 생산으로 이어질 수 있도록 적정 규모의 커다란 보상을 제공하는 것이다.

현행의 지구적 지식규정 체계는 가혹하며 개발에 점점 걸림돌이 되고 있다. 불평등을 높여, 기술 소유자와 무소유자로 나뉘는 세계를 만들고 있다. 이것을 변화시키는 일을 방해하는 것은 정치적인 것이다. 불평등과 빈곤을 해소하려는 요구에 대한 거시적인 이해를 갖춘 기업 지도자들이 자신들이 고용한 로비스트의 활동을 자제시켜야 한다. 한편 남반구와 북반구의 정치인들도 리더십을 발휘해 기업의 근시안적 이해를 차단하는 역할을 해야 한다.

5. 글로벌 '사회보호' 거버넌스

사회보호의 가장 큰 목표는 빈곤층과 소외층의 경제적, 사회적 취약성을 해소하는 것이다. 이런 접근법에 기초한 정책과 프로그램들로는 빈곤층에 대한 직접적인 자원 이전, 홍수 대비와 곡물 다원화 등으로 재앙적 위험 해소, 소수자 권리 입법과 반차별 캠페인 등 취약성과 소외의 구조적 원인 해소 등이 있다(Green 2008: 250).

1) 소득보장과 사회연금

현금지원은 빈곤과 취약성 타개를 위한 효과적인 사회보장 방안으로 많은 개도국에서 실험 중에 있다. 효과적인 리스크 관리 도구를 제공하고 인적자본 개발을 지원하며 빈곤층의 빈곤탈출을 돕는 역량강화를 통해 빈곤층 친화적인 성장의 전략으로 중시된다(Samson 2009: 43). 브라질과 남아프리카 등의 일부 선도적인 개도국들은 헌법에 사회보장 권리를 보장하며 지난 10여 년간 빈곤과 불평등 해소에 많은 실적을 올렸다.

현금지원은 빈곤층 친화적인 성장과 빈곤해소에 왜 중요한가? 권리기초적인 현금이전은 국가에 대한 의존을 신뢰할만한 보장으로 대체하는 권리(entitlement)를 창출한다(앞글: 46). 이로써 빈곤층이 빈곤에서 탈출할 수 있는 기회를 갖는다는 것이 여러 사례조사에서 확인되고 있다.

현금 지원 프로그램은 다양한 제도, 정책 지원이 뒷받침되어야 한다. 특히 양질의 서비스와 고용기회 제공 등의 정책 환경을 조성하면 빈곤해소에 성과를 높일 수 일부 개발도상국들은 극빈층과 취약층의 다면적 욕구를 충족시켜 임파워링을 하기 위해 현금지원의 사회정책 프로그램을 도입해 시행해왔다. 특히 사회적, 환경적 지속가능성 목표들의 통합적 접근(SDG 1.1 빈곤해소와 SDG 15.1 환경보존)은 분절된 사회적, 환경적 정책 도구들의 수정을 목표로 한다. 빈곤해소를 위한 선별적 현금지원(conditional cash transfers: CCTS)과 환경보전을 위한 환경서비스현금지불(Payments for Environmental Services: PES)이 대표적이다.

그 밖의 환경-사회정책의 통합 접근으로 추진해 볼 수 있다(UNRISD 2016b: 72). 브라질의 현금지원프로그램 볼사 베르데(Bolsa Verde)는 2011년 개설해, 숲작물 수집이나 제한지역에서 농사를 하는 가족에게 숲제거를 줄이기 위한 방안으로 자원의 지속가능한 이용을 하도록 지원한다. 참여가족은 국가 차원의 현금지원 프로그램인 볼사 파밀리아(Bolsa Familia)에 참여한다. 21만 3000가계가 프로그램 참여 자격을 가졌다. 또 인도에서 2005년 개설된 현금지원 프로그램인 농촌고용보장법(National Rural Employment Guarantee Act)은 농촌지역 빈곤층의 100일 간 임금직 노동을 보장한다. 고용 활동은 환경보존, 자연자원 관리, 물 안보, 토양보전과 토양 생산성 개선 활동을 한다. 전국 농촌 가계의 30%가량이 연간 2000에서 5500만 가계에게 현금지원이 이뤄졌다.

나아가 현금지원 프로그램은 화석연료 보조금 개혁에도 널리 활용되고 있다. 에티오피아, 가나, 인도네시아. 이란 등은 화석연료 보조금을 줄이는 현금지원 프로그램으로 재정 저축금을 활용한다. 화석연료 보조금 삭감을 위한 현금지원제는 거시경제, 환경, 사회적 목적, 세 가지 목표를 추진한다. 농업국인 에티오피아는 2008년의 화석연료 보조금 개혁을 2011년의 기후회복의 녹색경제 전략에 통합시켜, 작물과 가축 생산 개선을 추진하였다. 숲을 보호, 복원하며, 재생에너지에서 전기생산을 확장시켜 에너지 효율적인 테크놀러지 정책을 추진한 것이다.

한편 사회연금은 높은 수준의 비공식 노동과 노동시장의 이중성이 강한 국가들에서 정책 혁신 차원에서 적용인구를 확대하고 있다. 사회연금은 기여에 관계없는 수당으로 조세로 재원이 마련되어 모든 노인인구 또는 선별적으로 자산조사를 통해 노인 빈곤층에게 제공된다(UNRISD 2016b: 70). 사회연금이 보편화되고, 권리기초적 사회보장으로 발전해, 노인 전체의 소득보장이 될 수 있다. 여기에 건강보험과 기타 수당 제공 등의 보안적 서비스가 뒷받침될 수 있다. 최근 사회연금의 확대를 가능하게 한 여러 요인들은 다음과 같다(앞글: 70).

- 여러 차례의 경제위기와 인구 변화로 사회보장 프로그램에 대한 정부의 정책 도입 압력;
- 지속가능하며 형평성을 추구하는 성장과 빈곤해소을 위한 사회보호의 중요성에 대한 규범적 논의;
- 인구변화와 지속적인 노동시장 문제들이 제기되는 가운데 연금제도 개혁의 필요성,
- 기존의 연금 제도의 문제 분석의 이용 증대;
- 인권 법률과 개발의 권리기초적 접근에 대한 인식 개선,
- 국제조직, NGO, 국가 리더십을 포함한 광범위한 연대체들의 개혁 압력 및 개혁 전략,
- 자원 동원의 역량 개선,
- 높은 경제 성장률 등 개혁을 지원하는 긍정적 배경.

세계적으로 보험금 기여와 상관 없는 사회연금제를 시행하는 100개

국가 중 12개 저소득국과 중소득국이 보편적 사회연금제도를 시행한다. '보편적' 제도로 개인의 연령과 시민권 또는 영주권 기준에서만 자격을 인정한다. 또 다른 19개 저소득국과 중소득국은 공식 연금을 갖고 있지 않은 계층을 위한 보편적 연금 제도를 시행한다.

2) 사회정책의 통합적 접근

사회정책의 통합적 접근은 환경정책, 인도적 정책, 무역과 노동시장 정책들의 밀접한 관련을 요청한다(UNRISD 2016b: 78). 첫째, 사회정책과 여러 환경 관련 정책들 사이의 시너지를 최대화하는 전략이 추진되어야 한다. 특히 인권과 효율성 원칙들에 기반하는 전략이 필요하다. 전통적인 PPP 모델보다는 강력한 규제적 체제를 갖추고 시민들의 모니터링을 복합한 지역사회 조직을 지원하는 형태의 새로운 PPP가 필요하다.

둘째, 사회보호와 개발 프로젝트에서 금융, 재화, 서비스를 제공하는 기업에 의존하는 PPP가 아니라 사회정책 관련 지역사회 기관들과 조직들의 역할을 중시하는 새로운 PPP 모델이 중요하다. 지역사회 기반의 보건서비스의 경우, 파트너십 모델이 공공정책 목표와의 연계성이 중요하다는 것을 잘 보여준다.

셋째, 새로운 사회적 기관과 정책들은 평등과 보편성 달성을 위해 취약층의 높은 수준의 동원과 정치적 대표를 개선시켜야 한다. 포용적, 민주적 정치 및 사회 기관들의 정립이 가장 핵심이 된다. 보편적 사회보호를 정치 어젠다로 상정해 저항을 극복하는 데는 참여를 확대하는 정치적, 제도적 개혁이 뒷받침되어야 한다.

표 10-10 코스타리카의 사회정책을 연계한 지속가능한 개발

코스타리카는 사회정책을 연계한 강력한 지속가능한 개발을 추구해온 대표적인 국가이다. 국가 차원에서 환경-사회적 접근을 시도한 국가는 소수에 지나지 않는다. 코스타리카는 국가가 생산적 (대부분 공적) 고용과 보편적 사회 정책을 진흥시켜 국민들을 시장과 사회 시스템에 통합시킨 핵심 역할을 수행하였다. 코스타리카는 일찍 1997년에 숲 보전과 재생을 위한 환경적 지속가능성을 진흥한 국가다. 코스타리카는 숲의 범위를 1983년 17%에서 2011년 52%로 확대시킨 관리 역량을 보였다. 코스타리카는 2021년까지 온실가스 배출 수준을 2005년 수준으로 감축하고 2085년에는 탄소중립 경제국을 완성할 계획을 강력히 추진하고 있다. 이 계획은 경제적 정책수단들에 의존하면서 적극적 시민참여를 확대한다. 코스타리카는 지난 수십 년의 성과의 지속가능성을 위협하는 내부 갈등에 직면해 있다. 점차 증대하는 시장화와 국가 역량의 축소라는 새로운 변화에 직면해 있다. 다른 남미 국가들이 불평등 개선을 한 것에 비해, 불평등이 다소 악화되었다. 하이테크 산업, 에코관광과 금융지원으로 달성한 경제발전의 불평등한 결과, 공공 사회지출의 재정 축소 등이 심각한 문제로 제기되고 있다. 예전의 저탄소 경제와 보편적, 효과적인 사회정책을 유지할 국가의 역량 재건의 과제를 안고 있다.

자료 UNRISD 2016a: 155.

넷째, 글로벌 사회정책 거버넌스는 국제개발 기관들 사이의 권력 관계의 교정을 제시한다. G20, BRICS 등에서처럼 개발도상국들이 목소리를 높이고 포용적 개발을 위한 자원 동원의 역량을 증대시키는 글로벌 동향에서, 지역, 글로벌 차원의 정치적 전환이 분명하다. 글로벌 사회정책 거버넌스 분석에 따르면, 국제개발 기관들 사이의 권력 관계의 재편이 필요하다. MDGs, SDGs, UN 기관들과 과정들은 국제개발정책의 형성에서 자신들의 독보적 역할을 강조한다.

3) 권리기초적 사회보호

'권리기초접근'의 사회보호 시스템 구축이 필요하다(UNDP 2016c: 43-44).

a) 국내 법률 체제에 사회보호에 대한 권리를 통합해야 한다. 정부는 최저수준의 사회보호가 선택이 아니라 국제인권법에서의 법률적 의무라는 인식을 가져야 한다. 또 가능하면 상위법인 헌법에도 사회보호에 대한 권리가 규정되어야 한다. 법에 통합된 사회보호는 장기적인 제도적 기반에서 재정적 투입이 필요하다. 권리기초접근은 어떤 형태의 차별 없이 서비스에 대한 형평성 접근이 보장되어야 한다.

b) 둘째, 또 생애주기에 따라 취약층에 대한 사회보호가 기획, 추진되어야 한다. 아동의 보건과 교육, 청소년, 성인, 은퇴 노인 등 각 계층의 욕구를 반영한 사회보호가 기획, 추진되어야 한다.

c) 사회보호 시스템 구축이 필요하다. 다양한 사회보호 프로그램들, 다양한 정책 분야들 사이의 연계와 조정을 진흥하는 시스템의 구축이 필수적이다.

제11장

결론: '지속가능한 개발'을 위한 글로벌 거버넌스

결론적으로 '지속가능한 개발'을 위한 글로벌 거버넌스는 성공할 수 있는가? 전대미문의 금융위기, 식량위기, 물 위기의 거센 지구화에 맞서 사투를 벌여 온 빈곤국의 빈곤층에게도 '지속가능한 개발'의 희망을 주는 새로운 '글로벌 정의'가 보장되는 글로벌 거버넌스를 기대할 수 있는가?

1. 신제도주의와 '개발국가'의 한계

글로벌 개발협력에서는 긍정적인 개발 성과를 생산하는 제도들의 핵심적인 역할을 강조하는 새로운 이론들에 대한 논의를 우선 정리해볼 만하다. 신제도(New Institutional) 경제학과 신성장(New Growth) 경제학은 경제, 사회적 결과는 개발의 '게임의 규칙'에 의해 대부분 결정되고 있다고 주장한다(Jayadev 2010: 5-6). 제도들은 공식적인 법률적 장치나 재산권 등을 의미하면서, 이들은 '장기적 성장에 근본적인 결정요인들'로 분석되기도 한다. 이런 양질의 제도들은 자연자원이나 무역과 금융의 개방성보다 경제성장에 더 중요한 결정요인이라는 분석이다. 인간개발이 경제성장의 과정에 내재적으로 연관되므로, 양질의 제도들이 인간의 역량 증진에 결정적인 영향을 미친다는 것이다.

한편 '개발국가 이론'은 한국을 비롯한 동아시아에서 개발의 성공을 이룩한 적극적 국가의 역할을 중시한다. 개발 국가의 성과에 관한 경험적 분석에 이론의 기초를 둔다(앞글: 5). 개발 국가의 강력한 공공기관들이 국민의 복지에 결정적으로 중요한 영향을 갖고 있다는 것이다. 공공기관들의 효과적인 정책들로 인간개발의 역량 확장에 핵심이 되는 교육, 보건 등 공공재와 서비스의 공적 공급이다.

실제로 개발국가의 핵심 기능은 빈곤층과 취약층이 역량을 개선하고 투자할 수 있는 수단을 제공해주는 일이다. 개발국가의 성공은 먼저 상대적으로 제한적인 지구화를 국가 차원에서 추진한 데서 시작되었다. 그러다 글로벌 통합과 상호의존이 늘어나면 새로운 제도들로 새로운 시도로 대응한다. 그럼에도 개별 국가들의 분산된 역량으로 거대한 지구화에 맞서기에는 한계가 있기 때문에, 글로벌 거버넌스는 필수가 된다. 효과적인 글로벌 거버넌스를 요청하는 새로운 글로벌 도전들에는 효과적이며 효율적인 무역과 투자 규칙, 글로벌 온난화 또는 전염병 등의 국제적 위협의 해결, 국제이주의 증대 등 이루다 헤아릴 수 없을 정도의 어젠다들이 있다.

이 같은 글로벌 도전들을 해결해 인간개발의 진전을 효과적으로 이뤄낼 수 있는 실행가능한 제도적 장치들을 창출할 수 있는가? 이에 대해 신제도주주의 또는 개발국가 이론은 명확한 해법을 제시하지는 못한다. 신제도주의는 내재적인 법률적, 규범적 관습의 중요성을 강조하지만 이 같은 규율이 창출되는 또는 창출될 수 있는 방안들을 제시하지는 못한다(앞글: 6). 정책당국이 개발 성공과 연관되는 일련의 규율을 제정해 시행할 수도 있지만, 선진 개발국의 규율을 모방한 법적, 규범적 규율들을 글로벌 차원으로 적용하는 데는 한계가 있다. 일부 국가들의 개발 성공의 핵심이 되었던 '제도적 실험'의 여유가 새로운 글로벌 도전들의 질서에서는 분명한 한계가 있는 것이다. 또한 국가들 사이의 동등한 의사결정이 부재한 가운데 이 같은 규율들의 적용은 일방적으로 강대국들의 이해를 충족하는 역할을 하게 된다. G7 등 일부 강대국들이 글로벌 거버넌스 기관에서 의사결정권을 장악하고 있다.

이처럼 신제도주의와 개발주의 이론들의 한계는 분명하지만, 이들이 지난 1980~90년대에 걸쳐 글로벌 거버넌스의 구축에 주류를 형성하는 사고방식이 되었다. 따라서 WTO와 같이 국가들이 합의해 시행가능한 통합의 원칙들과 규율들을 마련해 글로벌 제도들이 운영되도록 하는 노력들이 주를 이루었다. 또 국제금융기관들(IFI)은 일련의 원칙들에 기반한 경제정책의 동질화를 추구하는 정책 자문을 제공하는 역할을 해왔다. 동시에 MDGs, SDGs 등 인간개발의 목표에 대한 보편적인 합의를 이끄는 노력들도 추진되어 왔다. 이제는 식량위기, 물위기를 되풀이하지 않는, 지속가능한 개발에 글로벌 거버넌스 기관들의 역할이 중요하다.

선진 개발국들은 최소기준의 개발목표 설정에 합의하였지만 목표달성에 필요한 자원 제공에는 크게 미치지 못하는 '의지 결여' 문제를 확실히 보여주었다. 2005년부터 ODA를 연간 500억 불씩 증액한다는 공약을 잘 지키고, UN이 권고한 국민소득(GNI)의 0.7%를 ODA로 제공하겠다는 약속도 이행해야 한다. SDGs로 제시한 글로벌 차원의 이슈들(금융위기, 식량위기, 기후변화 등) 해결에도 적극적인 개발 국가의 역할을 수행해야 한다.

2. 신자유주의 → 글로벌 개발 위기

물, 식량, 토지는 빈곤국의 가난한 사람들이 생계를 유지하기 위한 인간안보의 필수 수단이다. 그렇지만 이에 대한 글로벌 거버넌스는 유명무실의 실패를 거듭하고 있다. 금융과 무역의 자유화로 인류에게 번영을 갖다준다던 신자유주의(neo-liberalism)는 글로벌 금융과 경제위기에 이어 식량위기와 물위기까지 야기하며 빈곤국들과 세계 빈곤층에게 위협을 가중시켰다. MDGs가 시행된 21세기에 들어서면서 민영화, 자유화, 탈규제 등의 신자유주의 정책들이 지배했지만, 이 정책들은 이제 빈곤, 부패, 투명성, 책무성 정책들로 보완되어야 하는 과정에 있다.

문화, 경제, 정책적 배경의 다양성을 중시하는 새로운 사고방식과 실천들이 신자유주의 정책을 적용하는 하나의 통일된 접근법을 점차 대체하는 새로운 동향도 있다. 그 동향이 지방, 국가, 지역, 글로벌 모든 차원에서 진행되고 있다는 기대도 있지만, 아래와 같은 비판들도 끊이지 않고 있다. 앞서 제2부에서 다루었던 지속가능한 개발을 위협하는 글로벌 금융위기, 식량위기, 물위기, 보건 위기에 초점을 맞춰 신자유주의의 한계와 대안에 대해 결론적 논의를 정리해본다.

1) '금융 위기'에 대한 글로벌 개발 거버넌스

먼저 글로벌 금융위기는 신자유주의의 한계를 잘 드러내 보여주었다. 2008년 글로벌 금융위기는 빈곤국의 입장에서는 단순한 경제질서의 붕괴 이상으로 지속적인 글로벌 거버넌스의 실패를 의미했다. 글로벌 불평등의 증가, 에너지와 식량위기, 기후변화, 글로벌 전염병 등은 빈곤국에게는 더욱 가혹한 현실이 되었다.

세계경제의 거버넌스는 금융위기 이후 취약층 보호에 실패한 것이다. 글로벌 거버넌스 기관들은 글로벌 북반부(Global North)의 강대국들이 독점적인 통제력을 행사해 자신들의 이해추구를 우선하는 기관에 지나지 않았다. 이런 강대국 주도의 글로벌 거버넌스는 금융위기뿐 아니라 식량위기, 기후변화, 재난 관리에서 모두 실패를 거듭했다. 그럼에도 이들 주도의 글로벌 거버넌스 기관들에 대한 어떤 개혁도 이뤄지지 않고 있다.

무역자유화는 신자유주의 구조조정을 경험한 국가들에서는 무역적자 증가, 자원과 미숙련 노동에 기반한 수출의 증가, 혁신적인 중소기업 등 수많은 지역 제조업체들의 파산을 가져왔다. 그럴 때마다 다국적기업들이 주요 수혜자가 되었고, 중소기업, 농민, 원주민, 여성은 대상에서 배제되어 불평등이 심화됐다. 노동 유연성에는 최저임금 규정의 완화와 노동계 전반의 단체협상 폐지가 포함된다. 정부들은 입법을 도입하거나 폐기해가며 노동권을 약화시켜, 사회경제적 불평등 구조를 고착시키는 역할을 했다. 그렇다고 사회보호나 보장이 제대로 뒷받침된 것도 아니다.

2) '식량 위기'에 대한 글로벌 개발 거버넌스

개발도상국들은 국제시장의 값싼 식량들이 있었기 때문에 농업에 대한 투자와 지원을 감소하게 되었다. 그 결과 식량위기로 많은 피해를 입은 경험을 했다. 이런 시장에 대한 지나친 의존은 민간 부문이 정부보다 더 효율적이라는 신자유주의의 기본 전제에서 국가로 하여금 식량과 농업에 대한 기능과 역할을 축소하도록 만들었다. 그런데 최근 식량위기는 이런 신자유주의 정책이 심각한 결함을 갖고 있다는 것을 잘 보여주었다. 국제시장에 의존해온 국가들이 가장 심각한 식량위기의 피해를 입었다는 점이다. 마찬가지로 석유 등의 에너지 수입에 대한 의존도가 높은 국가들도 식량가격 폭등으로 많은 재정적 피해를 입었다. 설상가상으로 주요 식량수출국들이 수출 금지 또는 제한조치를 단행하면서 이웃의 식량수입에 의존하는 국가들을 더 깊은 위기의 수렁으로 빠져들게 만들었다.

이에 개발도상국들은 신자유주의 국제무역 과정을 회피하는 전략에 의존할 수밖에 없었다. 식량안보 강화를 위한 전략이다. 국가의 개입을 크게 늘려, 농업 보조금 인상, 수출 제한조치 단행. 식량가격 안정화 정책 등이 이어졌다. 식량위기가 장기화되면서 국가들은 빈곤층의 생계유지를 위한 현금이전 등 다양한 사회안전망 정책들을 시행하였다.

식량위기를 극복하기 위한 글로벌 거버넌스에도 개혁의 압력이 행사되고 있다. 2008년 UN 인권위원회가 글로벌 식량위기를 인권 이슈로 다루기 시작했고, 이어서 사회운동과 시민사회단체들은 UN과 국제기관들의 정책변화를 촉구하며, "식량주권과 인권의 원칙들에 기초한 식량생산 체계"를 글로벌 식량 거버넌스로 요청하고 나섰다. 글로벌 거버넌스의 강력한, 일관된, 민주적인 체계의 결핍으로 기후변화, 경제불안, 자원고갈과 기아 등 인류를 위협하는 복합적인 위기들이 심화되고 있다는 강력한 압력을 행사한 것이다.

글로벌 식량 거버넌스 책임을 맡고 있는 세계은행, UN 고위층의 테스크포스, G20, UN 총회, UN 전문기구들, 세계식량안보위원회(CFS) 등은 책임의 분산과 경쟁적인 권위체제 때문에 글로벌 거버넌스가 실패하고 있다. 이들 중에서 CFS는 시민사회단체들과 소생산자들을 포함하는 대부분의 이해관계자들의 요청과 욕구를 정책에 반영하는 비교적 민주적인 조직이라는 기대가 높다. CFS의 역할이 강화되면 글로벌 식량 거버넌스가 잘 작동될 것으로 기대하고 있다.

3) '물 위기'에 대한 글로벌 개발 거버넌스

세계적으로 심각한 물 부족 등으로 물 위기가 지속되고 있지만, 글로벌 물 거버넌스는 잘 되고 있지 않다. 물 위기를 해결하고 예방하는 역할에 글로벌 거버넌스 기관들이 실패하고 있을 뿐 아니라 오히려 물 위기를 부추긴 원인 제공이라는 데 문제의 심각성이 있다.

물 투기는 식량, 물, 에너지 등의 자연자원의 풍요롭고 값싼 공급을 사적으로 통제하는 자본의 축적과 연관되면서 물 위기, 식량위기로 발전했다. 2008년 글로벌 금융위기의 확산으로 일차 곡물시장에 투기자본이 몰려 글로벌 식량위기를 몰고 왔고, 이차적으로 물, 토지, 광물 자원에 대한 금융투기가 진행되고 있다. 다국적기업들은 대규모 바이오연료 생산을 위해 자국이 아니라 아시아와 아프리카 등 세계 곳곳에서 토지 투기를 하는데, 바이오연료 생산에는 거대한 양의 물을 필요로 한다.

물 위기는 식량위기와 밀접히 관련된다. 금융위기로 국가와 투자자들이 값싼 대체 에너지를 찾기 위해 바이오연료 생산에 몰두하는 논리와 마찬가지로 금융위기로 식량가격의 폭등의 위기를 극복하기 위해 식량용 곡물을 경작하기 위해 엄청난 물 자원을 필요로 했다. 많은 개발도상국들은 식량가격 변동성이 심한 국제시장에 대한 의존보다 국내에서 직접 식량 생산을 하기 위해 식량 생산을 위한 물 자원의 확보에 직면해 있다. 물 자원과 농지 확보는 이제 경제 안정화의 전략이자 미래 인플레에 대비하는 방어수단이 된다.

또 물 위기는 기업의 이익추구 수단이 되는 물 민영화에도 기인한다. 물 거버넌스의 책임을 맡는 세계은행과 IMF는 개도국들이 국가부채를 줄이기 위해 다국적기업들에게 공공 물 자원 공급권을 매각하도록 압력을 행사해왔다. 정부가 아니라 사부문을 통한 물 공급이 바람직하다며, IMF 융자를 받는 조건에 물 민영화 등의 구조조정을 강요했다. 그런데 민영화는 물가격 상승으로 이어져 빈곤국 국민들이 물을 사먹을 수 없어 멀리 물을 길으러 가야 하는 물 스트레스를 겪게 만든다. 식량조차 구입할 여력이 없는 빈곤층에게 물 구입이라는 이중의 부담을 주는 것이다.

물은 식량과 에너지 안보 확보뿐 아니라 건강보장과 인권 및 평등 지향적인 중요성을 가지고 있다. 글로벌 물 거버넌스는 이 같은 통합적인 시각에 기초해야 한다. 물 관련 이해관계자들의 개방적인 참여에 의해, 바람직한 물소비와 공급, 물 손실과 낭비에 대한 심의적 논의를 통해 모두에게 이득을 줄 수 있는 물 생산과 이용, 소비에 대한 글로벌 거버넌스가 중요하다.

물투기, 식량투기, 토지투기는 대기업의 자본 축적이 물을 비롯한 자연자원을 어떻게 통제하고 있는지를 잘 보여주는 사례다. 물, 식량, 토지가 서로 밀접히 관련되는 인간안보의 핵심 이슈들이기 때문에, 이에 대한 통합적인 글로벌 거버넌스 전략이 추진될 필요가 있다. SDG 6(보편적 물과 위생)과 SDG1(빈곤종식)과 SDG2(기아해방)과 SDG3(건강과 웰빙)은 지속가능한 개발 전략에서 통합적인 핵심 전략으로 추진될 필요가 있다. 물과 식량에 대한 기본적 접근 이상으로. 지속가능하며 포용적이고, 형평성을 가진 안전한 보건 등 공공서비스 수준을 요청한다.

4) '보건 위기'에 대한 글로벌 거버넌스

매년 1000만 명이 넘는 개발도상국 사람들이 전염병과 기생충으로 사망하는데, 대부분 기존의 약으로 치료할 수 있는 질병이다. 국가 주도의 공공 보건 서비스가 갖춰져 있지 않고, 또 고가의 의약품은 빈곤층의 인명 구호에 결정적인 걸림돌이 된다. 거대 제약회사들은 복제의약품의 도입을 최대한 길게 늦추려는 로비활동을 벌이며, WTO의 TRIPS 규정 사수를 목표로 한다. WTO는 다국적기업들의 특허권을 보호하는 데 목적을 가진 글로벌 거버넌스 기관이기 때문에, 빈곤층을 위한 복제약 생산과 소비를 기대하기는 어렵다. TRIPS 규정이 없어지지 않는 한, 빈곤층의 구매가능한 적정가의 의약품 보급은 기대하기 어렵다.

SDGs 또한 의욕적인 17가지 계획을 제시하고 있지만, 여전히 기존의 신자유주의의 '성장 전략'에 의존하는 문제가 있다(Global HealthWatch 5, 2017: 1). 성장 패러다임은 SDGs의 기술적인 적용으로도 변화될 수 없을 것이라는 비판도 이어진다. 이런 변화를 만들기 위한 남미의 진보적 정권들은 '보편적' 보건 서비스를 지향하는 공공 서비스의 확대 등 성과를 이뤄냈지만, 뿌리깊은 신자유주의 레짐의 파워을 이겨낼 수 없는 한계를 보였다.

신자유주의자들은 개발도상국의 보건 서비스의 실패를 신자유주의 적용 실패로 돌린다. 비효율적인, 부패한 금융과 행정 시스템을 갖고 있기 때문으로 본다. 그럼에도 신자유주의 보건 서비스 개혁을 단행한 국가들의 사례 분석을 보면, 민관 파트너십(PPP) 모델들의 심각한 결함들이 드러난다. 공공 자원이 민간부문으로 이전되었지만 보건 서비스의 효율성과 효과성이 나타나지 않았다.

또한 WHO의 역할에 글로벌 보건 거버넌스를 기대할 만한 근거는 부족하다. WHO는 심각한 민주적 책무성 위기에 직면해 있다고 볼 수 있다(앞글: 4-5). WHO의 주요 사업의 재정이 회원국의 지원으로 뒷받침되지 않고, 규제와 감독의 대상이 되는 다국적기업들의 지원과 투자로 이뤄지기 때문이다. 재원의 독립성을 갖지 못하는 WHO는 다국적기업들의 입장에 치우쳐, 회원국들의 요구와 욕구를 충족시키지 못하는 '민주적 책무성' 결여에 직면해 있다.

글로벌 백신과면역연대(GAVI)와 UNAIDS 등의 민관 파트너십(PPPs) 또한 큰 기대를 모으고 있지만 그들의 역할에도 한계가 있다. 이들은 민간 투자에 절대적으로 의존하는 새로운 글로벌 거버넌스 도구로 발전하면서 오히려 UN 시스템과 같은 국가들의 주도적인 거버넌스 시스템에 위협이 되고 있다. 또한 다양한 형태의 보건 PPP들은 공공 부문의 역할과 공공 보건 시스템에 심각한 위협이 된다는 비판도 제기된다.

3. SDGs 이행을 위한 글로벌 거버넌스

1) 글로벌 SDGs 거버넌스 핵심 어젠다

SDG 1, 2, 3은 SDGs 전체의 핵심 계획이다. 식량과 물은 기본적인 생계와 보건을 위한 강력한 글로벌 거버넌스를 요청한다. 확고한 글로벌 금융과 무역 거버넌스 개혁전략이 추진되지 않으면 금융위기와 식량위기와 같은 긴급 사태들이 언제가 다시 발생할 소지가 높다. 그럼으로써 빈곤국의 빈곤층에게 극심한 피해가 될 것이다.

■ **표 11-1** 글로벌 SDGs 거버넌스 핵심 어젠다

SDG	글로벌 거버넌스 핵심 어젠다
1. 빈곤 종식	물, 식량, 금융, 무역, 기후변화
2. 기아 해방	물, 식량, 금융, 무역, 기후변화
3. 건강과 웰빙	물, 식량, 금융, 무역, 기후변화
4. 양질의 교육	사회보호(공공 서비스), 물과 위생, 식량
5. 젠더 평등	물과 위생, 식량, 사회보호, 기후변화
6. 안전한 물과 위생	물과 위생, 식량, 사회보호, 기후변화
7. 적정가의 청정에너지	식량, 물, 기후변화, 경제, 무역
8. 일자리와 경제성장	경제, 무역, 금융, 사회보호
9. 산업, 혁신, 인프라	경제, 무역, 금융, 사회보호
10. 불평등 해소	사회보호, 기후변화, 물, 식량
11. 지속가능한 도시, 공동체	사회보호, 기후변화, 물, 식량
12. 책임 있는 소비와 생산	기후변화, 물. 식량, 경제, 금융, 무역
13. 기후행동	기후변화, 사회보호, 물, 식량
14. 해양 생명체	기후변화, 식량
15. 땅의 생명체	기후변화, 물. 식량
16. 평화, 정의, 강한 제도	사회보호, 물. 식량
17. SDGs 파트너십	물. 식량, 사회보호, 기후변화, ODA, 금융, 무역

기후변화는 SDG 17개 중 2/3 이상에 해당되는 글로벌 위협이다(표 11-1). 기후변화는 특히 빈곤국과 빈곤층의 빈곤해소와 생계보장에 직접적인 피해를 주게 되므로, 강력한 글로벌 거버넌스의 지속적인 추진이 뒷받침되어야 한다. 2015년 파리 기후협정이 체결된 것은 그나마 다행스럽지만, 이

제는 미국과 중국 G2뿐 아니라 G20도 기후변화 완화와 적응 이행을 통해 선도적인 역할을 하며 기후변화로 인한 세계 빈곤층의 이중, 삼중의 '불의' 해소에 기여해야 할 것이다.

사회보호는 SDG 거의 모든 목표에 해당되는, 통합적 전략이 된다(표 11-1). 사회보장을 통해 정당한 교육, 보건, 식수, 영양을 제공하고, 여성들이나 도시의 불법거주자들에게 재산권을 보장해 주고, 성폭력에 대처하며, 비공식 경제에서 일하는 노동자들의 노동권을 보장할 수 있다. 사회보장은 가난한 사람들을 '수혜층'으로 취급하는 게 아니라, 가난한 사람들의 권리 행사를 통해 능동적 시민으로 성장하도록 지원한다. 특히 빈곤층과 소외층의 경제적, 사회적 취약성을 해소해 일자리를 갖고 소득으로써 경제적, 사회적 임파워먼트를 갖도록 지원한다.

2) 글로벌 SDGs 거버넌스 추진전략

전통적 글로벌 거버넌스와 SDG 글로벌 거버넌스는 전혀 다르다. 전자가 정부의 '하향식'(top-down) 규제 또는 시장의 접근법으로 개발의 문제 해결에 접근했던 반면에, 후자인 SDG 거버넌스는 규제나 법의 구속의 접근법이 아니라 UN 회원국들의 '상향식'(bottom-up) 접근의 계획 설정방법이다(Biermanna et al. 2017: 26). SDG 개별 목표들은 특정 유형의 거버넌스에 한정된 목표가 아니라 여러 거버넌스 유형에 관련되며, 또 특정 거버넌스는 여러 SDG 목표들과 복합적으로 연관되어 있다(표 11-1).

이 같은 목표설정 접근에 의한 SDG 글로벌 거버넌스는 독특한 글로벌 거버넌스 제도적 장치들을 제시한다(앞글: 26) 첫째, 목표 설정에 의한 글로벌 거버넌스 접근법은 국제 법률 시스템에 구속되지 않는다. SDGs들이 국제법에 근거한 목표들을 제시하지만 법적 구속력이 없으며, 또 UN 총회를 통해 합의된 목표들이지만 법적 구속력이 없다. 따라서 각국 정부는 SDGs를 자국의 법률 시스템에 공식적으로 통합해야 하는 의무도 없다.[39]

둘째, 목표 설정에 의한 글로벌 거버넌스는 정부간 수준의 '약한' 제도적 장치를 통해 기능하는 한계가 있다(앞글: 26-27). 이 제도적 장치는 기후 안정이나 생다양성 보존 등 특수 거버넌스 영역에 적용되는 복잡한 제도들과는 다르다. 글로벌 차원의 SDG 이행에 대한 제도적 장치의 경우, 모호한 상태로 남아 있고, 또 SDGs에 대한 UN의 고위정치포럼(HLPF)이 점검하는 수준에 맡겨져 있다. '약한' 제도적 장치라고 해서 목표 달성 가능성이 '낮다'고 볼 수는 없다. 성공의 핵심은 "상향식, 무경쟁적, 국가주도의, 이해관계자 지향적인 거버넌스 측면들"이라는 평가가 있다. 파트너십과 새로 등장하는 자산들이 SDGs의 혁신적 특징으로 간주한다.

셋째, 목표 설정에 의한 글로벌 거버넌스 접근법은 글로벌 목표 설정 과정의 포용성과 종합성에 기초한다. MDGs 접근법은 주로 UN 사무총장실 주도의 제안에 기초했지만, SDGs는 70개국 이상 회원국과 무수한 시민사회 대표 기관들의 의견을 수렴하는 과정을 통해 합의된 것이다(앞글: 27). 또 MGDs와 달리, SDGs는 선진 산업국과 개발도상국 모두에 해당되는 글로벌 계획이며, 지속가능성 측면에서 어느 국가가 '개발국'인지를 특정하지 않고 모든 국가들의 지속가능한 개발을 지향할 목표로 제시한다.

넷째, 계획 설정에 의한 글로벌 거버넌스는 각국의 선택과 선호에 많

---

39 OECD 국가들은 자발적으로 국가계획으로 추진하는데, 여기에 한국도 포함되어 있다. https://www.oecd.org/development/sustainable-development-goals.htm

은 융통성을 제시한다. 17개 목표들의 이행에 필요한 169개 세부목표들이 합의되었지만, 각국은 목표 이행에서 자국의 결정에 따라 질적 수준을 결정할 수 있다. 실제로 각국은 자율적 결정에 따라 목표에 대한 해석과 이행에서 최대한 자율성을 갖는다. 각국은 공공정책뿐 아니라 민간부문의 공조로 SDGs 이행 수준이 달라질 수 있다. 따라서 SDGs 달성을 위한 글로벌 제도적 장치부터 중앙과 지방 정부의 이행 등 정책 개발에 많이 의존하게 될 것이다.

그렇다면, 글로벌 거버넌스 제도들을 강화하는 방안은 무엇인가? SDG 목표 설정에 의한 글로벌 거버넌스는 기존의 제도적 장치들에 통합되거나 연계될 필요 없이 혁신적 방안들로 시작된다. 2012년에 합의된 지속가능 개발에 대한 고위정치포럼(HLPF)이 글로벌 거버넌스 장치가 되고 있다. HLPF가 글로벌 차원의 후속 및 평가 과정들의 네트워크를 감독하는 핵심 역할을 수행한다.[40] 그럼에도 HLPF의 역할이 여전히 모호하기 때문에 정부간 협의가 뒷받침될 필요가 있다는 평가를 받고 있다. HLPF이 "어떻게 글로벌 지속가능성 거버넌스의 오케스트라 역할을 잘 할 지는 의문으로 남는다"(앞글: 28).

한편 신뢰할 만한, 예측가능한 자원의 동원이 핵심이다. ODA뿐 아니라 다양한 민관 파트너십, 다양한 실천 네트워크들이 점차 중요해지고 있다. SDG 목표마다 정부, 기업, NGO, 국제기관 등 다양한 파트너십이 추진되고 있다(그림 11-1). 기업의 사회공헌뿐 아니라 민간부문의 다양한 역할이 기대된다. 또 SDGs를 국가 정책에 적용시켜, 각국이 국가계획으로 추진하

40 UN HLPF https://sustainabledevelopment.un.org/hlpf

■ **그림 11-1** SDGs 파트너십 (UN HLPF, 2018년 현황)

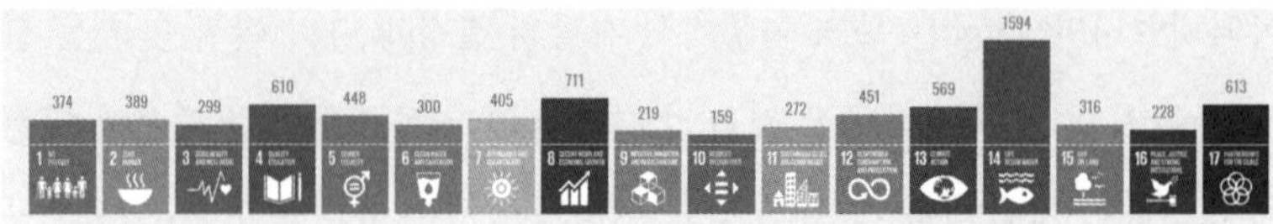

는 과제는 여전히 각국의 사정에 맡겨지며, 이를 진흥하는 글로벌 거버넌스는 HLPF의 역할이다.

2015년 〈SDG 2030 어젠다〉 채택 후 SDG 이행에 관한 〈후속조치와 리뷰(Follow-up and Review)〉를 위해 UN 고위급정치포럼(HLPF)에 22개국이 〈자발적 국가보고서〉Voluntary National Review: VNR)를 제출하였다(HLPF 2017).[41] HLPF에 제출된 VNR은 SDGs가 국가의 주요 개발전략에서의 전략 우선순위, 즉 주류화 현황을 가늠할 수 있는 중요한 수단으로 볼 수 있다. VNR은 정부의 정책과 제도를 강화시키며 SDG 이행을 위한 다자이해관계자 지원과 파트너십을 동원하는 목적으로 국가들의 자발적 참여로 추진된다.[42]

SDGs 이행의 성공적인 조건 중 핵심은 SDG 관련 글로벌 거버넌스 기관들의 적응성 개선에 달려 있다. 글로벌 거버넌스 기관들은 SDGs 이행 기간에 발생하는 다양한 사회생태적 변화들에 대응하는 제도적 장치 역할

---

41 HLPF는 2012년 유엔지속가능발전회의의 의결로 수립되어, SDGs 결의문서의 4개 부문인 1) 비전 및 원칙 선언문, 2) SDGs 목표 및 세부목표, 3) 이행수단과 글로벌 파트너십, 4) 후속조치 및 리뷰에서, 마지막 후속조치와 리뷰를 위한 제도적 장치다.

42 2016~17년 기간에 43개국이 HLPF의 VNR 발표에 동참했으며, 한국을 포함한 22개국은 자국의 국가 SDG 보고서를 제출해, 보고서들은 HLPF의 Voluntary National Reviews Database에 공시되어 있다. https://sustainabledevelopment.un.org/memberstates

을 한다(Biermanna et al. 2017: 29). MGDs 수립 이후 2015년까지 글로벌 금융위기, 식량위기 등 심각한 글로벌 위기들이 발생했고, 이에 글로벌 거버넌스 기관들이 제 역할을 했는지를 반성하게 된다. 새로운 SDG 목표들은 그간의 모든 글로벌 거버넌스 노력들을 훨씬 능가하는 야망과 종합성을 가진 것으로 평가하는 데는 의문이 있을 수 없지만, SDGs 이행에 대한 HLPF 등의 글로벌 거버넌스 역할이 더욱 중요해지고 있다.

참고
문헌

김지현, 2015. "모든 형태의 빈곤종식." 한국국제협력단, 지속가능개발목표(SDGs) 수립현황과 대응방안.

오충현, 2015. "건강한 삶의 보장과 모든 세대에 복지 증진." 한국국제협력단, 지속가능개발목 표(SDGs) 수립현황과 대응방안.

외교부, 2015, 기후변화 바로 알기.

주성수, 2000. 글로벌 거버넌스와 NGO. 도서출판 아르케.

_____, 2010. 빈곤에서 권력으로 (D. Green 2008, *From Poverty to Power*, Oxfam), 이매진.

_____, 2017. 사회적경제와 사회적 임팩트. 한양대 출판부.

주성수, 김성현, 2014. "글로벌 CSR의 개발협력 현황과 발전과제: 국내외 사례 비교분석." 한국국제협력단.

주성수, 남영숙, 김성규, 2015. "사회적경제 접근법을 활용한 민관협력사업 혁신방안." 한국국제협력단.

Amnesty Int'l. 2009. "Petroleum, Pollution and Poverty in the Niger Delta."

Antonopoulos R, 2009. "The Current Economic and Financial Crisis: A Gender Perspective", Working Paper No. 562, The Levy Economics Institute of Bard College.

Attac Deutschland, 2018. "Toward Global Regulation of Human Rights and Business." Position paper of the Treaty Alliance Germany on the UN treaty process on transnational corporations and other business enterprises.

Avril, H. 2012. "Private Sector Debt Gnawing at Developing Countries." Global Policy Forum.

Bergh, A., Kolev, A. and Tassot, C. 2017. "Economic globalisation, inequality and the

role of social protection." Paris: OECD Development Centre.
Biermanna, F. Kanieb, N. and Kima, R. 2017. "Global governance by goal-setting: the novel approach of the UN Sustainable Development Goals." Current Opinion in Environmental Sustainability 26-27:26–31.
Birdsall, N. 2012. "The Global Financial Crisis: The Beginning of the End of the 'Development' Agenda?" CGD Policy Paper 003. Washington, D.C.: Center for Global Development.
Brown, L. 2012. *Full Planet, Empty Plates: The New Geopolitics of Food Scarcity*. Earth Policy Institute.
Buchanan, A. and Keohane, R. 2006. "The Legitimacy of Global Governing Institutions." Global Policy Forum.
Burbidge, J. 1997. *Beyond Prince and Merchant: Citizen Participation and the Rise of Civil Society*, New York: Pact Publications.
Camarda, M. 2007. "Aid and the Cycle of Debt." *Politics*, September 7, 2007.
Camdessus. M., Payen, G. 2012. "Building awareness of water's vital role." in SIWI(Stockholm International Water Institute).
Center on International Cooperation, 2016. "Targets for Peaceful, Just, Inclusive Societies."
Chang, Ha-Joon, 2011. "The revival – and the retreat – of the state." *Red Pepper*.
Chowla, P. 2011. "Time for an new Consensus Regulating financial flows for stability and development." Bretton Woods Project.
Clark, H. 2011. "Avoiding the resource curse: Managing extractive industries for Human Development" UNDP, 20 October 2011.
______, 2012. "The Importance of Governance for Sustainable Development," UNDP.
Cooley, H. et al. 2018. "Global Water Governance in the Twenty-First Century," Gleick, P. (eds.) *The World's Water Vol.8*. Island Press.
Davies, M. Oswald, K. and Mitchell, T. 2009. "Climate Change Adaptation, Disaster Risk Reduction and Social Protection." in OECD, *Pro-Poor Growth: Social Protection*. Paris.
de Oliveira, M. and Tandon, R. 1994. "An Emerging Global Civil Society", in CIVICUS, *Strengthening Global Civil Society*, Washington, D.C.
Erard, P. 2012. "Fueled by Hunger" in Right to Food and Nutrition Watch, "Who Decides about Global Food and Nutrition?"
FAO, 1996. "World Food Summit Declaration."
______, 2009. "Initiative on Soaring Food Prices."
______, 2012. "The State of Food and Agriculture 2012."
______, 2014. "Women & Land Management."
______, 2018. "The State of Food Security and Nutrition in the World 2017."
Freedom House, 2018. "Freedom in the World."
Friends of the Earth International, 2012. "Land, life and justice." http://www.foei.

org/en/resources/publications/pdfs/2012/land-life-justice/view

Frith, M. 2005. "The Ethical Revolution Sweeping through the World's Sweatshops." *Independent.*

Fukuyama, F. 1999. "Social Capital and Civil Society", Prepared for delivery at the IMF Conference on Second Generation Reforms.

Geneva 2000. 2000. "Visible Hands: Taking Responsibility for Social Development."

Global Health Watch 5, 2017. "Introduction." in Global Health Watch 5.

Global Policy Forum, 2010. "Voting Share at the IMF and the World Bank 2009."

Googins, B. and Mirvis, P. 2009. "Moving to Next Generation Corporate Citizenship." Boston College Center for Corporate Citizenship.

Graham, E 2017. "The Promise and Pitfalls of Assembled Institutions: Lessons from the Global Environment Facility and UNAIDS." *Global Policy* 8/1.

Grynspan, R. 2012. "The role of natural resources in promoting sustainable development" UNDP. 28 September 2012.

Gustafsson-Wright, E. and Gardiner, S. 2016. "Paying for success in education: Comparing opportunities in the United States and globally." Brookings.

Harper C and N Jones, 2011, "Impacts of Economic Crises on Child Well-being", *Development Policy Review*, 29/5.

Harper C et al, 2011, "Children's Well-being: Policy Lessonsfrom Past and Present Economic Crises", *Development Policy Review*, 29/5.

HLPanel on Water, 2018. "Making Every Drop Count : An Agenda for Water Action"

HLPF(High-level political forum for sustainable development), 2017. "Synthesis of Voluntary National Reviews 2017."

ILO 2009. *World of Work Report 2008: Income inequalities in the age of financial globalization.* Geneva.

_____, 2012. *World of Work Report 2012: Better Jobs for a Better Economy.* Geneva.

IPCC(Intergovernmental Panel on Climate Change), 2014. *Climate Change 2014: Impacts, Adaptation, and Vulnerability.* Part A. Cambridge: Cambridge University Press.

JDC(Jubilee Debt Campaign), 2012. "State of Debt: Putting an End to 30 years of Crisis". London.

Jayadev, A. 2010. "Global Governance and Human Development: Promoting Democratic Accountability and Institutional Experimentation." UNDP.

Kamat, S. 2003. "NGOs and the New Democracy." *Harvard International Review* 25/1, 65-69.

Keeley, A. 2015. *Income Inequality.* Paris: OECD.

Kennedy, J. 2013. "Sierra Leone Farmers Evicted for Sugarcane Biofuel Plantations" *CorpWatch* March 5th, 2013.

Keohane, R. 2002. "Global Governance and Democratic Accountability." Global

Policy Forum.
Korten, D. 1990. *Getting the 21st Century: Voluntary Action and Global Agenda.* West Hartford: Kumarian Press.
Kupchan, C. 2011. "Refounding Good Governance."New York Times, December 19.
Leahy, S. 2013. "Water Crisis Hitting Food, Energy – And Everything Else " Inter-PressService March 22.
Leopold, A. 2011. "The Changing Constellation of Power and Resistance in the Global Debtae over Agrofuels." Global Governance Institute.
Marsh, R.M. (2016), "What Have We Learned from Cross-National Research on the Causes of Income Inequality?", Comparative Sociology, 15.
McDonald, D. 2012. "Remunicipalisation: Putting Water Back into Public Hands." Transnational Institute.
Mesbahi, M. 2006. "Water Wars." STWR(Share The World's Resources).
Midttun, A. 2010. "Montesquieu for the twenty-first century: factoring civil society and business into global governance." *Corporate Goverance* 10/1.
Molina, G. 2013. "Global Governance Exit: A Bolivian Case Study." *Global Economic Governance(GEG) WP 2013/84.*
NGO Committee for Social Development. 2010. "Impact of the Global Economic Crises on Civil Society Organizations." New York: United Nations.
NGO Working Group on Food & Hunger, 2011. "Policy Statement to the General Assembly." September 2011, New York: United Nations.
Nolan, A. 2009. "Social Protection in the context of HIV and AIDS." in OECD, *Promoting Pro-Poor Growth: Social Protection*, Paris.
O'Brien, R., Goetz, A., Scholte, J. and Williams, M. 2001. *Contesting Global Governance: Multilateral Economic Institutions and Global Social Movements.* Cambridge: Cambridge Press.
OECD, 1996. "Globalisation: What Challenges and Opportunities for Governments?" Paris.
______, 2009. *Promoting Pro-Poor Growth: Social Protection.* Paris.
______, 2011a. "Divided We Stand. Why Inequality Keeps Rising," Paris.
______, 2011b. "Social & Environmental Sustainability in the Supply Chain", OECD Roundtable on Corporate Responsibility. Paris.
______, 2012a. "Aid for Food and Nutrition Security." Paris.
______, 2012b. "Going for Growth. Economic Policy Reforms 2012," Paris.
______, 2014. "Venture Philanthropy in Development: Dynamics, Challenges and Lessons in the Search for Greater Impact." Paris.
______, 2016. *2016 Development Cooperation Report.* Paris.
______, 2017a, "Global Trends 2017." Paris.
______, 2017b. "Fixing Globalization: Time for All." Paris.

_____, 2017c, "A Decade of Social Protection Development in Selected Asian Countries." Paris.
_____, 2018a. "Making Blended Finance Work for Sustainable Development." Paris.
_____, 2018b. "Development aid stable in 2017 with more sent to poorest countries." Paris.
_____, 2018c. "Statistics on resource flows to developing countries." Paris.
OECD DAC, 2017. "2017 Report on the DAC Untying Recommendation." Paris.
OECD, UNDP, 2016. "Making Development Co-operation More Effective 2016 Progress Report." Paris.
Ortiz, I. and Cummins, M. 2013. "The Age of Austerity: A Review of Public Expenditures and Adjustment Measures in 181 Countries." South Centre.
Oxfam, 2015. "Extreme Carbon Inequality." London.
_____, 2016a. "An Economy for the 1%." London.
_____, 2016b. "For Richer Or For Poorer: The Capture of Growth and Politics in Emerging Economies." London.
Pathfinders, 2017. "The Roadmap for Peaceful, Just and Inclusive Societies: A Call to Action to Change our World." UN: New York.
Paul, J. and Wahlberg, K. 2011. "A New Era of World Hunger? The Global Food Crisis Analyzed." Global Policy Forum.
Pauli, G. 2011. "The End of Globalization." Global Policy Forum.
Pereznieto, P, 2010, "Including Children in Policy Responses to Previous Economic Crises." UNICEF Social and Economic Policy Working Paper.
Potrafke, N. 2015. "The Evidence on Globalisation", *The World Economy*, Vol. 38.
Reid-Henry, S. and Lofgren, 2012. "Pharmaceutical Companies Putting Health of World's Poor at Risk." *Guardian* July 26, 2012.
Right to Food and Nutrition Watch, 2012. "Who Decides Global Food and Nutrition?" www.rtfn-watch.org.
Rodrik, D. 2011. "New Rules for the Global Economy." *Project Syndicate*, January 10, 2011.
_____, 2012. "Leaderless Global Governance" *Project Syndicate*, January 13.
Salamon, L. 1994. "The Rise of the Nonprofit Sector." *Foreign Affairs* 73/4.
_____, 2014. "Leverage for Good: The New World of Social-Purpose Finance." *World Financial Review* November – December 2014.
Salamon, L. et al. 1999. *Global Civil Society: Dimensions of the Nonprofit Sector.* Baltimore: Johns Hopkins University Press.
Samson, M. 2009. "Social Cash Transfers and Pro-Poor Growth." in OECD, Promoting Pro-Poor Growth: Social Protection. Paris.
Sabarwal S, Sinha, N. and Buvinic, M. 2011, "How Do Women Weather Economic Shocks?", *Economic Premise* No. 46, January, World Bank.
Seitz, K. 2018. "One step further towards global regulation of business." Global Pol-

icy Forum.
Sen, A. 1981. *Poverty and Famines: An Essay on Entitlement and Deprivation*. Oxford: Clarendon Press.
_____, 1999. *Development as Freedom*, Oxford: Oxford University Press.
Seymour, F. 2017. "Five Key Findings from Why Forests? Why Now? The Science, Economics, and Politics of Tropical Forests and Climate Change." Center for Global Development.
Shepard, B. 2013. "Uganda's Oil: Lessons on Governance and the Resource Curse" *The Guardian* March 20, 2013.
Singer, H. and Griffith-Jones, S. 1994. "New Patterns of Macro-Economic Governance." UNDP Occasional Paper10.
SIWI(Stockholm International Water Institute, SIWI). 2012. "Feeding a thirsty world: Challenges and opportunities for a water and food secure world."
Stiglitz, J. 2012a. "Resource Curse." *Guardian* August 6, 2012.
_____, 2012b. *The Price of Inequality: How Today's Divided Society Endangers our Future*. New York: W.W. Norton.
Taipale, V. 1998. "Preface: Need for Global Social Policies", in Deacon, B. ed., *What Is Global Social Policy*, UNRISD.
Transnational Institute. 2012. "The Global Water Grab: A Primer."
UKAID 2015. "The Impact Programme." London.
UN, 1992. "Agenda 21", UN Conference on Environment & Development, Rio de Janerio, Brazil, 3-14 June.
_____, 2003. "World Water Development Report."New York.
_____, 2008. "Development and Globalization." New York.
_____, 2012. "The Future We Want." New York.
_____, 2013. "Development Financing for Tangible Results: A Paradigm Shift to Impact Investing and Outcome Models." New York.
_____, 2015. "Sendai Framework for Disaster Risk Reduction 2015-2030." New York.
UNCDP(Committee for Development Policy), 2015. "Global governance and global rules for development in the post-2015 era."
UNCTAD. 2001. "On the Brink: Fiscal Austerity Threatens a Global Recession." Policy Brief No. 24.
_____, 2012. "Trade and Development Report, 2012 - Policies for Inclusive and Balanced Growth."
UNDP, 2000. "UNDP and Governance: Experiences and Lessons Learned."
_____, 1999. *Human Development Report 1999*.
_____, 2000. *Human Development Report 2000*.
_____, 2008. "The UNDP accountability system."
_____, 2010. *Human Development Report 2010*.

_____, 2012a. *African Human Development Report 2012.*
_____, 2012b. "Innovative Financing For Development: A New Model For Development Finance?" New York.
_____, 2012c. "HIV, Health and Development."
_____, 2013. *Human Development Report 2013.*
_____, 2014. *Impact Investment in Africa.*
_____, 2016a. *Human Development Report 2016.* (www.undp.org)
_____, 2016b. "Financing the SDGs in the Least Developed Countries (LDCs): Diversifying the Financing Tool-Box and Managing Vulnerability."
_____, 2016c, *Social Protection for Sustainable Development.*
_____, 2017. *Global Trends 2017.*
UN Economic Commission for Europe, 1998. "Convention on Access to Information, Public Participation in Decision-Making and Access to Justice in Environmental Matters", Aarhus, Denmark, 25 June.
UNGA(General Assembly). 1986. "Declaration on the right to development." Resolution 41/128 of 4 December 1986.
_____, 1987. "Report of the world commission on environment and development: Our common future." Oslo, Norway
_____, 1999. "View of Member States, members of the specialized agencies, observers, intergovernmental and non-governmental organizations."
_____, 2010. "Supply Chain Sustainability"
UNISDR, 2016. "Poverty and Death: Disaster Mortality."
UNRISD, 1996. "Globalization and Citizenship", Report from the UNRISD International Conference, Geneva, 1996. 12. 9-11. (www.unrisd.org)
_____, 2016a. "Policy Innovations for Transformative Change."
_____, 2016b. "New Trends and Innovations in Social Policy."
UNSG(UN Secretary General), 2000. "We the Peoples: The Role of the United Nations in the 21st Century."
USAID, 2017. "Investing for Impact." Washington, D.C.
Utting, P. 2018. "Achieving the Sustainable Development Goals through Social and Solidarity Economy: Incremental versus Transformative Change." UNRISD.
Villota, C. 2012. "Towards a global financial system fit for development." Global Policy Forum.
Vivekanandan, J. and Nair, S. 2009. "Climate Change and Water: Examining the Interlinkages" in David Michel and Amit Pandya eds. *Troubled Waters: Climate Change, Hydropolitics and Transboundary Resources.* Henry L. Stimson Center.
WEF(World Economic Forum), 2013. *The Future Role of Civil Society*, World Scenario Series, World Economic Forum, Cologne/Geneva.
Weiss, T. 2009. "The UN's role in global governance." *UN Intellectual History Proj-*

ect, Briefing Note No. 15.
Woods, N. 2014. "Global Economic Governance after the 2008 Crisis." *Global Economic Goverance 89*, September 2014.
World Bank, 2010. *World Development Report 2010.* Washington, D.C.
______, 2012. "Civil Society Engagement Review." Washington, D.C.
______, 2016. *World Development Report 2016.* Washington, D.C.
World Water Council, 2018. *Global Water Security: Lessons Learnt and Long-Term Implications.* Springer.
Zürn, M. 2018. "Contested Global Governance." *Global Policy*, 9/1, pp.138-145.

찾아보기

【ㅅ】

주성수 한양대학교 공공정책대학원 교수이자 제3섹터연구소장으로 재직 중이며, 시민사회와 사회적경제 연구 및 활동을 이어오고 있다. 시민사회에서는 1992년 경실련 사회복지위원회와 강동송파 경실련 공동대표, 1995년 한국자원봉사포럼 총무, 1996년 한국대학사회봉사협의회 전문위원, 1998년 공동모금회(사랑의열매) 기획위원, 1999년 KOPION 자문위원, 2007년 아시안프렌즈 이사로 활동해왔다. 2013년에는 서울시NPO지원센터 제1기 운영위원장을 맡았고, 현재는 국가자원봉사진흥위원회 위원, 성동구 사회적경제위원회와 마을공동체위원회 위원장으로 활동하고 있다. 대학에서는 1997년에 제3섹터연구소를 창설해 현재까지 열두 명의 연구교수들과 함께 국내외 시민사회와 사회적경제 연구에 집중하는 20여 년의 시간을 가졌다. 또한 1차(2004~2006)와 2차(2008~2010)에 걸쳐 글로벌 시민사회연대 네트워크인 CIVICUS의 48개국 글로벌 시민사회지표 조사분석에 한국 대표로 국제 연구활동을 진행했다. 학술지 〈시민사회와 NGO〉의 편집위원장을 맡아 시민사회와 사회적경제의 다양한 분야 전문가들과 학술교류를 나눠왔다. 글로벌 개발 관련 저서로는 『글로벌 거버넌스와 NGO』(2000), 『UN, NGO, 글로벌 시민사회』(2000), 『빈곤에서 권력으로(From Poverty to Power)』(D. Green 저, 번역서, 2010), 『글로벌 CSR의 개발협력 현황과 발전과제』(KOICA, 2013), 『해외봉사단의 개발효과성 증진』(KOICA, 2014), 『사회적경제 접근의 민관협력사업의 혁신방안』(KOICA, 2015) 등이 있다.

글로벌 개발 거버넌스

펴낸날 2018년 7월 30일 초판 1쇄

지은이 주성수 ● **펴낸이** 이영무

펴낸곳 한양대학교출판부 ● **출판등록** 제4-7호(1972.2.29)

주소 서울 성동구 왕십리로 222 ● **전화** 02.2220.1432-4 ● **팩스** 02.2220.1435

홈페이지 press.hanyang.ac.kr ● **이메일** presshy@hanyang.ac.kr

본문디자인·편집 정준기 ● **표지** 안광일 ● **인쇄** 현문

정가는 뒤표지에 있습니다. 잘못된 책은 구입하신 곳에서 교환해드립니다.

ISBN 978.89.7218.585.7 (93340)